Deutschland nimmt frei

1000 Ausflugsziele fürs ganze Jahr

Freizeit · Familie · Ferienideen

Inhalt

Bremen S. 156 - 169

Bremen: Überseemuseum, Universum, Ballonfahren, Beck's Brauerei, Fahrt mit dem Torfkahn, Botanika, Sportgarten, Radwandern, Stadtspaziergang, Hafenbus
Bremerhaven: Hafenrundfahrt, Großseglertreffen, Weser-Strandbad, Klimahaus 8° Ost, Deutsches Auswandererhaus, Atlanticum, Seefischkochstudio • **u.v.a.m.**

Hamburg S. 170 - 187

Altona: Fischauktionshalle • **Altstadt:** Fleetinsel • **Außenalster:** Alstereisvergnügen • **Bahrenfeld:** HSV-Museum
Hohenfelde: Alster-Schwimmhalle • **Neustadt:** Nachtmichel • **Nienstedten:** Hirschpark • **Osdorf:** Klick Kindermuseum • **Stellingen:** Tierpark Hagenbeck • **Veddel:** Ballin-Stadt • **Winterhude:** Planetarium • **u.v.a.m.**

Hessen S. 188 - 225

Abterode: Bergwerk • **Bad König:** Grube Messel • **Eltville:** Lamatrekking • **Frankfurt:** Dialogmuseum • **Gersfeld:** Paragliden • **Glauberg:** Keltenwelt • **Heppenheim:** Planetenwanderung • **Kassel:** Stollenführung • **Lindenfels:** Drachenmuseum • **Poppenhausen:** Liebesweg • **Willingen**: Mountainbiken • **Witzenhausen:** Kirschpfad • **u.v.a.m.**

Mecklenburg-Vorpommern S. 226 - 239

Ahrenshoop: Darß per Rad • **Gager:** Halbinsel Mönchgut
Graal-Müritz: Walken im Küstenhochmoor • **Güstrow:** Natur- und Umweltpark • **Hohen Demzin:** Skulpturenweg
Kühlungsborn: Katamaran-Segeln • **Langenwerder:** Seevogelinsel • **Malchin:** Fahrradtour • **Nienhagen:** Gespensterwald • **Rostock:** Hansesail • **u.v.a.m.**

89
Tipps

89
Tipps

65
Tipps

46
Tipps

29 Tipps

46 Tipps

81 Tipps

46 Tipps

Baden-Württemberg

Will der Schwabe den Puls beschleunigen, braucht er sich nur zu setzen: Fahrräder gibt es im Land der Techno-Tüftler mit und ohne elektrischem Upgrade. Natürlich lassen sich Bodensee, Schwarzwald und Alb auch anders erkunden. So oder so wird man gerne abgelenkt – von alten Mauern, neuen Museen und feinen Mahlzeiten.

Lässt sie den Apfel endlich fallen? Diana, die Göttin der Jagd und Beschützerin von Frauen und Mädchen, ziert seit dem 18. Jahrhundert den Schlossgarten in Schwetzingen.

Planetarium
Mannheim

Im Kinderprogramm des Planetariums bekommen die Kids Antworten auf ihre Fragen. »Warum ist der Mond mal rund wie ein Pfannkuchen und mal so schmal wie eine Banane?« Eine gute Mischung aus Show und Wissen liefert den jungen und nicht mehr ganz jungen Besuchern auf unterhaltsame Weise Hintergrundwissen: Etwa darüber, was der Unterschied zwischen Neumond und Mondfinsternis ist. Oder warum die Dämmerung in den Tropen so kurz ist ...? Im Planetarium – unter einer 20 m umfassenden Projektionskuppel – erfährt man es!

1

www.planetarium-mannheim.de

2

Technoseum
Mannheim

Warum werden 7, 14 und 21 Uhr als »Mannheimer Stunde« bezeichnet? Woher kommt das Geräusch, wenn die Mühle am Bach klappert? Warum sind Umzugskartons stabiler als normale Kartons, und was hat das mit Leonardo da Vinci zu tun? Wer weiß schon, dass Geldscheine früher aus Lumpen gemacht wurden? Ob die heimische Badewanne (1890) oder der Rasierapparat zum Aufziehen (1960) – in diesem Museum für Technik und Arbeit ist für Alt und Jung etwas dabei. So viel ist garantiert!

www.technoseum.de

3

Kur- und Freizeitbad
Weinheim

Whirlpool, Wellenbad und Strömungskanal für die Kleinen; Caldarium, Orangen-, Zitronen-, Aroma-, Steinofen- oder Jägersauna, Hamam und Eisnebelgrotte, Sole- und Kneipptretbecken, Salz- und Kristalltherme, Wassergymnastik, Volleyball und Boulefeld für die Großen. Relaxen kann bei so viel Auswahl ganz schön anstrengend sein!

www.miramar-bad.de

Hafenrundfahrt

Weinheim

Mannheim – vom Schiff aus gesehen – bietet völlig neue, überraschende Perspektiven: bei über 70 km Hafen-ufer, Einrichtungen für den Umschlag von mehr als 16 Mio. t Schiffsgütern, Schleusen, Brücken und Hafenbecken rund um den Zusammenfluss von Rhein und Neckar. Ein echtes Erlebnis!

4

www.kurpfalz-schiffahrt.de; weisse-flotte-heidelberg.de

Bergwerk

Schriesheim

»Frösche«, »Hund«, »Arschleder, »Glück auf«, »Gezähe«, »Lachter« oder »matte Wetter«, wer das Bergwerk besucht, erfährt, was genau dies alles in der Sprache der Bergleute bedeutet. Mit Helm und Umhang ausgestattet geht es über viele Treppen und Leitern in die Tiefe.

5

www.bergwerkschriesheim.de

Klettern im Steinbruch

Schriesheim

»Fingerriss«, »Eiertour« und »Killing Joke« – so heißen die beliebtesten Touren in diesem größten Klettergarten im Odenwald. Mit mehr als 200 Kletterrouten im Schwierigkeitsgrad 2–9+ ist er auch für Anfänger und mäßig erfahrene Kletterer geeignet. Aufgrund der windgeschützten Lage kann auch im Winter gekraxelt werden. Dafür wird es im Sommer auf den beiden oberen Terrassen, die nicht im Wald liegen, ziemlich heiß. Verpassen kann man den Steinbruch nicht: Schon von Weitem leuchtet der rote Fels zwischen den bewaldeten Höhen des Gebirges hervor.

www.klettergebiete-online.de

6

Wanderung

Königsstuhl / Gaisberg

7

Ein Berg für Anfänger und Fortgeschrittene. Zunächst geht es mit der Bahn zur Molkenkur, von wo aus verschiedene Wanderwege durch den Stadtwald führen: ostwärts zum Felsenmeer, südwärts zu den Mammutbäumen und dem Gaisbergturm. Die Bahn fährt auch zum Königsstuhl, hier ist es im Sommer angenehme 5 - 6 C ° kühler als im Tal. Hoch oben, in der hiesigen Falknerei, führt Uwe Jacob den kühnen Sturzflug seiner Falken vor.

www.bergbahn-heidelberg.de

8

Baden und Eislaufen

Schwetzingen

»Winterspaß mal Eis, mal heiß« bietet sich hier an. Mit Riesenrutsche, Wassergrotten und Strömungskanal ausgestattet ist das der richtige Ort, um sich im Sommer zu erfrischen. Im Winter lockt der Zauber zum Schlittschuhlaufen. Andere versuchen sich im Eisstockschießen oder im »Tennis on ice«. Doch immer gilt: »Glattes Eis, ein Paradeis für den, der drauf zu tanzen weiß.«

www.schwetzinger-eiszauber.de; www.bellamar-schwetzingen.de

9 Stadtführung Living History

Heidelberg

Ob in Begleitung eines Nachtwächters oder einer Henkerstochter – die historischen Rundgänge lassen Geschichte lebendig werden. Wo Huren und Taschendiebe ihrem Gewerbe nachgingen, wo Hexen verbrannt, Finger abgehackt und Ohren abgeschnitten wurden, das wissen die Führer anschaulich zu schildern. Weniger gruslig geht es bei den Führungen für Familien mit Kindern zu. Dort stehen die Sagen und Legenden der Stadt auf dem Programm.

www.heidelberg-stadtfuehrungen.de

10 Minneburg

Neckargerach

Der tapfere Ritter Edelmut hatte außer seiner Liebe zu Minna nichts vorzuweisen. Er zog daher in einen Kreuzzug. Sie wurde gegen ihren Willen mit einem Grafen vermählt. Bei seiner Heimkehr konnte Edelmut der Todgeweihten nur noch versprechen, eine Burg zu ihren Ehren zu errichten. So geschah es. Zu rührselig? Der Blick von hier in die Margarethenschlucht kann darüber hinweghelfen.

www.neckargerach.de

11 Burgentour

Eberbach

Ein Geheimtipp für Unerschrockene ist diese Tour mit Übernachtung zwischen efeuumrankten Ruinen. Mitten im Wald, auf einem Bergsporn über dem Neckar bei Eberbach-Rockenau, erheben sich die eindrucksvollen Reste der Burg Stolzeneck: Vor- und Kernburg mit Zwinger, Halsgraben, Zisterne und Palas. Wer sich bei der Forstbetriebsleitung anmeldet, kann in der Vorburg sein Zelt aufschlagen, den Schlafsack ausrollen und von ritterlichen Heldentaten träumen. Käuzchenrufe sorgen für gruselige Atmosphäre.

www.burgenreich.de; www.burgenwelt.de

Fallschirm

Riedenheim

12

Es braucht schon eine gehörige Portion Mut, sich aus 3 000 m Höhe aus einem Flugzeug in die Tiefe zu stürzen, um dann im freien Fall und mit einer Geschwindigkeit von bis zu 200 km/h der Erde entgegenzurasen – bis einer nach ungefähr 40 Sek. die Reißleine zieht und die Höllenfahrt bremst: Mit einem sanften Ruck öffnet sich in einer Höhe von rund 1500 m der Fallschirm aus dem kleinen Rucksack auf dem Rücken des Springers, und er schwebt mit sachten 20 km/h in 5-8 Min. vergleichsweise langsam dem Boden entgegen.

info@skydivecity.de;
www.skydivecity.de

13 Radler und Skater auf Tour

Tauberbischofsheim

Auf der Strecke »Liebliches Taubertal« kommen Radler auf 110 km auf Touren. Wer die »Romantische Straße« wählt, dem präsentieren sich landschaftliche Kostbarkeiten wie am Fließband. Alternativ können Pedalritter den Main-Tauber-Fränkischen »Rad-Achter«, den »Odenwald-Madonnen-Radweg« oder die nähere Umgebung von »TBB by Bike« (30 km) erobern. Freunde der Rollen skaten auf Inlinern durch die satten Tauberwiesen.

www.lieblichestaubertal.de

14 Am Limes

Walldürn

Der äußere Obergermanisch-Rätische Limes ist mit 550 km Länge, 900 Wachposten und 120 Kastellen eines der beeindruckendsten archäologischen Denkmäler Mitteleuropas. Heute kann man auf den Spuren der Römer auf Touren kommen. Etappenziel ist Walldürn: Historisch gewandete Siedler vermitteln einen lebendigen Eindruck vom Alltag am Rande des Imperiums. Wer einen Sprung in die jüngere Geschichte wagen möchte, sollte für die Erkundung auf die Postkutsche umsteigen.

www.limesstrasse.de

16

Tropfsteinhöhle

Buchen

Am Übergang von Odenwald und Bauland befindet sich eine der schönsten Schauhöhlen Deutschlands. 1 - 2 Mio. Jahre ist das atemberaubende Naturwunder alt, doch erst 1971 wurde es durch Zufall entdeckt. Die Tropfsteinhöhle ist bequem begehbar, 600 m lang, 2,5 - 8 m hoch und 2 - 7 m breit. Kalksinter bedeckt die Wände, von der Decke hängen Stalaktiten, und am Boden türmen sich die Stalagmiten. Manchmal sieht es aus, als ob ein steinerner Vorhang beiseite gezogen wurde, um den Blick auf die Kalksinterformationen freizugeben. Zu den schönsten gehören die »Weiße Frau von Eberstadt«, der »Vesuv« und die berühmte »Hochzeitstorte«.

www.buchen.de; www.geo-naturpark.net; www.showcaves.com

Besuch im Kloster

Bronnbach

15

Bei einer Führung erfährt man einiges über den berühmten Ordensgründer Bernhard von Clairvaux und die Zisterzienser, die sich stets in Wassernähe ansiedelten. Im Sommer lockt ein Biergarten unter freiem Himmel, im Winter der Weihnachts- und an Ostern der Künstlermarkt mit außergewöhnlichen Werken.

www.kloster-bronnbach.de

Lehrpfade
Wiesloch

17

Die Naturlehrpfade rund um Wiesloch informieren im Vorbeigehen über die heimische Tier- und Pflanzenwelt sowie geologische Besonderheiten. Der Waldlehrpfad im Dämmelwald widmet sich auf einer 3 km langen Runde der heimischen Flora sowie Fauna und überrascht Kinder wie Erwachsene mit erstaunlichen Tatsachen. Unweit lädt der Geologische Lehrpfad an der Gerbersruhschule zum Spaziergang durch 600 Mio. Jahre Erdgeschichte ein. Auf den 25 Stationen des Obst- und Weinlehrpfads erfährt man Wissenswertes über den Weinbau in der Region.

www.wiesloch.de

18 Wildtierpark
Bad Mergentheim

Zweimal täglich können Besucher die Tierpfleger bei ihren zweistündigen Rundgängen begleiten und u. a. Fischotter, Bären oder Luchse aus nächster Nähe beobachten. Da wird es so manchem etwas mulmig, wenn sich das 30-köpfige Wolfsrudel mit lautem Heulen zusammenruft oder direkt über den Köpfen Steppenadler kreisen. Im parkeigenen Bauernhof lernt man die alten Haustierrassen kennen und erlebt, wie Zugochsen oder Rückepferde für die Arbeit eingesetzt wurden.

www.wildtierpark.de

19 Histotainmentpark
Osterburken

Hier wird Geschichte erlebbar gemacht. Historisch gewandete Siedler bauen eine Stadt: Handwerker- und Patrizierhäuser, Kathedrale und Köhlerhütte, Filzerei und Grubenhaus sind bereits fertig. Besucher können sich erklären lassen, wie ein Seifensieder arbeitet oder womit ein Flecksieder seinen Lebensunterhalt verdient. Nur wenige Frage bleiben offen. Bis auf eine: Womit hat der sehenswerte Park einen solchen Namen verdient?

www.mittelalterpark.de

20 Burg und Greifenwarte
Haßmersheim

Auf einem Bergrücken zwischen Neckar und Mühlbach liegt die in der Stauferzeit erbaute Burg Guttenberg. Sie wurde im Laufe ihrer 800-jährigen Geschichte nie zerstört und wird in 17. Generation durch die Freiherren von Gemmingen geführt. Auf der Terrasse mit Neckarblick lädt Europas älteste Greifenwarte zu Vorführungen mit Adlern, Geiern und Eulen, darunter auch riesige Uhus ein. Die Burgschenke tischt zünftige Ritterkost auf.

www.burg-guttenberg.de

21 Paddeln auf dem Neckar
Bad Friedrichshall

Bei einer Paddeltour mit dem Kanadier – für geübte Paddler gibt's auch Kajaks – kann man das romantische Flusstal aus einer ganz neuen Perspektive erleben. Von der Zweistundentour bis zum Fünftagestrip ist für jeden etwas dabei. Für Einsteiger empfiehlt sich die Zweistundentour von Bad Friedrichshall bis nach Gundelsheim. Eine gemütliche Tagestour führt von Bad Friedrichshall bis Haßmersheim und eine Dreitagestour von Bad Friedrichshall über Haßmersheim bis nach Eberbach.

www.kanu-bike.de

Radtour im Kilt
Waldangelloch

22

Von Frühling bis Herbst lädt der Radweg am Waldangelbach zum Familienausflug ein. Der 15 km lange Bach entspringt in Waldangelloch und mündet in Wiesloch in den Leimbach. Am ersten Juliwochenende flattern im nahe gelegenen Park von Eichtersheim die Schottenröcke und Dudelsäcke ertönen. Während der Internationalen Highland Games messen sich Athleten in Kilts im Baumstammweitwurf, Fassrollen, Steinstoßen und Tauziehen. Whiskytasting ist auch ohne Kilt und karierte Kleidung erlaubt – über 50 Sorten stehen zur Auswahl.

www.winzermuseum-rauenberg.de; www.highland-games.info

Abwärts radeln

Bad Wimpfen

23

Eine der landschaftlich reizvollsten Etappen des Neckartalradwegs führt von Bad Wimpfen nach Mannheim. Während der Fluss sich in Schleifen durch den Odenwald schlängelt, tauchen fast hinter jeder Biegung Schlösser, Burgen und Ruinen auf. Sobald der Neckar durch die Rheinebene seiner Mündung entgegenströmt, kann man die Radtour schließlich gemütlich ausklingen lassen. Auf hervorragend ausgebauten und bestens beschilderten Straßen und Wegen schafft man die 120 km der Etappe in 6 - 8 Std. Wer sich weniger vornehmen will, wählt einen Teilabschnitt aus. So sind es zum Beispiel von Bad Wimpfen nach Gundelsheim nur ca. 8 km, nach Binau rund 28 km und bis Zwingenberg ca. 43 km. Da der Radweg am Fluss entlang verläuft, fällt er stets leicht ab und ist ideal für Familien mit Kindern oder untrainierte Radler.

www.fahrrad-tour.de;
www.fahrradreisen.de

24

Experimenta

Heilbronn

Lernen bedeutet hier, spielend die eigenen Interessen und Talente herauszufinden. In vier aufwendig inszenierten Themenwelten erlebt der Besucher anhand von 150 interaktiven Exponaten die Bereiche Energie und Umwelt, Technik und Innovation, Mensch und Kommunikation sowie Mensch und Freizeit. In den Talentschmieden können ungeahnte Fähigkeiten entdeckt, entwickelt und vertieft werden. Nach Herzenslust experimentieren können Nachwuchsforscher unter pädagogischer Anleitung in drei Labors und zwei Ateliers. Dazu gibt es Experimental-Shows und regelmäßig Workshops zu diversen Themen. So lassen sich Naturphänomene erklären, wird Abstraktes vorstellbar, Technik erlebbar.

www.experimentaheilbronn.de

25 Falken im freien Flug

Hohenbeilstein

An die hundert Nacht- und Taggreifvögel aus vier Kontinenten werden in der romantischen Umgebung nahe der mittlelalterlichen Gemäuer gehalten. Viele der Greifvögel leben nicht in Volieren, sondern in Anbindehaltung auf Greifensitzen mit Schutzhäuschen. Die Vorführungen sind atemberaubend – besonders bei gutem Wetter! Die Falkner kümmern sich heute vorrangig um den Schutz der Vögel, von denen viele vom Aussterben bedroht sind.

www.burg-beilstein.de

26 Naturerlebnispfad

Mainhardt

Kinder sind begeistert! Ausgerüstet mit ihrer eigenen Naturpfadkarte, die es kostenlos im Mainhardter Rathaus gibt, ziehen sie mit den Erwachsenen im Schlepptau auf den Fuxi-Naturerlebnis-Pfad. Idyllisch angelegt auf einer Strecke von rund 8 km warten dort 22 lehrreiche und unterhaltsame Stationen auf die Kids. Das Motto der mit ca. 5 Std. zu veranschlagenden Tagestour lautet: Natur mit allen Sinnen erleben. Wem das zu lang ist, läuft die kleine Runde, die etwa 1,5 Std. dauert.

www.erlebniswelt.com

Kanufahren

Bietigheim

27

Mit ihren naturgeschützten Flachwasserzonen ist die Enz nur für das rücksichtsvolle, »sanfte« Paddeln geeignet. Genau das Richtige, um sich bei einer zweistündigen »Rundtour«, die die Kanustation in Bietigheim-Bissingen anbietet, auf dem Wasser im Einklang mit der Natur zu entspannen. Die »Zugvögel« bieten auch Gelegenheit, an einer geführten Bootstour teilzunehmen, begleitet von ortskundigen und engagierten Guides. Empfehlenswert für Familien, weil keine Vorkenntnisse nötig sind – mit Schwimmweste können bereits Zwei- bis Dreijährige mit ins Boot.

www.diezugvoegel.de

Karlshöhe
Stuttgart

28

Der schönste Weg führt (wie in Stuttgart üblich) über Treppen nach oben, hierzulande Stäffele genannt. Insgesamt 400 zählt die Landeshauptstadt. Ihr Usprung geht auf die Weinbauern zurück, die in früheren Jahrhunderten rund um den Kessel ihre Reben pflegten und Stäffele anlegten. Der Weg mäandert daher durch Wohn- und Weingebiete bis zu einer luftigen Terrasse: die 1889 angelegte Karlshöhe. Im Sommer öffnet der dortige Biergarten um 11 Uhr. Nach dem Aufstieg schmeckt das Bier noch besser als sonst!

Aufstieg über Willy-Reichert-Staffel oder über die Reinsburgstraße

29 Weißenhofsiedlung
Stuttgart

Unter der Leitung von Ludwig Mies van der Rohe beteiligten sich in den 20er Jahren des letzten Jhs. Architekten aus fünf europäischen Ländern an der Planung, bei der Häuser mit Wohnungen inbesondere für Familien mit schwachen Einkommensverhältnissen geschaffen werden sollten. Innerhalb des Gesamtkonzepts konnten die Architekten ihre Bau- und Wohnvorstellungen frei verwirklichen. Ludwig Mies van der Rohe, Le Corbusier, Walter Gropius, Hans Scharoun u. a. waren damals nur in Kreisen der Avantgarde bekannt – heute zählen sie zu den einflussreichsten Architekten des 20. Jhs. Das ist es auch, was die Siedlung auf der Anhöhe des Stuttgarter Killesbergs so einzigartig macht. Eine Anmeldung für die offenen Führungen ist nicht nötig (1,5 Std., bzw. ca. 45 Min.).

www.weissenhofsiedlung.de; www.weissenhofmuseum.de

30 Erfahrungsfeld
Welzheimer Wald

Tasten, hören, riechen oder schmecken? – Die Installationen des Schreiners, Künstlers und Philosophen Hugo Kükelhaus sprechen alle fünf Sinne an. In der Laufmühle soll die Umwelt die Wahrnehmung verfeinern und fördern. »Eins + Alles« nennt der Künstler das Naturerlebnis der besonderen Art: Erlebnispfad und Rote Achse, Aktionsplatz und Dunkelgang, mongolische Jurte, Feuerzelt, Tieroase und Weidenkathedrale lassen nicht nur Kinderherzen höher schlagen. Und weil die Sinne auch immer Nahrung brauchen, gibt es im Café-Restaurant Molina genügend Proviant, der vor allem den Gaumen kitzelt.

www.erfahrungsfeld-laufenmuehle.de; nur bedingt rollstuhlgeeignet

Höhenpark Killesberg

Stuttgart

31

Es war einmal im Jahr 1939. Da machten ein Hochbau- und ein Landschaftsarchitekt einen öden Steinbruch zum Reichsgartenschaugelände. Nach einer wechselvollen Geschichte und der Zerstörung im Krieg wurde der Park im Jahr 1949 wieder aufgebaut und bereits 1950 vom damaligen Bundespräsidenten Theodor Heuss als »Höhenpark Killesberg« eröffnet. In den 90er Jahren sanierte man den Park nach alten Plänen grundlegend. Schwindelfreie Besucher begehen den 43 m hohen Aussichtsturm, der im Jahr 2001 gebaut wurde: eine Stahlkonstruktion filigraner Art, die einen Blick von der Schwäbischen Alb bis zum Schwäbischen Wald bietet. Ein weiterer Höhepunkt ist das »Bähnle«: Zwei Dieselloks ziehen die überdachten Wagen auf einem 2 km langen Kurs durch den Park.

Höhenpark Killesberg; Stresemann-, Thoma- oder Lenbachstr., Feuerbacher oder Cannstatter Eingang

Fernsehturm
Stuttgart

32

Die Stuttgarter lieben ihr Wahrzeichen: den 1956 eröffneten Fernsehturm, der weltweit eine neue architektonische Ära einläutete. Ganz aus Stahlbeton mit einem auskragenden Korb unterhalb der Antenne scheint er von zeitloser Eleganz. »Mit diesem Bauwerk ist es wohl gelungen, einmal wieder zu zeigen, dass man technisch Notwendiges gleichzeitig auch schön gestalten kann«, verkündete sein Erbauer Fritz Leonhardt voller Selbstbewusstsein. Recht hat er! Bei Kaffee und Kuchen oder Snacks in der Turmgastronomie bestätigt man das doppelt gern.

www.fernsehturmstuttgart.com

33 Stuttgarter Weindorf
Innenstadt

Was den Bayern das Bier, ist den Württembergern der Wein. »Viertele schlozze« nennt man das hierzulande und ist stolz darauf, dass die Gläser auch wirklich 0,25 l und nicht wie meist üblich nur 0,2 l Wein enthalten. Auf den Weinfesten Ende August/Anfang September schenkt man nicht ganz so viel ein, dafür ist die Auswahl dann doch zu groß. Damit man auch tüchtig etwas verträgt, gibt es schwäbische Spezialitäten dazu: Bubaspitzle, Maultaschen, Kartoffelsalat. Wohl bekomm's!

www.stuttgarter-weindorf.de

34 Schnitzeljagd in der City
Stuttgart

Schnitzeljagd – dieses Zauberwort versprach in Kindertagen einen Nachmittag voller Spaß und Kurzweil! Wenn nur die Vorbereitung nicht wäre … Diese übernehmen beim Rätselparcours durch die Stuttgarter Innenstadt die Profis, damit die zukünftigen Jäger mehr Zeit für den Spaß haben. Ziel bei der Fotosafari, die ebenfalls angeboten wird, ist das Schießen von Fototrophäen! Einfallsreichtum und Kombination sind dabei von Vorteil.

www.schnitzeljagdstuttgart.de

35 Wanderung
Siebenmühlental

Sieben Mühlen gaben dem Tal seinen Namen. In Wirklichkeit sind es elf an der Zahl, die im 10 km langen Tal entlang des Reichenbachs zu erwandern sind. Entweder geht es auf Schusters Rappen von einer Mühle zur nächsten oder auf dem Bundeswanderweg durch das Tal. Der asphaltierte Bundeswanderweg hat nur leichte Steigungen und ist daher besonders gut für Radfahrer oder Inlineskater geeignet. In Betrieb ist heute nur noch die Eselsmühle. Das Museum in der Mäulesmühle zeigt dafür, wie anno dazumal gearbeitet wurde. Herzstück des 1986 originalgetreu wieder aufgebauten Fachwerkhauses ist das unter Denkmalschutz stehende Mahlwerk aus dem Jahr 1819. Jeden Sonntag um 17 Uhr wird für das interessierte Publikum der Riemen aufgelegt und das Mühlrad in Bewegung gesetzt. Ein ohrenbetäubendes Spektakel.

www.siebenmuehlental.de

36 Schnuppertauchen
Denkendorf

Vier bis fünf Kursteilnehmer gehen mit zwei Tauchlehrern im Turm auf Tauchkurs. Bevor abgetaucht wird, findet eine theoretische Einweisung statt: Wie handhabe ich die Geräte richtig und wie verhalte ich mich unter Wasser? Alle Kursteilnehmer machen sich mit der gestellten Ausrüstung vertraut: Kurzanzug, Pressluftflasche, Tauchmaske und Flossen. Das Atmen unter Wasser will gelernt sein. Ist die erste Hemmschwelle überwunden und der Druckausgleich mit einem »Plopp« im Ohr erreicht, steht dem ersten Gang nichts mehr im Weg. Unten angekommen, genießt man das Gefühl der Schwerelosigkeit – Saltos gelingen so ganz leicht.

www.tauchturm.com; Mindestalter 10 Jahre

37 Kanaltour
Esslingen

Sanft vor sich hin fließende Wasserläufe durchziehen die schwäbische Kleinstadt, in der es ein Viertel gibt, das Klein-Venedig heißt. Bei der Expeditionstour zu Wasser kann man in 2 Std. die ehemalige Reichsstadt Esslingen mit ihren schönen Fachwerkhäuschen in Begleitung eines erfahrenen Neckar-Kapitäns vom Wasser aus entdecken. Unter mittelalterlichen Brücken hindurch gleitet das Kanu gemächlich durch die Kanäle – genau das richtige Tempo, um viele idyllische Fleckchen zu bestaunen. Gelassener und müheloser als in diesen Holzbooten geht es wirklicht nicht!

www.nextour.de

Langlaufen

Schwäbischer Wald

38

Das Welzheimer Langlaufgebiet bietet sich als ideales Winterziel an, denn ein Loipennetz von insgesamt knapp 70 km Länge durchzieht die reizvolle Landschaft im Schwäbischen Wald. Zu befahren sind leichte, mittelschwere und schwere Strecken – allesamt nach den Richtlinien des Deutschen Skiverbands markiert. Für freie Technik stehen ca. 8 km zur Verfügung. Beim Loipe-Zentrum am Stausee Aichstrut gibt es sogar einen Rundkurs von 1,5 km mit Flutlicht! FürAusdauersportler bietet sich eine Kombination der Routen mit einer Gesamtlänge von 17 km an. Die Vorbereitung? Loipenplan aus dem Internet laden und vor Ort direkt in die richtige Spur steigen. Wer sich keine Bretter anschnallen will, leiht sich am Loipe-Zentrum Schneeschuhe aus und erkundet das Gebiet auf Schneeschuh-Wanderwegen (1,2 km; 3 km; 9 km).

www.welzheim.de; s. Rubrik »Tourist-Info«

39

Fahrt im Museumszug

Nürtingen

Eine kleine Reise in die Vergangenheit gefällig? Dann bitte einsteigen und Türen schließen – Vorsicht bei der Abfahrt! Immer wieder sonntags starten das Sofazügle und der Feurige Elias zu ihren Fahrten zwischen Korntal und Weissach bzw. Nürtingen und Neuffen. Wer sich aus dem Fenster beugt und nicht aufpasst, bekommt eine Portion Ruß ab. Dieses Risiko nimmt man als Eisenbahnromantiker gerne in Kauf. Für eine Generation, die Dampfloks nur aus der Augsburger Puppenkiste oder im H0-Format kennt, sind die kurvenreichen Fahrten mit den Museumszügen eine aufregende und sehr kurzweilige Angelegenheit.

www.ges-ev.de

40 Schaubergwerk Tiefer Stollen

Aalen

Schon im Jahr 1608 wurde im Braunenberg bei Aalen Eisenerz abgebaut. Immer weiter vergrößerte sich das unterirdische Netz aus Stollen, Schächten und Gängen. Nachdem der Abbau von Erz dort 1924 eingestellt wurde, verfiel die Anlage. 1986 begann man mit der Wiederherstellung der Eisenerzgrube als Schaubergwerk. Von dem einst über 6 km umfassenden Labyrinthaus sind Stollen und Gänge, die interessantesten Teile des Besucherbergwerks, zu besichtigen. »Glück auf im Tiefen Stollen« lautet der alte Bergmannsgruß, mit dem Besucher auch heute noch empfangen werden. Mit der Grubenbahn fährt man 400 m weit ins Bergwerk hinein. Da es unten zu jeder Jahreszeit kühl ist (ca. 11 °C), empfiehlt sich warme Kleidung. 1,5 Std. sollte man für den Spaziergang mit den anschaulichen Tafeln einplanen.

www.bergwerk-aalen.de

41 Erlebnismuseum Steiff

Giengen

Alles begann 1880 mit Margarete Steiff, die ein »Elefäntle« als Nadelkissen nähte. Der Gebrauchsgegenstand wandelte sich rasch zum Kinderspielzeug. Als im Jahr 1902 Margaretes Neffe Richard den ersten Plüschbären der Welt mit beweglichen Armen und Beinen entwarf, stand dem internationalen Erfolg nichts mehr im Weg. Im Museum werden auf 2 400 qm die Plüschtiere eindrucksvoll präsentiert. Ein Blick in die einstige Nähstube oder in die Schaufertigung infor-miert über die traditionelle Herstellung und die seit 130 Jahren konstante Qualität! Um die Ware vor Nachahmung zu schützen, erfand Franz Steiff 1904 den »Knopf im Ohr« als Markenzeichen.

www.steiff.de

Wanderung 42

Zur Achalm

HAP Grieshaber, der Bildhauer und Holzschnitzer, schätzte die Natur auf dem Reutlinger Hausberg. Noch heute kann man an dem Häuschen vorbeispazieren, wo er bis 1981 lebte. Zur Achalm führen viele Wege. Vom Achalm-Parkplatz am Scheibengipfel ist es nicht weit zum Rundweg unterhalb des Gipfels oder zum »Schönen Weg«, der an der Besiedlungsgrenze von Reutlingen verläuft. Bis zur Ruine der Grafen von Achalm muss man sich ein wenig anstrengen. Nach dem Achalm-Restaurant geht es steil bergauf. Oben belohnt ein grandioser Ausblick.

www.reutlingen.de;
www.achalm.com

43

Stocherkahnfahren

Tübingen

Was dem Venezianer seine Gondel, ist dem Tübinger sein Stocherkahn. Die flachen Holzboote kommen jedoch viel bescheidener daher; an Bequemlichkeit mangelt es dennoch nicht. Zehn bis zwanzig Personen finden im Boot Platz, man sitzt sich gegenüber, ein langes Holzbrett dient als Rückenlehne. Früher war das Stochern den Studentenverbindungen vorbehalten. Heute kann jeder das Stochern lernen. Was leicht aussieht, ist eine Kunst: Die Stange (7 m lang und 12 kg schwer) wird beim Eintauchen nass und somit auch der Stocherer, der das Boot in Bewegung setzt. Und ja nie die Stange loslassen! Fällt sie ins Wasser, muss man ihr hinterherspringen.

www.tuebingeninfo.de;
s. »Erlebnis-Programme«;
www.stocherkahnfahrten.eu

Limesmuseum
Aalen

44

»Spaß mit römischer Geschichte« lautet das Motto im Museum. Als Römer verkleidet, wird dabei die Entdeckungsreise durch die Themenbereiche der Ausstellung zu einem Abenteuer für Kinder. Die Römer-Accessoires dafür hält die Verkleidungsecke im Museum bereit. Schatz- und Waffenfunde kann man in der Sammlung bestaunen, ebenso Gold- und Silberschmuck, römische Münzen, schwere Panzer, Helme sowie Soldatensandalen. Dioramen, Computeranimationen, Videos und Hörspiele gestalten den Besuch nicht nur für Kinder informativ und äußerst kurzweilig.

www.limesmuseum.de

45 Bobfahren auf der Alb
Donnstetten

Die Bobs sind entgleisungssicher und meistern Höchstgeschwindigkeiten von bis zu 40 km/h. Sie können einzeln oder zu zweit besetzt werden, Kinder ab drei Jahren können daher problemlos mitfahren. Die 1 km lange Abfahrt überwindet rund 50 Höhenmeter. Steilkurven und Wellen entlocken den Fahrern dabei so manchen Jauchzer.

www.bobbahn-donnstetten.de

46 Schneckenexkursion
Hayingen / Lautertal

Im Zeitlupentempo bewegt sich »Helix pomatia«, besser bekannt als Weinbergschnecke, voran. Vor allem Kinder wollen alles über die kleinen Weichtiere mit dem Häuschen erfahren. Wer weiß z. B. schon, dass sich an den Jahrringen ihres Gehäuses das Alter ablesen lässt? Viele Fragen zum Schneckengarten werden geklärt – und natürlich will auch jeder beim »Rennen« der Schnecken zusehen.

www.alb-guide.de; s. »Touren«

47 Freilichtmuseum
Beuren

Vieles haben sie erlebt, die Gebäude auf dem Gelände des Freilichtmuseums. Und vieles können sie uns erzählen – Geschichten von ihren Bewohnern und über den Alltag auf dem Land im Mittleren Neckarraum und der Schwäbischen Alb. Verschiedene Aktionen ergänzen das Programm, wenn an den »Schäfertagen« im April Hirten, Schafe und Wolle im Mittelpunkt stehen.

www.freilichtmuseum-beuren.de

49

Schloss und Abenteuerpark

Lichtenstein

Inspiriert durch Wilhelm Hauffs Roman »Lichtenstein«, ließ sich Wilhelm Graf von Württemberg um 1840 ein Schloss erbauen, das den Idealvorstellungen einer mittelalterlichen Ritterburg entsprach. Begehbar sind die Räumlichkeiten im Rahmen einer halbstündigen Führung. Mit Voranmeldung kann man von März bis November die unterhalb des Schlosses liegende Kalktuffhöhle besichtigen, die größte ihrer Art in Deutschland. Wem das zu wenig abenteuerlich ist, tobt sich anschließend oder stattdessen im nahe gelegenen Kletterparcours aus.

www.schloss-lichtenstein.de;
www.abenteuerpark-schlosslichtenstein.de

Blautopf

Blaubeuren

48

Der Blautopf hat etwas Mystisches an sich. Das Farbenspiel beeindruckte schon vor Tausenden von Jahren die Menschen, die in der Nähe der Quelle wohnten. Ein Zeugnis dieser frühen Kultur ist die 40 000 Jahre alte »Venus vom Hohle Fels«, die als die älteste Menschendarstellung der Welt gilt.

www.blaubeuren.de

Höhlen im Geopark
Ehingen

50

Nordwestlich von Ehingen verstecken sich drei jeweils nur wenige Meter große Schauhöhlen: Die Kätheren-Küche bei Briel, die Schuntershöhle nahe Dachingen und das Felsställe beim Dorf Mühlen dienten – wie Grabungen beweisen – vor etwa 10 000 Jahren Jägern und Sammlern als Unterschlupf. Die Gegend um Ehingen ist ein wichtiger Teil des Geoparks Schwäbische Alb. Hier kann man Einblicke in die Entstehung der Erde gewinnen. Ein Tipp am Rande: ein Bad im konstant 16 °C warmen Thermalbad bei Algershofen.

www.museum-schelklingen.de; www.geopark-alb.de

51 Klettern im Erlebniscamp
Sigmaringen

Ängste überwinden – dafür bietet der Kletterpark die richtige Voraussetzung. So gibt es hier den über 8 m hohen Sprungstamm: Zuerst steigt man alleine daran hoch, während das Ding wie ein Kuhschwanz wackelt. Endlich oben auf der Plattform angekommen, heißt es dann ohne Widerrede, aber gut gesichert: Springen!

www.erlebniscamp.de

52 Fürstlicher Park
Inzigkofen

Schroffe Steilhänge, abenteuerliche Treppen, Gehwege über Abgründe, dazu die ruhige Donau und eine Brücke, die der Teufel gebaut haben soll – wer nach Inzigkofen kommt, muss sich also auf einiges gefasst machen. Dieser Ort voller Überraschungen liegt zwischen Sigmaringen und Beuron im Naturpark Obere Donau, durch den man schön radeln und wandern kann.

www.inzigkofen.de

53 Sternwarte und Planetarium
Laupheim

In Laupheim sind Planetarium und Sternwarte unter einem Dach. Diese Besonderheit ermöglicht es, ausgeklügelte Multimedia-Shows mit »echten« Bildern zu verknüpfen. Mithilfe mehrerer Teleskope können Besucher eine Tour zwischen Mondgebirgen und Kratern unternehmen, Jupiter oder Mars besuchen und einen Blick auf imposante Gasnebel oder in ferne Galaxien werfen.

www.planetarium-laupheim.de

Stadtbesichtigung

Ulm zu Fuß und per Boot

Weithin sichtbar steht das berühmte Ulmer Münster, in dem sich auch ein Denkmal für den »Ulmer Spatz« befindet, jenes Vögelchen, das der Legende nach für die Lösung eines Transportproblems beim Münsterbau sorgte. Der Spatz, das inoffizielle Wappentier der Stadt, begegnet dem Besucher in Ulm immer wieder. Rathausbau und alter Marktplatz sind ebenfalls Zeugen der Vergangenheit. Die modern gestaltete Stadtmitte setzt dazu markante architektonische Akzente. Wer Ulm vom Wasser aus erkunden möchte, kann dies mit einem Solarboot tun, das von Sonnenenergie und einer umweltfreundlichen Brennstoffzelle angetrieben wird.

54

www.tourismus.ulm.de;
www.solarstiftung.de

55

Heiliger Berg Bussen

Offingen

Auf 767 m liegt der »Heilige Berg« Oberschwabens mit der barocken Kirche »Zur Schmerzhaften Mutter«. Die Aussicht vom Berg in alle Richtungen ist grandios. Zu den Maiandachten sowie an Sonn- und Feiertagen pilgern zahlreiche Besucher hierher. »Hock a bitzle na!«, diese Inschrift auf der Bank vor der Kirche ist eine sehr liebevolle Aufforderung, sich auszuruhen, nachdem man den Berg über einen der sechs Wanderwege bezwungen hat. Der Satz ähnelt dem Leitmotiv »Schaffa, gruaba!« (»Arbeiten, ausruhen!«) und ist Ausdruck oberschwäbischer Lebensart.

www.gz-bussen.de;
www.krippen-museum.de

Meßkirch
und Jakobsweg

56

Dass so viele berühmte Persönlichkeiten in der 8000-Seelen-Gemeinde Meßkirch das Licht der Welt erblickten, lässt aufhorchen: Der Philosoph Martin Heidegger, Komponisten wie Konradin Kreutzer oder der barocke Prediger Abraham a Santa Clara sind hier geboren. Ein Besuch des Schlosses und der Barockkirche St. Martin gehören aber nicht nur deshalb zum Pflichtprogramm. Zünftig geht es auf dem 17 km langen Teil des Jakobswegs von Meßkirch nach Pfullendorf zu, der hier zu einer Tour durch die schöne Landschaft einlädt.

www.messkirch.de;
www.via-beuronensis.de;
www.schloss-messkirch.de

57 Naturschutzgebiet Federsee
Bad Buchau

Natur und Kultur gehen am Federsee eine perfekte Verbindung ein. Schon seit der Steinzeit siedeln Menschen in dem Gebiet, das heute im Herzen Oberschwabens liegt. Wie sie ab der letzten Eiszeit im Moorgebiet gelebt, gejagt, gegessen und gekämpft haben, präsentiert die anschauliche Ausstellung im Federseemuseum in Bad Buchau. Daneben, im Naturschutzzentrum, lernen die Besucher Flora und Fauna des Moores, darunter z. B. die mehr als 260 Vogelarten kennen.

www.bad-buchau.de;
www.federseemuseum.de

58 Märchenwanderung
Krummbach

Im Dickicht lauert der böse Wolf, hinter den Hügeln wackeln rote Zipfelmützen, und die Hufe der Pferde des Prinzen donnern durch den Wald – auf einem Spaziergang mit einer Märchentante ist alles möglich. Entlang des Krummbachs entführt die 90-minütige Wanderung jeden ersten Sonntag im Monat in die Welt der Märchen. Ebenfalls am malerischen Krummbach befindet sich ein Erlebniswald für Familien.

www.maerchenreise.de;
www.rot.de

59 Öchsle-Bahn & Knopfmuseum

Warthausen

Nicht ganz so bequem, aber wunderschön! Auf der 19 km langen Strecke der Schmalspurbahn von Ochsenhausen nach Warthausen bei Biberach nimmt die Bahn ihre Passagiere mit in eine lange vergangene Epoche. Die Fahrtzeit von 70 Min. wird für die Reisenden zu einem hör-, riech- und fühlbaren Abstecher in die Zeit König Wilhelms II. von Württemberg. Die Dampflok schnaubt gemächlich an restaurierten Bahnhöfen vorbei durch die Landschaft. In Warthausen ist der Ausflug aber noch nicht zu Ende. Im Museum »Knopf und Knopf« wird eine Knopfmacherwerkstatt aus dem Jahr 1946 lebendig. Eine Ausstellung wertvoller Gold- und Elfenbeinknöpfe sowie ein Blick auf die (mögliche) Zukunft der Knopfherstellung runden den Museumsbesuch ab.

www.oechsle-bahn.de;
www.das-oechsle.de;
www.knopfundknopf.com

60 Museumsdorf Kürnbach

Bad Schussenried

Alles so zu zeigen, wie es tatsächlich war – das ist die Absicht des Museumsdorfs Kürnbach bei Bad Schussenried. Schön ist es hier allemal, denn in den vergangenen 40 Jahren hat sich rund um das 1968 eröffnete Heimatmuseum im Kürnbachhaus ein regelrechtes oberschwäbisches Dorf entwickelt, mit inzwischen 33 Gebäuden und allem, was seinerzeit dazugehörte: Bauernhöfe (der älteste stammt aus dem Jahre 1499), Speicher, Backhaus, ein Rathaus, ein Dorfteich, eine Kapelle, eine Zehntscheuer, eine Turm-Umspannstation. Dazu ein Tanzhaus, in dem heute das Oberschwäbische Trachtenmuseum untergebracht ist sowie eine über 100 Jahre alte Holzkegelbahn.

www.museumsdorf-kuernbach.de

61 Seepark Linzgau

Pfullendorf

Abenteuerlustige, Sonnenbadende, Volleyballspieler, Wasserskifahrer, Wakeboarder und andere Freizeitler kommen voll auf ihre Kosten. Der Tag im Seepark könnte z. B. mit einem 18-Loch-Turnier der besonderen Art beginnen – auf der wohl verrücktesten Golfanlage Deutschlands. Hier müssen der Säntis bezwungen, eine Skisprungschanze durchspielt und ein gespenstischer Keller durchlaufen werden. Für die Kleinen wartet der Seepark mit einer Wasser-Erlebniswelt samt Spielplatz auf, in dem gebuddelt, geplanscht und geschaukelt werden kann.

www.pfullendorf.de/seepark-linzgau

Spiele & Türme
Ravensburg

62

»Ravensburg spielt!« lautet das Motto in jedem Sommer. Immer am letzten Ferienwochenende verwandelt sich die Altstadt in ein riesiges Freiluft-Spielzimmer, in dem mit Feuereifer gepuzzelt und gewürfelt, gewonnen und verloren wird. Ravensburg ist die Stadt der Spiele. Der Buchhändler Otto Maier hat hier 1883 »Ravensburger« gegründet, die heute weltbekannte Marke mit dem blauen Dreieck. Im Stammsitz des Unternehmens in einem Patrizierhaus in der oberen Marktstraße residiert das Museum Ravensburger. Dort kann man Geschichte und Gegenwart des Verlags, aus dem Klassiker wie Malefiz, Fang den Hut oder Memory stammen, erleben. Vom Museum ist es nur ein Katzensprung hoch zum Mehlsack, dem berühmtesten Turm in der »Stadt der Türme«, wie Ravensburg auch genannt wird. Der mühsame Marsch wird mit einer herrlichen Aussicht belohnt.

www.museum-ravensburger.de

63

Naturpfad Blitzenreuter Seenplatte
Fronreute

»Sinne-Max« heißt die Figur, die Besucher des Naturschutzgebiets auf den drei Routen »DENK-mal«, »MACHmal« und »SCHAUmal« durch das Dornacher Ried und um die umliegenden Seen und Weiher führt. Mit Längen von 3,5-8,1 km und unterschiedlichen Schwerpunkten bieten die interaktiven Naturerlebniswege Spaß, Erholung und Wissenswertes in einem. Zwei der Wege sind für Fahrradtouren geeignet. Je nach Route führt der Sinne-Max zu einem Baumtelefon, einer begehbaren Sonnenuhr, einem Waldspielplatz oder zu Aussichtspunkten mit Alpenpanorama.

www.zwischenschussenundseen.de; www.vorseer-stallbesen.de

64 Durchs Pfrunger Ried

Wilhelmsdorf

Hauptsächlich auf Fleisch hatten sie es abgesehen, aber auch Brot, Wein und Kleidungsstücke waren ihnen willkommen: Die Räuber in der Bande des Schwarzen Veri, des bekanntesten Räuberhauptmanns Oberschwabens – sieben davon waren Frauen –, trieben bis ins Jahr 1819 ihr Unwesen. Bei einer Führung durch das Pfrunger Ried bei Wilhelmsdorf erfährt man mehr über den legendären Schwarzen Veri.

www.riedstiftung.de; www.schwaebischer-heimatbund.de

65 Stadt & Humpisquartier

Ravensburg

Die Nabholzin kennt sich aus in Ravensburg. Nicht nur, weil sie äußerst »wunderfitzig« ist. Als Frau des Türmers und Küchenmagd im Haushalt des Bürgermeisters kommt sie viel herum und kann so manche spannende Geschichte erzählen. Die Nabholzin heißt im richtigen Leben Ana Schlaegel, sie ist Schauspielerin und führt Gäste durch die Stadt; auch ins Humpisquartier, wo man die Spuren der angesehenen Kaufmannsfamilie bis ins späte Mittelalter zurückverfolgen kann.

www.ravensburg.de

66 Hopfenweg

Tettnang

Auf dem 4 km langen Wanderweg, auf dem man auch das Fahrrad benutzen kann, geben Hinweistafeln Aufschluss über Anbau und Besonderheiten der uralten Frucht. Schon wie der Hopfen kultiviert wird, ist eine Sehenswürdigkeit: An Drahtgerüsten wachsen die Triebe bis zu 7 m in die Höhe, bevor sie Anfang September geerntet werden. Im Hopfenmuseum zeigen lebensgroße Puppen Szenen aus der Hopfenernte früherer Zeiten. Zur Ernte können Besucher hier das Pflücken und Trocknen der Dolden miterleben.

www.tettnang.de; www.hopfenmuseum-tettnang.de

Wanderung und Streichelzoo
Aitrach

67

Die Iller hinterlässt bei Aitrach, an der bayerischen Grenze, eine zauberhafte Uferlandschaft, in der sich Vögel, Fische und Menschen wohlfühlen. Im Aitracher Ortsteil Marstetten bezeugt eine Burgruine die strategisch günstige Lage der Stadt am Fluss. Die Burganlage kann besichtigt werden, im Landgasthof Löwen verkürzt ein Streichelzoo Kindern die Essenszeit. Entlang des Aitracher Höhenwegs können Wanderer die Gegend auf gut beschilderten Wegen erkunden und Ruhe in den üppigen Wäldern finden.

www.aitrach.de;
www.loewen-aitrach.de

68 Ausflug auf die Insel
Reichenau

Der Ruhm der Reichenau wird ein wenig überschattet von dem der Blumeninsel Mainau – doch zu Unrecht. Denn das größte Eiland im Schwäbischen Meer gehört zum Unesco-Weltkulturerbe. Allein der Weg über den Inseldamm lohnt – egal ob zu Fuß, auf Inlinern oder mit dem Fahrrad. Die mächtige Allee spendet Schatten, und im Schilfrohr trällern Teichrohrsänger und Zwergdommel. Wie auf der Blumeninsel Mainau gedeiht es auch auf der Reichenau – hier allerdings hauptsächlich Gemüse!

www.reichenau.de

69 Kletterpark & Waldlehrpfad
Bad Waldsee

Im Kletterpark Tannenbühl bei Bad Waldsee warten über 130 Übungen, verteilt auf mehrere Parcours, auf wagemutige Kletterer ab drei Jahren. Und wen die Höhenangst plagt, dem bietet das angrenzende Naherholungsgebiet mit seinem Abenteuerspielplatz, dem großen Tiergehege und dem 3 km langen Naturlehrpfad durch den Wald genügend Alternativen für einen aufregenden Tag.

www.bad-waldsee.de;
www.abenteuer-kletterpark-tannenbuehl.de

70 Sea Life Unterwasserwelt

Konstanz

660 000 l Wasser – das ist eine ganze Menge! Nicht zu vergleichen mit den etwa 50 Bio. l des Bodensees, aber eine durchaus imposante Zahl. Auf einer nach Themenschwerpunkten angeordneten Tour durch die Unterwasserwelt des Bodensees und Untiefen in der ganzen Welt können Besucher hier Fische und Pflanzen in über 40 Süß- und Salzwasserbecken bestaunen: Beginnend mit Rhein und Bodensee über den Hafen Rotterdams bis zum Roten Meer sind hier Fluss-, See- und Meerestiere, wie z. B. Haie, Kraken, Quallen und Meeresschildkröten, zu Hause. Bei den Vorführungen darf man die harmloseren Exemplare dieser Gattungen sogar berühren. Das im gleichen Gebäude untergebrachte Bodensee-Naturmuseum informiert über Flora und Fauna der nahen Umgebung.

www.konstanz.de;
www.sealife.de

71 Ausflug auf den Höchsten

Deggenhausertal

Seinen Namen trägt er zu Recht: Mit 837 m ist der Berg die höchste Erhebung des Linzgaus. Ist die Sicht gut, schweift der Blick über den Bodensee bis zu den Alpen. Bequeme, auch mit dem Fahrrad gut befahrbare Wanderwege machen den Berg zu einem beliebten Ziel für alle, die nicht mehr ganz so gut zu Fuß oder müde sind. Oben am Gipfel beginnt der Schwäbisch-Alemannische Mundartweg, der seit dem Jahr 2005 Dialektkunde mit körperlicher Ertüchtigung verbindet. Zehn Tafeln übersetzen die wichtigsten Worte ins Hochdeutsche. Man lernt zum Beispiel, dass ein »Muggaseckele« die kleinste schwäbische Maßeinheit ist.

www.hoechsten.de;
www.deggenhausertal.de

72 Wassersport

Leutkirch

»Nei-jucka« heißt so viel wie hineinspringen, Blödsinn machen, baden, bis die Lippen blau sind. Das geht nicht nur am Meer oder am großen Bodensee, sondern fernab der großen Anlaufstellen für Wasserratten auch an vielen kleinen Weihern zwischen Isny, Leutkirch, Kißlegg und Wangen. Der Vorteil: Die Liegewiesen kosten (fast) gar nichts, und der Erholungseffekt steigt durch den niedrigeren Lärmpegel massiv an. Der Badesee in Beuren und der Ellerazhofer Weiher bei Willerazhofen verfügen über Campingplätze.

www.leutkirch.de; www.isny.de;
www.kisslegg.de;
www.campingbadsee.de

74

Fallschirmspringen

Leutkirch-Unterzeil

Ein etwas mühsamerer, dafür umso schönerer Weg hinauf nach Schloss Zeil führt von Herbrazhofen über die Fischweiher von Brunnentobel bis auf den Berg. Ein Blick nach oben könnte sich lohnen: An den meisten Tagen im Jahr »fallen« hier nämlich Fallschirmspringer vom Himmel, die auf dem nahe gelegenen Flugplatz in Unterzeil ihre feste Station haben. In dem Hangar auf dem Flugplatzgelände werden auch Tandemflüge angeboten. Wer sich die schöne Landschaft bei mehr als 200 km/h von oben ansehen möchte, ist eingeladen, dieses unvergessliche Erlebnis gegen ein entsprechendes Entgelt zu wagen.

www.schlosszeil.de; www.skydive-nuggets.de

73

Wurzacher Ried

Bad Wurzach

Nördlich von Bad Wurzach erstreckt sich das Wurzacher Ried, die größte noch intakte Hochmoorfläche Mitteleuropas. Dank seiner herausragenden ökologischen Bedeutung wurde das Naturschutzgebiet vom Europarat ausgezeichnet. 700 Pflanzen- und mehr als 1 500 Tierarten leben in diesem Biotop – es gibt also viel zu entdecken.

www.bad-wurzach.de; www.naturschutzzentrenbw.de

75 Wintervergnügen

Isny und Umgebung

Sportlich ambitioniert geht es auf dem 85 km langen Loipennetz Isny-Maierhöfen-Argenbühl zu. Die Hälfte der Langlaufstrecken ist vom Deutschen Skiverband ausgezeichnet. Sowohl an klassische als auch an Skating-Läufer ist hier gedacht. Kein Wunder, dass die Loipen einen solch guten Ruf haben.

www.isny.de; www.iberg.de; www. fluckenlift.de

76 Wandern, radeln, walken

Entlang der Argen

Ob per Fahrrad auf kaum befahrenen Straßen, per pedes in den dichten Wäldern oder mit Nordic-Walking-Stöcken bewaffnet – die Region ist ein Paradies für Naturfreunde, die es langsam angehen lassen. Von 40 Ferien-Bauernhöfen, 100 Ferienwohnungen und elf bewirtschafteten Gasthäusern aus lässt sich das Gebiet zwischen Oberer und Unterer Argen täglich neu erkunden.

www.argenbuehl.de

77 Glasmacherdorf und -weg

Schmidsfelden

Einen Einblick in die raue Welt der Bauern, Holzfäller und Glasmacher erhalten die Besucher des Glasmacherdorfs Schmidsfelden, das seine Blütezeit zwischen 1825 und 1898 hatte. Heute ist das Leben in den Ort zurückgekehrt – in der Glashütte geht ein Glasmacher seinem Handwerk nach und lässt auch die Gäste ihr Glück mit dem heißen Glas versuchen.

www.schmidsfelden.net; www.glasmacherweg.de

78 Streuobstlehrpfad

Amtzell

Leicht bergauf führt der Weg vom Ortsrand Amtzells in Richtung Kapelle. Von hier oben hat man den Überblick, sieht, wie Wiesen und Wälder den Ort umrahmen, und kann bei guter Sicht die Gipfel von den Allgäuer bis zu den Schweizer Alpen ausmachen. Etwa 50 Streuobstbäume säumen den Pfad. Vor allem die alten Apfelsorten haben es den Amtzellern angetan: Jakob Fischer, Brettacher und Berner Rose. Entlang des Wegs erfährt der Spaziergänger auf Informationstafeln, welch wichtigen Beitrag Streuobstwiesen für Fauna und Flora leisten.

www.amtzell.de; www.gasthofgerbe-amtzell.de

79 Wildseemoor
Schwarzwald

Die Schwarzwald-Bäderstraße entlang der großen Enz führt nach Sprollenhaus (Orsteil von Bad Wildbad). Von hier kann man per pedes im Sommer und mit Langlaufskiern oder Schneeschuhen im Winter das Naturschutzgebiet am Wildsee und am Hornsee entdecken (ca. 10 km). Auf einem 900 m hoch gelegenen Rücken befindet sich eine der letzten Hochmoorlandschaften, deren typische Flora klingende Namen wie Schwingrasen, Wollgräser oder Moorbirken tragen. Die urige Moorlandschaft selbst kann man auf einem Bohlenweg trockenen Fußes durchlaufen.

www.schwarzwald.de

80 Rund um den Battertfelsen
Baden-Baden

Den besten Blick auf die Stadt genießt man von der Ruine Hohenbaden (Altes Schloss), die man zu Fuß oder mit dem Auto erreichen kann. Der Blick über Baden-Baden reicht bis zur Rheinebene. Wer schon mal hier ist, sollte sich einen der leichten Wanderwege von der Ruine zu den Battertfelsen aussuchen. Am Felsen selbst gibt es etliche anspruchsvolle Routen – das macht die Region auch für fortgeschrittene Kletterer so anziehend.

www.baden-baden.com

81 Bike Parcours
Bad Wildbad

Jeder Biker findet hier seine Strecke: Der Park gilt als abwechslungsreichster Parcours in Deutschland. Wer bereits mehr beherrscht, kann hier Nervenkitzel pur erleben: Wellen und Wippen – teilweise in 3 m Höhe – müssen überwunden werden. Mit Sprungschanzen und Steilkurven locken der »Dual Slalom«- und die »Cross«-Strecken. Das alles spielt sich vor der überwältigenden Kulisse des Nordschwarzwalds ab.

www.bikepark-badwildbad.de; www.radsportakademie.de; www.bikearena-murgenz.de

82 E-Biken

In und um Baden-Baden

Radeln im Schwarzwald? Klingt anstrengend und wäre es auch, gäbe es nicht die E-Bikes, mit denen selbst Gelegenheitsradler sich zu neuen Höhen aufschwingen können. Aufsteigen, losfahren, entdecken – alles geht so leicht, dass man glatt vergessen könnte in die Pedale zu treten. Und dies sollte man schon tun, denn es gibt einfach viel zu viel zu sehen und zu erleben. Die reizvollen Landschaften rund um Baden-Baden sind dabei ebenso vielseitig wie die Stadt selbst. Exponierte Schwarzwaldhöhen gehen in die Reben bedeckten Hänge des Baden-Badener Reblandes über, flache Passagen in der Rheinebene wechseln sich ab mit aufregenden Panoramaaufstiegen zu Baden-Badens Schlössern und Burgen – und immer wieder finden sich dazwischen herrliche Aussichtsplattformen, Plätze zum Entdecken und Einkehren oder einfach nur zum Innehalten und Genießen. Im Anschluss an die Radtour bieten die am Rande der Altstadt gelegene moderne Caracalla Therme und das historische Römisch-Irische »Friedrichsbad« entspannende Stunden. Besonders empfehlenswert ist zudem ein Besuch im Festspielhaus, Europas zweitgrößtem Opern- und Konzerthaus, sowie des Museums Frieder Burda. Am Abend lädt das laut Marlene Dietrich »schönste Casino der Welt« seine Gäste ein, ihr Glück im Spiel zu versuchen.

www.baden-baden.com

Experimentiermuseum

Freudenstadt

83

Unter dem Motto »Sehen – Staunen – Verstehen« stehen in der Ausstellung die spannende Praxis und der Spaß am Lernen im Vordergrund. Eine Vielzahl von Stationen zu den Bereichen Luft und Wasser, Wellen und Schall, Licht und Schatten, Kraft und Masse sowie Magnetismus laden Kinder zum Mitmachen ein – und dabei ist nicht nur das Anschauen und Mitdenken gemeint, sondern auch das Mitanfassen. So kann z. B. der eigene Schatten eingefroren, kann ein Tornado »miterlebt« oder eine Riesenseifenblase produziert werden.

www.experimenta-freudenstadt.de

84 Wasserfälle
Schwarzwaldmuseum / Triberg

Die Gutach stürtzt in sieben Kaskaden beim Luftkurort Triberg 163 m die Steilhänge hinunter. Damit, so lernen die Schwarzwälder Kinder, sind sie die höchsten Wasserfälle Deutschlands. Und was ist mit den Alpen? Man muss es ja nicht immer so genau nehmen. Imposant sind die Fälle allemal. Und wer schon hier ist, sollte sich das Schwarzwaldmuseum anschauen: Trachten, Schnitzereien, Strohflechten – die Kuckucksuhren aus der Gegend sind längst Kult. Zu viel des Guten? Dagegen hiflt Speck, Torte oder Schnaps, natürlich alles aus dem Schwarzwald!

www.triberg.de

85 Barfußpark
Dornstetten

Erst mal raus aus den Schuhen! Mit den verschiedensten Materialien unter den Fußsohlen beginnt die Strecke: Holz, Stein, Rindenmulch, Gras, Lehm und Wasser – mal kalt, mal warm, feucht oder trocken, mal anregend und belebend. Hat man sich daran gewöhnt, den Untergrund mit den bloßen Fußsohlen zu erspüren, fängt die Sache an, richtig Spaß zu machen. Handtücher und Wechselkleidung nicht vergessen, denn ohne Schlammspritzer geht das nicht ab!

www.barfusspark.de;
www.dornstetten.de

86 Schneeschuhwandern
Baiersbronn

Je höher das Körpergewicht, desto größer die Schneeschuhe – so lautet die Regel. Mit der richtigen Ausrüstung, bestehend aus Schneeschuhen, Stöcken und Gamaschen, geht es unter sachkundiger Anweisung der Guides los in die Winterwelt. Das »Wander-Informationszentrum« verleiht die Ausrüstung kostenlos an alle angemeldeten Teilnehmer. Nur keine Ausrede mehr! Jeder, der laufen kann, ist auch in Schneeschuhen gut zu Fuß.

www.baiersbronn.de

87 Ritterspiele
Horb am Neckar

Jedes Jahr am dritten Juniwochenende wandelt sich Horb in eine Hochburg mittelalterlichen Lebens und Feierns. Die Kulisse dafür bilden die prunkvolle Stadtkirche, das historische Rathaus und der alte Marktplatz. So also wurde damals gearbeitet, gegessen, getanzt und gekämpft. Das Mittelalter entfaltet sich in Umzügen mit Turnieren, Ritterlager und Märkten. Gaukler, Hexen, Bauern, Ritter und Mägde versetzen die Stadt ins Mittelalter zurück.

www.ritterspiele.com

88 Kanufahren auf der Elz
Riegel

Den Merkspruch »Brigach und Breg bringen die Donau zuweg« machen 900 m möglich. So nah sind sich Breg- und Elzquelle, doch statt zum Schwarzen Meer wollte die Elz lieber an die Nordsee. Dabei nimmt sie ihre 90 km scheinbar ziellos: Nahe Schönwald entsprungen, fließt sie erst nach Norden, knickt im Prechtal scharf gen Süden ab und verschönert mit der Gutach das Elztal bis Waldkirch. Auf einer geführten Tour (3-4 Std.) von Riegel bis Rheinhausen ist die Elz am schönsten.

www.wildsport-tours.de

89 Wasserski
Tunisee

Der Tunisee liegt nicht am Tuniberg. Für Gebirge wie Gewässer gilt: Beide sind sie klein, und doch ist der nur 9 ha große See bei Freiburg kein schlechtes Ziel, um (angehenden) Freunden des Wasserskifahrens ausgiebige Ritte auf planem Nass zu ermöglichen. Auf der Wasserskianlage des Tunisees lässt sich seit 2009 bestens solchen Freuden frönen. Hier sorgt statt Motorbooten ein elektrobetriebener Schlepplift mit fünf Masten für den nötigen Antrieb. Auf dem gut 650 m langen Rundkurs können acht Personen gleichzeitig über das Wasser brettern.

www.tunisee.de; www.wavecamp.eu

91

Wanderung

Am Kaiserstuhl

Vom »Samengarten« im Altweg führt der 9,5 km lange Pfad (300 Höhenmeter) an 13 Stationen vorbei, die u. a. erläutern, was es mit vulkanischem Gestein wie dem Karbonatit oder dem graugrünen und hell klingenden Phonolith auf sich hat. An einer Stelle lässt sich (Taschenlampe!) ein 35 m langer Lössstollen begehen, den Winzer einst zwischen zwei Rebhängen gruben. Die Eichelspitze (521 m) markiert als zweithöchster Kaiserstuhlgipfel auch den Höhepunkt der Strecke, nochmals gut 42 m misst der Turm, der ein prächtiges Panorama bietet. Auf dem Rückweg (2,5 km) hinab nach Eichstetten schweift das Auge bis zum Schwarzwald.

www.eichstetten.de; Einkehr: www.weingut-koebelin.de

90

Drachenfliegen

Kandel

Auf Augenhöhe der Vögel fliegen, das ist sicher nichts für Ängstliche und braucht einiges an Überwindung. Hinzu kommt auch noch die Qual der Flugwahl: Drachen- oder eher Gleitschirmfliegen? Mit beiden lassen sich am Kandel Tandemflüge unternehmen. Egal wie, die Aussicht bei beiden Flügen ist grandios.

www.kandel-air.de;
www.skytec.de

92 Freilichtmuseum
Vogtsbauernhof / Gutach

Nach Passieren des modernen Kassenbereichs eröffnet sich dem Besucher eine kompetente Darstellung Schwarzwälder Wohn- und Arbeitskultur früherer Epochen. Die derzeit 19 Gebäude sind keine auf alt getrimmten Nachbauten, sondern aus verschiedenen Winkeln des Schwarzwalds hierher verpflanzte Originale.

www.vogtsbauernhof.org

93 Segelflug
Kirchzarten / Hochschwarzwald

Zwei der sieben Vereinsflugzeuge sind Zweisitzer, Nichtmitglieder werden gern auf (recht preiswerte) Rundflüge mitgenommen. Hat man sich nach steilem Aufzug mit der Seilwinde und dem kurzen Absacken beim Ausklinken an die Höhe gewöhnt, bereitet Segelfliegen pure Freude. Kein Motor stört, am lautesten ist das Pfeifen der Luft in den Schiebefenstern. Meist bleibt es nicht bei einem Flug!

www.brausegeier.de

94 Baumkronenweg
Waldkirch

Der Aufstieg zum Baumkronenweg ist etwas beschwerlich. Oben warten ein Barfußpfad und Hängebrücken des Abenteuerpfades auf die Besucher. Der 200 m lange Baumkronenweg selbst ist die Attraktion. Auf Stelzen gestützt, führt er in Wipfelhöhen von 23 m vorbei an vielen Erläuterungen zu Flora und Fauna. Abwärts geht es schneller: in der 190 m langen Röhrenrutsche.

www.baumkronenweg-waldkirch.de

Radtour
Auf den Kandel

95

Kondition schadet nicht auf der 55 km langen Tour von Freiburg über Waldkirch und St. Peter zurück nach Freiburg. Um die 1 000 Höhenmeter gilt es zu überwinden und die Kandelstraße wird – kein Witz – mit L'Alpe d'Huez, dem berüchtigten Bergziel der Tour de France, verglichen. Acht Spitzkehren zählt die Strecke. Oben belohnt eine grandiose Aussicht, doch die Terrassen der zwei Gasthäuser sind auch nicht verkehrt. Nach so viel Höhe kann es nur bergab gehen: Wer keinen Meter mehr bergauf will, fährt das Glottertal hinunter und über Heuweiler zurück.

www.kandel-berghotel.de; www.kandelhof.de

Inlineskaten
Dreisamtal / Freiburg

96

4,5 Mrd. Kilometer in 15 Minuten? Das Dreisamufer entlang ist 17-fache Lichtgeschwindigkeit mit Inlineskates ein Klacks. Der Planetenweg mit seinen Himmelskörpermodellen, die im maßstabgetreuen Abstand am Wegesrand stehen, macht's möglich. Dann weiter flussaufwärts öffnet sich die Landschaft. Nach 2 km verlässt man die Dreisam, unterquert mit der Brugga die B 31 und erreicht bei Neuhäuser den Bahnübergang zur L 121, deren Weg 2 km nach Kirchzarten führt. Wer noch 1,5 km an der L 126 bis Dietenbach rollt, findet den Biergarten »Rössle«.

www.freiburger-planetenweg.de

97 Münster und Turm
Freiburg

Der bedeutendste in Freiburg je tätige Architekt war ein Steinmetz. Im Dezember 2009 wurde bekannt, was die Freiburger vor 680 Jahren vermutlich noch wussten (aber nirgends notierten): Der Baumeister des Münsterturms hieß Erwin von Steinbach (um 1244–1318). Dies belegte nach gründlichem Studium alter Bauzeichnungen die Uni Karlsruhe. Der für seine Eleganz gerühmte 116 m hohe Turm wurde um 1330 vollendet. In 37 m Höhe geht der quadratisch massive Sockel in die zwölfeckige Sternengalerie über, aus der die oberen zwei Drittel als Achteck streben (begehbar bis 70 m). Bei einer Führung des Münsters, samt Besteigung des Turms, erfährt man sehr viel Wissenswertes über die Entstehung, das luftige, in den Himmel strebende Maßwerk, die unzähligen Schätze im Inneren u. v. a. m.

www.freiburgermuenster.info, www.freiburg-sehen.de

98 Historix Stadtrundgänge
Freiburg

Amüsant und munter sind die von »Historix-Tours« seit 1998 geführten Rundgänge. Mysteriöse und skurrile Begebenheiten von anno dazumal werden den Teilnehmern kreuz und quer durch die Innenstadt vermittelt, oft auch in den Abendstunden bei Laternenschein. Wie es die Freiburger während der Inquisition mit den Hexen hielten, was die Zähringer auf dem Schlossberg trieben, wie es in der Stadt zu Zeiten eines Joß Fritz und der Bauernkriege zuging oder warum es am Greiffenegg-Schlössle zuweilen spukt: Geschichten vom Mittelalter bis ins 19. Jh. gibt es satt. Mag manch Fantastisches hier oder dort hinzugemogelt werden, unterhaltsam ist das allemal.

www.historix-tours.de

99

Schlossberg

Freiburg

Vom Schwabentor geht es bergan am Greiffenegg-Schlössle vorbei. Im dortigen Biergarten herrscht im Sommer Hochbetrieb. Oberhalb davon liegt der Kanonenplatz als Terrasse über der Stadt. Der Rest des Burghaldenschlosses, die darüber gelegene Ludwigshöhe, bietet auch keinen schlechten Blick. Der beste aber kommt noch: Vom Burghaldering führen weiter östlich 251 Stufen zum 2002 erstellten Neuen Schlossbergturm. Sechs Douglasienstämme stützen, in sich verdreht, eine stählerne, 35 m hohe Wendeltreppe. Weiter ist kein Panorama auf Freiburg.

www.museen.freiburg.de; Einkehr auch in: www.st-ottilien.com

Wanderung

Am Tuniberg

100

Mitten im Breisgau liegt der Tuniberg. Bis zu 120 m erhebt sich sein Lössboden über die Rheinebene und erreicht dabei 314 m Höhe. Das Klima ist der Burgundischen Pforte und des Sandbodens wegen äußerst mild, Wanderungen im Sommer bringen einen hier ordentlich ins Schwitzen. Ob man von Munzingen nach Gottenheim oder lieber in der umgekehrten Richtung wandert, ist auch eine Frage des Lichtschutzfaktors der Sonnencreme. Nach Süden zu gehen lohnt die prächtige Kulisse des Südschwarzwalds. Je nach Jahreszeit gedeihen Burgunder und Spargel. Trotz vieler Abzweigungen wird man sich – dank der zahlreichen Wegweiser – kaum verlaufen. Wer den ganzen Tunibergrücken (ca. 16 km) erwandert, orientiert sich an der gelben Raute. Doch gleich, ob nach Norden oder Süden, ein Abzweig zur Erentrudiskapelle bei Munzingen gehört einfach dazu.

Einkehr: www.weingut-hunn.de

101 Langlaufen
Notschrei

Am Notschrei locken die Schauinsland- und die Stübenwasenspur, die »Langlauf satt« verheißen, egal ob auf Skiern oder mit Schuppen unterm Tritt. Beide sind für den klassischen Stil und für Skating präpariert. Die Schauinslandspur führt in voller Länge (17,2 km) fast bis zum Wiedener Eck und an Muggenbrunn vorbei. Ihr Profil, das um eine Höhe von 1100 m pendelt, eignet sich auch für Anfänger. Anspruchsvoller ist die Stübenwasenspur (19,6 km), die ein ständiges Auf und Ab, lange Abfahrten, verschneite Wälder und freie Flächen mit Blick bis zu den Alpen bietet.

www.notschrei-loipe.de

102 Besucherbergwerk
Schauinsland

Rund 100 km Stollen durchziehen den Schauinsland. Mit montaner Leidenschaft hat die private Forschergruppe Steiber einige Kilometer davon zugänglich gemacht und bietet Führungen an. Stollen und Gerätschaften aller Epochen sind zu besichtigen, von niedrigen Gängen des Mittelalters bis zu gesprengten Hohlräumen des 20. Jhs.

www.schauinsland.de

103 Imkerei und Museum
Münstertal

Warum eine Königin im Strohkorb haust (sofern ein Bienenvolk nicht weisellos ist), was Bienen mit ihrem Rüssel an der Trachtquell treiben, wie Met schmeckt und sich der Schwarzwälder-Tannenhonig zusamensetzt: Nichts aus der Welt der Imker bleibt hier im Dunkeln. Älteste Biene ist übrigens ein in Bernstein verewigtes Exemplar – seit 50 Mio. Jahren von Harz umschlossen.

www.bienenkundemuseum.de

104 Entdeckungstouren
Sulzburg / Schwarzwald

Entschleunigen ist das Rezept der »Original Schwarzwald AG«, die ungewöhnliche und urige Aktivitäten anbietet. Auf dem Programm steht u. a. Kräutersammeln mit Profiköchen, die anschließend in der Küche zeigen, was die heimische Pflanzenwelt kulinarisch so hergibt. Ebenso geführte Schneeschuhwanderungen für Frühaufsteher, die den winterlichen Sonnenaufgang erleben wollen.

www.original-schwarzwald.de

Sommerrodeln

Oberried

105

Als Attraktion im Steinwasenpark gelten die beiden Sommerrodelbahnen (beide 800 m lang, eine überdacht), zu deren Startpunkt eine Sesselbahn führt. Weitere Fahrgeschäfte sind der »River Splash« im Außenbereich oder der »Gletscherblitz« im Hauptgebäude, das auch ein Naturkundekino birgt.

www.steinwasen-park.de

106

Vitra Design Museum

Weil am Rhein

Mit ausgefallenen Sitzgelegenheiten hat Vitra seit Jahrzehnten Erfolg. Die Entwürfe international renommierter Designer und Architekten wie Charles und Ray Eames, Philippe Starck, Jasper Morrison, Norman Foster gingen bzw. gehen bei Vitra in Serie. Als 1981 Vitras Produktionsstätte niederbrannte, ließ man Frank O. Gehry hier 1989 sein erstes Bauwerk in Europa errichten, das in sich verdreht und ohne rechten Winkel das Auge von üblichen Sehgewohnheiten weglockt. Ebenso anspruchsvoll wie das Gebäude sind auch die Ausstellungen, ob Modelle, konkrete Objekte oder ästhetische Utopien.

www.design-museum.de

107 Action Forest

Titisee-Neustadt

Im Hirschbühl bei Titisee lockt der Hochseilgarten Action Forest mit Nervenkitzel. Balancegefühl und das Bekämpfen von Höhenangst lassen sich hier gut trainieren – sprich: wie man mit guter Karabinersicherung den »inneren Angsthasen« überlistet. Fünf unterschiedlich schwere Kletter-Parcours bietet die Anlage. In 6 m Höhe über Bretter oder Seile zu balancieren, gehört hier zu den einfacheren Übungen. 12 m höher – auf schwankenden Planken, kaum einen Halt für die Hände – sieht die Sache noch mal anders aus. Auch Kondition ist hierbei gefragt.

www.action-forest.de

108 Baden und walken

Schluchsee

Im von der Schwarzach gespeisten Schluchsee (930 m) kann es vorkommen, dass man auch in Rheinwasser badet. Die höchste deutsche Talsperre ist zugleich der größte See im Schwarzwald (5 qkm, bis zu 61 m tief). Der Wasserspiegel des einstigen Gletschersees lag vor Errichtung der Staumauer bei Seebrugg 30 m tiefer. Bereits seit 1926 führt das Gleis der Dreiseenbahn hier hinauf. Wie die Straße verläuft es am Nordufer, während das südliche weitgehend naturbelassen blieb. Zum Baden, Windsurfen, Segeln, Tauchen oder Wandern ist der Schluchsee bestens geeignet. Vor allem im Hochsommer übt er größeren Reiz als der Titisee aus, da seine Ufer fast überall leicht zugänglich sind. Samstags kann man hier in der geführten Gruppe auch Nordic Walking mit Strecken von 11 und 18 km erlaufen.

www.schluchseelauf.com; www.seerundfahrten.de

109 Besucherbergwerk

Mit Asthmastollen / Münstertal

Tief im Belchenmassiv liegt das uralte Bergwerk »Teufelsgrund«, das 1970 als erstes im Schwarzwald für Besucher geöffnet wurde. Der Stollen misst 600 m und verläuft stets auf gleicher Höhe (ca. 580 m ü. NN). Somit ist etwa ein Zehntel des Systems zugänglich. Sehenswürdigkeiten der gut ausgeleuchteten Begehung sind Bohrgeräte und Maschinenkammer, eine Mineraliensammlung, Blicke in den Schacht zum darunter liegenden Wilhelmsstollen und in tiefer gelegene Sohlen sowie ein Stollen aus dem 14. Jh. Eigens für Menschen mit Bronchialleiden wurde ein Seitengang als Asthma stollen eingerichtet; die staubfreie Luft dort wirkt lindernd.

www.besuchsbergwerk-teufelsgrund.de

110

Rheinfall

Bei Schaffhausen

Ausflug zu den Nachbarn: In den Schweizer Alpen entsprungen, macht der Rhein in der Schweiz seinen größten Sprung. War der Rheinfall einst ein einkömmliches Hindernis, wurde er ab dem 19. Jh. zum touristischen Besuchermagneten. Auch dies nicht zum Nachteil Schaffhausens, obwohl der »Rhyfall«, wie er schwyzerdütsch heißt, ca. 2,5 km flussabwärts auf dem Gebiet der Nachbargemeinde Neuhausen liegt. Gleichwie: Vor ca. 15 000 Jahren, in der Würmeiszeit entstanden, jagen sommers pro Sekunde 600 000 l Wasser über die 23 m hohe, 150 m breite Klippe. Spektakulär ist die Betrachtung des Falls aus seiner Mitte. Der größere der beiden Felsen lässt sich besteigen, wobei man sich wundert, dass der Stein dem Wasserdruck standhält. Schiffe bringen einen ans untere Ende des Felsens: eine doch leicht unheimliche Anfahrt direkt bis vor den wild tobenden Rhein.

www.rheinfall.ch

Brauerei

Rothaus

111

Viele Impulse gab Kloster St. Blasien dem südlichen Schwarzwald. So gründete die Abtei auch 1791 in Rothaus eine Brauerei. Längst im Staatsbesitz, verzeichnet sie seit Jahren steigenden Absatz auch außerhalb Baden-Württembergs. Wie auf allen Rothaus-Produkten ziert das Etikett des »Tannenzäpfle«-Biers Biergit Kraft, ein blondes (nicht bollenbehutetes!) Schwarzwaldmädel. Neben Biergits Konterfei hängen zwar Fichten- statt Tannenzapfen, aber das »Tannenzäpfle« gilt trotzdem als Kultbier. Zum Wohlsein!

www.rothaus.de;
www.rothauserland.de

Wanderung

Am Feldsee

Am Feldsee kümmern sich Geister um die Wanderer, so will es die Sage. Dann kann ja nichts schiefgehen! Vom Südufer führt ein mächtig steiler Pfad hoch zum Feldberger Hof am Fuß des Seebucks (1448 m). Zwischen diesem Vorbuckel und dem etwa 2 km entfernten Hauptgipfel des Feldbergs (1493 m) liegt der Grüblesattel (1419 m), wo dann der Rückweg beginnt. Die rund 12 km vom Grüblesattel nach Hinterzarten auf dem Emil-Thoma-Weg sind gut ausgeschildert und verlaufen, nach der Weide, nördlich des Feldsees, zunächst durch abschüssiges Gelände. Durch viel Wald geht es angenehm bergab zum Matthisleweiherweg, der in Hinterzartens Erlenbrucker Straße mündet.

Einkehr: www.raimartihof.de; www.feldberger-hof.de

112

114

Sauschwänzlebahn

Blumberg

Ein Erlebnis für Freunde der Technikgeschichte ist die 1890 fertiggestellte »Sauschwänzlebahn«. Mit restaurierten Dampfloks und Waggons verkehrt sie zwischen Blumberg und Weizen. Den Namen trägt sie wegen der vielen Kringel, die der Streckenverlauf beschreibt, ein Meisterwerk der Ingenieurskunst, darunter auch ein Kreiskehrtunnel von 1,7 km – in Europa zweitlängster seiner Art. Das Erlebnis der Museumsbahn ergänzt das Bahnmuseum im ehemaligen Güterschuppen des Bahnhofs Blumberg-Zollhaus. Zahlreiche Exponate aus der Geschichte der Bahn sowie ein Streckenmodell können besichtigt werden.

www.sauschwaenzlebahn.de

113

Tandemspringen

Bremgarten

Was beruhigt, ist der »Tandemmaster« im Rücken bzw. über einem. So einer, denkt man, hat das schon tausendmal gemacht und wird es heute vermutlich nicht zum letzten Mal tun. Da man im selben Geschirr hängt, weichen bald die Ängste, und siehe da: Wie ein Stein vom Himmel zu fallen macht Spaß.

www.tandemspringen.tv

115 Skimuseum
Hinterzarten

Die Adlerschanze errichtete der Skiclub Hinterzarten 1924. Mit den Lokalmatadoren Georg Thoma, Dieter Thoma und Sven Hannawald, Weltmeister und Olympiasieger in Nordischer Kombination bzw. im Skispringen, ist der Ort prädestiniert für ein Museum zur Geschichte des Schnee-Treibens. Verschneite Landschaften aktiv als Erlebnisraum nutzen, kam Ende des 19. Jhs. von Norwegen her auch in Mitteleuropa in Mode. Pioniere wie Mathias Zdarsky oder Hannes Schneider passten den Skilanglauf technisch alpinem Gelände an. Letzterer war Haupdarsteller in »Wunder des Schneeschuhs«, womit die Freiburger Skifilmer Arnold Fanck und Sepp Allgeier 1920 das Publikum erstaunten. Das Skimuseum im Hugenhof zeigt neben vielen Facetten des Wintersports auch die sich wandelnde Skimode.

www.schwarzwaelder-ski-museum.de

116 Alpinski
Feldberg

Der Feldberg selbst gibt im Grunde nur seinen Namen her, das Skigeschehen darf ihm an einem Seitenbuckel runterrutschen, dem 2 km südlich entfernten Seebuck (1 448 m). Dort liegt auch der Ort Feldberg. Sonnig geht es jedenfalls auf dem Seebuck zu, wo fünf der 15 Lifte am Feldberg den Südhang versorgen. Die anderen zehn liegen an den Nordhängen jenseits der B 317, über die eine Skibrücke führt (erfordert also kein Abschnallen). Den Liftverbund mit Todtnauberg, Muggenbrunn, Altglashütten und Menzenschwand (28 Lifte, 50 km Pisten) nicht mitgerechnet, findet man am Feldberg vier Sessel- und elf Schlepplifte für 30 leichte bis schwere Pistenkilometer vor.

www.liftverbundfeldberg.de

117 Wasserfall
Todtnauberg

Lokale Attraktion des Ortes sind die TodtnauerWasserfälle. Mit 60 m ist der Hauptfall Rekordhalter im Schwarzwald. Reizvoll ist es, erst zu den Wasserfällen (Parkplatz vor dem Ort), dann oberhalb Todtnaubergs herum (zur Jugendherberge, Radschertstraße ins Dorf) zu wandern: Den Waldpfad hinunter tost der Stübenbach schon unüberhörbar. Sichere Stege geleiten über die Kaskaden, so auch am Hauptfall, zu dessen Fuß ein Seitenweg hinabführt. Freilich an Wucht nicht vergleichbar, stürzt der Stübenbach dennoch gute 2 m tiefer als der Niagara. Immerhin!

www.wasserfallsteig.de

Bayern

Die Alpen sind nicht alles: Klettern kann man auch auf Bäumen im Bayerischen Wald oder, ganz urban, auf dem Zeltdach des Münchner Olympiastadions. Und überhaupt hat ja der Süden der Republik auch einen Norden: das Bratwurst-, Bier- und Weinland Franken – mit jeder Menge Platz für Extratouren zwischen Burgen und Bächen.

Wo Bayern am schönsten ist!
Den Berg erklommen –
Schuhe aus, Strümpfe aus
und eine Brotzeit mit Blick
auf die Allgäuer Berge.

Höhlen und Sagen
Triefenstein

118

Hoch über dem Main thront das Schloss Homburg inmitten von »Edelfrau« und »Kallmuth«, zweier hervorragender Weinlagen des Markts Triefenstein. Interessant sind die Höhlen im Schlossberg, die schon vor Jahrhunderten Mönchen als Wohn- und Klosterzellen dienten. Bei einer schaurig-schönen Zeitreise bringen Mitglieder des Homburger Carneval-Vereins »die Steeäisel« in den Sagenwanderungen ein wenig Licht ins Dunkel der Vergangenheit. Jedoch wird nur so manches Geheimnis gelüftet, andere schlummern weiterhin in den Geschichtsbüchern.

www.tourismus-triefenstein.de

119

Europäischer Kulturweg
Hafenlohrtal

Von der Mündung der Hafenlohr in den Main zu ihrer Quelle in Rothenbuch im Spessartgebirge führt ein 25 km langer »Europäischer Kulturweg«, der auch in einzelnen Abschnitten begangen werden kann. Zwölf Tafeln informieren am Wegesrand über das idyllische, seit jeher zwar kaum besiedelte, aber nicht unberührte Hafenlohrtal, in dem auch die berühmten deutschen Literaten Kurt Tucholsky und Robert Gernhardt ihre Spuren hinterlassen haben.

www.spessartprojekt.de/kulturwege

120

Park Schönbusch
Aschaffenburg

Auf dem Schönbuschsee, auf den sich auch Angsthasen trauen können, da man ihm auf den Grund schauen kann, lässt es sich leicht ins Rokoko rudern. Der Kurfürstliche Pavillon in Blickweite entführt genauso in die Zeiten von Puder und Perücke wie der Park an sich, einer der frühesten englischen Landschaftsgärten Deutschlands. Diesen ließ der Mainzer Erzbischof Friedrich Carl von Erthal 1775 vor den Toren Aschaffenburgs anlegen.

www.schoenbusch-ab.de

Stein-Wein-Pfad
Würzburg

121

Schon Goethe schätzte ihn: »Kein anderer Wein will mir schmecken, und ich bin verdrießlich, wenn mir mein Lieblingsgetränk abgeht«, soll der berühmte Dichter in einem Brief an seine Frau Christiane geschrieben haben und orderte jedes Jahr vom Würzburger Steinwein. Der Würzburger Stein sei ein »Terroir in Vollendung«, schwärmt Martina Reiss, eine der Führerinnen, die weininteressierte Besucher durch den gut 4,5 km langen Stein-Wein-Pfad geleiten. Pflanzte 1665 der Ebracher Abt Alberich Degen erstmals in dieser Weinlage die Silvaner-Rebe an, die 1659 vom Haus Castell mit nach Franken gebracht worden war, so ist heute der Riesling die Königsrebsorte am Stein. Öffentliche Kellerführungen bieten das traditionsreiche Juliusspital, der Staatliche Hofkeller und das Bürgerspital an – eine kleine Verkostung inklusive.

www.wuerzburg.de/stein-wein-pfad

Kanutour auf der Saale
Gemünden

Nur wenige Städte liegen gleich an drei Flüssen, eine davon ist Gemünden im Spessart, wo die Sinn in die Fränkische Saale und diese wiederum in den Main mündet. Im Ortsteil Wernfeld gibt es sogar noch einen vierten Fluss: die Wern.
Die Sinn steht unter Naturschutz und ist für die Schifffahrt gesperrt, doch auf der ruhig dahinfließenden Saale darf man sich, stets die Belange der Natur achtend, paddelnd durch die beschauliche Flusslandschaft fortbewegen: ob nur mal zum Schnuppern während einer gemütlichen Dreistundentour, etwa von Gräfendorf bis Gemünden, oder gleich für einen Zweitagestrip mit Start in Hammelburg und Übernachtung auf dem schönen Zeltplatz in Roßmühle.

www.bootsverleih-saaleinsel.de

122

Mainradweg

Schweinfurt

123

Das Fahrrad ist das ideale Transportmittel, um zwischen Schweinfurt und Würzburg die liebliche Mainlandschaft mit ihren Weinbergen zu erkunden. Der gut ausgeschilderte Mainradweg verläuft größtenteils in Ufernähe und folgt den Windungen des Flusses. Da die Tour durch zahlreiche Kleinstädte führt, gibt es immer wieder Gelegenheit zur Einkehr, z. B. in Dettelbach. Der Ort ist mit seinen kopfsteingepflasterten Gassen, den alten Fachwerkhäusern und seinem das Ortsbild dominierenden Rathaus das Musterbeispiel einer mainfränkischen Kleinstadt.

www.mainradweg.com

124 Floßbau als Teamsport

Eibelstadt

Ein Hauch von Abenteuer weht am Badesee bei Eibelstadt. Rund 30 Leute stehen vor einer großen Herausforderung: Sie sollen in vier Gruppen aus Holzstämmen, Seilen und Fässern ein seetaugliches Wassergefährt zimmern, um den anderen auf und davon zu fahren. Dabei ist weniger Muskelkraft als Teamgeist und Kreativität vonnöten. Unter fachkundiger Regie werden Pläne geschmiedet, Hölzer gelegt, Seile geknotet und Fässer vertaut – eine schweißtreibende Angelegenheit, und so mancher sehnt sich bald nach Abkühlung im erfrischenden Nass. Nach etwa 3 Std. sind die Tüftler fast am Ziel, ihre beeindruckenden Werke zu Wasser gelassen. Eine letzte Hürde gilt es noch zu nehmen: Wer schafft es, paddelnd auf dem See die Flagge zu umschiffen, ohne dabei Schiffbruch zu erleiden?

www.kletterwaelder.de/flossbau.html

125 Weinlese beim Winzer

Sommerach

Wer den Wein nicht nur aus der Flasche im Glas, sondern mit allen Sinnen genießen möchte, dem sei angeraten, ihn direkt im Weinberg zu erleben, die Reben zu riechen und mit eigenen Händen zu fühlen, selbst die Steillage zu erobern und bei der Lese zu helfen. Die Winzer zeigen ihre Lieblingsplätze und die süßesten Trauben. »Steilhangtauglich sollten die Helfer schon sein, und nicht mit den Sonntagsschühli kommen!«, sagt Christine Galena, die mit ihrem Mann Michael in Sommerach das Weingut Galena führt. Und sie sollten in der Erntezeit auch abrufbereit vor Ort sein, denn es entscheidet sich oft sehr kurzfristig, wann gelesen wird.

www.weingut-galena.de

Märchenschloss

Mespelbrunn

126

Einen märchenhaften Abstecher vom Main-Radweg ist Schloss Mespelbrunn wert, das versteckt in einem idyllischen Seitental des Flüsschens Elsava liegt. Auf der ehemaligen Trasse der Elsavabahn, die bis 1968 zwischen Elsenfeld und Heimbuchenthal verkehrte und inzwischen zum Radweg ausgebaut ist, kommt man in weniger als 25 km angenehm flach bis kurz vors Schlosstor. Als Startpunkt eignet sich der Bahnhof in Obernburg-Elsenfeld, wenige Hundert Meter von der Mündung der Elsava in den Main entfernt.

www.schlossmespelbrunn.de

Gottesgarten
Bad Staffelstein

127

»Zum heiligen Veit von Staffelstein komm ich emporgestiegen. Und seh die Lande um den Main zu meinen Füßen liegen«, pries schon Viktor von Scheffel im Frankenlied die Schönheit des Gottesgartens. Egal, aus welcher Richtung man sich diesem Fleckchen Erde um die Korbstadt Lichtenfels zwischen dem Barockjuwel Kloster Banz, Balthasar Neumanns berühmter Wallfahrtskirche Vierzehnheiligen und der Adam-Riese-Stadt Bad Staffelstein nähert, der Blick auf die herrliche Landschaft lässt einen spontan in diese traditionelle Ode an Franken einstimmen.

www.bad-staffelstein.de

128 Schwarzes Moor
Hohe Rhön

6 km von Fladungen entfernt liegt das größte Hochmoor im Unesco-Biosphärenreservat Rhön: das Schwarze Moor. Es entstand vor gut 12 000 Jahren und steht seit 1939 unter Naturschutz. Heute laden ein breiter Aussichtsturm und ein 2,2 km langer Bohlenweg mit Moorlehrpfad (auch für Rollstuhlfahrer geeignet!) dazu ein, die Naturlandschaft besser kennenzulernen. Auf 23 Informationstafeln wird auf die Entstehung des Moors, den Torfabbau und die seltenen Tier- und Pflanzenarten eingegangen, die hier ihren Lebensraum gefunden haben: darunter das Birkhuhn und der rundblättrige Sonnentau. Kinder können an den zwölf Stationen eines mit der bekannten ZDF-Sendung Löwenzahn angelegten »Löwenzahnpfads« eigene Entdeckungen machen und sogar in ein Torfbecken steigen.

www.biosphaerenreservat-rhoen.de

129 Obermain-Therme
Bad Staffelstein

Die Obermain-Therme ist Bayerns wärmste und stärkste Thermalsole. Für den seit Jahren anhaltenden Wellness- und Gesundheitstrend ist man in Bad Staffelstein bestens gerüstet. Erholungssuchenden steht eine Wasserfläche von 1 600 qm zur Verfügung, die sich auf 16 Innen- und Außenbecken verteilt. Hinzu kommen acht Whirlpools, Massagedüsen, Fontänen und ein Wasserfall. Es gibt kaum eine Stelle, wo es nicht blubbert oder sprudelt. Futuristisch präsentiert sich der Wavedream-Raum mit meditativer Musik und farbigen Lichtreflexionen. Ein Orientalisches Dampfbad mit Tepidarium darf selbstverständlich ebenfalls nicht fehlen.

www.obermain-therme.de

130 Waldklettergarten

Banz

Unweit des altehrwürdigen Klosters Banz bietet der Waldklettergarten ein faszinierendes Erlebnis in luftiger Höhe. In dem 14 000 qm großen Waldgelände kann man auf fünf Parcours mit unterschiedlichen Schwierigkeitsgraden seine Geschicklichkeit und seinen Gleichgewichtssinn überprüfen. Als Königsetappe gilt der »Braune Parcours«, auf dem man seine eigenen Grenzen schneller kennenlernt, als einem lieb ist. Doch glücklicherweise sind alle Abenteuerlustigen hier wie auf den übrigen Routen professionell gesichert!

www.waldklettergarten-banz.de

Veste

Coburg

131

Der erste Blick auf Coburg hat Symbolcharakter: Die »Fränkische Krone«, die Veste, thront gleich einer Krone über der einstigen Residenzstadt. Wer sich durch den herrlichen Hofgarten auf den Weg zur Veste hoch über der Stadt macht, bewegt sich auf den Spuren eines bedeutenden Mannes: In den Mauern der mächtigen Burganlage verbarg sich im Jahr 1530 ein halbes Jahr lang Reformator Martin Luther. Wie einst er, so können heute die Besucher von der Veste aus den herrlichen Fernblick genießen oder in der Stadt weiter auf den Spuren des Reformators wandeln.

www.coburg-tourist.de

132 Jagdwanderung

Bischofsgrün

Im Nordosten Bayerns liegt das Fichtelgebirge, wo die Flüsse Main, Eger, Saale und Naab entspringen. Im Winter bietet sich die Region für ausgiebige Langlaufrunden an, aber auch für flotte Skiabfahrten. Zwischen den beiden höchsten Gipfeln, dem Schneekopf und dem Ochsenkopf, befindet sich Bischofsgrün. Eine ganz ungewöhnliche, aber sicherlich aufregende Art, die Naturschätze der Region kennenzulernen, bietet sich auf einer Jagdwanderung auf den über 1000 m hohen Ochsenkopf, bei der Bärenattrappen gesucht und getroffen werden müssen.

www.oxenkopf.de

133 Bierwoche

Kulmbach

Während die Weinbauern rund um Würzburg stolz ihren Bocksbeutel vermarkten, legen die fränkischen Brauereien auf derlei Flaschenschnickschnack wenig Wert. Ihnen geht es natürlich ausschließlich um den Inhalt. Außerdem betonen sie tagein tagaus, dass sie in der Region mit der weltweit höchsten Brauereidichte leben. Konkurrenz belebt das Geschäft und fördert auch die Qualität: Das Bier aus den fränkischen Kleinbrauereien zählt unter Kennern zu den feinsten des Freistaats. Ein Zentrum der oberfränkischen Braukultur ist Kulmbach. Dort wird seit über 70 Jahren während der Bierwoche Ende Juli ein Fest zu Ehren des Gerstensafts gegeben. Zum Festbier gibt's ein Paar Kulmbacher Rostbratwürste »im Stollen« oder einen Fränkischen Sauerbraten. Denn für deftige Kost ist die einheimische Küche besonders bekannt.

www.kulmbacher.de

134 Lohengrin-Therme

Bayreuth

Weltberühmt ist die oberfränkische Stadt Bayreuth wegen ihres Opernhauses auf dem Grünen Hügel, wo jedes Jahr im Sommer die Richard-Wagner-Festspiele mit viel Prominenz auf den Zuschauerrängen und auf der Bühne stattfinden. Ob der Komponist während seiner Bayreuther Schaffensperiode vor 140 Jahren auch Zeit übrig hatte für den ein oder anderen Ruhetag, darf bei der Fülle an Werken stark bezweifelt werden. Säße er allerdings heute noch über seinen Opernpartituren, würde er sich vielleicht am ein oder anderen kalten Winternachmittag in die Lohengrin-Therme stehlen, wo das Heilwasser aus über 1 000 m Tiefe sprudelt.

www.lohengrin-therme.de

135 Gartenkunst im Schloss

Eckersdorf / Bayreuth

Ein Schloss kann noch so groß sein. Wenn sich keine opulente Gartenanlage vor den Balkonen ausbreitet, hat der Goldesel (bzw. der gütige Untertan) wohl irgendwann aufgehört zu liefern. Für den Park von Schloss Fantaisie haben die Moneten ausgereicht, dort lässt sich die Entwicklung deutscher Landschaftsarchitektur gut nachempfinden. Deshalb lag nichts näher, als hier das erste Deutsche Gartenkunstmuseum zu eröffnen.

www.gartenkunst-museum.de

136 Mountainbiken

Heiligenstadt

Heiligenstadt in Oberfranken ist ein beliebter Tummelplatz für Mountainbiker. Drei Rundkurse mit insgesamt 130 km Länge stehen zur Verfügung, wobei insgesamt mehr als 2 400 Höhenmeter zu überwinden sind. Anspruchsvollere Teilstrecken wurden ebenso wie landschaftlich reizvolle Abschnitte integriert. Mit 33 km ist die Route »Marstein« die kürzeste Runde. Die Route »Altenberg« weist auf ihren 50 km ca. 1 000 Höhenmeter auf und führt bis nach Buttenheim.

www.markt-heiligenstadt.de

137 Wanderung

Weißenstadt

Wer in den Mischwäldern des Fichtelgebirges bei Weißenstadt auf Wandertour geht, staunt nicht schlecht, wenn etwa 1 Std. hinter der Ortsgrenze plötzlich die »Drei-Brüder-Felsen« am Rudolfstein in die Höhe ragen. Dieser wird von manchen liebevoll »Matratzenlager« genannt, da es den Anschein macht, dass die Felsschichten wie graue Polster aufeinander liegen. Zurück in Weißenstadt bietet sich eine Abkühlung im Weißenstädter See an, auf dem bei guten Windverhältnissen die Windsurfer und Segler aus ganz Oberfranken flott über die Wasserfläche flitzen.

www.weissenstadt.de

Kanutour auf der Wiesent

Muggendorf

138

Eine schöne Art, die Fränkische Schweiz zu erkunden, ist eine Kanutour auf der Wiesent, die der einzige Fluss in der Region ist, der mit dem Kanu oder dem Kajak auf einem 28 km langen Abschnitt befahren werden darf. Mehrere Bootsverleiher haben sich auf diese Touren spezialisiert. Die Ausrüstung sowie der Rücktransport von der Ausstiegsstelle sind im Preis inbegriffen. Es gibt Kurzstrecken von 5 km und längere Tagestouren. Der Startpunkt ist meist in Doos, das Ende in Muggendorf, Streitberg oder Rothenbühl.

www.leinen-los.de;
www.kajak-mietservice.de

Sportklettern
Egloffstein

Die Dolomitfelsen der Fränkischen Schweiz gelten als Paradies für Kletterfreaks. In Sportkletterkreisen genießt die Region wegen ihrer Vielfalt (mehr als 5 000 Kletterrouten) und ihres hohen Niveaus (Schwierigkeitsgrade bis 11+) einen exzellenten Ruf. Aber auch Einsteiger finden sich hier zurecht. Sie können sich an eine Kletterschule wenden. Unter fachkundiger Aufsicht lernt man, wie der Partner gesichert wird und wie Füße und Hände effizient eingesetzt werden. Denn Geschicklichkeit ist meist mehr wert als bloße Muskelkraft.

139

www.kletterschule-frankenjura.de; www.klettern.frankenjura.com

140 Fränkisches Brauereimuseum
Bamberg

Die Braukunst gehört seit fast 900 Jahren zu Bamberg. Die Einheimischen gewöhnten sich schnell an ihre täglichen Seidla, wie hier der Halbliterkrug als Maßeinheit bezeichnet wird. Die ehemaligen Produktionsräume der Benediktinerbrauerei sind inzwischen zum Fränkischen Brauereimuseum umgewandelt worden, das mit über 1 300 Objekten und Erinnerungsstücken alles Wissenswerte über Hopfen, Malz, das deutsche Reinheitsgebot und die ober- und untergärige Bierherstellung dokumentiert. Weit über die Stadtgrenzen hinaus bekannt ist das Rauchbier, das schmeckt, als hinge ein Schinken im Glas, und noch heute von zwei Brauereien aus geräuchertem Malz hergestellt wird. Auch wenn das nicht jedermanns Sache ist, wird es mit Vorliebe zu Schäuferla und halber Haxe oder fränkischer Bratwurst serviert.

www.brauereimuseum.de

141 Walderlebniszentrum
Erlangen-Tennenlohe

Die Möglichkeit, in einem richtigen Wald vor der Haustür zu spielen und sich für die Natur zu begeistern, haben nicht alle Kinder. Glücklicherweise gibt es Einrichtungen wie das Walderlebniszentrum nahe Erlangen-Tennenlohe. Hier, am Südrand des Naturschutzgebiets Brucker Lache, hat die Bayerische Forstverwaltung einen 1,2 km langen Naturerlebnispfad angelegt. An neun Stationen wird ein spielerischer Umgang mit dem Ökosystem Wald vermittelt. Es gibt z. B. einen Barfußpfad, um die Waldböden zu erfühlen, Kletterbäume und ein »Baumtelefon«, mit dem man tatsächlich Geräusche übermitteln kann.

www.walderlebniszentrum-tennenlohe.de

142 Naturschwimmbad
Pottenstein

Es gibt unzählige Freibäder in Franken, doch keines kann optisch mit dem Pottensteiner Felsenbad konkurrieren. Bereits im Jahr 1926 wurde das unter dem Finkenstein gelegene Bad eröffnet, um den Fremdenverkehr anzukurbeln. Leider verfiel die Jugendstilanlage später, sodass sie 1988 geschlossen werden musste. Dank des Engagements eines Fördervereins konnte das Bad jedoch 13 Jahre später wieder eröffnen. Zuvor hatte man eine kluge Entscheidung gefällt: Auf das Betonbecken mit gechlortem Wasser wurde verzichtet und das Felsenbad zu einem Naturschwimmbad umgebaut. Die Hälfte der mehr als 1600 qm großen Wasserfläche steht zum Baden und Schwimmen zur Verfügung. Im seichten Regenerationsbereich wird das Wasser durch ein bepflanztes Filterbeet samt Seerosen und Lilien auf natürliche Weise gereinigt und mit Hilfe der Sonne sogar auf bis zu 28 °C erwärmt. Ein Kinderbadeteich, eine Sonnenterrasse und eine Seebühne, auf der regelmäßig stimmungsvolle Konzerte stattfinden, runden das Konzept ab.

www.felsenbad.eu

Karpfenweg
Kemnath

143

Die nördliche Oberpfalz wird gerne das »Land der Tausend Teiche« genannt. Daher ist es kaum verwunderlich, dass hier traditionell Fisch auf dem Teller landet. Ganz besonders stolz ist man auf die »Oberpfälzer Karpfen«, die sich durch besonders mageres und festes Fleisch auszeichnen. In Kemnath schwimmen die Fische nicht nur im Teich oder später im Backfett: Sie zeigen sich Spaziergängern als künstlerisch gestaltete Skulpturen auf dem fast 3 km langen Rundkurs »Phantastischer Karpfenweg«, der von der Arge-Fisch (ja, auch so etwas gibt es hier!) initiiert wurde.

www.kemnath.de

Erfahrungsfeld
Nürnberg

144

Im Alltag kommen die menschlichen Sinne oft zu kurz. Man weiß ganz genau, wie sich eine Computertastatur anfühlt, hat aber wenig Ahnung, wie es sich anfühlt, mit nackten Fußsohlen über Lehmboden zu laufen. Dieses Manko auszugleichen, hat sich das »Erfahrungsfeld zur Entfaltung der Sinne« auf die Fahnen geschrieben. Auf der Wöhrder Wiese, im Herzen Nürnbergs, werden im Sommer alle menschlichen Sinne angesprochen – vom Hören über das Schmecken bis hin zum Tasten. Besonders beliebte Stationen sind die Klangsäulen sowie der Barfußweg.

www.erfahrungsfeld.nuernberg.de

145 Mittelalterliche Lochgefängnisse
Nürnberg

Gefängnisse gehören zu den wenigen Orten, die die meisten Menschen glücklicherweise nur von Außen zu Gesicht bekommen. Klar, dass man deshalb die Möglichkeit nutzen sollte, wenn man einmal hineinschauen kann – mit Austrittsgarantie. In den historischen Lochgefängnissen im Untergrund der Nürnberger Altstadt treffen Besucher heute zwar nicht mehr auf Verbrecher, es ist aber trotzdem unheimlich spannend, sie zu besichtigen. Eine 20-minütige geführte Tour durch die engen Gewölbegänge gewährt Einblick in die Strafkammern, die den Herrschern im dunklen Mittelalter als Verwahrungsort der Häftlinge bis zur Urteilsvollstreckung dienten. Im Schutz des Untergrunds konnten sie ihre Macht zügellos ausspielen. Nach der Führung empfiehlt es sich, kräftig durchzuatmen – und weiterhin brav zu sein.

www.museen.nuernberg.de

146 Museum Industriekultur
Nürnberg

Industrie und Kultur sind Welten, die sich eigentlich nur im Kompositum der »Industriekultur« vertragen. In Nürnberg ist diesem Themenkomplex ein eigenes Museum gewidmet. Passend zur großen Bedeutung Mittelfrankens während der industriellen Revolution thematisiert die Ausstellung im Osten der Stadt sowohl Technik- als auch Sozial- und Kulturgeschichte der beiden vergangenen Jahrhunderte. Besucher können die Industrialisierung der Metropolregion hautnah mitverfolgen und Eindrücke aus den verschiedenen Lebensbereichen gewinnen. Besonders interessant sind die regelmäßig angebotenen Themenführungen.

www.museen.ruernberg.de

147 Christkindlesmarkt
Nürnberg

Zwei Millionen Menschen tummeln sich jedes Jahr während der Adventszeit auf dem weltberühmten Christkindlesmarkt. Da kann es schon mal eng werden. Doch wie durch ein Wunder lassen sich die Besucher von der Stimmung verzaubern und treffen sich friedlich zwischen Glaskugeln, Adventssternen und Legionen von Rauschgoldengeln. Wenn man könnte, würde man dem Markt einen Aufkleber verpassen: Das Original!

www.christkindlesmarkt.de

148 Lamatrekking
Weigendorf

Pferde oder Kühe hätte man ja auf einem fränkischen Bauernhof erwartet, aber Lamas? Tatsächlich leben auf dem Hof von Ulli und Klaus Meier neben Hühnern und Katzen auch einige Lamas. Und das Beste: Man kann mit den ebenso freundlichen wie neugierigen Tieren auf eine Tour durch die Hersbrucker Alb gehen. Es gibt keine festen Termine, die Dauer der Tour richtet sich nach den individuellen Wünschen.

www.lamatrekking-hersbruckeralb.de

149 Tiergarten
Nürnberg

Auf einer Fläche von rund 63 ha leben mehr als 2400 Tiere und etwa 350 verschiedene Arten. Mit großem Engagement beteiligt sich der Tiergarten nicht nur bei mehr als 30 Arten an den Europäischen Erhaltungszuchtprogrammen (EEP), sondern koordiniert auch die Programme für Seekühe, Weißnackenkraniche und Schabrackentapire. Zu den Attraktionen zählt der Aqua-Park, ein faszinierender Spiel- und Tummelplatz für Biber, Otter, Pinguine, Seelöwen und Eisbären, die man durch Glasscheiben beim Schwimmen und Tauchen bestens beobachten kann.

www.tiergarten.nuernberg.de

Walberla

Wiesenthau

150

Es gibt Berge, die wecken ein unstillbares Verlangen, sie zu besteigen, und das Walberla gehört dazu. Keine Frage: In der gesamten Region Nürnberg gibt es keine markantere Erhebung. Weil jeder Franke einmal in seinem Leben auf den Gipfel zu pilgern scheint, hat der Mundartdichter Fitzgerald Kusz das Walberla zum »fränkischen Fudschijama« erklärt. Anders als viele andere Berge lässt sich das Walberla im Rahmen eines gemütlichen Spaziergangs erkunden.

www.walberla.de

Geozentrum

Windischeschenbach

151

Jedes Kind lernt hierzulande, dass es, wenn es im heimatlichen Sandkasten lang genug gräbt, in der Gegend von Australien wieder an die Oberfläche gelangt. In Windischeschenbach wurde im Rahmen einer wissenschaftlichen Studie 9 100 m tief in die Erdkruste eingedrungen. Doch von Kängurus keine Spur. Was tatsächlich ans Tageslicht gelangte, erfahren Besucher im Geozentrum.

www.geozentrum-ktb.de

152 Freilichtmuseum
Bad Windsheim

Um die Erinnerung an die ländliche Kulturgeschichte der Region zu bewahren, wurde 1976 das Fränkische Freilandmuseum in Bad Windsheim gegründet, eines der eindrucksvollsten Freilandmuseen Europas. Nur wenige Meter südlich der Altstadt erstreckt sich das etwa 50 ha große Museumsgelände, auf dem rund 100 historische Gebäude aus Franken im Rahmen von Baugruppen originalgetreu wieder aufgebaut wurden.

www.freilandmuseum.de

153 Fürthermare
Fürth

Beim Bau des Fürthermare hat man sich nicht lumpen lassen und hat keinen Wunsch offen gelassen. Die ursprüngliche Idee eines Thermalbads wurde um ein modernes Spaßbad sowie einen Wellness- und Saunatempel ergänzt. Hier kommt ganz Franken zusammen: zum Rutschen, Saunen, Baden und Schwimmen.

www.fuerthermare.de

Luftmuseum 154
Amberg

Wenn sich ein Museum dem Thema Luft widmet, werden die Besucher das wichtigste Exponat leider nur schwerlich sehen können. Trotzdem lohnt sich ein Ausflug nach Amberg, und auch der Eintrittspreis für das »Nicht-Sehen« ist es wert. Schließlich lernt man viel Neues über die Eigenschaften und Eigenheiten von Luft. Künstler, Designer, Ingenieure und Architekten zeigen dort außerdem, was man mit der »unsichtbaren Materie« alles anstellen kann und wie man sie dann doch sichtbar machen kann. Übrigens: Einatmen und Nutzung der Luft ist und bleibt auch in Amberg gratis.

www.luftmuseum.de

156

3-D-Museum

Dinkelsbühl

Draußen herrscht Mittelalter, drinnen Illusion. Zur Freude aller und ganz besonders der Kinder. Die wollen gar nicht mehr raus aus dem Museum der 3. Dimension in der Dinkelsbühler Stadtmühle, wo man so viel anfassen darf und das Gehirn trotzdem hinters Licht geführt wird. Die überraschenden Effekte bringen aber nicht nur die Kleinen zum Staunen. Die sichtbar gemachte räumliche Tiefenwirkung begeistert auch die Großen, vor allem weil thematisch für jeden etwas dabei ist: klassische 3-D-Techniken, die in der Werbung der 1970er Jahre verwendet wurden, Aktfotos, archäologische Grabungen und Wetterphänomene.

www.3d-museum.de

155

Fossiliensuchen

Solnhofen

Fossiliensuchen ist eine ideale Unternehmung für die ganze Familie. Im Hobbysteinbruch »Untere Haardt«, rund 2 km westlich von Solnhofen, kann man sich mit Hammer und Flachmeißel auf die Suche machen. Einen Archaeopteryx wird man wohl nicht entdecken, dafür kleinere Kopffüßer oder auch Knochenfische, mit viel Glück vielleicht sogar einen Pfeilschwanzkrebs.

www.solnhofen.de

157 Kriminalmuseum

Rothenburg ob der Tauber

Nicht grundlos gilt Rothenburg ob der Tauber als das Idealbild einer romantischen Stadt: Mauerbewehrt und turmüberhöht erstreckt sich die altehrwürdige Reichsstadt mit ihren verwinkelten Gassen und alten Fachwerkhäusern auf einem Bergrücken über dem Taubertal. In früheren Zeiten besaß Rothenburg sogar ein eigenes Rechtssystem. Wie dieses genau aussah, kann man im Kriminalmuseum herausfinden, dem bedeutendsten Rechtskundemuseum Deutschlands. Neben Urkunden, Medaillen, Kupferstichen sowie Anleitungen zu Hexenprozessen wecken vor allem die zahlreichen Folterwerkzeuge die Aufmerksamkeit der Besucher. Wer einen Blick auf Henkerbeil, Halsgeigen, Pranger und Schandmasken geworfen hat, freut sich darüber, in der heutigen Zeit zu leben.

www.kriminalmuseum.rothenburg.de

158 Stadterkundung

Nördlingen

Nördlingen gehört zu den wenigen mittelalterlichen Städten, die noch einen vollständig begehbaren Wehrgang besitzen. Deshalb sollte niemand dieses schwäbische »Kleinod des Mittelalters« verlassen, ohne eine Stadtumrundung auf der Mauer mit ihren fünf Toren, 16 Türmen und zwei Bastionen unternommen zu haben. Im Vergleich mit ähnlich gut erhaltenen Städten hat Nördlingen den Vorteil, dass die Altstadt lebendig geblieben ist. Spät in der Nacht (22 bis 24 Uhr) ruft der Türmer jede halbe Stunde sein »So G'sell, so« vom Kirchturm und erinnert Tag für Tag an eine alte Sage, derzufolge ein Schwein Nördlingen vor dem Feind gerettet haben soll.

www.noerdlingen.de

Brombachsee 159

Pleinfeld

Der Kleine und der Große Brombachsee bilden mit dem Igelsbachsee das Herzstück des Fränkischen Seenlandes, das genau genommen ein Nebenprodukt ist. Seine Entstehung verdankt es dem Bau des Rhein-Main-Donau-Kanals: Um genügend Wasser in diesen einspeisen zu können, schuf man 1970 im südlichen Mittelfranken eine Seenplatte. Dabei entstand quasi nebenbei eine Freizeitregion, die nicht nur tolle Strände und klares Wasser besitzt, sondern mit ihrer reichen römischen Vergangenheit auch für Kulturtouristen äußerst interessant ist.

www.pleinfeld-am-brombachsee.de

Kletterwald

Regensburg

160

Wären Affen in Mitteleuropa heimisch, sie hätten seit einiger Zeit ein höchst unterhaltsames Gesprächsthema. Schließlich turnen mittlerweile ganze Horden kreischender Menschen täglich durch Deutschlands Mischwälder, um sich und ihren Begleitern zu beweisen, dass sie mit den Dschungelakrobaten Tarzan und Jane locker mitschwingen könnten. Dabei halten sie sich im Gegensatz zu den Filmhelden an vorgegebene Parcours, die sie in die Baumkronen und durchs Geäst führen. Im Kletterwald Regensburg gibt es gleich sechs verschiedene Routen mit unterschiedlichen Schwierigkeitsgraden um Mut, Geschicklichkeit und Körpergefühl zu trainieren. Wackelige Brücken, lange Seilbahnfahrten und Abenteuerelemente bieten Nervenkitzel der besonderen Art. Aber mal ehrlich: einem richtigen Affen würden sie wohl nur ein müdes Lächeln entlocken.

www.kletterwald-regensburg.de

161

Monte Kaolino

Hirschau

Was macht man mit einem ganzen Berg aus Quarzsand, der quasi als Abfallprodukt entstanden ist? Diese Frage stellte sich 1957 der Besitzer eines Amberger Kaolinwerkes und kam auf die geniale Idee, auf dem Quarzsandberg, der 120 m über Hirschau in die Höhe ragt, einen Skilift zu errichten. Damit war der Grundstein zu einem der ungewöhnlichsten Sport- und Freizeitparks in Nordbayern gelegt. Sobald man sich dem weißen Kegel nähert, denkt man kurzzeitig an eine Fata Morgana, wenn man mitten im Sommer Skifahrer zu Tale wedeln sieht. Doch es ist kein Trugbild: Der Quarzsandberg ist längst in ein »Wintersportparadies« umfunktioniert worden.

www.montekaolino.eu

162 Felsenkeller-Labyrinth
Schwandorf

Schlauen Brauern aus dem 16. Jh. und frechen Dieben ist es zu verdanken, dass die Kleinstadt Schwandorf in der Oberpfalz Besucher heute mit einer ganz besonders spannenden Geschichte locken kann. In den sogenannten Felsenkellern der Stadt erstreckt sich ein weites Netz an Tunneln und Gewölben, die seit einigen Jahren im Rahmen einer Führung erkundet werden können. Die gleichbleibend geringe Temperatur unter der Erde bot ideale Bedingungen für die Gärung und Lagerung von Bier – lange vor der Erfindung von Kühlapparaten. Vor gut 80 Jahren trieben dann drei geschickte Langfinger ihr Unwesen im Untergrund Schwandorfs. Um ihr Diebesgut besser aus den dunklen Kellern zu schmuggeln, vernetzten sie die Räume, sodass heute ein wahres Labyrinth für ein einzigartiges Erlebnis sorgt.

www.felsenkeller-labyrinth.de

163 Kanutour auf dem Regen
Blaibach / Regensburg

Vom Mittelalter bis hinein ins 20. Jh. waren es hauptsächlich Baumstämme, die vom Böhmerwald auf dem Regen an die Donau trieben. Die Flößerei wurde aufgegeben, doch die Fischwelt bekam neue Besucher zu Gesicht. Heute ist der längste Fluss der Oberpfalz aufgrund seines meist gleichbleibenden Wasserstands, seines sauberen Wassers und seiner gleichmäßigen Fließgeschwindigkeit ein beliebtes Ausflugsziel von Kanuwanderern aus ganz Deutschland. Der über 100 km lange Bootstourklassiker zwischen dem Blaibacher See und Regensburg führt in fünf Tagen durch die abwechslungsreiche Natur- und Kulturlandschaft des Regentals.

www.bootwandern.de

Bikepark
Bischofsmais

164

Vom Gipfel des Geißkopfes bis nach Bischofsmais an dessen Fuß geht es rund 400 Höhenmeter bergab. Dass sich der Adrenalinspiegel von Mountainbikern diesem Trend entgegensetzt und kräftig ansteigt, liegt an den aufregenden »Singletrails«, »Drops« und »Jumps«, die im dort angelegten Bikepark warten. Dieser ist einer der Hotspots der Szene und vor allem an Wochenenden gut besucht. Im Sessellift schweben harte Kerle und Mädels nach oben, tanken Energie auf und erzählen den Kollegen vom letzten »Run«. Wer des Englischen mächtig ist, befindet sich eindeutig im Vorteil!

www.bikepark.net

165

Freilichtmuseum

Finsterau

Zugegeben, das Freilichtmuseum in Finsterau ist nicht unbedingt verkehrsgünstig gelegen. Die Anfahrt in einen der hintersten Winkel des Bayerischen Waldes wirkt allerdings dadurch kürzer, dass wunderbare Ausblicke in den Nationalpark Bayerischer Wald auf der Strecke liegen. Und überhaupt: Wo ist ein richtiges Freilichtmuseum eigentlich besser aufgehoben als in der stillen Umgebung von Finsterau. Seit über 30 Jahren wird dort gezeigt, dass das Leben im Bayerischen Wald vor nicht allzu langer Zeit von harter Arbeit und großen Mühen geprägt war. Zu besichtigen sind traditionelle Bauernhäuser, vollständige Höfe, eine Dorfschmiede und ein Straßenwirtshaus. Zusätzlich zur Dauerausstellung finden regelmäßig Kurse und Sonderveranstaltungen statt. Im Grenzgebiet zu Tschechien entfaltet sich hier ein begehbares Stück vergangener Wirklichkeit.

www.freilichtmuseum.de

166

Großer Arber

Bayerisch Eisenstein / Bodenmais

Während die Monarchen in München schon lange abgedankt haben, hat wenigstens der Bayerische Wald noch seinen König, den 1 456 m hohen Großen Arber. Der sitzt seit Jahrtausenden auf seinem Thron und wird sich auch von strammen Ostwinden oder Gipfelstürmern nicht herunterstoßen lassen. Bequem lässt sich der Arber mit der Gondelbahn erreichen. Aufregender ist's allerdings, durch den Wald im ständigen Licht-Schatten-Wechsel und vorbei an den idyllischen Rieslochfällen zu wandern. Wer die Knie schont, schwebt mit der Bahn zu Tale.

www.arber.de; www.bayerischer-wald.de

167 Schnupftabakmuseum

Grafenau

Wer in Grafenau das Schnupftabakmuseum sucht, wird im Gebäude des ehemaligen »Spitals« fündig, wo seit dem 15. Jh. Kranke und Arme versorgt wurden. Ob auch Opfer übermäßigen Konsums von »Schmai«, wie die legale Droge von den Einheimischen genannt wird, hier auf Entzug waren, ist nicht überliefert. Stattdessen klärt die Ausstellung über die Unterschiede in der breiten Produktpalette des Schnupftabaks und über die Geschichte desselben auf. Nicht nur beim Anpassen der Geschmacksrichtung, sondern vor allem bei der Gestaltung der Verpackung ließen die Hersteller des braunen Pulvers ihrer Kreativität freien Lauf. Neben einheimischen Exponaten sind auch aus afrikanischem Büffelhorn gefertigte Prisenbehälter zu bewundern.

www.grafenau.de

168 Regental-Radweg

Von Regensburg nach Bayerisch Eisenstein

Wer mit dem Heiligen Petrus per Du ist, radelt auf der 171 km langen Durchquerung des Bayerischen Waldes zwischen Regensburg und Bayerisch Eisenstein sicherlich nicht im Nassen. Gleichwohl will man den Regen nicht missen, zeigt der Fluss doch an, wohin es geht, nämlich stets entgegen der Wasserströmung. Wer sich jetzt schon am ewigen Bergauf stört, sei beruhigt: Das sanfte Gefälle des Flusses sorgt dafür, dass die Tour in drei Tagen mit Übernachtungen in Cham und Regen ohne großes Schinden bewältigt werden kann. Zwischen Viechtach und Regen muss man zwar etwas kräftiger treten, jedoch ist die Naturlandschaft des Bayerischen Waldes jeden einzelnen Radlerschweißtropfen wert.

www.bayernbike.de

169 Steinwelten

Hauzenberg

Manchmal möchte man meinen, es gäbe im Bayerischen Wald nur Bäume (und wilde Tiere). Dabei ist die Region auch noch »steinreich«. Jedenfalls war die kleine Stadt Hauzenberg lange Zeit ein Zentrum des europäischen Granitabbaus. Im historischen Schausteinbruch der »Steinwelten« wird die harte Arbeit in einem Betrieb vor der großen Technisierungswelle veranschaulicht. In den weiteren Ausstellungsräumen der modern entworfenen Erlebniswelt werden Erdgeschichte und regionale Wirtschafts- und Sozialgeschichte kurzweilig und lebendig dargestellt.

www.stein-welten.de

Gefördert von der EU/Europäischer Fonds für regionale Entwicklung

171

Baumwipfelpfad

Neuschönau

Die haushohen Bäume spielen auf dem »Grünen Dach Europas«, wie der Bayerische Wald oft genannt wird, die Hauptrolle. Um die Protagonisten näher kennenzulernen und die Weiten des Nationalparks zu erahnen, bietet es sich an, ihnen in die Krone zu steigen: auf dem längsten Baumwipfelpfad der Welt in Neuschönau, dessen barrierefreie Konstruktion jegliche Grenzen aufhebt. Verbinden lässt sich dieser Besuch mit der Anfahrt per E-Bike, das verschiedene Anbieter in Zwiesel verleihen. Mit Schubunterstützung geht es über Frauenau und Spiegelau nach Neuschönau. Zurück gelangt man mit der Waldbahn von Grafenau, die im bequemen Takt verkehrt.

www.baumwipfelpfad.by; www.bayerischer-wald.de

170

Gäubodenvolksfest

Straubing

Bier, Brezen und Brathendl sind die kulinarischen Eckpfeiler eines Besuchs auf dem zweitgrößten Volksfest Bayerns. Jedes Jahr im August strömen täglich durchschnittlich 100 000 fröhliche Menschen auf den Festplatz »Am Hagen«, um dort bayerische Lebensart zu genießen und rasante Ritte auf einem der Fahrgeschäfte zu wagen.

www.volksfest-straubing.de

172 Geotop Buchberger Leite

Freyung / Ringelai

Ein interessantes Ausflugsziel für Bayerwald-Urlauber ist die Buchberger Leite zwischen Freyung und Ringelai. In diesem Gebiet hat sich die in Brauntönen schimmernde Wolfsteiner Ohe tief ins Pfahlschiefergestein eingeschnitten und eine eindrucksvolle und romantische Klamm gebildet. Auf einem 8 km langen Themenwanderweg mit Informationstafeln und einer Begleitbroschüre werden Besucher durch diese besondere Landschaft geführt. Alte Triftmauern, in den blanken Fels geschlagene Stollen oder oberirdische Kanäle, bei denen das Wasser bergauf zu fließen scheint, zeugen vom jahrhundertelangen menschlichen Wirken in der Buchberger Leite. Der Einstieg in die wilde Schluchtenlandschaft ist sowohl von Freyung als auch von Ringelai möglich.

www.freyung.de; www.ringelai.de

173 Fußballgolf

Bodenkirchen

Während früher einzig und allein die Form der Spielgeräte die beiden Sportarten Fußball und Golf verband, so ist heute fast jeder Bundesligaprofi, der etwas auf sich hält, an trainingsfreien Tagen mit dem Putter unterwegs. Seit einigen Jahren hat sich sogar eine unterhaltsame Mischsportart entwickelt: Fußballgolf. In Bodenkirchen kann man sich auf einer 1,5-stündigen Runde auf der 18-Loch-Anlage des Soccerpark Bayern dabei messen, wer das bessere Ballgefühl besitzt. Die einzelnen Ziele sind meistens ca. 80 cm große Löcher im Boden, aber auch Netze oder höher gelegene Töpfe. Am liebsten würde man mit Mesut, Lukas & Co. eine Partie spielen. Aber die müssen ja woanders ins Tor treffen.

www.soccerparkbayern.de

174 Radtour

Vilsbiburg

Im Hügelland zwischen Isar, Inn und Donau sind die Alpen zwar noch ein gutes Stück weit entfernt und außer Sichtweite, trotzdem bewegt man sich hier, streng geografisch genommen, bereits im Alpenvorland. Vom dortigen Trubel ist rund um Vilsbiburg noch nicht viel zu spüren. Auf einer Radtour von der Kleinstadt an der Vils flussabwärts nach Eichendorf rollt man gemütlich durch von Wiesen geprägte Flussauen, in die sich seltene Tier- und Pflanzenarten zurückgezogen haben und genießt die Ruhe. Die steilen Alpen vermisst man dabei übrigens keine einzige Sekunde.

www.tourismus-landshut.de

175

Schneeschuhwandern

Grainet / Haidmühle

Der Winter im Dreiländereck Bayerischer Wald kann lange dauern. Das heißt allerdings nicht, dass Wanderfreunde bis in den Frühsommer auf das Schnüren ihrer Bergschuhe verzichten müssen. Sie schnallen sich einfach noch ein zweites Paar Schuhe unter die Füße und spazieren auf wundersam leichte Weise durch verschneite Täler und stille Wälder. Am besten hat man einen ortskundigen Führer an der Seite, der einem nicht nur den richtigen Weg zeigt, sondern auch noch weiß, wo man danach bei einer heißen Tasse Tee die Zehen wieder aufwärmen kann.

www.dreilaendereck-bayerischer-wald.de

176 Europareservat Unterer Inn

Ering

Über viele Jahrhunderte hinweg galt der Inn als eine der bedeutendsten Transportrouten des bayerisch-österreichischen Salzhandels. Sein Unterlauf blieb allerdings lange Zeit von größeren Eingriffen des Menschen verschont, sodass sich in der Gegend zwischen Simbach und Passau eine bis zu 10 km breite wilde Flusslandschaft ausbreitete. Erst der Bau von Laufkraftwerken und die Einrichtung von Überflutungsbecken im 20. Jh. bändigte die freie Strömung und schuf Rückzugsräume, in denen heute wichtige Teile für ein funktionierendes Ökosystem ihren Platz haben. Im Infozentrum des Europareservats Unterer Inn in Ering bekommen Interessierte Einblick in die Naturschutzmaßnahmen vor Ort und können im Rahmen von Experten-Führungen das Reservat und die Eringer Auen kennenlernen.

www.europareservat.de

177 Landshuter Hochzeit

Landshut

Ein wiederkehrender Zyklus hat die Einwohner der Stadt stets im Griff und erreicht alle vier Jahre im Sommer mit der Landshuter Hochzeit seinen Höhepunkt (nächster Termin: Juni / Juli 2013). Im Rahmen einer historischen Inszenierung wird an die 1475 erfolgte Vermählung des bayerischen Herzogs Georg mit der polnischen Königstochter Hedwig erinnert. Dann ziehen Gaukler und Minnesänger sonntags mit dem Hochzeitszug durch die geschmückte Altstadt und treffen sich beim Brutzeln der Spanferkel und Kreisen der Humpen neben dem Turnierplatz. Wer Teil des Spiels sein will, muss übrigens in oder um Landshut herum wohnen.

www.landshuter-hochzeit.de

Schauhöhle

Essing

178

Die dumpfen Klänge eines Didgeridoos, dazu Trommeln, Pfeifen, Bässe sowie das Geräusch von aufschlagenden Wassertropfen – dieses Szenario gehört zu den Besonderheiten eines abendlichen Besuchs der Tropfsteinhöhle Schulerloch zwischen Kelheim und Essing. Das einst von den Freimaurern erschlossene Höhlensystem befindet sich am Hang des Altmühltals und kann natürlich auch tagsüber im Rahmen einer 30-minütigen Führung besucht werden. Vom Parkplatz an der Altmühlstraße führt ein breiter Wanderweg in 15 Min. hinauf zum Eingang der Schauhöhle.

www.schulerloch.de

179

Radtouren mit Erholungsstation

Bayerisches Golf- und Thermenland

Die fünf Thermalbäder Bad Abbach, Bad Birnbach, Bad Füssing, Bad Gögging und Bad Griesbach sind mit ihren Wellness-Oasen die Zentren des Bayerischen Golf- und Thermenlandes. Dazwischen liegen viele unberührte Landstriche, die am besten per Rad erkundet werden. Um die Hügel zwischen Donau, Isar, Vils und Inn »mit Rückenwind« zu bewältigen, bietet es sich an, E-Bikes bei einem der zahlreichen Partner vor Ort auszuleihen. Flott dahin geht es durch Hopfengärten, Laubwald und entlang idyllischer Flüsse. Energie gibt's unterwegs in urigen Biergärten – oder im Anschluss im entspannten Ambiente der Thermen.

www.bayerisches-thermenland.de

180 Audi-Forum
Ingolstadt

Wie im Alltag der Menschen, so passiert es auch im Bereich des Autobaus: Nach einer Emanzipationsphase kommt die Tochter irgendwann flotter als die Mutter daher. Die schnittigeren Gefährte der Volkswagen-Gruppe werden nicht in der Autostadt in Wolfsburg, sondern von Audi in Ingolstadt produziert. Die Geschichte von Audi und der Vorgängermarken wird im »museum mobile« des Audi-Forums erzählt. In den geschwungenen Ausstellungsräumen finden Besucher Informationen zum Design der neuesten Modelle, aber auch zu den technischen Finessen alter Klassiker. Das Museum stellt Zusammenhänge zwischen Automobil, Mobilität und Gesellschaft dar und ist ein offenes Forum für Begegnungen. Wer bei der Fertigung eines Audis zuschauen möchte, meldet sich im Forum zur Führung an.

www.audi.de/foren

181 Spargelmuseum
Schrobenhausen

Der französische Präsident Charles de Gaulle sagte einst: »Es hat mich nie gestört, dass man mich manchmal mit einem Spargel verglichen hat, denn am Spargel ist der Kopf das Wichtigste.« Das wissen auch die Bauern rund um Schrobenhausen, das in Bayern als Zentrum des Spargelanbaus gilt. Je nach Wetterlage werden hier gegen Mitte April die ersten Stangen gestochen und am 24. Juni, dem »Johannitag«, die letzten. Seit über 25 Jahren beherbergt Schrobenhausen das Europäische Spargelmuseum, in dem die Geschichte des Anbaus erklärt wird und Kuriositäten rund um das Gewächs ausgestellt sind. Im Freigelände ist ein Musterfeld zu besichtigen.

www.schrobenhausen.de

Brauerei
Weihenstephan

182

In Weihenstephan bei Freising kann man nicht nur Brauereiwesen studieren. Dort befindet sich auch ein Zentrum der europäischen Braukunst. Auf dem Weihenstephaner Berg, hoch über Freising, steht die älteste noch bestehende Braustätte der Welt. Wer sich für die Geschichte des Bieres interessiert, sollte unbedingt an einer Führung durch die heiligen Hallen von Weihenstephan teilnehmen. Während der einstündigen Runde, die auch an den kupfernen Sudkesseln vorbeiführt, werden interessante Blicke hinter die Kulissen des fast 1000 Jahre alten Braubetriebs geworfen.

www.weihenstephaner.de

183

KZ-Gedenkstätte

Dachau

Am östlichen Rand der kleinen Stadt Dachau, nur 20 km nordwestlich des Münchner Marienplatzes, wurden während der NS-Diktatur Tausende dem Regime unliebsame Männer und Frauen im Konzentrationslager unter menschenverachtenden Bedingungen eingesperrt und ermordet. 20 Jahre nach Ende des Zweiten Weltkriegs entstand am Ort des Schreckens die KZ-Gedenkstätte. Heute ist diese ein Mahnmal für alle und ein Ort, an dem jedem der jährlich 800 000 Besucher die Zeugnisse der schrecklichen Taten der Nazis und die Schilderungen des Leids der Häftlinge unter die Haut gehen. Im Jahr 2009 wurde ein neu errichtetes Besucherzentrum eröffnet, in dem Audioguides, die durch die Gedenkstätte leiten, ausgeliehen werden können. Außerdem befindet sich im neuen Gebäude eine umfangreiche Fachbuchhandlung mit weiterführender Literatur.

www.kz-gedenkstaette-dachau.de

Donaudurchbruch

Kloster Weltenburg / Kelheim

Schon der bayerische König Ludwig I. war sich der Einzigartigkeit des Donaudurchbruchs bei Kelheim bewusst und ließ das Gebiet 1840 als Naturdenkmal ausweisen. Auf einer Länge von 5 km bahnt sich das Wasser der Donau seinen Weg durch den Kalkstein. Am Eingang des von steilen Felsen gekennzeichneten Durchbruchs befindet sich mit dem Kloster Weltenburg das älteste Kloster Bayerns. Drei Hauptwanderwege führen von Kelheim flussaufwärts zur Benediktinerabtei. Jede der etwa 6 km langen Routen ist gut ausgeschildert, eine Informationstafel mit einer Karte und einer kurzen Beschreibung der Wanderrouten befindet sich an der Schiffsanlegestelle in Kelheim.

www.kelheim.de; www.weltenburger.de

184

185

Radwege durch grüne Täler

Günzburg

Ein international bedeutender Strom wie die Donau stellt jedes Nebengewässer in den Schatten. So auch im Fall von Günz, Kammel, Mindel und Zusam, die sich von Süden kommend zwischen Günzburg und Donauwörth mit den Wassermassen der »großen Schwester« vermischen. Dank eines gut ausgebauten Wegenetzes und einer klaren Beschilderung bietet sich Radlern die Möglichkeit, die ruhige und oft noch unentdeckte Gegend südlich der Donau auf Tagestouren zu entdecken. In Breitenthal beginnt der Günz-Radweg und endet nach 30 km in der Altstadt Günzburgs. Wer die nur wenige Kilometer östlich parallel dazu laufende Kammel kennenlernen möchte, startet am besten in Krumbach. Insbesondere zwischen Neuburg und Kammeltal kriecht der Flusslauf wie eine Schlange leise durch die Wiesen. Radler nehmen den direkten Weg und erreichen bei Offingen die Donau. Das weite Tal der Mindel bietet sich mit seinem leichten Bergab insbesondere für Familienradtouren an. Der Zusam-Radweg ist mit einer Strecke von fast 70 km die längste der vier Fahrradtouren und für ambitionierte Radler eine spannende Alternative.

www.familien-und-kinderregion.de; www.donautal-radfahren.de

Donauradweg

Schwäbisches Donautal

Der Donauradweg zählt zu den bekanntesten Radrouten Deutschlands. Eine Tour von Donaueschingen nach Passau bedeutet nicht nur, 600 km zurückzulegen und dann stolz die müden Beine auszustrecken. Sie ist vor allem ein Streifzug durch unterschiedliche Landschaften und Geschichte(n). Ganz unmittelbar verändert sich die Mundart. Zum Frühstück gibt's erst Seelen, dann Weckerl. Hier wird gevespert, dort wartet die Brotzeit. Wer sich sprachlich nicht verirren will, dem Leitspruch »weniger ist mehr« folgt und seinen Kohlenhydratspeicher gerne mit Spätzle auffüllt, der beschränkt sich am besten auf ein schwäbisches Teilstück des Donauradwegs, beispielsweise auf die Strecke zwischen Ulm und Donauwörth. Im Schatten des Ulmer Münsters breitet sich die Donau in einer weiten Auenlandschaft aus. Nach 25 km können Radwanderer in Günzburg eine erste Pause mit einem Spaziergang durch die historische Altstadt verbinden. Wer noch auf Erholung verzichten kann, steuert das weitere 20 km entfernte Lauingen an. Im Ortsteil Faimingen lassen sich Überreste eines römischen Tempels bestaunen (s. Tipp 187). Einen Katzensprung entfernt befindet sich mit Dillingen eine der ältesten Städte Bayerns. Hier erinnern ein Kneipp-Brunnen und ein Rundweg an den berühmten Priester und Hydrotherapeuten, der in der ehemaligen Residenzstadt sein Theologiestudium begann. Auf halbem Wege zwischen Dillingen und Donauwörth passieren Radler das artenreiche Naturwaldreservat Neugeschüttwörth, wo der Auenwald seiner natürlichen Entwicklung überlassen wird. In den reizvollen Straßenzügen Donauwörths endet das 100 km lange Teilstück durchs Schwäbische Donautal. Das Wasser treibt weiter nach Regensburg, Passau und Wien, die Teilstück-Radler kehren mit der Bahn zurück nach Ulm.

186

www.donautal-radfahren.de;
www.deutsche-donau.de

187

Radtour auf den Spuren der Römer

Günzburg / Dillingen

Dass die Römer nicht nur sponnen, sondern auch ganz andere Fähigkeiten hatten, ahnte womöglich auch schon Obelix. Heute könnte er sich auf vielfältige Weise vom Einfluss Roms auf die Entwicklung Europas überzeugen lassen. Beispielsweise auf dem Radweg »Via Danubia«, der nicht ganz bis Rom führt – aber immerhin bis Oberndorf. Die Route legen Besucher heute nicht mehr in schweren Legionärsrüstungen zu Fuß zurück, sondern auf dem Drahtesel. Besonders locker fühlt es sich auf einem E-Bike an, das bei verschiedenen Partnern im Dillinger Land ausgeliehen werden kann. Der teilrekonstruierte Apollo-Grannus-Tempel in Faimingen ist ein Höhepunkt der Tour. Einige Kilomter weiter bietet sich in Aislingen vom Sebastiansberg ein herrlicher Blick in die Weiten des Donautals. Ab Mai 2013 spitzen Besucher auch ihre Ohren: denn dann erzählen Einheimische in schönstem Schwäbisch die Geschichten der »Via Danubia«. Die sogenannten Lauschtouren gibt es auch für andere Ziele und können kostenlos auf das Smartphone geladen werden. Da würde Obelix rufen: Sind die schlau, die Schwaben!

www.donautal-radfahren.de;
www.dillingerland.de;
www.bayerisch-schwaben.de/lauschtour

188 Ballonmuseum
Gersthofen

1985 eröffnete in Gersthofen das weltweit erste Ballonmuseum. Auf einem Rundgang durch die 1200 qm große Ausstellungsfläche wird Besuchern nicht nur klar, warum ein Ballon »fährt« und nicht »fliegt«, sondern auch wie das sagenhafte Gefährt erfunden wurde. Außerdem erfahren sie auf neun Ebenen Wissenswertes über die Technik, die Herstellung und den Ballonsport, die wissenschaftliche wie militärische Nutzung des Ballons und über Rekorde und Katastrophen. Da möchte man am liebsten gleich in einen der Körbe klettern und unbemerkt abheben.

www.ballonmuseum-gersthofen.de

189 Spaziergang durch die Fuggerei
Augsburg

Die Geschichte Augsburgs ist eng mit dem schwäbischen Familiengeschlecht der Fugger verknüpft. Die Kaufleute verhalfen der Stadt an Lech und Wertach gegen Ende des Mittelalters zu enormer wirtschaftlicher Prosperität. Vom Reichtum der Fugger profitierten auch die Armen, denn zu Beginn des 16. Jhs. ließ Jakob Fugger die weltweit erste Sozialsiedlung bauen. Bis heute wohnen Hilfsbedürftige Augsburger und deren Familien zu einer symbolischen Jahresmiete von unter einem Euro in der »Stadt in der Stadt«. Auf einem Rundgang entlang der von wildem Wein bewachsenen Fassaden kann die reizvolle Fuggerei besichtigt werden. In der Ochsengasse können Besucher sogar eine Schauwohnung betreten, die zeigt, wie Fuggereibewohner heute leben. Das Fuggereimuseum erzählt die Geschichte der Siedlung.

www.fugger.de

190 Puppentheatermuseum
Augsburg

Die hölzerne Augsburger Puppenkiste und die berühmten geschnitzten Protagonisten, die seit 60 Jahren über die Bühne bzw. im Fernsehen durch deutsche Wohnzimmer laufen, zählen zu den wichtigsten Kulturgütern des Landes. Wer kennt sie nicht, die Geschichten von Jim Knopf und Lukas dem Lokomotivführer? Auch wenn diese beiden mit der Lokomotive Emma durch die ganze Welt reisen, ihr Zuhause liegt in der Spitalgasse in Augsburg. Dort gibt es seit der Jahrtausendwende auch das Puppentheatermuseum »Die Kiste«, wo all die berühmten und legendären »Stars an Fäden« in ihrer natürlichen Umgebung zu bewundern sind.

www.augsburger-puppenkiste.de

192

Englischer Garten
München

Was wäre München nur ohne seinen großen Spielplatz, den Englischen Garten, der wie ein breiter Keil von den Isarauen im Norden bis fast in die Innenstadt reicht. Im Sommer spenden die großen Laubbäume Schatten, die Jugend lässt sich den Eisbach hinabtreiben und im Biergarten am Chinesischen Turm gesellt sich eine Portion Internationalität zur bayerischen Gemütlichkeit. Je weiter man sich vom Stadtzentrum entfernt, desto natürlicher wird das Gelände. Wenn sich im Winter eine weiße Decke über die Landschaft legt, freuen sich vor allem die Kinder, die dann am Hügel des Monopteros, einem klassizistischen Rundtempel, hinabschlittern.

www.schloesser.bayern.de, s. Gärten (München)

191

Deutsches Museum
München

Das Deutsche Museum, das sich auf einer Insel im Stadtzentrum befindet, zählt zu den bedeutendsten naturwissenschaftlichen Museen der Welt und bietet auf 55 000 qm Ausstellungsfläche eine ausführliche Reise durch die Erd- und Technikgeschichte. Besonders beliebt ist die Luftfahrtabteilung, in der über 50 Originalflugzeuge ausgestellt sind.

www.deutsches-museum.de

Alter Peter

193

München

Für »echte« Münchner ist der Alte Peter mindestens genauso bedeutend wie das gegenüberliegende Neue Rathaus. Dem Kirchturm in der Innenstadt ist sogar Münchens Stadthymne »Solang' der Alte Peter« gewidmet, die seit Jahrzehnten im Pausenzeichen – heute Jingle genannt – des Bayerischen Rundfunks erklingt. Tagsüber kann der Turm über Hunderte Treppenstufen bestiegen werden. Vom Aussichtsbalkon, 56 m über dem Marienplatz, haben Besucher einen wunderbaren Blick auf die Stadt und die Umgebung. Wenn der Föhn über die Alpen bläst, ist es dort besonders schön. Denn dann kommen die Alpengipfel der Stadt so nah, dass man am liebsten zugreifen möchte.

www.alterpeter.de

BMW-Welt

München

194

Das 2007 eröffnete Auslieferungszentrum mit dem stolzen Namen BMW-Welt täuscht – wie die PS-starken Fahrzeuge des bayerischen Autobauers auch – keine falsche Bescheidenheit vor. Kunden betreten den Autotempel mit seinem markanten Doppelkegel zu Fuß und verlassen ihn stolz im polierten Neuwagen über eine elegant geschwungene Rampe. Alle anderen dürfen auf den verschiedenen Ebenen über Technik und Design staunen. Regelmäßig werden die Motoren gestartet – womöglich auch um lautstark zu zeigen, dass das Geschäft brummt wie nie.

www.bmw-welt.com

195 Allianz-Arena

München

Die Allianz-Arena gilt seit ihrer Fertigstellung im Jahr 2005 als eines der wichtigsten touristischen Aushängeschilder Münchens. Wie ein Raumschiff liegt das Stadion im Norden der Stadt und lockt nicht nur Fußballfans an. Bei Dunkelheit kommt die sonderbare Außenhaut der Arena mit ihren 2 800 rautenförmigen Luftkissen besonders zum Tragen. Bei Heimspielen des FC Bayern leuchten diese in der roten Vereinsfarbe, wenn die »Sechzger« kicken, strahlt das Stadion in kräftigem Blau. Wer sich nicht mit einem der 70 000 Plätze im Stadion begnügen möchte, sondern mehr über den Fußballtempel wissen will, kann die Arena auf einer Tour besichtigen, die auch ins Allerheiligste der Fußballer, die Umkleidekabinen, führt. Für Rollstuhlfahrer und Gehbehinderte gibt es eine spezielle »Handicapped Tour«.

www.allianz-arena.de

196 Olympia-Zeltdach-Tour

München

Das Münchner Olympiagelände hat seit den Sommerspielen von 1972 nicht an Attraktivität verloren und zieht noch immer Einheimische und Besucher in seinen Bann. Insbesondere das transparente Zeltdach, welches von der Westtribüne des Stadions bis zur Schwimmhalle reicht, ist zu einem Markenzeichen geworden. Dass Touristen ihrem einzigartigen Bauwerk wortwörtlich auf das Dach steigen könnten, war von den Planern um Günter Behnisch sicherlich nicht so gedacht. Neuerdings werden diese Zeltdach-Touren angeboten, an deren Ende ein spinnenhaftes Abseilen ins Stadionrund steht oder eine flotte Seilbahnfahrt hoch über dem Stadionrasen.

www.olympiapark-muenchen.de

Baden in der Isar

198

München

Sommer, Sonne, 30 Grad: Halb München liegt an der Isar, die selbst mitten in der Stadt ihre Natürlichkeit bewahrt und den Lebenswert für die Einwohner deutlich erhöht. Denn im vergangenen Jahrzehnt wurde der Flusslauf bis zum Deutschen Museum hervorragend renaturiert. Am Flaucher, des Münchners Lieblingsgrillplatz im Süden der Stadt, duftet es nach Steak und Rostbratwurst. Weiter flussabwärts laden breite Wiesen zum Spazierengehen, Joggen, Fußball- oder Frisbeespielen ein. Und wem es zu heiß wird, der springt kurz in den Fluss, denn in der Regel hat das Isarwasser Badequalität – als einer der wenigen Flüsse in ganz Europa.

www.muenchen.de

Bavaria-Filmstadt

197

München

In den Bavaria Filmstudios im Münchner Süden wurden zahlreiche Highlights der deutschen Fernseh- und Kinogeschichte produziert. Auf der 90-minütigen Tour mit dem »Film-Express« können sich Besucher unter anderem durch das U-Boot aus dem Filmklassiker »Das Boot« zwängen und auf dem Drachen aus der »Unendlichen Geschichte« reiten.

www.filmstadt.de

Thermalbad
Bad Wörishofen

199

Wo gibt's denn so was? Ob im grauen November, im verschneiten Februar oder im heißen August – in Bad Wörishofen kann man das ganze Jahr über unter Palmen im 34 °C warmen Wasser baden. Anspruchsvolle Genießer schätzen die zahlreichen Wellnessangebote, darunter Massagen, Aromatherapie oder Hot Stones. Wer es sportlicher mag oder mit der Familie kommt, besucht das angegliederte Sportbad »Blue Fun« mit 25-m-Becken, diversen Rutschen, einem Wildwassercanyon und einem Babypool mit vielen kindgerechten Attraktionen.

www.therme-badwoerishofen.de

200 Fahrrad-Stadtführung
München

Die Millionenstadt München ist klein genug, um sie leicht und locker auf dem Fahrradsattel zu erkunden. So wird der Orientierungssinn geschärft und auch der Körper bleibt fit. Seit einigen Jahren organisieren Veranstalter interessante Führungen auf dem Drahtesel durch die Stadt. Die Guides von »Spurwechsel« zeigen Besuchern die Highlights der Stadt im Rahmen von Routen zu bestimmten Themen, wie beispielsweise auf der Polit-Tour, die wichtige Orte der Zeitgeschichte ansteuert.

www.spurwechsel-muenchen.de

201 Schloss Nymphenburg
München

Nordwestlich der Innenstadt befindet sich das von den Wittelsbachern als Sommerresidenz genutzte Schloss Nymphenburg. Die prunkvollen Innenräume sind einen Rundgang wert, der wahre Schatz befindet sich jedoch hinter dem mächtigen Gebäude: der Schlosspark. Während die zentrale Achse vom geordneten Stil eines »französischen Gartens« geprägt ist, dominiert in den Seitenteilen ein herrlich wilder »englischer Garten«.

www.schloesser.bayern.de

202 Käseschule im Dorfhaus

Oberstaufen-Thalkirchdorf

Wer Lust hat, einmal selbst Käse zu machen, ist im geschindelten Dorfhaus von Thalkirchdorf bei Oberstaufen an der richtigen Adresse: Bei Käsemeister Georg Gründl lernt man, wie Weichkäse hergestellt wird. Jeder Teilnehmer bekommt seinen eigenen Kupferkessel und die komplette Ausrüstung. Das Käsen selbst dauert rund 2 Std. In dieser Zeit müssen die Käseazubis oft fleißig rühren, erfahren nebenbei einiges über die Herstellung anderer Käsespezialitäten und dürfen ungewöhnliche Käsekreationen des Meisters kosten, z. B. Dunkelbierkäse, Barolo- und Champagnerkäse, Ananas- und Trüffel-Chili-Käse-Pralinen oder Käse-Punsch-Pralinen. Danach gibt's ein Diplom und einen Heuschnaps als »Verdauerle«. Wenn die Lehrlinge ihren Do-it-yourself-Käse in die richtige Form gepresst haben, dürfen sie ihn nach einer ersten Ruhezeit von etwa 2 Std. mit nach Hause nehmen. Allerdings muss er dort vor dem Verzehr nochmals 8 Std. ruhen und gesalzen werden.

www.kaeseschule.de; www.dorfhaus.de

203 Kräutergarten

Stiefenhofen

Im Allgäuer Kräutergarten in Stiefenhofen werden über 300 Kräuterarten angebaut, die in Handarbeit gepflegt, geerntet und getrocknet werden. Der Garten mit seiner begehbaren Heckenspirale, vielen Bäumen, Büschen und heimeligen Winkeln zum Entspannen und Meditieren ist stets frei zugänglich. Das Veranstaltungsprogramm reicht von Schamanismuskursen und Räucherzeremonien über die Herstellung von Tinkturen, Kräuterölen und Salben bis hin zu Hata-Yoga. Der Hofladen bietet eine große Auswahl an Tee-, Gewürz- und Kräutermischungen, Bioprodukten und Büchern.

www.artemisia.de

205

Eskimowochenende

Pfronten

Ein Iglu zu bauen ist gar nicht so schwer – wenn Experten zeigen, wie es geht. Als Bauplatz benötigt man ebenes Gelände, zum Ausstechen der Quader eine unzertretene Fläche mit gut gepresstem Schnee. Dann zirkelt man den Grundriss ab, nimmt Schneesäge und Schneeschaufel und macht sich ans Werk. Nach gut 3 Std. Arbeit ist das winddichte Haus aus Schnee fertig. Worauf es beim Hochziehen der Wände ankommt und was beim »Schlussstein« zu beachten ist, erklärt der Schneebiwakbaumeister. Nach getaner Arbeit stärkt man sich auf der nahen Hütte, bevor man mit der nötigen Bettschwere in sein Iglu unterm Sternenhimmel kriecht.

www.altissimo.de

Canyoning

Pfronten

204

In der Regel werden Wildbäche in den Bergen vorsichtig um- oder übergangen. Beim Canyoning stürzt man sich im Neoprenanzug mitten ins eiskalte Wasser und nimmt den direkten Weg ins Tal. Aufregend und spannend ist das – aber nicht gefährlich, wenn man am Seil geht und professionelle Guides die Schlüsselstellen der Touren kennen.

www.freudig.de

206 Schwäbisches Bauernhofmuseum

Illerbeuren

Im Schwäbischen Bauernhofmuseum in Illerbeuren, 10 km südlich von Memmingen, erfährt der Besucher im Rahmen von Themenführungen beispielsweise, wie es früher mit der Hygiene im bäuerlichen Haus und Hof aussah. Man kann das älteste bayerische Freilichtmuseum auch auf eigene Faust besichtigen, sollte aber viel Zeit mitbringen, wenn man die 30 liebevoll restaurierten Gebäude aus dem 16. bis 19. Jh. alle aufsuchen möchte.

www.bauernhofmuseum.de

207 Bergtour auf den Stuiben

Immenstadt

Eine Tour entlang der Nagelfluhkette gehört nicht zuletzt wegen der sich häufig bietenden fantastischen Aussicht zu den Klassikern im Allgäu. Eine beliebte Tageswanderung führt auf den 1750 m hohen Stuiben. Dabei schwebt man von Immenstadt mit der Sesselbahn bis fast auf den 1450 m hohen Mittag und quert in westlicher Richtung über den Steineberg zum Stuiben. Hinab ins Tal geht's entweder über die Alpe Gund oder – die Kniegelenke schonend – mit der Sesselbahn.

www.immenstadt.de

Eistobel

Maierhöfen

208

Schluchten werden im Allgäu »Tobel« genannt, und einer der schönsten ist der Eistobel bei Riedholz, rund 7 km südlich von Isny. Im Winter ist die dann nur für Bergsteiger begehbare Schlucht eine wahre Kunstgalerie bizarrer Skulpturen der vergänglichen eisblauen Art. Im Rest des Jahres rauscht hier das Wasser zwischen hohen Felswänden hindurch, spritzt über Kaskaden und strömt durch Gletschertöpfe. Eine etwa vierstündige familienfreundliche Rundwanderung führt durch die Schlucht auf die Riedholzer Kugel mit schönem Blick auf die umliegenden Berge.

www.eistobel.de

209 Alpe Ornach
Bolsterlang

Wie schmeckt der Sennalpbergkäse, der bei der Käseolympiade eine Goldmedaille absahnte? Worin liegt das Geheimnis des mehrfach ausgezeichneten Produkts? Wie viele Kühe muss ein Senn täglich melken? Wer solchen Fragen nachgehen will, kann sich – abgesehen von den Seilbahnkosten der Hörnerbahn – gratis mit einem Wanderführer auf den Weg zur Ornacher Alpe machen. Hier verarbeitet der preisgekrönte Senner Mathias Martin im Sommer täglich rund 600 l Milch zu Käse, Butter und Joghurt. Selbstverständlich darf man seinen leckeren Käse auch kosten.

www.bolsterlang.de

210 Archäologischer Park
Kempten

Die Römerstadt Kempten wurde vor rund 2000 Jahren gegründet und erhielt den Namen Cambodunum. Anfangs war sie sogar Amtssitz des Statthalters der Provinz Rätien. Seit 1983 wurden der gallorömische Tempelbezirk, die »Kleinen Thermen« und das Forum der freigelegten antiken Siedlung als »Archäologischer Park Cambodunum« zugänglich gemacht. Heute kann man die Anlage auf eigene Faust besichtigen oder an einer Führung teilnehmen. Besonders anschaulich wird die Römerzeit bei Workshops, in denen man einiges über das Schreiben in der Antike, die römische Mode oder die Kunst der Specksteinbearbeitung erfährt. Beim Besucherprojekt »Homo ludens – Spielen wie die Römer« stellt manch einer erstaunt fest, dass Mühle und Tauziehen schon vor 2000 Jahren bekannt und beliebt waren.

www.apc-kempten.de

211 Starzlachklamm
Sonthofen-Winkel

Ob man an Sommertagen die Kühle der Starzlachklamm genießt oder nach Regenschauern bewundert, mit welchem Druck das Wasser durch die Schlucht tost – es ist immer ein eindrucksvolles Erlebnis. Die Tour beginnt am Parkplatz im Ortsteil Winkel. Ein beschilderter Weg führt am Bach entlang zum Klammwirt am Eingang der Schlucht. Vorbei an mehreren Wasserfällen geht es bergauf durch die Klamm. Schließlich zweigt nach rechts ein Weg ab, über den man rasch zum Parkplatz zurückkommt. Man kann auch am oberen Ende der Schlucht über eine Brücke auf die andere Seite wechseln und über die Alpe Topfen zurück nach Winkel wandern.

www.starzlachklamm.de

Walderlebnis

Füssen

Im Walderlebniszentrum Ziegelwies zwischen dem Lech und den Steilhängen des Allgäuer Bergwalds nehmen Kinder ihre Umwelt mit allen Sinnen wahr. Auf drei Pfaden erfahren sie Interessantes über Wasser, Holz, Schutzwald oder Lawinen. Der »Auwaldlehrpfad« führt sie durch einen Weidentunnel, sie überqueren den Bach mit dem Floß, auf der Hängebrücke oder hangeln sich am Seil entlang über das Wasser. Auf dem »Bergwaldlehrpfad« klettern sie im Netz der Riesenspinne und schwingen an der Affenschaukel. Im »Tal der Sinne« geht's barfuß durch den Matsch, über Baumstämme und durchs Wasser.

212

www.walderlebniszentrum.eu

Wanderung
Nesselwang

Eine schöne, rund 3-stündige Wanderung auf den Nesselwanger Hausberg, die gut 1 500 m hohe Alpspitze, führt vom Alpengasthof Sonnenbichl zum Wasserfall im Schlossbächeltal, an dessen Seite man weiter aufsteigt.

213

Nach einem kurzen Abstecher zur Ruine Nesselburg geht's entlang des beschilderten, teils steilen Wegs zum Sportheim Böck. 20 Min. später steht man auf dem Gipfel der Alpspitze, wo sich herrliche Blicke auf die umliegenden Berge bieten. Talwärts geht es entweder flott mit der Sommerrodelbahn oder gemütlich zu Fuß über die Kronenhütte.

www.nesselwang.de

214

Sturmannshöhle
Obermaiselstein

Der Besuch der Sturmannshöhle ist ein spannendes Erlebnis für die ganze Familie, bei dem man sich warm anziehen sollte. In der einzigen Spalthöhle des Allgäus ist es nämlich auch an einem Sommertag mit einer konstanten Temperatur von 4 °C recht kühl. Ausgangspunkt ist der Parkplatz beim »Hirschsprung« an der Straße zwischen Obermaiselstein und Tiefenbach. Von hier gelangt man in rund 30 Min. auf dem ganzjährig zugänglichen Sagenweg zum Eingang der Klamm. Über Treppen geht's dann 300 m hinab in die Tiefe, wo ein Wildbach rauscht. Dabei steigt man durch 120 Mio. Jahre alte Gesteinsformationen, sieht wunderschöne Versinterungen und erfährt viel Interessantes – zum Beispiel über das Venediger Männle, die vier wilden Fräulein und den Drachen, der den Goldschatz der Höhle bewacht.

www.obermaiselstein.de

215

Hammerschmieden
Bad Oberdorf

In Bad Oberdorf hat sich ein uraltes Handwerk erhalten, das andernorts schon verschwunden ist: Dort sind noch drei Hammerschmieden in Betrieb, rund 500 Jahre alt und von der Wasserkraft der Ostrach angetrieben. In der Unteren Schmiede stellt Franz Scholl hauptsächlich Eisenpfannen für Kochprofis her. Er arbeitet eng mit seinem Cousin Albert zusammen, dessen Obere Schmiede sich am Hornweg beim Parkplatz Grüebplätzle befindet. Beide Traditionsbetriebe können besichtigt werden und haben Verkaufsräume, in denen man die begehrten Pfannen, aber auch nach historischen Vorbildern gefertigte Werkzeuge kaufen kann.

www.hammerschmiede-badoberdorf.de

Skiflugschanze & Freibergsee
Oberstdorf

Die Heini-Klopfer-Skiflugschanze, scherzhaft auch der »schiefe Turm von Oberstdorf« genannt, zählt zu den größten ihrer Art weltweit. Ein kleiner Pfad führt im Sommer am Rande des steilen Aufsprunghügels zum Betonbauwerk hoch über dem Stillachtal. Per Aufzug geht's weiter bis ganz nach oben, wo manch einem Besucher bei der Vorstellung, auf Ski geradewegs nach unten zu rauschen und bei Tempo 100 ins Ungewisse abzuheben, der Genuss des herrlichen Ausblicks abhanden kommt. Von der Schanze aus kann man in etwa 20 Min. gemütlich zum Ufer des Freibergsees spazieren. Ein Kopfsprung ins frische Wasser fällt dort um einiges leichter als nebenan über 200 m in die Tiefe zu segeln.

www.skiflugschanze.de; www.oberstdorf.de

216

217 Breitachklamm
Oberstdorf

Die enge, bis zu 65 m tiefe Breitachklamm erstreckt sich zwischen dem Oberstdorfer Ortsteil Tiefenbach und Riezlern im österreichischen Kleinwalsertal. Am Eingang bei Tiefenbach ist eine Ausstellung zur Geologie, Ökologie und Erschließungsgeschichte der Klamm zu sehen. Eine Wanderung durch die Schlucht ist zu jeder Jahreszeit sehr empfehlenswert. Im Winter ist der Weg bis Riezlern geräumt, und die Wasserfälle sind zu bizarren Eisskulpturen erstarrt. Bei Tauwetter im Frühjahr oder nach mehreren Regentagen tost, schäumt und gurgelt die Breitach besonders wild – ein unvergessliches Erlebnis.

www.breitachklamm.com

218 Wieskirche

Steingaden

Wer sich der Wieskirche auf angemessene Art nähern möchte, geht am besten zu Fuß. Schließlich handelt es sich um eine Wallfahrtskirche. Von Steingaden führen einige Wege nach Südosten zur »Wies«, wie der Rokoko-Bau oft abkürzend genannt wird. Einer der schönsten und zugleich beliebtesten Pfade ist der »Brettlesweg«. Dieser ist gut ausgeschildert und führt in 1,5 Std. von Steingaden durch ein idyllisches Hochmoor zur Wieskirche. Wenn man zeitig losmarschiert, hat man vielleicht Glück und erreicht die Kirche noch vor den Buskolonnen und deren Insassen.

www.wieskirche.de

219 Pöllatschlucht

Schwangau

Wenn ein Sohn seiner Mutter eine Brücke zum Geburtstag schenkt, muss entweder die Zuneigung groß, der Geldbeutel prall gefüllt oder der Sohn größenwahnsinnig sein. Im Falle der Marienbrücke, ein Präsent König Ludwigs II. an seine Mutter Marie, darf sich jeder die Antwort selbst aussuchen. Wie auch immer, die Brücke ist perfekt um das direkt gegenüberliegende Märchenschloss Neuschwanstein zu bestaunen. Wer noch weiter zum Tegelberg aufsteigt, dem bieten sich weitere Tiefblicke auf des Königs Meisterwerk. Hinter der Brücke führt der Weg zickzackförmig in die Höhe, Wanderer erreichen nach etwa 3 Std. den Gipfel des Tegelbergs. Von dort schweben sie entweder mit der Seilbahn in die Tiefe oder wandern auf den Spuren des Königs auf dem Ahornreitweg zum Ausgangspunkt.

www.schwangau.de;
www.tegelbergbahn.de

220 Auf die Zugspitze

Garmisch-Partenkirchen

Ganz unterschiedliche Wege führen auf Deutschlands höchsten Berg, die 2964 m hohe Zugspitze. Bergwanderer steigen Schritt für Schritt in zwei Tagen durch das stille Reintal auf. Während die andere, durch das Höllental führende Wanderroute etwas anspruchsvoller ist, wählen Kletterer den Weg entlang des zackigen Jubiläumsgrats. Wer auf die Mühen und Schweißtropfen des Aufstiegs, nicht aber auf das Gipfelpanorama verzichten will, steigt im Tal entweder in die traditionsreiche Zahnradbahn oder in die Gondel der Eibsee-Seilbahn. Wie auch immer der Aufstieg bewältigt wird: Oben, am golden glänzenden Gipfelkreuz treffen sich alle wieder zum Staunen.

www.zugspitze.de

222

Floßfahrt auf der Isar

Wolfratshausen / München

Wer an heißen Sommertagen südlich von München an der Isar liegt, braucht für das musikalische Rahmenprogramm nicht selbst zu sorgen. Denn regelmäßig gleiten Floße mit lautem »Umtata« im Dreivierteltakt und voll beladen mit bis zu 60 fröhlichen Passagieren vorbei. Manch einer blickt neidisch hinüber auf das schwimmende Spektakel ... dabei ist es so einfach, selbst einmal an Bord zu sein: Zwischen Mai und Mitte September bieten mehrere alteingesessene Flößer die lustigen Fahrten mit Brotzeit, Bier und Blasmusik an. In 5-7 Std. treibt man durchs reizvolle Isartal und hat nicht nur auf der größten Floßrutsche Europas eine Riesengaudi.

www.muenchen.de, s. Floßfahrt

Baden & Rudern

Starnberger See

221

Südwestlich von München hat die Eiszeit eine übergroße Badewanne hinterlassen: den Starnberger See. Manch Privilegierter springt vom Privatsteg ins frische Wasser. Für alle anderen gibt es öffentliche Badewiesen, wie z. B. bei Ammerland. Ganz besonders schön ist es, mit dem Ruderboot langsam übers Wasser zu ziehen und gelegentlich hineinzuspringen.

www.gastl-boote.de

Wanderung
Bad Bayersoien

223

Die Ammer ist einer der wildesten Flüsse Oberbayerns und daher ein beliebtes Ziel für Kajakfahrer. Doch es geht auch gemütlicher – und vor allem trockener. Wer die Reize des Ammertals zu Fuß kennenlernen will, startet am besten in Bad Bayersoien, steigt hinab ins Flusstal zur Soyermühle und folgt den Wegweisern flussaufwärts zu den Schleierfällen, die wie Vorhänge an den seitlichen Felsen auftauchen. Wenig später erreicht man die Aussichtskanzel der Scheibum. Dort bieten sich eindrucksvolle Blicke auf das türkisfarbene Wasser, das sich durch die enge Schlucht drückt.

www.ammergauer-alpen.de

224

Partnachklamm
Garmisch-Partenkirchen

Mal rauscht die wilde Partnach durch den schmalen, etwa 80 m tiefen Spalt, den das Wasser hier in vielen Jahrtausenden in den Fels gegraben hat, mal stiebt das Wasser als feiner Schleier über Felsstufen hinab. Selbst an einem heißen Sommertag tropft und rinnt es von den Wänden. Wer die Klamm hingegen im Winter besucht, staunt über bizarre Eisskulpturen. Der knapp 1 km lange Weg durch das Naturdenkmal ist zu jeder Jahreszeit begehbar. Vom Parkplatz am Olympia-Skistadion geht man rund 20 Min. zum Eingang der Schlucht. Viele folgen dem Wasser der Partnach am Ende der Klamm weiter zur Reintalangerhütte oder steigen am Südende über steile Stufen hinauf zur Wettersteinalm und zum Gipfel des Eckbauer. Von dort kann man mit dem Sessellift zum Ausgangspunkt hinabschweben.

www.partnachklamm-info.de

Wanderung zum Schaukräutergarten
Lenggries

225

Das 1555 m hohe Brauneck ist der Hausberg von Lenggries und im Winter ein beliebtes Ziel von Skifahrern und Snowboardern. Im Sommer führen zahlreiche Wanderwege auf die Berge hoch über der hier noch jungen Isar. Wer vom Tal in etwa 2 Std. auf den Gipfel des Braunecks und dann weiter nach Westen steigt, erreicht nach einer halben Stunde die schön gelegene Stie-Alm. Auf deren Rückseite ist ein Kräutergarten angelegt, in dem Besucher über die Geheimnisse des Anbaus und der Anwendung der heimischen Kräuter aufgeklärt werden.

www.stie-alm.de

226

Drei Seen in drei Tagen

Alpenregion Tegernsee Schliersee

Wie drei Lebensadern prägen die Flüsse Leitzach, Schlierach und Mangfall den Landkreis Miesbach, dessen Orte sich touristisch unter dem Dach der »Alpenregion Tegernsee Schliersee« zusammengeschlossen haben. Es gibt kaum eine bessere Art, die Region kennenzulernen, als sich auf das Fahrrad zu schwingen und die Landschaft auf einer Runde von Bayrischzell, vorbei an Spitzingsee, Tegernsee und Schliersee in drei Tagen zu erkunden. Wer's etwas gemütlicher mag, dem hilft das E-Bike, das am Startpunkt in Bayrischzell ausgeliehen werden kann. Die Tour führt anfangs entlang der Leitzach, dann hinauf zum Spitzingsattel, wo den Radlern mit Schliersee und Spitzingsee gleich zwei Gewässer zu Füßen liegen. Am zweiten Tag geht es unterhalb klassischer Münchner Hausberge hinüber zum Tegernsee, wo Gäste aus Übersee im Bräustüberl mit Einheimischen die Bierkrüge heben und bayerische »Schmankerl« genießen. Die dritte Etappe führt hinüber zum Schliersee, dessen autofreies Westufer sich für eine Badepause anbietet. Einige Kilometer weiter tauchen Besucher im Markus Wasmeier Freilichtmuseum bei Neuhaus in die altbayerische Kulturgeschichte ein. Von dort geht's mit Blick auf den Wendelstein zurück nach Bayrischzell.

www.tegernsee-schliersee.de

E-Bike-Pilotprojekt

Alpenregion Tegernsee Schliersee

Was bringt das beste E-Bike, wenn nach einer flotten Fahrt der »Saft ausgeht« und die Aufladestationen fehlen. Ein pfiffiges und zugleich sicheres System ist die Antwort der Alpenregion Tegernsee Schliersee: Mittels eines neu entwickelten LadeSchloss-Kabels können Pedelecs und andere LEV (Light Electric Vehicles) an sieben Stationen im Landkreis Miesbach aufgeladen und gleichzeitig abgesperrt werden. Innerhalb von nur zehn Minuten saugt der Akku Energie für etwa zehn weitere Kilometer auf. Während der »Fütterung« ist der teure Drahtesel an der sicheren Leine gut aufgehoben, sodass kein ausgelaugter Neider die Gunst der Stunde ergreifen kann. Auch kleine Abstecher zu Fuß in die Berge oder erfrischende Schwimmrunden können dadurch sorgenfrei genossen werden. Die Region rund um Tegernsee und Schliersee ist für dieses einzigartige Pilotprojekt mit ihrem gut ausgebauten Radwegenetz und ihrem vielfältigen Streckenprofil ein sehr geeignetes Terrain. Ausleihstationen für die mit dem »EnergyBus Standard« ausgestatteten E-Bikes sowie Ladestationen gibt es in Rottach-Egern, Tegernsee, Schliersee, am Spitzingsee, in Bayrischzell und in Holzkirchen.

www.tegernsee-schliersee.de

227

M-Wasserweg

Mangfalltal

Jeder Münchner kommt täglich mit der Natur des Mangfalltals in Berührung, sobald er den Wasserhahn aufdreht. Denn ein Großteil des Trinkwassers der Millionenstadt entspringt an den Hängen nördlich von Tegernsee und Schliersee. Vom Deutschen Museum folgt der mit grün-blau-schwarzen Schildern gekennzeichnete M-Wasserweg der Stadtwerke München dem Lauf des Wassers. Zunächst verläuft die Tour entlang der Isar und kreuzt anschließend den Hofoldinger Forst. In der Nähe der Ortschaft Valley erreicht der Weg die Mangfall. Radler folgen dem Fluss zunächst einige Kilometer und treten dann kräftig in die Pedale hinauf nach Gotzing. Von dort führt der Weg durch meist ebene Haglandschaft wieder zurück an die Mangfall und an deren Ufer entlang bis Gmund am Tegernsee. Infotafeln entlang der 80 km langen Strecke erzählen Hintergründe zur Trinkwassergewinnung und zu den Sehenswürdigkeiten der Umgebung. Einen Höhepunkt der Tour stellt der Abstecher zum Aussichtsturm am 896 m hohen Taubenberg dar. Wer dessen Wendeltreppe hinaufsteigt, wird mit einem Panorama, das bei klarer Sicht von den zackigen Felsen der Kampenwand bis zur Zugspitze reicht, belohnt. Den Turmschlüssel leiht man sich beim Berggasthaus Taubenberg aus. Die Route über Teer-, Feld- und Waldwege ist Rad- und Wanderweg zugleich und durch die abwechslungsreichen Abschnitte für Jung und Alt geeignet. Dank zahlreicher Haltestellen von S-Bahn und Bayerischer Oberlandbahn (BOB) kann die Länge der Tour variiert werden. Und wer nicht längere Zeit in der Region verweilen kann, kommt rasch wieder zurück nach München.

228

www.swm.de, s. M-Wasser; www.tegernsee-schliersee.de

Kirchsee
Sachsenkam

229

Der Kirchsee, knapp 10 km nordöstlich von Bad Tölz gelegen, ist ein beliebter Badesee der Einheimischen. Im Gegensatz zu vielen anderen Gewässern im Alpenvorland wird der See nicht von kaltem Wasser der Gebirgsbäche, sondern von verhältnismäßig warmem Moorwasser gespeist. Am Nordufer befinden sich weiche Moorwiesenpolster, von denen man direkt in den See steigen kann. Nach einer Schwimmrunde mit Blick auf die Bayerischen Voralpen kehrt man am besten noch im Klosterbräustüberl Reutberg ein, wo exzellentes Bier ausgeschenkt wird.

www.sachsenkam.de

230 Kameltrekking
Grub / Valley

Vor über 20 Jahren, als die meisten Deutschen ihren Urlaub an der Adria und noch nicht an den Stränden Dubais verbrachten, bekamen sie Kamele in der Regel nur im Zoo zu Gesicht. Wer sich damals ins nördliche Mangfalltal verirrte, musste also an seiner Wahrnehmung zweifeln, wenn er dort, mitten in der oberbayerischen Provinz, von zotteligen Kamelen statt von Kühen gemustert wurde. Für Konstantin Klages gehörte das zum Alltag, schließlich wuchs er mit den ungewöhnlichen »Haustieren« auf. Aus dem schrägen Hobby des Vaters entstand letztlich Konstantin Klages' Idee, Besuchern die Hügel und Täler rund um die Mangfall vom Rücken der Trampeltiere aus zu zeigen. Vor einigen Jahren hat er die Karawane erweitert und zieht mit den Vierbeinern, die auf so märchenhafte Namen wie Suleika, Karim oder Shakir hören, auf Tagesausflügen durch Wälder, Wiesen und Wasser. Auf einer eineinhalbstündigen Tour erleben Besucher nicht nur versteckte Winkel des bayerischen Oberlands, sondern erfahren auch alles über die Welt der Wüstenschiffe. Wenn sie dann die Augen schließen und sich ganz fest konzentrieren, dann fühlen sie sich vielleicht wie im Märchen … aber nur bis die Karawane an der nächsten Weide vorbeizieht und ein lautes »Muh« den Reiter aus seinen orientalischen Träumen reißt.

www.bayern-kamele.de

Segeln & Schlittschuhlaufen

Chiemsee

231

Wenn der Wind richtig bläst, tummeln sich Hunderte Segler auf Bayerns größtem See. Es gibt kaum Schöneres, als mit dem Segelboot zur Fraueninsel zu kreuzen und dort ein Stück Käsekuchen zu vernaschen. Im Winter, wenn die Temperaturen dauerhaft deutlich unter dem Gefrierpunkt bleiben, reicht die dicke Eisschicht oft zum Schlittschuhlaufen – oder zum Segeln, aber diesmal auf Kufen.

www.segelschule-prien.de; www.chiemsee-alpenland.de

Naturrodeln
Marquartstein

232

In den Bayerischen Alpen geht es im Winter nicht nur mit Ski oder Snowboard flott bergab, sondern auch auf dem Rodelschlitten. Zahlreiche zugeschneite Forstwege bieten sich während der kalten Jahreszeit für eine rasante Rutschpartie auf zwei Kufen an. Oberhalb von Marquartstein im Chiemgau fällt mühsames Aufsteigen aus, da die Rodler in einem Sessellift hinauf zur Staffenalm schweben. Dort beginnt die gut 3 km lange, kurvenreiche Talfahrt durch den Nadelwald. Wer kein eigenes Gefährt besitzt, kann einen Schlitten an der Talstation ausleihen.

www.hochplattenbahn.de

233 Auf den Wendelstein
Brannenburg

Der Wendelstein thront hoch über dem Inntal und ist dank des weithin sichtbaren Radiosendemastens ein leicht zu erkennender Orientierungspunkt für Reisende zwischen München und Salzburg. Die exponierte Lage des 1 838 m hohen Berges führte nicht nur zur Errichtung der Sendeanlage des Bayerischen Rundfunks, sondern auch zum Bau einer Wetterstation und eines Observatoriums der Universität München auf dem Felsgipfel. Wanderer können, in Bad Feilnbach startend, nach etwa 4 Std. das fabelhafte Panorama genießen. Viel schneller geht's mit der traditionsreichen, 1912 in Betrieb genommenen Zahnradbahn von Brannenburg, die nach 20 Min. im Bergbahnhof eintrifft. Nur die letzten, gut 100 Höhenmeter zum höchsten Punkt müssen Bahntouristen mit der eigenen Muskelkraft bewältigen.

www.wendelsteinbahn.de

234 Inntaler Unterwelten
Oberaudorf

Zwischen Brannenburg und dem österreichischen Kirchbichl liegen geheimnisvolle Höhlen über dem Inntal. Wie im Mittelalter eine ritterliche Höhlenburg aussah, lässt sich anhand der Mauerreste des Grafenlochs bei Oberaudorf studieren. Durch archäologische Untersuchungen im Jahr 2008 wurde die Bedeutung der Höhlenburg Grafenloch erkannt. Von Oberaudorf führt ein kleiner Pfad, vorbei am Luegsteinsee, in etwa 1 Std. hinauf zur Höhle. Die spektakuläre Lage in senkrechter Wand begeistert jeden Besucher. Zusammen mit drei weiteren Höhlen, zwei davon auf österreichischem Gebiet, zählt das Grafenloch zu den »Inntaler Unterwelten«.

www.unterwelten.com

235

Salzbergwerk

Berchtesgaden

Die Bergwelt Berchtesgadens hat mehr zu bieten als das tiefe Wasser des Königssees und die Felsgrate des Watzmanns. Lange Zeit bevor die ersten Touristen kamen, war man sich hier eh im Klaren, dass der wahre Schatz im Inneren der Berge zu suchen ist: das Salz. Noch heute wird das »weiße Gold« abgebaut. In den stillgelegten Abschnitten des Berchtesgadener Salzbergwerks werden Spaß und Lernen verbunden. Es geht per Boot über einen Salzsee und auf Holzrutschen von einer Abbauebene zur nächsten. Glück auf!

www.salzzeitreise.de

Lokschuppen

Rosenheim

236

Der »Lokschuppen«, eine umgebaute Lokomotiven-Remise, stellt seit 25 Jahren das kulturelle Herz Rosenheims dar. Das hübsche halbrunde Kulturzentrum der traditionsreichen ehemaligen Salzhandelsstadt am Inn ist überregional bekannt für seine Landes- und Sonderausstellungen, die eine fundierte wissenschaftliche Basis mit einer aufwendigen, ästhetisch anspruchsvollen Gestaltung kombinieren. Interessierte tauchen in den Ausstellungsräumen in spannende Geschichten und fremde Kulturen ein. Mit bis zu 280 000 Besuchern pro Jahr zählt der »Lokschuppen« zu den zehn erfolgreichsten Ausstellungshäusern in Deutschland. Bis November 2013 thematisiert eine Archäologische Landesausstellung die Ereignisse zu Zeiten Alexanders des Großen, im darauffolgenden Jahr wird im »Lokschuppen« die Hochkultur der Inkas erlebbar gemacht.

www.lokschuppen.de

Berlin

Berlin, Berlin, wir fahren nach Berlin – und staunen immer wieder darüber, dass die deutsche Hauptstadt nicht nur sehr groß und spannend, sondern mit ihrem zauberhaften Umland auch sehr grün ist. Den besten Überblick hat, wer mit dem Riesenrad auf der Kirmes in die Luft geht; obligatorisch ist die Dampferfahrt hinaus zum Strandbad Wannsee.

Riesenrad zwischen Jannowitzbrücke und Alex. Berlin symbolisiert wie keine andere deutsche Stadt das Auf und Ab: politisch, kulturell, finanziell und überhaupt …

Geisterjagd
Mitte

237

Schon Goethe schrieb im »Faust«: »Und dennoch spukt's in Tegel.« Aber auch andere Stadtteile kommen nicht zur Ruh'. Das bekannteste Gespenst ist die Weiße Frau. Es soll mehrere glaubhafte Berichte über ihre Existenz gegeben, auch wenn sie schon etwas Patina angesetzt haben. Zuletzt spukte sie auf dem Cöllner Schloss. Sie trug eine Witwenhaube mit zurückgeschlagenem Witwenschleier, der mit Spinnweben besetzt war. Das war 1940! Es gibt noch viele Gruselegenden, die findige Stadtführer zu erzählen wissen. Treffpunkt ist der Monbijoupark.

http://baerentouren.de/ghostwalk_berlin

238 Amphitheater
Mitte

Vis-à-vis des Bode-Museums steht die schönste saisonale Spielstätte der Stadt, das Amphitheater im Monbijoupark, direkt an der Spree. Das Theater ist 22 m breit und 6 m hoch und bietet 350 Zuschauern Platz. Es ist aus Holz, nach italienischem Renaissancevorbild, und wird am Ende der Saison wieder abgebaut. Auf dem Plan steht volksnahes Klassiktheater, z. B. Molières »Don Juan« und Shakespeares »Romeo und Julia«. Musikalisch orientieren sich die Macher gerne an der sogenannten Weltmusik: Alpenmusik, Fado, Balkan, Jazz oder Russian Gipsy mit Akkordeon, Gitarre und Schlagzeug. Im Winter, wenn die Bretter eingelagert sind, werden in der »Märchenhütte« Erzählungen u. a. der Brüder Grimm gespielt.

www.amphitheater-berlin.de

239 Historischer Hafen
Mitte

Zwischen der Fischerinsel, dem südlichen Teil der Spreeinsel, und dem Märkischen Ufer widmet sich ein Club einem ganz besonderen Hobby: dem Erhalt alter Schiffe. Der Verein Historischer Hafen Berlin kümmert sich um bis zu 28 Kähne und Stoßboote. Eines der Prachtstücke ist der Schlepper »Andreas«, 35,18 m lang und 6,93 m breit. Für Kenner: Er ist der größte noch funktionsfähige Dampfschlepper in Europa mit einer Dreifach-Expansionsdampfmaschine. »Renate-Angelika« dagegen – 46,42 m lang und 6,60 m breit –, mehr als 100 Jahre alt, dient als Museumsschiff. Mit Texten, Fotografien und Modellen informiert die Dauerausstellung über die Geschichte der Binnenschifffahrt. Die Hafenbar im Schiffsbauch sorgt dafür, dass dies nicht allzu trocken wird.

www.historischer-hafen-berlin.de

Sprung vom Hoteldach

Mitte

Der erste Schritt, sagen sie, soll Überwindung kosten. Man hängt am Seil, fast waagerecht, wie beim Drachenfliegen. Aber da ist kein Drachen. Dann stürzt man, sieben Sekunden lang, 98 Meter tief, nicht auf den Alexanderplatz, sondern bis knapp zwei Meter über das Vordach des Hotels Park Inn am »Alex«.

240

Ein nie dagewesener Adrenalin-Kick durchflutet den Körper. Ein spezielles Windabseil-System befördert den Flieger mit nahezu Freifallgeschwindigkeit kontrolliert nach unten. Kurz vor der Landung erfolgt eine vollständige und sanfte Bremsung aus bis zu 90 km/h, abhängig vom Körpergewicht, bis zum Stillstand. Die Bremsung ist sanft, aber man spürt sie in den Gurten.

www.jochen-schweizer.de/base-flying

Speedminton
Mitte

241

Nachts heißt es Blackminton, am Tag spielt man Speedminton, erfunden hat es Bill Brandes 2001 in Berlin. Federball bzw. Badminton war ihm zu langsam und zu windempfindlich. Speedminton wird mit einem leichten Schläger und einem Ball gespielt, dem Speeder. Er ist klein, schwer und blitzschnell. Das Spiel hat die Anmutung von Tennis, obwohl das Netz fehlt. Man spielt es in der Hasenheide, im Mauerpark, vor dem Reichstagsgebäude, jede Mehrzweckhalle eignet sich. Den Court legt man sich selbst, das Spiel ist schweißtreibend, der Ball kann bis zu 290 km/h erreichen.

www.speedminton.de

242 Berliner Mauer Radweg
Mitte

Zum 40. Jahrestag des Mauerbaus beschloss der Berliner Senat, alle noch vorhandenen Mauerreste unter Denkmalschutz zu stellen, den Verlauf der Grenze zu kennzeichnen und die Route fahrradfreundlich zu gestalten. In 14 Abschnitte eingeteilt, jeweils 5 bis 20 km lang, führt sie mittlerweile durch die schönsten Grüngebiete der Stadt, an den letzten DDR-Wachtürmen und Mauerresten vorbei, an Fluchttunneln und Kunstwerken wie der East Side Gallery.

www.berlin.de/mauer,
s. Berliner Mauerweg

243 Museumsinsel
Mitte

Fünf Museen, die Spree, der Lustgarten und das Schloss als umstrittene Baustelle: Wer Berlin hochdosiert erleben will, ist auf der Spreeinsel richtig. Altes und Neues Museum, Bode- und Pergamonmuseum, die Alte Nationalgalerie locken mehr als 3 Mio. Besucher jährlich an. Der Dom am Lustgarten mit der berühmten Granitschale – wen wundert's, dass die Unesco die Museumsinsel als Weltkulturerbe schützt.

www.visitberlin.de/de/ort/lustgarten

244 Ballon über Berlin

Mitte

Bei gutem Wetter startet alle 15 Min. ein Fesselballon in den Berliner Himmel, gesichert mit einem Seil, 150 m hoch. Das ist zwar noch 50 m unter der Aussichtsplattform des Alex, verspricht aber dennoch eine einzigartige Perspektive auf das Brandenburger Tor, das Sony Center und die anderen Gebäude rund um das Axel-Springer-Haus. Jetzt wissen Ortskundige, dass die Gondel im Herzen Berlins auf Gäste wartet, am Checkpoint Charlie.

www.air-service-berlin.de, s. Ballon

245 Beachball am Strand

Mitte

Der Strand liegt in der Nähe des Nordbahnhofs in einer Sportanlage namens Beach-Mitte mit 60 Volleyballfeldern und einem Beachsoccerfeld. Es ist immer voll und Voranmeldung empfohlen. Flutlicht sorgt dafür, dass Unermüdliche bis 22 Uhr baggern und pritschen und im Biergarten Spielzüge analysieren können.

www.beachberlin.de

246 Bärenzwinger

Mitte

Der Brandenburger Adler und der Berliner Bär waren sich jahrhundertelang nicht einig, wer das Siegel der Stadt schmücken durfte. Frühe Dokumente zeigen den Bären geführt durch ein Halsband mit Adlerschild. Mit dem Zusammenschluss zu Groß-Berlin 1920 wurde das Wappen »adlerfrei« und knapp 20 Jahre später wurden zwei der Raubtiere im Bärenzwinger des Köllnischen Parks angesiedelt. 1990 spendierte der Senat für Maxi und Schnute, die fünfte und sechste Generation, eine Fußbodenheizung. Öffentliche Fütterungen gibt es nicht mehr, denn: »Die Tiere haben ihr Fressverhalten geändert.«

www.berliner-baerenfreunde.de

248

Boule spielen

Kreuzberg, Schöneberg, Reinickendorf

Sieben Orte nennt die Stadt Berlin als Plätze, an denen Boule gespielt wird – es dürften einige mehr sein. Schließlich braucht man nur ein Paar Kugeln aus Metall oder Holz. Am Paul-Lincke-Ufer in Kreuzberg kommen am Wochenende bis zu 100 Spieler zusammen. Im Schöneberger Rudolph-Wilde-Park am Rathaus klacken die Kugeln bis weit nach Mitternacht. In Reinickendorf übernahm nach dem Abzug der französischen Truppen der »Club Bouliste de Berlin« deren früheres Pétanque-Areal. Das »Boulodrôme Jean-René Montel« ist mit 8 200 qm das größte Spielgelände in Deutschland.

www.visitberlin.de, s. Suchfunktion »Boule«

247

Englischer Garten

Tiergarten

Die grüne Lunge der Stadt. Hier treffen beidseitig der Straße des 17. Juni bei schönem Wetter alle Generationen zum Relaxen, Spielen, Picknicken oder Tratschen zusammen. Wer es stilvoller mag, findet Richtung Schloss Bellevue die Blumenpracht des Englischen Gartens vor. Im dortigen Teehaus finden regelmäßig Konzerte, Lesungen und Ausstellungen statt.

www.teehaus-tiergarten.com

249 Panorama-Plattform

Tiergarten

Das höchste Gebäude am Potsdamer Platz ist das Kollhoff-Hochhaus mit knapp 100 m Höhe. Was liegt näher, als dort oben eine Aussichtsplattform mit Café für einen spektakulären Sundowner einzurichten? Nur 20 Sek. dauert die Fahrt mit dem Fahrstuhl – es soll der schnellste Lift Europas sein. Oben liegen fast alle Sehenswürdigkeiten der Stadt praktisch zu Füßen: Brandenburger Tor, Siegessäule, Schloss Bellevue; die Kuppel des Reichstags, die auch nachts beleuchtet ist. Fast auf Augenhöhe streift der Blick die anderen Hochhäuser am »Potse«: den Bahntower mit 94 m Höhe, das Beisheim Center mit 82 m. Da fällt das Sony Center (67 m) doch vor allem wegen seiner Dreiecksform auf.

www.panoramapunkt.de

250 Grips-Theater

Hansaviertel

Ein schwarzer Karton, aus dem ein schwarzes Gesicht mit einer dicken Nase lugt – was steht auf dem Deckel des Kartons? Genau, »Grips«. Theater, Kindertheater, Jugendtheater, »Linie 1«. Die Stichworte hat wohl schon jeder einmal gehört, selbst wenn er noch nie eine Aufführung besucht hat. Das Grips ist eine Berliner Institution, die erste Bühne, die sich an Kinder und junge Erwachsene wandte, sie ernst nahm und gleichberechtigt behandelte. Was regten sich die Konservativen in den 1970er Jahren auf, weil Klartext geredet wurde oder Probleme wie Hausbesetzung auf dem Plan standen.
Mittlerweile ist »Linie 1« nach der Dreigroschenoper das erfolgreichste deutsche Musical. Und wer bei Grips auch an das Theater »Rote Grütze« denkt: Dieses Ensemble spaltete sich 1972 von Grips ab.

www.grips-theater.de

251 Karneval der Kulturen

Kreuzberg

Immerhin 50 000 Zuschauer kamen 1996 zum ersten Karneval. Für eine Auftaktveranstaltung, die an den Erfolg des Londoner »Notting Hill Carnival« anknüpfen sollte, aber zu wenig. Heute bewundern bis zu 1 Mio. Besucher die mehr als 4 000 Akteure. Die Veranstaltung an Pfingsten ist längst mehr als ein bunter Umzug. Es ist ein Straßenfest mit Tanzperformances und Konzerten. Es dauert vier Tage und zieht einen ganzen Stadtteil in seinen Bann. Eigentlich so, wie man sich im »Westen« Berlin immer vorgestellt hat: Multikulti eben.

www.karneval-berlin.de

Tanzen im Park

Wechselnde Orte

Sind Freiluft-Raves illegal? Genau weiß das keiner. Es gibt kein Schild: »Tanzen und Musikmachen verboten«. Mancher mag sich das wünschen, dann hätte die Veranstaltung den Ruch des Subversiven. So aber wird nur um die Lufthoheit im Park musiziert. Die Musik kommt vom Fahrrad, genauer: von der selbst gebauten DJ-Station, gespeist von einer Autobatterie und mit dem Rad transportiert. Damit kann man schnell weg, falls die Polizei kommt oder das Ordnungsamt. Die Hasenheide ist groß, am nächsten Sonntag findet der DJ einen besseren Platz zwischen Biotop und Schwulenwiese, da gibt es Schatten und man braucht keinen Sonnenschirm über dem Plattenteller. Und so mehren sich die Raves: Open-Air-Partys gibt es im Görlitzer Park, in der Hasenheide, im Tiergarten wie in der Rummelsburger Bucht. Die Termine werden in Foren und Blogs veröffentlicht, die so schnell wechseln wie die Locations.

252

253

Böhmisches Dorf

Neukölln

1745 hatten sich um den Richardplatz im damaligen Rixdorf böhmische Glaubensflüchtlinge angesiedelt. 18 Familien gründeten die Herrnhuter Brudergemeinde. Kolonistenhäuser ihrer Nachfahren schmücken die Gegend um den alten Dorfanger, und wenn ein Tor in der Kirchgasse offen steht, blickt man in wunderschöne Höfe. 2004 hat Gabriele Sawitzki als erste Frau die historische Rixdorfer Schmiede übernommen und hämmert an neuen Rollenbildern. Der Verein »Kultur bewegt« bietet Führungen durch ihr »internationales Dorf« an.

www.route44-neukoelln.de

254 Freizeitpark Tegel

Tegel

Auf 5000 qm kann man so einiges machen: über ein Planschbecken balancieren oder sich mit einem Seillift über die Wiese schwingen. Im Freizeitpark Tegel gibt es aber auch Sportplätze zum Fuß-, Volley- oder Basketball spielen. Und den Großen Malchsee. Nur wer sich Sportgeräte ausleiht, leistet einen Obolus, z. B. für das Tretboot, mit dem er über den See schippern möchte. Übrigens: Schloss Tegel im Norden war Sitz der von Humboldts. Im Schlosspark liegt das Familiengrab mit 23 überraschend schlichten Steinen. Nahe des Sees steht die »Dicke Marie«, eine Eiche aus dem Jahr 1192, der älteste Baum Berlins. Getauft wurde sie von Alexander und Wilhelm von Humboldt nach ihrer beleibten Köchin.

www.visitberlin.de, s. Suchfunktion »Freizeitpark Tegel«

255 Treptower Park

Alt-Treptow

Der Treptower Park am Ufer der Spree wurde im 19. Jh. als Volkspark im englischen Stil konzipiert. Attraktiv machen ihn die Wasserpromenaden und Platanenalleen, die großen Liegewiesen und – für Liebhaber –, die Spezialgärten. Im Herzen des Parks wurde von 1946 bis 1948 das größte sowjetische Ehrenmal in Deutschland errichtet, für jene Soldaten der Roten Armee, die beim Kampf um Berlin gefallen waren. Zentrales Element ist ein Grabhügel, auf dem ein Mausoleum mit einer 12 m hohen Bronzestatue steht. Im Südosten des Parks befindet sich die Archenhold-Sternwarte. Die älteste Volkssternwarte Deutschlands besitzt ein Riesenfernrohr, das mit 21 m Brennweite das längste bewegliche Linsenfernrohr der Welt ist.

www.berlin-tourismus-online.de/treptower-park.html

256 Gärten der Welt

Marzahn

Am schönsten ist es im April und im Mai, wenn die Kirschbäume rosa blühen und die violetten Tulpen in ihrem Schatten schon die Blütenblätter verlieren. Ach nein, immer ist es dann am schönsten, wenn man aus der lauten Stadt in diese große, leise Welt tritt. Die botanische Anlage ist ein Geschenk der Partnerstadt Peking zur Wiedervereinigung. In 100 Seecontainern wurden Felsen und Möbel, Skulpturen und Hölzer hierher gebracht. Pekinger Gartenarchitekten zauberten ein Kunstwerk nach Marzahn, den mit 2,7 ha größten Chinesischen Garten Europas.

www.gaerten-der-welt.de

The Story of Berlin

Charlottenburg

257

Im Ku'damm-Karree zwischen Uhland- und Knesebeckstraße stellt das Erlebnismuseum »The Story of Berlin« einen besonderen Tipp dar. In 23 Themenräumen und über vier Etagen stellt die Ausstellung die fast 800 Jahre alte Geschichte der Stadt dar. Mit Computer- und Animationstechnik, kombiniert mit Toneinspielungen und wahrnehmbaren Gerüchen werden die Besucher emotional angesprochen und zugleich sachlich informiert. Im Mittelpunkt stehen nicht vorrangig wichtige Daten, sondern vor allem das Leben der Berliner in ihrer Zeit.

www.story-of-berlin.de

258 Architektur-Spaziergang

Siemensstadt und Charlottenburg-Nord

Sechs der Siedlungen, die zwischen 1913 und 1934 für die Arbeiter der Siemenswerke gebaut wurden, sind heute Teil des Weltkulturerbes. Darunter die »Ringsiedlung« rund um den Goebelplatz. Avantgardistische Planer wie Hans Scharoun, Walter Gropius oder Hugo Häring entwarfen Wohnungen auch für arme Leute, grün und sonnendurchflutet. Das bedeutete neue Formen mit rationalisierten Grundrissen und genormten Bauteilen – die Wohnungen mussten schließlich bezahlbar sein. So entstanden Einheiten mit Bad und Innentoilette, Zentralheizung, Warmwasser und Balkon – ungewöhnlich für eine Stadt, in der Ofenheizung und Toiletten auf halber Treppe bis heute existieren.

http://w3.siemens.de/siemens-stadt

259 Sport-Geschichte

Charlottenburg

Der Glockenturm auf dem Maifeld westlich des Olympiastadions bietet mit einer Höhe von etwa 77 m nicht nur einen Weitblick bis zum Berliner Fernsehturm und bei guter Sicht sogar bis Potsdam und zu den Müggelbergen. Er ist auch Heimat der Dauerausstellung »Geschichtsort Olympiagelände 1909 – 1936 – 2006«. Die Dokumentation setzt sich mit der Geschichte des Olympiastadions, der Intention seines architektonischen Charakters und natürlich mit den Olympischen Sommerspielen 1936 auseinander. Aber auch die spätere Nutzung, wie z. B. bei der Fußball-WM 2006, spielt eine große Rolle. Zusätzlich informieren im Olympiapark 45 Tafeln über die Entstehung der Olympiabauten und deren Bedeutung zur Zeit des Nationalsozialismus.

www.dhm.de/ausstellungen/geschichtsort-olympiagelaende

260 Pfaueninsel
Wannsee

100 Jahre wurde die Pfaueninsel, ein Eiland auf der Havel südwestlich Berlins, nicht genutzt. Dann bauten sich dort Friedrich Wilhelm II. und seine Mätresse Gräfin Wilhelmine von Lichtenau ein romantisches Refugium, ein Schloss in Weiß. Später wurde aus der Insel ein Landschaftspark mit Meierei, Vogel- und Kastellanhaus. Und heute ist das Areal ein Natur-schutz- und Erholungsgebiet. Eine Fähre im Düppeler Forst setzt vom Festland über.

www.pfaueninsel.info

261 Musikinstrumenten-Museum
Tiergarten

800 Instrumente aus fünf Jahrhunderten stehen herum, allein, keiner spielt sie. Trompeten, Flöten, Geigen, Cembali, Orgeln. Viele Instrumente sind nummeriert, und wer sich an der Kasse einen Audioguide geben lässt, erlebt dieses Museum anders. Die entsprechende Zahl gedrückt und es ertönt ein Klangbeispiel.

www.mim-berlin.de

262 Dong Xuan Center
Lichtenberg

Die Umgangssprache im Dong Xuan Center in der Herzbergstraße ist Vietnamesisch. Hier ist Fernost ganz nah: Glitzeraccessoires, Schmuck und Kunstblumen in überwältigender Vielfalt, Stapel mit traditionell geschnittenen Hosen, Pullovern, Röcken, Jacken, Hemden. Mangos in rauen Mengen, Bittergurken, Okraschoten, riesige Duftreissäcke, Gewürze; in den Lebensmittelläden treffen sich die Anwohner. 13 000 Vietnamesen leben in Berlin, 60 000 waren als Vertragsarbeiter in DDR-Betrieben beschäftigt. Hunderte haben hier Arbeit im Großhandel gefunden.

www.dongxuan-berlin.de

Strandbars

263

25 x in Berlin

Sonne, Sand und Wasser vermögen auch notorisch muffelige Berliner in freundliche Mitmenschen zu verwandeln, und so ist es nicht verwunderlich, dass die Stadt sich zur Hauptstadt der Beach-Kultur entwickelt hat. Nach dem »Bundespressestrand« fragen Touristen schon, wenn sie ankommen, aber es soll ja mindestens 25 Stadtstrände geben, und nicht alle sind so leicht zu entdecken wie der »Capital Beach« am Hauptbahnhof. Empfehlenswert auch die »Playa Paradiso« am Treffpunkt von Spree und Charlottenburger Verbindungskanal und natürlich »Deck 5«: Das ehemalige Parkdeck der Schönhauser-Allee-Arkaden lockt mit spektakulären Sonnenuntergängen.

www.visitberlin.de,
s. Suchfunktion »Strandbars«

Auf dem Pankeweg
Wedding und Pankow

264

Er ist ein verblüffender Weg, dieser Pankeweg, einer der 20 grünen Hauptwege durch Berlin von der Mündung der Panke in die Spree bis zur Quelle in Bernau. Eine kleine Zeitreise mitten durch den dicht bebauten Norden der Stadt, ein Weg durch den Wedding, der fast nichts von der Enge und vom Trubel der Umgebung verrät, dafür umso mehr von der Geschichte, die am Ufer in Gestalt geheimnisvoller Mauern, verlassener Fabriken, zerbrochener Fenster, vorwitziger Birken und zum Teil kunstvoller Graffiti erhalten ist.

www.panke.info; U-Bahn Reinickendorfer Str. bis S-Bahn Blankenburg

265 Fledermausführungen
Spandau

Die Zitadelle Spandau ist eine der besterhaltenen Festungen der Hochrenaissance. Die quadratische Festung wurde im 16. Jh. in der Havel errichtet, als neue Angriffswaffen die alten Burgen nutzlos machten. Die Bastionen wurden so angelegt, dass kein toter Winkel die Annäherung des Feindes begünstigen konnte. Heute dient der historische Bau als Museum, als Ort für Ausstellungen und Konzerte. In den unterirdischen Gewölben der Zitadelle haben über 10 000 Fledermäuse ihr Winterquartier. Deswegen können die Wehrgänge nur im Frühling und Sommer besichtigt werden, um den Schlaf der Flughunde nicht zu stören. Doch gibt es einen Raum, in dem sich die Tiere auch im Winter beobachten lassen. Nur nach Anmeldung!

www.bat-ev.de

266 Tierpark Berlin
Friedrichsfelde

Der Tierpark ist mit 160 ha Fläche der größte Landschaftstiergarten in Europa. Er wurde 1955 in Ost-Berlin eröffnet. Durch seine vielen Grünflächen und großzügigen Freiflächen ist er beinahe mehr Park als Tiergarten. In die Gestaltung der Anlage ist das Schloss Friedrichsfelde integriert, ebenso wie das Familiengrab des preußischen Landwirtschaftsreformers Johann Carl Sigismund von Treskow sowie mehr als 100 Plastiken, Brunnen und andere Kunstwerke. Dennoch steht natürlich die Fauna im Mittelpunkt: etwa 7 500 Tiere in rund 900 Arten leben hier. Am bekanntesten ist wohl das Dickhäuterhaus, wo es gelang, Afrikanische Elefanten zu züchten. Sehenswert auch das Afrikanum, das auf 3,5 ha Zebras, Somali-Wildeseln, Kaffernbüffeln sowie Antilopen Platz bietet.

www.tierpark-berlin.de

267 Klettern in der Halle
Wedding

Die Kletterwand ist steil, für Anfänger hat sie bunte Nasen, für Erfahrene Griffe, an denen sich Kletterer hochhangeln: Training für den nächsten Ernstfall am Berg, der höchstes Glück verheißt. Anfänger erproben sich in Einsteigerrouten, und wer im Dreier- oder Vierer-Schwierigkeitsbereich Freude verspürt, nichts als Luft unter den Sohlen zu fühlen, ist für ein neues Hobby gewonnen und braucht nur noch einen Sicherungspartner.

www.magicmountain.de

268 Natur beobachten
Wilmersdorf

Einen Fluss bauen, Pilze bestimmen, Wasserflöhe beobachten, Fröschen lauschen: An jedem Wochenende gibt es auf dem Gelände des alten Wasserwerks im Grunewald ein spannendes Programm für Kinder. Eltern können sich über ökologisches Bauen, naturnahe Gärten oder Imkerei beraten lassen. Oder an Gärten und Teichen spazieren.

www.oekowerk.de

Schiffsrundfahrt
Berlin

269

Diese Fahrt durch die Stadt beginnt am Märkischen Ufer, unterhalb des Märkischen Museums. In der Mühlendammschleuse wird das Schiff um 1,6 m abgesenkt. Es folgen Regierungsviertel, Schloss Bellevue und Hansaviertel, bevor das Schiff am Spreekreuz in den Landwehrkanal biegt. Schmal ist die Wasserstraße, unter den niedrigen Brücken flimmern die Wellen im Sonnenlicht. Kulturforum und Potsdamer Platz bleiben links liegen. Hinter der Lohmühleninsel biegt das Schiff wieder in die Spree ein, passiert die East Side Gallery und landet nach 3,5 Std. wieder am Märkischen Ufer.

www.reederei-riedel.de

270 Zoo-Aquarium
Tiergarten

Berlin war zweigeteilt und hat deshalb vieles doppelt. So auch zoologische Gärten. Neben dem Tierpark in Friedrichsfelde gibt es den Zoologischen Garten Berlin, 1844 eröffnet, der erste Tiergarten Deutschlands. 1913 kam das Zoo-Aquarium hinzu, mittlerweile mit 13 000 Fischen, Reptilien, Amphibien und Gliedertieren in über 1 000 Arten das größte Haus seiner Art. Besuchermagnet ist die Krokodilhalle, seinerzeit das erste begehbare Tiergehege der Welt. Aber auch die Terrarien für Riesenschlangen, Grüne Leguane und Riesenschildkröten ziehen die Besucher an.

www.zoo-berlin.de

271 Strandbad Wannsee
Nikolassee

Das Strandbad Wannsee ist eines der größten Freibäder an einem europäischen See. Es liegt am Ostufer des Großen Wannsees. Dort ist der Strand 1 275 m lang und 50 m breit. 1929 hat der Architekt und Stadtbaurat Martin Wagner die mittlerweile denkmalgeschützten Gebäude entworfen, mit Wandelgang und Dusch- und Umkleidekabinen für bis zu 30 000 Gäste. Die Anlage galt bei ihrer Eröffnung als vorbildlich. Und auch heute fühlt man sich – nicht nur wegen der Enge an heißen Sommertagen – wie an einem Ostseestrand. Diesen Eindruck verantwortet in erster Linie der Sand – er wurde seinerzeit tonnenweise in Eisenbahnwaggons vom Strand in Travemünde herbeigekarrt.

www.berlinerbaederbetriebe.de

272 Waldmuseum
Grunewald

Vor der Revierförsterei Eichkamp, knapp 6 Min. Fußweg vom S-Bahnhof Grunewald entfernt, liegt ein schönes, altes Landhaus, in dem sich Pädagogen das Ziel gesetzt haben, Kindern und Erwachsenen die Lebensgemeinschaft von Mensch, Tier und Pflanzen näherzubringen. Mit Riech- und Vogelstimmenquiz, mit Stereolichtmikroskopen, die die wunderbare Zauberwelt des Waldes vergrößern, sowie einem Barfußpfad und vielem mehr, ist das Museum ein Ort zum Anfassen und Fühlen, Hören und Riechen. Besonders spannend sind die Nachtwanderungen unter dem Motto »Stimmen der Nacht«. Hier kommen die Teilnehmer nachtaktiven Tieren auf die Spur, wie Wildschwein und Waldkauz, Grille und Nachtigall, Fuchs und Dachs.

www.waldmuseum-waldschule.de

273 Joggen und trinken

Berlin und Umland

Sie treffen sich im Sommer sonntags um 16, im Winter um 15 Uhr. Den Treffpunkt entnimmt man dem Internet, z. B. S-Bahnhof Pichelsberg. Das passt, denn es trifft die Intention: joggen und trinken. Vorbild ist die Schnitzeljagd, im Englischen »Hares and Hounds«. So nennen sich die Organisatoren Hash House Harriers. Ein freiwilliger Hase hat eine Spur gelegt – mit Mehl und manchmal auch mit falschen Fährten –, die anderen suchen. Der Fund ist schon mal ein Anlass für ein Getränk; also: Hoch die Tassen! Die skurrile Truppe beruft sich auf sportlich-alkoholische Erfahrungen von Kolonialoffizieren 1938 in Kuala Lumpur, die diese Jagd ersannen, um der Langeweile zu entrinnen. Trinken ohne Sinn und Laufen ohne flüssiges Ziel wurden völkerverbindend zu sinnvollem Tun zusammengelegt. Und davon soll es – kaum zu glauben – 1 500 Fans in 184 Ländern geben.

www.berlin-h3.de

274 Grillen an Bord

Friedrichshain

Das Boot ist kreisrund und sieht mit seinem Sonnenschirm aus wie ein orangenes Ufo in der Spree. Das Ding mit 3,60 m Durchmesser wird von einem Elektro-Außenbordmotor mit 1,5 PS angetrieben und könnte 3 bis 4 km/h schnell sein. Anker, Feuerlöscher und Verbandskasten sind an Bord. Das kann wichtig werden, denn das Boot ist ein Grill-Boot und fasst bis zu zehn Personen. Dazu gibt es ein Grillset mit Holzkohle-Kugelgrill, der versenkt in der Mitte des Rundtisches Platz findet sowie eine Soundanlage – beides kostet extra – und einem zünftigen »Grill & Chill« an Bord steht nichts mehr im Wasserweg.

www.grill-boot.de

Modellpark
Karlshorst

275

Von der Glienicker Brücke zum Pergamonmuseum oder zum Schloss Königs Wusterhausen sind es nur ein paar Schritte. Die Brücke führt jedoch nicht über die Havel, sondern verbindet zwei Areale an der Wuhlheide in Karlshorst. Berlin und Brandenburg entstehen hier im Miniaturformat, bis jeder Bezirk und jeder Landkreis mit mindestens einer Sehenswürdigkeit vertreten sein wird. In fünf Werkstätten entstehen die Modelle im Format 1:25 originalgetreu und bis ins letzte Detail nachgebaut. 65 Sehenswürdigkeiten sind auf 1,5 ha bereits versammelt.

www.modellparkberlin.de

276 Mit dem Linienbus durch Berlin
Berlin

Wer meint, schon alles zu kennen, sollte im Doppeldecker oben sitzen, ganz vorn. Dann rauschen schon mal die Blätter einer Baumkrone nah vorbei, aber Über- und Einblicke auf die Stadt sind garantiert. Die Buslinie 200 nennt sich auch Touristenlinie, weil man mit ihr in 44 Min. preiswert die Hauptstadt kennenlernt. An der Gedächtniskirche geht es los, der Bus passiert den Zoologischen Garten und lenkt ins alte Diplomatenviertel. Es folgen Potsdamer Platz mit Sony Center und Kollhoff-Hochhaus. Nach 16 Min. ist der Bus schon Unter den Linden, lässt Staatsoper rechts und Lustgarten links liegen, fährt über Schlossbrücke und Alexanderplatz nach Prenzlauer Berg und zum Volkspark Friedrichshain.

www.bvg.de

277 Mit dem Kajak zur Insel
Schmöckwitz

Eine Flussfahrt, die ist lustig: Im Gepäcknetz vor der Sitzluke des Faltbootes kann man Kleinkram verstauen, die schweren Sachen gehören unter den Sitz, möglichst wasserdicht verpackt – die Luft darin gibt zusätzlichen Auftrieb –, dann kann die Paddeltour beginnen. Sie beginnt am Bootshaus »Krampenblick« am Langen See, südwestlich von Köpenick. Es geht zur Schmöckwitzer Werder, die Insel wird einmal umrundet. Dann durchquert der Tourleiter mit seinen Gästen den Seddinsee und einen kurzen Abschnitt des Oder-Spree-Kanals. Pausiert wird am Krossinsee, mit der Möglichkeit zu entspannen, die Oberarmmuskeln zu lockern, etwas zu essen oder einfach nur zu schwimmen. Nach dem Krossinsee geht es über den Zeuthener See wieder zurück zum Langen See.

www.derkanutourist.de

279

Spaziergang am Großen Müggelsee

Friedrichshagen

Die Bölschestraße ist einen guten Kilometer lang zwischen S-Bahnhof und Müggelsee, mit 10 m breiten, lindengesäumten Fußwegen vor Weberhäuschen und Gründerzeitbauten, eine charmante, viel genutzte Flaniermeile. Neben schmalen Läden führen Durchgänge zu lang gestreckten Höfen mit Hotels, versteckten Cafés, sogar vierstöckigen Bürgerhäusern. Friedrichshagen wurde Berliner Sommerfrische, außer Kurgästen kamen Künstler, und Wilhelm Bölsche und Bruno Wille gründeten den Friedrichshagener Dichterkreis. Der Müggelseedamm verläuft parallel zum Wasser, autofreie Wege führen zu Badestränden und zum Südufer des größten Berliner Sees.

www.berlin.de/ba-treptow-koepenick/derbezirk/friedrichshagen.html

278

Teufelsberg

Grunewald

114,7 Meter! Der Teufelsberg ist mit den Müggelbergen die höchste Erhebung Berlins. Freilich musste der Berliner nachhelfen: Nach dem Zweiten Weltkrieg wurde der Rohbau der Wehrtechnischen Fakultät gesprengt und der Schutt aufgetürmt. Heute tolle Fernsicht und optimale Bedingungen für Wanderer, Mountainbiker, Gleitschirmflieger.

www.visitberlin.de/de/ort/teufelsberg

Brandenburg

Wer liest noch Theodor Fontane? Aber alle wissen, dass in der »Mark« gewandert wird – zu Land, auf Skatingrouten durch den Fläming und, vielleicht am schönsten, auf den Wasserwegen zwischen Havel und Spreewald. Was gibt's noch? Tiere gucken auf der Schorfheide, Schlösser und Parks in Potsdam, Industriekultur in der Lausitz ...

»Liegender Eiffelturm« wird diese Förderbrücke in Lichterfeld genannt. Wer schwindelfrei ist, kann sich beim Rundgang in 74 Meter Höhe begeben. Andere bevorzugen für ihre Künste die Bodenhaftung auf dem Asphalt.

Draisine fahren

Fürstenberg / Havel

280

Man nehme mindestens zwei Erwachsene, ein dritter darf dabei sein oder zwei Kinder, ein Fahrradschloss (das spart Leihgebühren) und Sitzkissen, damit es nicht unbequem wird, und dann kann es losgehen bei der Basisstation Fürstenberg / Havel. Es gibt eine kurze Einweisung und Tipps zur Streckenführung, aber verfahren kann man sich nicht, denn das Gefährt – im Prinzip zwei Fahrräder, mit einer Holzbank verbunden – zuckelt über stillgelegte Eisenbahngleise. 28 km fährt man mit der Fahrraddraisine bis nach Templin. Elf Haltepunkte gibt es, z. B. den Rastplatz Himmelpfort – wo der Weihnachtsmann sein Büro hat –, oder Seen zum Baden, Angeln oder Bootfahren. An den Rastplätzen stehen kleine Holzplattformen, mit Hilfe derer man sein Fahrzeug von den Schienen hebt. Das erfordert die Höflichkeit, denn andere Draisinen können ja nicht überholen.

www.draisinenbahn.de

281

Stechlinsee

Neuglobsow

12000 Jahre alt ist der Stechlinsee, sagenumwoben und sagenhaft schön und mit 425 ha der größte Klarwassersee Norddeutschlands. Wer ihn umwandert, geht 16 km. Nicht so Genügsame nutzen den Laufpark mit 112,5 km ausgeschilderter Strecke. In der Bucht von Neuglobsow, dem einzigen Ort, der an das Ufer des Sees grenzt, liegt ein Schwimm- und Tauchgebiet, 1200 m lang und bis zu 37,5 m tief. Bis 11 m kann man gut sehen: Schleie, Aal und Steinbeißer sind hier zu Hause. Eine Erlebnisausstellung über Ruppiner Land und See bringt im Naturparkhaus im Ortsteil Menz Erwachsene und Kinder zum Staunen.

www.stechlinsee.com; www.tauchbasis-stechlinsee.de; www.naturparkhaus.de

282 Atelier im Grünen
Horst

Seit 1994 arbeiten die Künstler Katja Martin und Jost Löber im Inspektorhaus eines Gutes und lieben die Abgeschiedenheit, die Raum lässt für Ideen, für eigene Kreativität. Sie haben die Erfahrung gemacht, dass auch andere, insbesondere Stadtmenschen, die Ruhe der Landschaft und deren langsame Veränderung schätzen, weil sie zur Auseinandersetzung mit sich selbst und dem eigenen Blick auf die Welt anregt. Malanfänger wie Fortgeschrittene sind willkommen und haben hier Gelegenheit zu Experimenten mit unterschiedlichen Materialien – z. B. Kohle, Grafit, Rötel oder Tusche, aber auch Papier, Holz oder Gips. Das Atelier im Grünen liegt in der Prignitz, in Horst bei Wolfshagen.

www.atelier-im-gruenen.de

283 Barfußpfad
Dannenwalde

Wie haben sie gelacht, damals in Dannenwalde im Dorferneuerungsverein, als einer kam und vorschlug, einen Barfußpfad einzurichten. Überall im Wald könne man barfuß laufen, und Wald hätte man schließlich genug. Das war 2003 und es fehlte an Attraktionen für Besucher. Die kommen jetzt barfuß, steigen aus dem Zug und haben schon ein angenehm rotes Natursteinpflaster unter den Sohlen. Auf dem 750 m langen Barfußparcours quillt weicher Sand zwischen den Zehen, die Besucher laufen über Ton, über handgetrocknete und gebrannte Ziegel – der Boden wird spürbar härter. Holz ist angenehmer, und erst Wiese! Es ist spannend geworden und doch schon zu Ende. War doch keine so lächerliche Idee. Damals, als hier nix los war.

www.barfusspfad-dannenwalde.de

284 Auf den Spuren Theodor Fontanes
Rheinsberg & Stechlin

Fontanes umfangreichstes Werk schildert seine »Wanderungen durch die Mark Brandenburg«. Zeitintensiv, diese zu wiederholen, doch ein paar Höhepunkte darf man sich doch rauspicken? Der Stechlinsee ist eines der klarsten Gewässer Europas, Sichttiefe 11 m, fünf mehr als im Schnitt.
Die nächst größere Stadt hat Kurt Tucholsky bereits 1912 in »Rheinsberg: Ein Bilderbuch für Verliebte« literarisch verewigt. Das gleichnamige Schloss, eine Perle des Friderizianischen Rokokos, gehört seither zum Pflichtprogramm.

www.spsg.de,
s. »Schlösser & Gärten«

286

Wanderreiten

Schönermark

Wanderritte in Gruppen sind nicht nur Bewegung in freier Natur, sie sollen auch das Genießen von Landschaft, Kultur und Geschichte und das Gefühl für Pferde vermitteln. Elf Pferde leben das ganze Jahr über auf einem renovierten Bauernhof, alle zuverlässige Berber und Araber-Berber aus Frankreich. In langsamem Schritt, schnellem Trab oder flottem Galopp geht es über Wiesen und durch Wälder. Bis zu 30 km kann ein Wanderritt durch das einsame Havelland führen. Es gibt Tiere für die Langsamen, die erst einmal einen halben Tag im Schritt verbringen wollen, und Pferde für die Abenteuerlustigen, die im Galopp über die Wiesen jagen wollen.

www.wanderreiten-havelland.de

Tandemspringen

Gransee

285

In 4000 m Höhe aus dem Flugzeug ins Nichts springen ... der Himmel saust vorbei und man selbst mit dem Tandemmaster der Erde entgegen, unaufhaltsam, bis sich, in 1500 m Höhe, der Fallschirm öffnet und man nun einige beschauliche Minütchen hinunterschwebt. Ob es stimmt, dass es oben 20 °C kälter ist? Keine Ahnung, alle Sinne waren alarmiert.

www.gojump.de

287 Ziegeleipark Mildenberg

Zehdenick

»Berlin ist aus dem Kahn gebaut«, den Satz hört jeder irgendwann. Wie das ging, verrät eine Ziegeleirundfahrt in Mildenberg. Was man sieht, war fast 150 Jahre lang, von 1852 bis 1990, Alltag. Mehr als 5000 Männer, Ziegler genannt, die meisten von ihnen Wanderarbeiter, haben zwischen rauchenden Schloten und dampfenden Baggern Ton abgebaut, Ziegel geformt und in die Kähne gestapelt, sodass in Berlin die Gründerzeit gefeiert werden konnte und das Zehdenicker Ziegelrevier zum größten in Europa wuchs. Dort steht jetzt zudem ein Museum, das einer Abenteuerlandschaft gleicht. Und bei der Naturpark-Tour durch das einstige Industriegelände blühen Orchideen und huschen Biber ins Wasser.

www.ziegeleipark.de

288 Kartfahren

Templin

Fans fiebern schon beim Anblick der Ferrari-roten Flitzer, bei Motorenlärm und Benzingeruch, und können es kaum erwarten, sich Vettel-gleich in die Poleposition zu manövrieren. Wer es noch nie probiert hat, schwitzt, die direkte Lenkung verspricht Knochenarbeit, nur 3 cm Luft pfeifen zwischen Straßenbelag und Hosenboden im Schalensitz. Die Honda-Motoren mit 9 PS schaffen 60 km/h, die Haarnadelkurve naht, rechts Gas, links Bremse und keine Kupplung, geschafft, 1102 m lang ist die kurvige Rennstrecke. Es gibt Auslaufzonen an jeder Seite, aber besser, man beendet seine Runden in der Boxengasse. Nach 10 Min. ist der Spaß vorbei und der Pilot kann sich seine Rundenzeiten ausdrucken lassen. Aber lieber nicht beim ersten Mal.

www.kart-templin.de

289 Open-Air-Theater

Netzeband

Netzeband in der Ostprignitz zählt 200 Einwohner – und lockt jedes Jahr 5000 Besucher an; mit einem Open-Air-Theater im Gutspark unterhalb der klassizistischen Temnitzkirche. Ein Landschaftsarchitekt und seine Frau hatten die Kirche von 1834 in dem Dorf entdeckt. Für die sprichwörtliche Mark wechselte sie die Besitzer, wurde restauriert und 1995 schließlich der Kunst geweiht. Seit 1993 gibt es einen Förderverein, der die Aufführungen im Juli und August ermöglicht. »Die Nibelungen« und »Der Sturm« stehen auf dem Spielplan. Bestseller aber bleibt »Der Milchwald«.

www.theatersommer-netzeband.de

290 Wildpark Schorfheide

Groß Schönebeck

Ein Teich, Sonnenhügel, und viele Bäume – 15 000 qm Revier waren eingerichtet, als die beiden Brüder im August 2009 aus dem Harz in die Uckermark zogen. Zwei Luchse, Lugh und Loki, die größten Raubkatzen Europas, haben eine Menge Platz im Luchsgehege. Wer sich im Wildpark auf den Weg macht, sieht neben Wildschwein, Dam- und Rotwild Tiere, von denen mancher nicht weiß, dass sie hier einmal heimisch waren: Elch und Wollschwein, das Rauwollige Pommersche Landschaf, das Przewalski-Pferd oder das weiße Englische Parkrind.

www.wildpark-schorfheide.de

291 Blumberger Mühle

Angermünde

Wie dicke Käfer hasten die jungen Sumpfschildkröten über die Grashalme, bis sie am Wasser angekommen sind. Wurzelstücke und flaches Stillwasser sind das erste Ziel der Winzlinge in den Teichanlagen der Blumberger Mühle im Biosphärenreservat Schorfheide-Chorin. 2003 ist hier die einzige begehbare Freianlage für Europäische Sumpfschildkröten angelegt worden. Die Tiere, früher weit verbreitet, schienen auszusterben. Die Außenanlage ist mit 14 ha so etwas wie die Schorfheide im Kleinen. In Schilf und Unterholz verstecken sich Frösche und Eidechsen, manchmal liegt eine Ringelnatter auf dem Weg. Ranger bieten Führungen an und ein »sprechender Baum« informiert über die Schorfheide.

www.blumberger-muehle.de

292 Biorama am Wasserturm

Joachimsthal

Das Biosphärenreservat Schorfheide liegt in der Uckermark, der am dünnsten besiedelten Landschaft Deutschlands. Ein englisches Ehepaar restaurierte den alten Wasserturm, der einst dazu diente, Lokomotivkessel aufzufüllen, und verwandelten ihn in ein Biorama. Hier wollen sie Freizeit, Kultur, Wissenschaft und Wirtschaft mit ökologischem Nutzen verbinden. Die weiße Villa auf dem Gelände ist Ausstellungsraum, und in einer Designfabrik soll Brauchbares aus Zelfo – Stoff aus Hanf, Flachs und Altpapier – hergestellt werden. Ein Fahrstuhl aus Beton, Stahl und farbigem Glas führt empor, sodass Neugierige das 24 m hoch gelegene Dach des Turms bequem besteigen und auf das größte zusammenhängende Waldgebiet Europas blicken können.

www.biorama-projekt.org

Schiffshebewerk
Niederfinow

Es sieht aus wie eine Riesenbadewanne im Oder-Havel-Kanal. Ein Schiff fährt hinein und wird in 5 Min. vom Barnim-Plateau im Westen um 36 m zum Oderbruch im Osten gesenkt, das Schiff fährt weiter. Die Badewanne ist ein Trog, 85 m lang, 12 m breit, 2,5 m tief. Hinein passen Schiffe bis zu 1000 Tonnen. Hunderttausende Neugierige kommen im Jahr, das technische Wunderwerk zu bestaunen. Aus der Riesenbaustelle nebenan wächst bis 2014 ein Hebewerk, das auch Containerschiffe mit bis zu 115 m Länge fasst.

www.schiffshebewerk-niederfinow.info

293

Ökodorf erleben
Brodowin

294

Inmitten von Hügeln, Seen, ausgedehnten Streuobstwiesen und Kleefeldern ist auf dem Gelände ehemaliger Landwirtschaftsproduktionsgenossenschaften (LPG) der größte Lieferant von Demeter-Gemüse sowie von diversen Milchprodukten in Deutschland gewachsen. Dorfbewohner, die die Biobauern anfangs für Spinner hielten, haben Arbeit gefunden, melken, kümmern sich um die Herden und bauen Gemüse an. Wenn Gastwirt Stockmann einmal wöchentlich duftende Brotlaibe aus dem Holzofen holt, stehen die Urlauber aus der kleinen Pension schon an.

www.brodowin.de

295

Skispringen im Sommer
Bad Freienwalde

Eine Wintersportarena mit ca. 40 000 Zuschauerplätzen, Sommerrodelbahn (400 m), Snowboardhalfpipe, Skateboardanlage, die im Winter vereist wird, 2 000 m Loipe, Sessellift, dazu ein Sprungturm für die Großschanze, der baulich in die Landschaft passt (mit Turm-Café), und selbstverständlich ein Anlaufturm als Wahrzeichen der Stadt Bad Freienwalde – eine Zukunftsvision. Von der Barnimer Gletscherwelt ist hier die Rede und vom höchsten Berg mit 1 580 Dezimetern. Ja, spinnen die Freienwalder? Nein, nicht wirklich, es ist gerade erst 80 Jahre her, dass man ihr Städtchen das St. Moritz des Nordens nannte. Birger Ruud, der norwegische Olympiasieger von 1936, war 1929 von der Schanze am Papengrund gesprungen. Und jetzt springen sie hier wieder. Eigentlich ging alles ganz schnell: Im Februar des Jahres 2001 hat sich der Wintersportverein wiedergegründet, zählte im September bereits 41 Mitglieder, baute in drei Monaten zwei Mattenschanzen, und im November gab es die erste Landesmeisterschaft im Skispringen.

www.wsv1923.de

296

Oder-Neiße-Radweg

Bei Schwedt

Viele Jahrzehnte lang galten die Flüsse Oder und Neiße als »heiße Nummern« in den deutsch-polnischen Beziehungen. Heute sind sie es auch, jedoch nicht mehr als Zeichen der Trennung, sondern als Teil der binationalen Verständigung. Dazu trägt auch der Radweg bei, der von der Quelle der Neiße in den tschechischen Bergen bis ins Mündungsgebiet der Oder an die Ostseestrände Usedoms führt. Während der 630 km langen Route wechseln Sprache, Landschaft und Kultur, nur das Wasser lässt sich nicht aus der Ruhe bringen und zeigt stets an, wohin der Weg führt. Einer von vielen Höhepunkten zwischen Nová Ves und dem Seebad Ahlbeck ist der Nationalpark Unteres Odertal, der sich in der Uckermark im Nordosten Brandenburgs befindet. Die weitläufige Auenlandschaft ist ein einzigartiges Rückzugsgebiet für seltene Tierarten und ein beliebter Rastplatz für Zugvögel. Auch Radler, die entlang der Oder »ziehen«, sollten einen Gang zurückschalten, um nach Kranichen, Störchen oder Bibern Ausschau zu halten. Am besten geht das von einem der an der Strecke liegenden Aussichtstürme oder von den umliegenden Oderhängen. Kurz hinter Mescherin verabschiedet sich der Radweg von der Oder und führt durch Mecklenburg-Vorpommern an die Ostsee. Alternativ bietet sich die Möglichkeit, der Oder treu zu bleiben und über Stettin und den Haff-Radweg nach Usedom zu fahren.

www.oderneisse-radweg.de;
www.unteres-odertal.de

Kulturwanderung
Altranft

297

Heimwehland für Dörfler, Abenteuer für Städter. Altranft war einmal Fischerdorf und entwickelte sich im 18. Jh. zum Gutsbauernhof mit Schloss und Kirche. Heute ist es Museumsdorf, lebendig durch Bewohner und Besucher. Man kann eine Kutsche mieten, durchs Dorf stolzieren wie einst die Herrschaften oder hinaus zur Bockwindmühle in Wilhelmsaue oder einfach ins Grüne. An Aktionstagen zeigen sich die Alltage des 18. und 19. Jhs., mit Körbe flechten, Papier schöpfen, Weidenruten schnitzen, Brotbacken oder den Meisterschaften im Gespannpflügen.

www.freilichtmuseum-altranft.de

298 Sport am See
Bollmannsruh

22 km lang ist der Beetzsee, der an das nördliche Stadtgebiet von Brandenburg an der Havel grenzt. Ambitionierte Wassersportler finden bei Bollmannsruh, was ihren Puls hoch treibt: Surfbrett, Katamaransegler, Kajak, Vierer- oder Zehnerkanadier, oder auch nur gemütliches Tretboot. Wem das nicht genügt, mag sich vielleicht in einem der Wettbewerbe messen, die auf dem Wasser oder am Ufer ausgerufen werden. Es wird zur »Havelland-Jagd« geblasen, einem Mehrkampf aus Bogenschießen, Kanufahren und Mountainbike, oder zum »Fire-Abend« geladen mit Bogenschießen in der Dämmerung und Fackelfahrt mit Mannschaftskanadiern. Übrigens: Einfach nur schwimmen und faul in der Sonne liegen kann man auch.

www.natursportprojekt.de

299 Wildtiere live
Naturlandschaft Döberitzer Heide

Der Koloss frisst alles, Moose, Büsche stopft er in sich hinein, er reißt Ginster aus und knickt Bäume um, und das soll er auch. Wisente in der Döberitzer Heide haben eine Aufgabe. Sie sollen das Gras kurz halten und dafür sorgen, dass sich kein Wald entwickelt. Die mehr als 100-jährige militärische Nutzung der Region verhinderte Besiedelung und Landwirtschaft. So entstand ein Mosaik wertvoller Lebensräume mit Mooren, Heiden, Gewässern und Laubmischwäldern. 2004 kaufte die Sielmann Stiftung 3 450 ha der einzigartigen Landschaft, um eine wildnisähnliche Naturlandschaft mit Wisenten, Pferden und Rothirschen zu schaffen. Ein Wegenetz ermöglicht Beobachtungen, Kinder studieren Käfer und Bienen im Insektenhotel.

www.sielmann-stiftung.de, s. Projekte: Sielmanns Naturlandschaften

Kamelreiten

Nassenheide

Hoch ist so ein Kamel und flach das Löwenberger Land, und am Fleckschnupphof, wo die Herde lebt, beginnt schon freies Feld. Die Chefin der märkischen Karawane, Gabriele Heidicke, weiß, was Ängstliche beruhigt: Kamele sind viel ungefährlicher als Pferde, sie sind keine Fluchttiere und kennen keine Panik. So schaukelt die Karawane im Passschritt über die Felder, knabbern die Tiere im Wald an Blättern und schreiten gemächlich wieder nach Hause.

300

www.fleckschnupphof.de

Kletterwald

301

Strausberg

Plötzlich rauscht es und schon flitzt jemand mit Helm, Handschuhen und Gurt gesichert auf einer Seilrutsche knapp 6 m über den Waldboden zwischen Baumstämmen hindurch. »Climb up« heißt das Vergnügen in einem Waldareal, 35 000 qm groß, auf zwölf Parcours, insgesamt 2,5 km lang, in unterschiedlichen Höhen, lustig oder anstrengend, leicht oder schwierig.

www.climbup.de

302 Storchendorf

Linum

Die Weißstörche aus dem afrikanischen Winterquartier kommen zwischen März und Mai und die 700 Einwohner von Linum sind vorbereitet. Bis zu 18 Paare nisten jedes Jahr in den Horsten auf den Giebeln und auf der Kirche. Dann ziehen sie ihre Jungen groß, die im April aus dem Ei geschlüpft sind, erste Flugversuche machen, bis sie schließlich im August, zwei Wochen vor den Eltern, die Reise nach Süden antreten. Linum, Teil der Gemeinde Fehrbellin, ist ein Vogelparadies: 72000 Kraniche und 60000 Wildgänse wurden schon an einem Tag gezählt.

www.berlin.nabu.de/projekte/linum.de

303 Fliegen übers Havelland

Rathenow

Wer in den Himmel schaut und mit sehnsüchtigen Blicken einem Flugzeug folgt, der wird auch ein Auge für die kleinen Flugplätze im Berliner Umland haben, über denen Segelflugzeuge schweben und Motorsegler kreuzen. Der Flugplatz Stechow liegt an der B 188. Hier starten die Maschinen zum Rundflug über das Havelland. Zu einem Taschengeldpreis kann man schon für 20 Min. auf die Optikerstadt Rathenow hinuntersehen. Wer eine halbe Stunde unterwegs sein möchte, überfliegt den ältesten Flugplatz der Welt in Stölln, 40 Min. Zeit tragen den Flugbegeisterten bis nach Brandenburg an der Havel und eine Stunde sogar nach Potsdam und Sanssouci mit dem Blick auf das preußische Arkadien.

www.flugschule-rall.de

304 Mittelalter auf der Burg

Rabenstein

Burg Rabenstein auf dem 153 m hohen Steilen Hagen in den Wäldern des Naturparks Hoher Fläming lässt das Mittelalter wieder auferleben – und zwar mit allem, was zu einem richtigen Wehrbau gehört: Bergfried, Rittersaal, Folterkammer, Kapelle, Brunnen, Backhaus und Scheune. Die Burg firmiert unter »Herberge mit Ausschank« und wirbt für stilechte Hochzeitsfeiern. Doch an Ostern kommen die Ritter. Dann klingen die Schwerter und rasseln die Rüstungen, Spielleute und Gaukler unterhalten das Volk, das dem Ritteressen sich frönet. Dann staunen die Frettchen und Käuzchen und in ihren Volieren wohl auch die abgerichteten Wanderfalken, Steinadler und Uhus, die der Falkner jeden Nachmittag zur Freude nicht nur der Kinder fliegen lässt. Sie kommen schließlich wieder zurück.

www.burgrabenstein.de

305

Bahnradweg am Oderbruch

Müncheberg

Merkwürdiges Wort: Bahnradweg. Bahn war gestern, von 1912 bis 1994, als Lastenzug für die einstige Korn- und Gemüsekammer der Mark. Irgendwann rentierte sich das Geschäft nicht mehr, die Strecken wurden stillgelegt, die Schienen wurden demontiert. Gleisbett und Bahndamm verwandelte die Region in einen 123 km langen Fahrradweg fernab befahrener Straßen, von Fürstenwalde oder Müncheberg bis nach Wriezen im Oderbruch, zu einer einmaligen Kulturlandschaft mit Oderaltarmen und Seenketten, begleitet von Fischreihern und Kormoranen, streckenweise einsam – auf jeden Fall zum Träumen schön.

www.oderbruchbahnradweg.de

306

Islandpferde

Groß Briesen

Mit 1,35 bis 1,45 m Größe sind Islandpferde klein, sie gelten als robust, sozial und freundlich; oft mit breiter Blesse und großen Augen sind sie auch noch einnehmend schön. Ohne Angst soll man hier lernen, mit Pferden umzugehen und mit ihnen die Natur zu erleben. Fortgeschrittene können jederzeit zum Ausritt kommen, wenn sie sich vorher anmelden.

www.erlebnisbauernhof.info

Frösche und Palmen

Potsdam

307

Die Potsdamer Tropenwelt, 5 500 qm groß, ist das schönste Relikt der Bundesgartenschau aus dem Jahr 2001. Ca. 20 000 Pflanzen wachsen hier, exotische Tiere bevölkern bis zu 14 m hohe Bäume. An den Armaturen eines U-Bootes kann man drehen und schalten. Das Schönste aber sieht man durch Bullaugen: In karibischer Unterwasserwelt tummeln sich Fische in schillernden Farben.

www.biosphaere-potsdam.de

308

Panoramaweg Werderobst

Werder

15 km ist der Werderaner Obstweg lang, somit auch ein schöner Fahrradweg nicht nur an Etagenobstflächen vorbei, nach historischen Vorbildern angelegt. Er streift auch Schloss, Schinkelkirche und Lennés Park in Petzow am Glindower See und führt schließlich zum Lilienthal-Denkmal auf dem Derwitzer Mühlenberg. Sehr zu empfehlen zum Baumblütenfest Ende April, Anfang Mai.

www.werder-havel.de

309 Filmpark Babelsberg

Potsdam

Der Vulkan bricht aus, auf den Straßen herrscht Chaos, und was sich dann hier abspielt, heißt Kampf: Mensch gegen Feuer, Mensch gegen Technik, auch Mensch gegen Mensch. Rasante Verfolgungsjagd mit springenden Motorrädern und Autocrash. Hitze breitet sich aus. Der Mann, der rennt, hat Feuer und 1 000 °C im Rücken. Er ist Stuntman und gehört zu denen, die dem Publikum eine halbe Stunde lang nichts als Nervenkitzel liefern. Wie groß die sind, der kleine Tiger und der Bär! Die Kinder staunen bei der Bootsfahrt durchs Janosch-Traumland. Ältere bewundern die Außensets von GZSZ. Auf diesem Gelände der Medienstadt Babelsberg präsentiert sich die magische Welt des Films ihrem Publikum.

www.filmpark-babelsberg.de

310 Ein Stück Europaradweg

Schwielowsee

Auf den fast 209 km, die der insgesamt 3 500 km lange Europaradweg R 1 von Westen nach Osten durch Brandenburg und Berlin führt, liefert die Havel mit dem Schwielowsee den schönsten Grund zur Pause. Sie lockt verführerisch mit den Ausläufern der Potsdamer Kulturlandschaft, einem Arkadien, von Gartenkünstlern aus märkischem Sand gezaubert. Im Süden liegt, in Kiefernhügeln fast versteckt, die einstige Malerkolonie Ferch. Nördlich folgt Caputh, wo Albert Einstein drei Sommer in seinem Häuschen genoss. Prunkstück des gleichnamigen Schlosses ist der Speisesaal mit 7 000 holländischen Fayencefliesen. Auf der Seilzugfähre erreicht man Petzow am anderen Ufer mit der Schinkelkirche und einem traumhaften Blick vom Turm.

www.schwielowsee-tourismus.de

311 Ballonfahren

Linthe

Ziemlich platt liegen 1 600 qm Stoff auf der Wiese. In den Stunden, in denen Luft hineingeblasen und erwärmt wird, wächst aus dem platten Tuch ein 27 m hoher Ballon, der seine Passagiere über das Land trägt, morgens oder abends, weil sonst thermische Böen stören. Richtung und Tempo bestimmt nur der Wind – solange er schwächer als 10 km/h bläst. Und dann fährt man im Korb über scheinbar kleiner werdende Häuser und Felder, sieht Rehe äsen und Vögel schwärmen. Und wer nach der Ballonfahrertaufe von »fliegen« spricht, gibt eine Runde aus.

www.ballonhafen-berlin.de

Südwestkirchhof
Stahnsdorf

312

120 000 Grabstätten fasst einer der größten Waldfriedhöfe Europas. In seiner über 100-jährigen Geschichte ließ sich hier manch' Prominenter in Mausoleen und Gräbern an behutsam gesetzten Sichtachsen bestatten: der Maler Heinrich Zille, der Architekt Walter Gropius, der Verleger Gustav Langenscheidt, Werner von Siemens und viele, viele mehr. Nach dem Mauerbau 1961 hat sich auf dem 206 ha großen Areal ein Öko-Refugium entwickelt, die Bäume wachsen in den Himmel, die Steine bröselten, und die Natur nahm Besitz vom Ort der Vergänglichkeit.

www.suedwestkirchhof.de

313

Wassersport
Großbeeren

Zuerst in die Hocke gehen, Muskeln anspannen, sich auf das Wasser ziehen lassen, bis man eine sichere Fahrposition unter den Füßen fühlt, und dann geht's los. Auf der Wasserskianlage Großbeeren, rund 20 km südlich von Berlin, zieht eine Seilbahn die Sportler über das Wasser. Schon naht die erste Kurve, man muss durch das rote Bojentor. Das geht verhältnismäßig leicht, das Wasser ist spiegelglatt, eine Insel verhindert Wellenbildung. So bleibt es auch bei der ersten und zweiten Kurve, die dritte wird spannend ... Sichere Schwimmer wissen, wann man die Leine loslässt: wenn das weiße Bojentor zum Ausstieg passiert ist. Seit 2001 ist der Wasserskilift an einem großen künstlichen See in Großbeeren in Betrieb. Gerade Anfänger dürften sich hier gut aufgehoben fühlen: Die fünf Masten der Seilbahn sollen ihnen laut Veranstalter die ersten Läufe besonders einfach machen. Übrigens: Auch Wakeboarder sind mit der Seilhöhe von 10 m, die gute Sprünge erlaubt, zufrieden.

www.wasserski-grossbeeren.de

314 Industriedenkmal Museumspark
Rüdersdorf

Reisen in die Vergangenheit haben Konjunktur, und wenn es ganz weit zurückgehen soll, bleibt in Norddeutschland nur Rüdersdorf. Hier liegt, wie der Muschelkalk verrät, der einzige oberirdische Zugang zum Erdmittelalter. Über Jahrhunderte ist hier Kalk im Tagebau abgebaut worden, die Industrie hat die Landschaft verändert, aber auch die Stadt Berlin: Von hier stammen das Material für die Fundamente von Brandenburger Tor und Reichstagsgebäude und sogar der Zement für den Adlon-Neubau. Man kann zwischen Brennöfen, Laboren, Arbeiterwohnungen und Muschelkalkaufschluss lange Spaziergänge machen oder Landrover-Touren an die Tagebaubruchkante machen. Faszinierend, wie sich die Natur ihr Terrain zurückerobert.

www.museumspark.de

315 Sanssouci für Kinder
Potsdam

Um unterhaltsame Sonntage muss man sich in Potsdam keine Sorgen machen – zumindest am ersten Sonntag im Monat. Denn dann – außer im Juli – bietet Schloss Sanssouci Kindern und Familien eine Entdeckungsreise auf den Spuren Friedrichs des Großen. »Familiensonntage ohne Sorge« – eben sans souci – nennt sich die beliebte Veranstaltungsreihe, in der die jungen Besucher mit einer Hofdame durch die prunkvollen Säle der Neuen Kammern spazieren, Ostern unter Palmen erleben oder mit einem Äffchen das Chinesische Haus erkunden. Nach dem Staunen über antike Götter, Kunstschätze und Pflanzenpracht dürfen sich die Jungs und Mädels in der Museumswerkstatt oder beim Malen und Basteln kreativ austoben.

www.spsg.de/Kinder-und-Familien.html

316 Skaten im Fläming
Jüterbog

210 km auf feinstem Asphalt bietet der Fläming-Skate, Teil eines Netzes regionaler Radwege, mit der Besonderheit, auch Skatern hervorragende Bedingungen zu bieten: Acht Rundkurse durch Niederen Fläming und Baruther Urstromtal zwischen 11 und 94 km lang, mit allen möglichen Schwierigkeitsgraden. Die längste Strecke führt über Luckenwalde, Jüterbog, Dennewitz, Wiepersdorf und Petkus. 20 Orte sind es insgesamt, von denen jeder versucht, die Skater mit Freibädern, Gasthäusern oder Besichtigungen von Klöstern oder Wildparks zu bremsen.

www.flaemingskate.de

Kräuteroase
Petkus

317

Bienen summen und es duftet nach Rosmarin, Thymian, Basilikum und Estragon. Die schmalen pelzigen Blätter? Klar doch, Salbei, der intensive Duft ist nicht zu verwechseln. Der aromatische Garten wächst nicht in einem Land am Mittelmeer, er gedeiht im Niederen Fläming, und es wächst und blüht und duftet im Kräuterhexengarten. Genau genommen ist es ein Gesundheits-, ein Riech- und Fühlgarten. Wer weiß schon, dass Vogelmiere mit Vitaminen und Mineralstoffen die Lebensgeister weckt? Und dass Vogelbeeren eine gute, herb-süße Marmelade ergeben?

www.vab-luckenwalde.de, s. Kräuterhexengarten

318 Groß Schauener Seen
Storkow

Pfeilschnell stürzt der Fischadler, gerade noch im Rüttelflug über dem See, ins Wasser und mit zappelnder Beute fliegt er auf und davon. Schon viermal haben Fischadler hier gebrütet und bis 2009 sieben Junge großgezogen, seit die Sielmann Stiftung 2001 die Hälfte des knapp 200 ha großen Naturschutzgebietes Groß Schauener Seen kaufte, um ein Refugium für seltene Tier- und Pflanzenarten zu sichern, die naturnahen Flächen des Dahme-Seengebietes zu erhalten. Besucher überblicken von einem Aussichtsturm nur die Seenlandschaft. In den Fischerstuben allerdings werden die Aale über Buchenspänen geräuchert und andere Fischsorten gebraten oder auch leicht gedünstet gereicht.

www.sielmann-stiftung.de, s. Projekte: Sielmanns Naturlandschaften

319 Wandernd Mühlen besuchen
Müllrose

Ob Müllroser, Ragower oder Schwerzkower Mühle: Keine andere Region Brandenburgs kann solch eine Dichte an Wassermühlen vorweisen. Nur 22 km lang ist das Flüsschen Schlaube und derart kapriziös. Aus der Wirchenwiese kommt sie und schlängelt sich durch das schönste Tal weit und breit, verschwindet in Seen, weicht von den Wanderwegen ab in die Wildnis und stürzt wie ein Wildbach in 30 m tiefe Schluchten. Hier lohnt sich wahrlich zu wandern. Wer von Müllrose kommt – dem Tor zum Naturpark Schlaubetal –, trifft bereits nach knapp 7 km auf die Ragower Mühle von 1670. Sie ist als technisches Denkmal und Mühlenmuseum restauriert. Kinder werden ihre Freude haben: Waschbären, Esel, Gänse, Enten, Hühner und Fasane sind zu bestaunen.

www.schlaubetal-online.de; Einkehr: www.ragowermuehle.de

320 Bunker- und Bücherstadt

Wünsdorf

Eine Zuflucht für Bücherwürmer sollte aus Wünsdorf werden, der verbotenen Stadt, die bis zum Abzug der sowjetischen Truppen 1994 kein Zivilist gesehen hatte. Jetzt stapeln sich im Badehaus antiquarische Bücher; abgegriffene Militärgeschichte ist einer Obstkiste zu entnehmen. Touristen haben die Katakomben erobert, sie besuchen das Museum »Roter Stern« und genehmigen sich im »Zapfenstreich« einen Wodka pur.

www.buecherstadt.com

321 Besucherbergwerk F60

Lichterfeld

Mit 502 m Länge ist die F60 das größte Bergbaugerät der Welt. 13 Monate, bis 1992, war sie im Braunkohle-Tagebau im Einsatz. Als Förderbrücke räumte sie die Erde über den Kohleflözen weg. Wegen der ähnlichen Stahlbauweise wird sie der »liegende Eiffelturm« genannt – dabei ist die Attraktion am Bergheider See, südlich von Finsterwalde, 3 700 t schwerer und 182 m länger.

www.f60.de

322 Wolziger See

Blossin

Segel- und Motorboote, Kajaks, Ruderkähne, Surfer und auch noch ein Drachenboot – an Sommertagen scheinen sich alle aus dem Berliner Süden am Wolziger See zu versammeln. Platz ist am 500 ha großen Gewässer für alle, und selbst an kinderflachen Stränden mangelt es abseits der Zentren Blossin und Kolping nicht. Bis in die Spätsaison ist das Wasser sauber und klar. Und im Winter, wenn das Eis hält, hacken die Eisangler ein Loch in den See, prüfen, ob das Taschenöfchen schon warm genug ist, die klammen Finger beweglich zu halten.

www.blossin.de, s. Hafen/Wassertourismus

323

Geopark Muskauer Faltenbogen

Lausitz

Der Oder-Neiße-Radweg (s. auch Tipps 296 & 328) gilt aufgrund seines Verlaufs entlang der deutsch-polnischen Grenze als Symbol der Völkerverständigung. Dass die Natur über Grenzen nur lachen kann, zeigt sich am Muskauer Faltenbogen, durch den der Radweg führt. Wie ein Hufeisen erstreckt sich der flache Hügelzug mit seinen lang gezogenen Gewässern über Teile Brandenburgs, Sachsens und Polens. Vor 350 000 Jahren wurde dieser Landstrich durch den Druck des Gletschereises geformt. Seit 2003 existiert der Geopark Muskauer Faltenbogen, in dessen Infozentrum in Jerischke Besucher über die Eigenheiten des Gebiets aufgeklärt werden.

www.muskauer-faltenbogen.de;
www.oderneisse-radweg.de

324 Tropische Welten

Krausnick

An Mangroven, Farnen und Lehmhütten vorbei führt der Weg durch den Regenwald, irgendwo schreit ein Pfau und ein Goldfasan flüchtet. Der Regenwald ist das Biotop und neben Südsee und Bali-Lagune mit schneeweißen Stränden und künstlichen Wasserfällen die Hauptattraktion in der Tropenwelt, die eine Firma aus Malaysia in eine gigantische Produktionshalle in Brandenburgs Mischwälder gepflanzt hat: 6000 qm mit Palmen, Sommerwärme und tropischer Luftfeuchtigkeit. Man kann auch am Strand übernachten oder im Zelt oder in einer Lodge, an fast 365 Tagen im Jahr.

www.tropical-islands.de

325 Museumsdorf Glashütte

Baruth

Der Ortsteil Glashütte entstand 1716 als Glasmachersiedlung. Seitdem haben sie allerlei verarbeitet, sogar Lampenschirme produziert, nachdem es gelang, Milchglas mithilfe von Schafsknochenasche herzustellen. Heute führen andere ihre Kunst vor, und die Besucher dürfen sich eine Bewässerungskugel für den Blumentopf zu Hause blasen.

www.museumsdorf-glashuette.de

326 Inseldorf Lehde

Spreewald

»Ein Venedig, wie es vor 1500 Jahren gewesen sein mag ...«, schrieb Theodor Fontane über das Dorf Lehde. Bis 1929 war es nur auf dem Wasserweg zu erreichen. Heute versteht sich der Ort als Teil eines Biosphärenreservats. Den Zauber dieser Landschaft muss man sich erfahren, am besten mit dem Paddelboot. Darauf warten im Spreewald 1550 km Wasserläufe.

www.spreewald.de;
www.spreewald-lehde.de

327 Kahnfahrt im Spreewald

Lübbenau

Eine Fahrt mit dem Stocherkahn ist nicht nur die beschaulichste Art, den Spreewald mit seinem Labyrinth an Wasserwegen und Kanälen zu erkunden – es kann auch die unterhaltsamste sein. Denn viele Anbieter bieten spezielle Touren an unter Namen wie »Rad- und Kahntour«, »Grillkahnfahrt«, »Romantische Abendkahnfahrt« oder »Nostalgiefahrt – Kahnpartie wie um 1910«.

www.spreewald.de, s. Kahnfahrten

328

Radtour durchs Schlaubetal

Neuzelle

Wer die zehn Etappen des Oder-Neiße-Radwegs (s. auch Tipps 296 & 323) in Tour-de-France-Manier angeht und nicht nach links und rechts blickt, spart viel Zeit auf dem Weg von Tschechien an die Ostsee. Fraglich bleibt, was dann daheim erzählt wird? Besser ist es, man nimmt sich Zeit und scheut nicht den ein oder anderen Umweg, denn an den Ufern von Oder und Neiße gibt es einige gute Geschichten zu hören. Als Barockwunder Brandenburgs gilt das in der Nähe der Neißemündung gelegene Kloster Neuzelle, wo die letzte produzierende Klosterbrauerei Brandenburgs ausgefallene Produkte wie »Badebier« braut. Westlich des Ortes liegt der Naturpark Schlaubetal, der sich am besten mit dem Rad auf der »Mönchstour« erkunden lässt. Diese führt von Neuzelle entlang des frischen Wassers der Schlaube nach Müllrose, wo der kleine Fluss den Oder-Spree-Kanal speist. Von dort geht es in einem großen Bogen zurück an den Anfangspunkt. Wer seine sieben Sachen dabei hat, biegt bei Brieskow wieder ab auf den Oder-Neiße-Radweg. Auf alle anderen wartet in Neuzelle »Mord & Totschlag« – eine örtliche Schwarzbierspezialität.

www.moenchstour.de;
www.oderneisse-radweg.de

Bremen

Mit Torfkahn, Windjammer, Fahrrad, Bus, Ballon, Hubschrauber und zu Fuß pendelt man zwischen der alten Hansestadt und ihrer neuen Schwester Bremerhaven. Zu sehen gibt es Mittelalter und Moderne im schönsten Durcheinander, dazu einen riesigen Überseehafen, die modernen »Havenwelten« samt Klimahaus und viele aufregende Museen.

Verkehrte Welt:
Besucher schrumpfen im Klimahaus in Bremerhaven auf Insektengröße. Da kommen Getränkedosen und Schmetterlinge auf einmal ganz groß raus.

Radwandern

Lemwerder

329

Bremen und sein ländliches Umfeld lassen sich herrlich auf dem »Radrundweg Unterweser« entdecken. Der »Einstieg« liegt am Hauptbahnhof, wo sich eine Fahrradstation des ADFC befindet. Schnell ist man aus der Stadt heraus und rollt entlang der grünen Lunge Bremens, dem Bürgerpark, in das Blockland. Ein flaches Marschenland, das von einem kleinen Fluss, der Wümme, durchschnitten wird. Der Weg auf dem Deich ist gesäumt von Cafés, Restaurants und Kneipen. Insgesamt ist die Tour 164 km lang und führt bis Bremerhaven.

www.region-unterwese.de; www.adfc-bremen.de

330 Fahrt mit dem Torfkahn

Lilienthal

Im Norden Bremens erstreckten sich früher weitläufige, unwegsame Moor- und Feuchtgebiete. Die Haupteinnahmequelle der Siedler dort bestand darin, Torf abzubauen. Er wurde auf einfachen, schmalen Kähnen nach Bremen transportiert und an die Städter verkauft. Mit genau diesen Torfkähnen kann man heute wieder die Region zwischen Blockland und Teufelsmoor vom Wasser aus kennenlernen und so diese schützenswerte Landschaft auf spannende Weise erkunden.

www.torfkaehne-bremen.de

331 Stadtspaziergang

Bremen

Der alten Handels- und Kaufmannsstadt ist es gelungen, trotz der Zerstörungen im Zweiten Weltkrieg schöne Fragmente historischer Stadtteile zu bewahren. Am besten reist man mit einem der Schiffe an, die an der Weserpromenade anlanden. Wer dann zu Fuß weitergeht, entlang der Weser bis zum Marktplatz und zum »Roland«, kann sich auf spannende Entdeckungen in den historischen Gassen der »Stadt der kurzen Wege« freuen.

www.bremen-tourismus.de

Botanika

Bremen

332

Rosen- und Heidegärten sowie über 2500 Sorten Rhododendren und Azaleen sind nicht nur für Botaniker und Gartenliebhaber interessant, sondern bilden die bunte Kulisse im Rhododendronpark. Ein Highlight ist das »Science Center Botanika«. Hier lässt sich spielerisch die Tierwelt entdecken, für welche die im Park gedeihenden Pflanzen in deren Heimatländern den natürlichen Lebensraum bilden. Die Expedition führt in den Himalaja oder nach Borneo. Man sieht Feuersalamander, Vogelspinnen und Schlangen aller Art. Wer noch mehr Blütenzauber erleben oder in Zukunft seinen eigenen Tee anbauen möchte, sollte das nahe »Kamelienparadies« und die 2 ha große botanische Gartenanlage von Peter Fischer in Wingst besuchen. Hier stehen Neuzüchtungen und mehr als 60 Wildarten dieses immergrünen Teestrauchgewächses zum Verkauf.

www.botanika.net;
www.kamelie.de

333

Zu Besuch bei Beck's

Bremen

Wer kennt sie nicht, die »Alexander von Humboldt«, die Bark mit den grünen Segeln, die in der TV-Werbung junge Menschen auf das Abenteuer auf See mit einem kühlen Bier anstoßen lässt? Die Segel sind übrigens nur deshalb grün, weil sie vom Unternehmen gesponsert wurden – bevor Beck's in dem belgischen Konzern Inbev aufgegangen ist. So gibt es heute leider auch den Bierwagen nicht mehr, der gezogen von zwei Pferden das Haake-Beck in der Stadt auslieferte. Die Brauerei kann man noch besichtigen. Der Schlüssel im Wappen erinnert an den Heimatort der Marke und ist Gegenstand einer Quizfrage während der Führung (es ist der Bremer Schlüssel, aber gespiegelt).

Führungen Do - Sa; www.becks.de/besucherzentrum

Sportgarten
Bremen

334

Computer aus, jetzt wird geklettert! Ein Sport, der das Selbstbewusstsein stärkt und in der Gruppe Zuverlässigkeit und Vertrauen fördert. Wer zudem ein Skateboard besitzt, kann sich an der Rampen- und Streetlandschaft austoben. In den Oster- und Sommerferien finden regelmäßige Kurse statt, falls man das Skaten von Profis lernen möchte. Wer die Kletterwand nutzen will, muss sich vorher anmelden oder kann einen günstigen Schnupperkurs buchen. Noch im Programm: Reiten, BMX-Fahren, Beach-Volleyball, Fußball, Basketball / Streetball.

www.sportgarten.de

335 Universum
Bremen

Eine fantastische Welt der Wissenschaft eröffnet sich Kindern, Jugendlichen und Erwachsenen in den drei Teilbereichen des Universums Bremen. Im Science Center entdecken sie spielerisch drei Fantasiekontinente. Das Ausprobieren hilft zu verstehen, was wir für alltäglich halten und doch nicht erklären können. Im »Entdeckerpark« im Außenbereich dreht sich alles um das Thema Bewegung als Motor für Mensch und Natur. Im 27 m hohen »Turm der Lüfte« stehen Wind und Wetter im Mittelpunkt.

www.universum-bremen.de

336 Hafenrundfahrt
Bremerhaven

Hafenalltag hautnah: Die Fahrt durch die sieben Überseehäfen entlang des Kaiserhafens, unter der Drehbrücke an der Nordschleuse und zum Wendebecken dauert rund eine Stunde und beginnt im Neuen Hafen. Eine Tour durch den Fischereihafen mit der MS »Dorsch« startet direkt am Schaufenster Fischereihafen, dauert rund 80 Min. und findet bei einer Mindestteilnehmerzahl von zehn Personen statt.

www.hafenrundfahrt-bremerhaven.de

337 Der Hafen-Bus

Bremen

Hinter dem Begriff steckt eine neue und spannende Art, Bremerhaven zu entdecken. Nur mit diesem Bus gelangt man in sonst nicht zugängliche Bereiche der Überseehäfen, die oft nicht einmal den Einheimischen bekannt sind, da es sich um Sicherheitszonen handelt. Die Tour startet u. a. am Schaufenster Fischereihafen und führt den Besucher in das Herz der längsten Stromkaje der Welt und des größten Pkw-Umschlagplatzes Europas.

www.bremerhaven-tourism.de

338 Überseemuseum

Bremen

Eine arktische Forschungsstation, ein chinesisches Beamtenhaus, asiatische Tempel, ein Auslegerboot aus Ozeanien, Korallenriff und Regenwald – dieses Museum überrascht Jung und Alt. 1896 gegründet, bietet es mit zwei großen Lichthöfen viel Platz für spannende Ausstellungen. Fischerei, Ahnenkult und tägliches Leben in der Südsee, Weltreligionen und Megacities in Asien, das sind nur einige der Themen, die den Besucher hier erwarten.

www.ueberseemuseum.de

339 Ballonfahren

Bremen

Das Fauchen des Brenners ist oft das einzige Geräusch, das noch zu hören ist, wenn der Ballon seine Reisehöhe von 1 000 Fuß erreicht hat. Vom Wind getragen, wird die Richtung der Fahrt allein von ihm bestimmt, begleitet von einem Ballonführer. Üblicherweise hat man rund 2 Std. Zeit, die frische Luft und den irren Ausblick zu genießen. Gefahren wird meist in den frühen Morgen- oder späten Abendstunden. Mit allen Vor- und Nachbereitungen, an denen die Fahrgäste teilnehmen, sollte man 4 - 5 Std. einkalkulieren.

www.das-ballonteam.de

Großsegler-treffen

340

Bremerhaven

Weit über 200 Schiffe versammeln sich alle fünf Jahre auf einem der größten und schönsten Windjammertreffen der Welt, der »Sail«. Dann verwandelt sich Bremerhaven für einige Tage in ein Festival der Seefahrt und die ganze Innenstadt in eine riesige Partymeile. Ungefähr 1 Mio. Besucher nehmen an den mehr als 100 Veranstaltungen teil, erkunden die Decks der Schiffe oder segeln für einige Stunden mit hinaus, sammeln Schiffsstempel, erklimmen Wanten oder versuchen mit den Matrosen aus aller Welt ins Gespräch zu kommen. Abends wird in der Stadt ausgelassen gefeiert, gegessen und getanzt.

www.bremerhaven.de

Phänomenta

Bremerhaven

341

Spielerisch lernen, anfassen und begreifen: Im »Phänomenta« werden Steine zum Leuchten gebracht, Silber, Gold oder Monster-Schleim gewonnen und an einer Ionenorgel Strom in Töne umgesetzt. Man kann auch das Chaos-Pendel schwingen lassen oder mit einer Pauke Kerzen ausblasen. Im hauseigenen Chemielabor bekommt man die schicken weißen Kittel, die auch der verrückte Dr. Brown in »Zurück in die Zukunft« trägt. Noch ein Highlight: der Simulator eines Geothermal-Fahrstuhls, der einen in 5 500 m Tiefe befördert.

www.phaenomenta-bremerhaven.de; bei Gruppenanmeldung jede 10. Person frei;

342 Weser-Strandbad

Bremerhaven

Bremerhaven bietet Gästen und Bewohnern die einmalige Gelegenheit kühler Entspannung – und das mitten in der Stadt. Direkt am Weserdeich, mit Blick auf vorbeifahrende Schiffe, befindet sich das Weser-Strandbad. In nächster Nähe zur Shopping-Meile kann man hier die geplagten Füße in weißen Sandstrand stecken. Schwimmen darf man im Fluss aufgrund der Strömung leider nicht.

www.baeder-bhv.de

343 Klimahaus 8° Ost

Bremerhaven

Eine Skyline wie aus dem modernen Morgenland und ein Magnet für Touristen: Das Klimahaus, bei Nacht mit 1 900 Leuchtdioden erhellt, lässt den Besucher in seinem Inneren sozusagen um die Welt reisen. Damit auch der Spaß nicht zu kurz kommt, kann man im Bereich »Elemente« an Experimentierstationen mit Feuer, Wasser, Erde und Luft spielen, ein Land aus der Insektenperspektive erleben oder als Wetterfee in einer Fernsehaufzeichnung im komplett eingerichteten Wetterstudio auftreten.

www.klimahaus-bremerhaven.de

Zoo am Meer

Bremerhaven

Hier geht man nicht einfach nur von Gehege zu Gehege, sondern bewegt sich durch Landschaften, die den Eindruck vermitteln, sehr fern der Heimat zu sein. Besonders Kinder wissen die kleinen Grotten zu schätzen, in denen man Seelöwen und Pinguine auch unter Wasser beobachten kann. Im Becken nebenan grüßt der Eisbär hautnah.

www.zoo-am-meer-bremerhaven.de

344

345 Deutsches Auswandererhaus

Bremerhaven

Am Pier sitzt ein kleiner Junge auf den Schultern seines Vaters und schaut staunend die steile Bordwand hinauf, während die Geräusche des geschäftigen Geschehens im Hafen in seinen Ohren klingen. So oder ähnlich mögen es die Vorfahren erlebt haben, als sie in die Neue Welt aufgebrochen sind. Im Deutschen Auswandererhaus kann man drei Generationen von Auswanderern nachspüren und deren Schiffe aus zwei Jahrhunderten besichtigen (vom Holzfrachtsegler im 18. und 19. Jh. bis zum Oceanliner im 20. Jh.). Eine fiktive Reise beginnt: Überall stehen Koffer und Seekisten, gefüllt mit den Hoffnungen derer, die vor Arbeitslosigkeit oder Verfolgung aus ganz Europa über Bremerhaven geflüchtet sind. Sie endet in der Eingangshalle auf Ellis Island in New York.

www.dah-bremerhaven.de

Modellstadt
Bremerhaven

346

Jung und Alt herzlich willkommen! In einem Wasserbecken von 160 qm Größe kann man Anlegemanöver an der Kaje oder »halbe Fahrt« durch eine Schleuse üben. Das Ganze findet vor einer detailgetreuen Kulisse von Bremerhaven statt, die durchkreuzt wird von Lkw im Maßstab 1:16. Sensorgesteuert bewegen sie sich wie von Geisterhand geführt über die Anlage. Eine weitere Spielwiese für Große und Kleine ist die 40 m lange Slotcar-Bahn (Carrera-Bahn). Hier kann man mit der ganzen Familie auf vier Spuren ein aufregendes Rennen bestreiten.

www.modellstadt-bremerhaven.de

347

Radtour Seestadtrunde
Bremerhaven

Bremerhaven und seine touristisch interessante Umgebung erstreckt sich über ca. 17 km entlang der Weser. Neben den blauen gewölbten Infosäulen, die im gesamten Stadtgebiet an relevanten Punkten den Weg weisen, haben die Touristiker die »Seestadtroute« für Fahrradfahrer ausgearbeitet. Empfehlenswert ist, die Tour vom touristischen Zentrum am Neuen Hafen in Richtung Überseehafen zu starten und sich vom Container-Aussichtsturm aus einen guten Überblick zu verschaffen.

www.bremerhaven.de

348

Sail City
Bremerhaven

Inmitten der »Havenwelten« ragt die Aussichtsplattform der Sail City in den Himmel. Das spektakuläre Gebäude, das wie ein Schiffssegel anmutet, beherbergt das Atlantic Hotel Sail City sowie Büros. Mit mehr als 140 m ist es das höchste Gebäude der Stadt und eignet sich bestens, um sich einen ersten Eindruck von dem zu verschaffen, was einen in Bremerhaven und dem Umland erwartet.

www.atlantic-hotels.de

Helikopterflug

Bremerhaven

Bereits ab 35 Euro kann man für einige Minuten vom Regionalflughafen Bremerhaven mit einem Eurocopter BO-105 abheben. Frei wie ein Vogel gibt es keine festen Routen, sondern man bestimmt die Richtung selbst. Dann gibt es noch die Variante mit einem sogenannten Traghubschrauber: ein zweisitziges Gefährt, das nach dem gleichen Prinzip funktioniert. In Ermangelung einer geschlossenen Kanzel ist für genug Frischluft gesorgt, während über dem Kopf die Rotorblätter die Luft zerschneiden und der Motor hinter dem Kopiloten als Sitzheizung fungiert. Wem das zu luftig ist, der bekommt wetterfeste Kleidung und einen Thermoanzug. So fliegt man in beschaulicher Geschwindigkeit auf Augenhöhe mit den Möwen einher und kann dabei einen entspannten und gelassenen Blick auf den Zivilisationsstau der Autobahnen werfen.

349

www.flughafen-bremerhaven.de

350

Schaufenster Fischereihafen

Bremerhaven

Im modernen Veranstaltungszentrum im Schaufenster Fischereihafen kann man in der ehemaligen Fischpackhalle IV hinter historischen Fassaden genussvoll speisen, einkaufen oder in dem 150 000 l fassenden Meerwasseraquarium Atlanticum bei den (zweiwöchentlich stattfindenden) Schaufütterungen der Meeresbewohner durch einen Taucher dabei sein. Klassische Konzerte und experimentelles Schauspiel, Tanztheater und Unterwassermarionettentheater, Zauberei oder Improvisationstheater bietet das Kulturprogramm des Theaters im Fischereihafen an.

www.forum-fischbahnhof.de

Flussfahrt
Bremerhaven

351

Wer in Bremerhaven Urlaub macht, sollte auf jeden Fall einen Besuch Bremens mit einplanen. Mit dem Auto sind die ca. 65 km Distanz schnell überwunden, während es auf einer Flussfahrt mit dem Schiff langsam und gemütlich die Weser hinauf geht. Das Fahrgast- und Gastronomieschiff MS »Oceana« startet von Mai bis September in Bremerhaven an der Seebäderkaje und nimmt Fahrgäste in Nordenham, Brake, Farge, Blumenthal, Vegesack, Mittelsbühren und am Pier 2 auf, um nach knapp 4 Std. gemächlicher Fahrt gegen 19 Uhr am Martinianleger in Bremen anzukommen.

www.hal-oever.de

352

Atlanticum
Bremerhaven

Wenige Meter von der Kaimauer entfernt liegt das »Atlanticum« inmitten des Schaufensters Fischereihafen. Betritt man die Räume, blickt man auf die Glasscheiben des riesigen Aquariums, in dem Netze zwischen geborstenen Rohren hängen und die Überreste eines Wracks zu sehen sind. Ein Highlight ist die maßstabsgetreue Nachbildung der Fischereihafen-Doppelschleuse. Als Steuermann der »Walter Herwig« kann man das Forschungsschiff eigenhändig durch die Schleuse bugsieren.

www.atlanticum.de

353

Seefischkochstudio
Bremerhaven

Wer Fisch liebt, ist hier richtig. In einem einstündigen Kochvortrag verrät Küchenmeister Michael Gorich, worauf es beim Kauf und der Zubereitung von Seefisch ankommt, gibt Empfehlungen für ein kaltes Fischbüfett oder warme Fischgerichte. Die Kochvorträge mit anschließendem Mittagessen finden regelmäßig Montag bis Samstag um 10.30 Uhr und 12.30 Uhr sowie Sonntag um 11.00 Uhr statt.

Für Gruppen und Einzelpersonen; www.seefischkochstudio.de

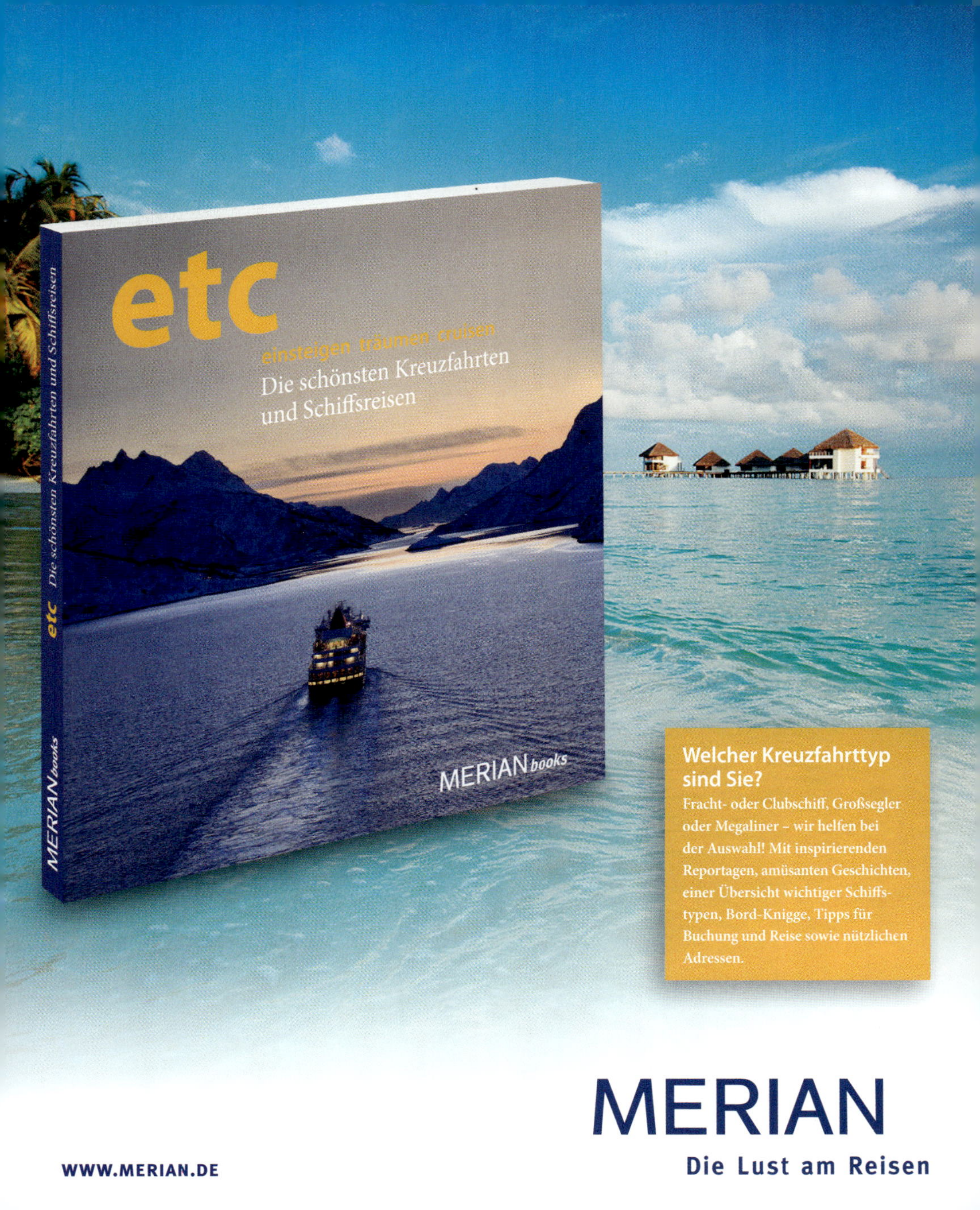
etc
einsteigen träumen cruisen
Die schönsten Kreuzfahrten und Schiffsreisen
MERIAN books
etc Die schönsten Kreuzfahrten und Schiffsreisen
MERIAN books
Welcher Kreuzfahrttyp sind Sie?
Fracht- oder Clubschiff, Großsegler oder Megaliner – wir helfen bei der Auswahl! Mit inspirierenden Reportagen, amüsanten Geschichten, einer Übersicht wichtiger Schiffstypen, Bord-Knigge, Tipps für Buchung und Reise sowie nützlichen Adressen.
MERIAN
Die Lust am Reisen
WWW.MERIAN.DE

Hamburg

Globalisiert wurde hier schon immer. Das Kommen und Gehen auf der Elbe hat Hamburg seinen gigantischen Hafen beschert – und die bewegliche Skyline mit den verschiebbaren Kulissenteilen der Containerschiffe und Luxusliner. Wem die weite Welt zu groß ist, der kann auf Kanalfahrt oder Kiez-Safari erstaunliche Entdeckungen machen.

Feierlich der Ort,
feierlich der Ausblick:
Von der Kirche St. Petri zeigen
sich Rathaus und Stadt in
weihnachtlichem Lichterglanz.

Internationales Sommerfestival

Winterhude

354

Im Jahr 1865 gründeten die Zivilingenieure Nagel & Kaemp eine Maschinenfabrik an der Osterbek, die später in Kampnagel umbenannt und 1981 stillgelegt wurde. Freie Theatergruppen erkoren sechs Hallen zu ihren Spielstätten und rangen dem Senat die Zusage ab, den geplanten Abriss abzublasen, solange das Publikum die geleistete Arbeit goutiert. 30 Jahre später ist die Kulturfabrik international anerkannt als Zentrum für zeitgenössische darstellende Künste. Das Sommerfestival, das jedes Jahr im August stattfindet, hat sich vom kleinen Festival zu einem Tanz- und Theaterspektakel entwickelt, das mittlerweile um ein vielfältiges Musikprogramm ergänzt wurde. Hier tanzte Pina Bausch, improvisierten La Fura des Baus, performte Burnt Friedman mit Jaki Liebezeit und inszenierte Christoph Schlingensief.

www.kampnagel.de/sommerfestival

355

Planetarium

Winterhude

Unter den 97 Planetarien in Deutschland gilt die Anlage in einem ehemaligen Wasserturm als das dienstälteste, doch zugleich als das technisch beste und beliebteste. 350 000 Besucher strömen jährlich unter die 21-m-Kuppel des Sternensaals. Die Macher visualisieren nicht nur »Neues aus der Unendlichkeit« und erklären »Das Universum der Maya«, sie veranstalten auch Lesungen, Hörspiele und Konzerte. 2013 stehen Renovierungsarbeiten an – damit das dienstälteste Planetarium auch das technisch beste und beliebteste bleibt.

www.planetarium-hamburg.de

356 Alster-Schwimmhalle
Hohenfelde

Die Hamburger nennen das größte Schwimmbad der Stadt wegen seiner auffälligen Architektur »Schwimm-Oper«. Im Angebot u. a.: Riesenrutsche und »Aqua-Fitnessclub«: Im Preis inbegriffen sind außer Schwimmen Fitnesskurse im Wasser sowie die Muckibude.

www.baederland.de

357 Ballin-Stadt
Veddel

Hamburg war zur Zeit der großen Auswanderungswellen für viele Familien die letzte Station auf dem europäischen Kontinent. Die Emigranten waren in großen Hallen untergebracht, die Albert Ballin, Direktor der Hapag-Reederei, auf der Elbinsel Veddel errichten ließ. Dort entwickelte sich eine kleine Stadt mit Kneipen, Kirchen, Krämern und ständig wechselnden Einwohnern. Die Ballin-Stadt rekonstruiert auf der Veddel die drei Hallen und informiert mit Briefen, Fotos und Portraits über Menschen mit großen Träumen.

www.ballinstadt.de

Segeln für Kinder
St. Georg

358

Ein richtiges Nordlicht ist immer auch eine Wasserratte. Und weil man nicht früh genug anfangen kann, mit dem Element zu spielen, bieten Segelschulen Kurse für Kinder zwischen sieben bis zwölf Jahren an. Ihre ersten Erfahrungen auf dem Wasser machen sie in Optimisten-Jollen, dem klassischen Einsteigerboot. Die »Opti« trägt nur ein Segel und ist sehr einfach zu handhaben. Im Anfängerkurs werden in fünf Doppelstunden die ersten Inhalte im Umgang mit Pinne und Schot vermittelt. Alternativ lehren Ferienkurse die Grundlagen komprimiert in einer Woche.

www.pruesse.de

HSV-Museum
Bahrenfeld

359

Liebe Fans des FC St. Pauli, jetzt bitte nicht weiterlesen, sonst werdet ihr vielleicht sauer. Der Text wendet sich an die Anhänger des Hamburger SV, das sportliche Aushängeschild der Stadt, der einzige Fußball-Verein, der seit Gründung der Bundesliga 1963 ununterbrochen im Oberhaus vertreten ist. Da hat man einiges zu erzählen, von Legenden wie Uwe Seeler und Willi Schulz, von Helden wie Kevin Keagan und Horst Hrubesch und Dauerbrennern wie Manni Kaltz und Peter Nogly. Herzstück ist die Vitrine mit den Schalen des Triumphes wie dem Gewinn des Europacups der Landesmeister 1983.

www.hsv.de, s. Arena/Museum

360 Kanalfahrt über die Alster
Hamburg

So kennen selbst viele Hamburger ihre Heimat noch nicht. Von der Alster aus präsentiert sich die Stadt in neuem Gewand: grün, mit unbekannten Parkanlagen und versteckten Schrebergärten, mit stolzen Herrenhäusern und großzügigen Villen. Zwei Routen bietet Alster-Touristik an: Neben dem »Alsterlauf« schippern die »Alsterdampfer« – wie die Älteren die traditionellen Alsterschiffe auch heute noch nennen – durch den Osterbekkanal bis in den Stadtparksee.

www.alstertouristik.de/kanalfahrt.php

361 Ballonfahrt
Hafen-City

Den besten Überblick verschafft man sich in Hamburg in einem Heißluftballon. An den Deichtorhallen steigt der Korb – gesichert durch ein Stahlseil – 150 m in die Höhe. Bis zu 30 Passagiere können gemeinsam in die Luft gehen und die Fortschritte auf der Baustelle Hafen-City betrachten. Aus dieser Perspektive scheint alles etwas näher zu rücken: Fernsehturm und Binnenalster, Hauptbahnhof und Michel. Nur bei guten Wetterbedingungen.

www.highflyer-hamburg.de

362 Japanisches Kirschblütenfest

Außenalster

In den 1960er Jahren schenkte die japanische Gemeinde den Hamburgern Kirschbäume, die im Alsterpark, an der Alsterkrugchaussee und am Altonaer Balkon angepflanzt wurden. Die Verbundenheit zwischen beiden Kulturen wird jedes Jahr im Mai gefeiert. Höhepunkt ist ein 30-minütiges Feuerwerk, das über der Außenalster gezündet wird. Die Kirschblüte steht in Japan für Schönheit, Aufbruch und Vergänglichkeit.

www.hamburg.de/kirschbluetenfest-hamburg

363 Speicherstadt

Hafen-City

Die mehr als 100 Jahre alte Speicherstadt im Freihafen ist der größte auf Pfählen gebaute Lagerhauskomplex der Welt. Die roten Backsteinspeicher haben auf der einen Seite Anbindung ans Wasser und auf der anderen Seite an die Straße. Deswegen können die Häuser sowohl zu Fuß als auch mit dem Boot erkundet werden. Abends illuminieren 800 Scheinwerfer die Fleete.

www.speicherstadtmuseum.de

364 Dialog im Dunkeln

Hafen-City

Es ist stockdunkel. Man sieht die sprichwörtliche Hand vor Augen nicht. Eine Stimme aus dem Nichts beschreibt einen Park, die Wiesen, die Bäume, spielende Kinder. Vögel zwitschern in der Dunkelheit. Es riecht nach frisch gemähtem Rasen. »Ausstellung« nennt der Verein »Dialog im Dunkeln« diese Reise in das Reich der inneren Bilder. Die Stimme kommt von einer blinden Person. Sie vermittelt zwischen der alten und der neuen Welt. Das Haus in der Speicherstadt bietet auch »Dinner in the Dark« an, eine kulinarische Reise, die die Sinne schärft.

www.dialog-im-dunkeln.de

Hamburger Kunsthalle

Hamburg-Altstadt

365

Diese Kunstsammlung zählt zu den bedeutendsten Deutschlands und genießt auch international einen hervorragenden Ruf. 700 Jahre Kunstgeschichte versammeln sich in den drei Gebäuden zwischen Hauptbahnhof, Glockengießerwall und Alster. Hier befindet sich das fast komplette Werk des Frühromantikers Philipp Otto Runge sowie Gemälde von Rembrandt, Tiepolo und Goya. Die Klassische Moderne ist mit Paul Klee und Franz Marc vertreten. Kunst der Moderne wird in der Galerie der Gegenwart ausgestellt.

www.hamburger-kunsthalle.de

366

Attraktion Baustelle

Hafen-City

Es ist die größte Attraktion, die Hamburg zu bieten hat: die Bebauung des Großen Grasbrooks. Das 155 ha große Gebiet war bis ins 19. Jh. eine sumpfige Insellandschaft und ist heute das größte Städtebauprojekt Europas. Bis Mitte der 2020er Jahre sollen auf dem Areal 12 000 Menschen wohnen und 40 000 arbeiten. Vom View-Point, einem 13 m hohen Aussichtsstand, lassen sich die Bauarbeiten hervorragend verfolgen. Das Info-Center im Kesselhaus zeigt ein 8 mal 4 m großes Modell des Projekts.

www.hafencity.com

367

HH mit dem Segway

Innenstadt

Segways sind jene sonderbaren Elektroroller auf zwei Rädern, bei denen der Fahrer stehend durch Gewichtsverlagerung das Tempo kontrolliert. Rund 30 Min. dauert die Einweisung, dann ist man fit für eine geführte Stadtrundfahrt. Die Tour ist 10 km lang und dauert 2 Std. Auf dem Programm stehen: Hafen-City, Landungsbrücken, Hafen, Reeperbahn, Binnenalster, Jungfernstieg, Rathausmarkt, Michel. Herz, was willst du mehr?

www.hamburg.segway-citytour.de

368 Nachtmichel
Neustadt

Der Michel ist dem Erzengel Michael geweiht und eine der bedeutendsten Kirchen Norddeutschlands. Obendrein ein Wahrzeichen der Stadt – bestimmt auch deshalb, weil er früher wie eine Art Leuchtturm für die einlaufenden Schiffe sichtbar war. Die Kirche ist auch abends offen und lädt bis 21 Uhr auf die Aussichtsplattform in 109 m Höhe. Und dann: Zur Musik von »Gregorian« über die Lichter der Großstadt blicken.

www.nachtmichel.de

369 Miniatur Wunderland
Hafen-City

Muss man Fan von Spielzeugeisenbahnen sein, um das Miniatur Wunderland in der Speicherstadt zu besuchen? Mitnichten, es genügt, Menschen zu bewundern, die 580 000 Std. lang daran arbeiten, die größte Modelleisenbahnlandschaft der Welt aufzubauen. Und erst die Zahlen: 30 000 l Wasser fließen durch die Skandinavien-Landschaft, 930 Züge, 335 000 Lichter, 215 000 Figuren!

www.miniatur-wunderland.de

Fleetinsel 370
Hamburg-Altstadt

Kein Strand, keine Palmen – und trotzdem eine Insel. Zwischen Herrengraben und Alsterfleet liegt in der Hamburger Altstadt die Fleetinsel. Hier stehen die charakteristischen Kontorhäuser, von denen trotz der Zerstörung im Zweiten Weltkrieg etwa 250 erhalten blieben. Auf der Fleetinsel ist immer wieder viel los: Weihnachtsmarkt im Dezember, das Indian Summer Festival an fünf Tagen im September: Die Bühne steht draußen unter einem Riesenschirm – beim Hamburger Wetter weiß man ja nie – und das Publikum lauscht vor Büdchen mit kühlen Getränken.

www.hamburg.de/fleetinsel

371

Alter Elbtunnel

St. Pauli

Wie kommen die Werftarbeiter trocken über die Elbe, fragten sich die Hamburger Anfang des 20. Jhs. Der Hafen wuchs unaufhaltsam und expandierte südlich der Elbe, auf der anderen Seite der Stadt. Bei Schichtwechsel waren die Fähren überfüllt. Was tun? Mehr Fährschiffe einsetzen? Eine Brücke bauen? Man entschied sich für die schwierigste Lösung: einen Tunnel unterhalb der Elbe, in 24 m Tiefe und 426,5 m lang. 1911 eröffnet, war er seinerzeit eine Sensation, mittlerweile wird er als »Historisches Wahrzeichen der Ingenieurbaukunst« gepriesen. Das Eingangsgebäude mit dem kupfergedeckten Kuppeldach an den Landungsbrücken in St. Pauli ist eines der Wahrzeichen der Stadt.

www.hamburg-port-authority.de, s. »Der Hafen Hamburg«

372

Hau' den Lukas

St. Pauli

Jetzt funktionieren ja sogar die guten alten Schlaghammer elektronisch bzw. digital. Spaß macht das allerdings nicht! Besser bekannt sind die mechanischen als »Lukas«. Der alte und echte »Hau' den Lukas« steht nur noch auf dem Heiligengeistfeld beim Volksfest »Hamburger Dom«; mehr als 75 Jahre alt und selbstverständlich gut und scheckheftartig gepflegt.

www.hamburg.de/dom

373 Hafengeburtstag

St. Pauli

Friedrich Barbarossa soll den Hamburgern am 7. Mai 1189 in einem Freibrief Zollfreiheit für ihre Schiffe auf der Elbe bis in die Nordsee gewährt haben. Der Brief liegt nicht im Original vor – Grund zum Feiern ist er dennoch. Jedes Jahr im Mai steigt das »größte Hafenfest der Welt«. Mehr als 300 Wasserfahrzeuge laufen in diesen Tagen ein. Den Hanseaten macht das so viel Spaß, dass sie das Fest auf vier Tage verlängert haben.

www.hamburg.de/hafengeburtstag

374 Planten un Blomen

Neustadt

An alle Südlichter: »Planten un Blomen« ist plattdüütsch und bedeutet »Pflanzen und Blumen«. So bescheiden haben die Hanseaten ihren schönsten Park getauft. Mitten in der Stadt wächst hier der größte Japanische Garten Europas. Imposant sind auch die Schaugewächshäuser. Im Sommer erfüllen Live-Musik und abendliche Wasserlichtkonzerte den Park mit Leben.

http://plantenunblomen.hamburg.de

375 Wachsfigurenkabinett

St. Pauli

Ja, Madame Tussauds! Kennen wir! Wussten aber nicht, dass Marie T. ab 1767 in Paris lebte und dort viele »gerollte Köpfe« der Opfer der Französischen Revolution modellierte. Damals gab es ja noch kein Facebook und selbst die Zeitungen druckten kaum Fotos. Auch deswegen eröffnete 1879 Friedrich Hermann Faerber sein Kabinett in Hamburg. Heute führt es Urenkel Hayo in vierter Generation und das Interesse scheint trotz Internet kaum nachzulassen – für eine Begegnung mit Angela Merkel, Harry Potter oder dem Papst.

www.panoptikum.de

Kiez-Safari

St. Pauli

376

Sie ist die wohl bekannteste Travestiekünstlerin der Republik: Olivia Jones. Auf St. Pauli betreibt sie die Menstrip-Bar »Olivias Wilde Jungs«. Das ist Deutschlands einzige Lokalität dieser Art, in die nur Frauen Zutritt haben. Doch damit nicht genug: Aus dem früheren »Star Club« – ja, dort, wo die Beatles ihre Karriere begannen – hat sie »Olivias Show Club« gemacht und ein Etablissement restauriert mit 70er-Jahre-Kachelpool, rot-goldener Tapete in Brokat-Optik, Disco-Kugeln, Sitzlounges und Séparées. Darüber hinaus bietet Olivia Jones aber auch Kieztouren an und präsentiert die sündige Meile in ihrem ureigenen Stil mit Anekdoten und flotten Sprüchen. In 100 Min. geht es über die Reeperbahn in die Große Freiheit, natürlich in einen Sex-Shop, legendäre Kneipen, das Sankt-Pauli-Museum und die Herbertstraße – die letzte Station bleibt allerdings Männern allein vorbehalten.

www.olivia-jones.de

377

Maritimes Museum

Hafen-City

Mit viel Tamtam und in Anwesenheit des Bundespräsidenten eröffnete 2008 das Internationale Maritime Museum in der Speicherstadt. Der frühere Vorstandsvorsitzende des Springer-Konzerns, Peter Tamm, stellte seine umfangreiche Sammlung der Öffentlichkeit zur Verfügung. Die Ausstellungsfläche von 11 000 qm auf zehn Etagen zeigt nur einen Bruchteil der Schiffsmodelle, Konstruktionspläne, Fotografien und Gemälde, die Tamm seit seinem sechsten Lebensjahr gesammelt hat. Kritiker werfen ihm allerdings vor, Militaria zu verherrlichen.

www.internationales-maritimes-museum.de

378 Seeräubergang

St. Pauli

Auf die Spuren von Klaus Störtebeker und anderer wilder Zeitgenossen begeben sich Kinder bei diesem Rundgang durch das Hafenviertel. Es werden historische Fakten und Legenden über das Leben der Seeräuber erzählt und passend dazu Spiele veranstaltet. Am Ende versammeln sich die »kleinen Piraten« am Hafenbasar, wo eine Schatzsuche stattfindet und die Beute geteilt wird.

www.stpauli-landgang.de

379 Altonaer Fischmarkt

Altona

Händler, Marktschreier, Köche, Touristen, Nachtschwärmer: Wenn von April bis Oktober immer sonntags der Fischmarkt an der Großen Elbstraße öffnet, kommen bis zu 70 000 Menschen, um zu handeln, sich zu verköstigen oder einfach zu amüsieren. Die Krämer bieten nicht nur Fisch an, sondern auch Fleisch, Obst, Blumen, Klamotten.

www.hamburg.de/fischmarkt

380 Fischauktionshalle

Altona

Wem der sonntägliche Trubel auf dem Fischmarkt zu viel ist, sollte sich in die Fischauktionshalle begeben, das Gebäude, welches 1896 im Stile einer dreischiffigen Basilika erbaut wurde. Nicht, dass da weniger los wäre, aber es ist schon urgemütlich auf den Bierbänken zu sitzen, der Live-Band zuzuhören und zu frühstücken. Übrigens: Fisch wird schon lange nicht mehr versteigert.

www.fischauktionshalle.com

381 Zur Ritze

St. Pauli

»Eine Ära ist zu Ende. Einen wie ihn wird‘s nie wieder geben«, trauerte Udo Lindenberg, als Hans-Joachim Kleine, genannt »Hanne«, 2011 verstarb. Der Ex-Mittelgewichtsboxer hatte vor 30 Jahren im Hinterhof der Reeperbahn 140 eine Kneipe eröffnet und avancierte im Laufe der Jahre zum Kult-Kiez-Wirt. Als ehemaliger Berufssportler ließ er sich einen eigenen Boxring im Keller aufstellen, die »Ritze« wurde Treffpunkt von Box- wie Kiezgrößen. Heute führt seine Witwe Kirsten den Laden mit der Doppeltür, die weltbekannt ist: Sie zeigt ein Paar gespreizte Beine.

www.zur-ritze.com

Museums-Rallye

Altona

382

So kann auch Kindern ab vier Jahren der Besuch einer Ausstellung Spaß machen: Auf der »Rallye durch das Altonaer Museum« gilt es, kleine Aufgaben zu lösen. Wo versteckt sich ein Hase, wo der Elefant? Welche Farbe hat der Hund? Hamburger Museen bieten diese Spiele vor allem für Gruppen an, wäre also eine Alternative für die nächste Geburtstagsfeier.

www.altonaermuseum.de

383

Museumshafen

Othmarschen

Darauf legt der Museumshafen Övelgönne besonderen Wert: Der Verein betreibt kein Museum! Er hat nichts mit wissenschaftlicher Erfassung am Hut. Er hat sich so genannt, weil bei der Gründung 1976 eine Zusammenarbeit mit städtischen Museen vorgesehen war. Daraus wurde nichts. Jetzt wird »nur noch« gesammelt: alte Schiffe, Boote, Kähne und Schlepper. Und Schwimmkräne. Und Barkassen. Und Eisbrecher; 24 Wasserfahrzeuge insgesamt, zu bewundern am Kai in Övelgönne. Schilder an Land informieren über die schwimmenden Exponate und wenn jemand an Bord ist, darf man die Schiffe auch von innen betrachten.

www.museumshafen-oevelgoenne.de

384 Die Niederelbe mit dem Schiff

St. Pauli

Riecht es schon ein bisschen nach Nordsee? Na ja, mit ein wenig Einbildungskraft schon. Auf jeden Fall schüren die großen Containerschiffe die Sehnsucht nach der großen, weiten Welt. Und der einlaufende Luxusliner weckt den Wunsch nach Urlaub. Seit 1888 fahren Schiffe der Hadag im Liniendienst durch den Hamburger Hafen. Die Tour über die Niederelbe führt bis nach Blankenese, vorbei am Museumshafen Övelgönne und dem Fähranleger von Teufelsbrück; bei schönem Wetter gerne auf dem Sonnendeck der Fähre »Falkenstein«. Und wer in Blankenese das Schiff nicht verlassen will: Es geht über die Schiffsbegrüßungsanlage Willkomm-Höft und Lühe bis nach Stadersand nördlich von Stade.

www.hadag.de/niederelbe

385 Tierpark Hagenbeck

Stellingen

Der Hamburger Zoo ist der einzige Tierpark in privater Hand, er finanziert sich zu 100 Prozent selbst, kommt also ohne Steuermittel aus. Und er ist etwas Besonderes: Carl Hagenbeck erfand 1907 die erste Zooanlage, die auf Gitter verzichten konnte. So war es erstmals möglich, Tiere wenigstens annähernd artgerecht halten zu können. Heute leben mehr als 1850 Tiere aus 210 Arten in der 25 ha großen Parkanlage. Da stehen die Besucher schon einmal verdutzt vor frei laufenden Pampashasen oder Zwerghirschen, Pfauen oder Haushühnern. 2012 wurde das »neue Eismeer« eröffnet, eine Anlage für Eisbären, Seelöwen, Kegelrobben und Pinguine, die auf 8000 qm möglichst naturnahe Bedingungen vorfinden sollen. Star ist übrigens Walrossdame Neseyka, die ebenso träge wie gutmütig wirkt.

www.hagenbeck.de

386 Museumsschiff

St. Pauli

Der grüne Stahl-Großsegler wurde 1896 auf der Werft »Rickmer Clasen Rickmers« gebaut und nach dem Enkel des Firmengründers benannt. 70 Jahre leistete der 97 m lange Frachter treue Dienste im Rohstofftransport, wurde aber von Portugiesen auch als Schulschiff eingesetzt. Der Verein »Windjammer für Hamburg« übernahm es in den 80er Jahren in sehr marodem Zustand, restaurierte es und funktionierte die »Rickmer Rickmers« bei den Landungsbrücken in ein Museumsschiff um. Es dokumentiert die eigene Geschichte und öffnet den Besuchern die Offiziersquartiere.

www.rickmer-rickmers.de

387

Strandperle

Othmarschen

Man darf an dieser Stelle die »Welt am Sonntag« zitieren: Die Strandperle sei die »Mutter aller Beachklubs«. Zwei Jahre zuvor schrieb das Blatt zwar schon einmal dem »Club 55« bei Saint-Tropez diese Ehre zu, – aber sei's drum: Der Kultimbiss ist seit mehr als 30 Jahren eine Institution, 1973 eröffnet, versorgte sie Generationen mit Pommes, Kartoffelsalat, Würstchen und Bier. Astra-Bier natürlich, direkt aus der Brauerei zwischen Landungsbrücken und Reeperbahn, solange es diese noch gab. Die Strandperle ist so authentisch wie der Sand vor ihrer Hütte echt und nicht aufgeschüttet. Die neuen Pächter haben ein paar Neuerungen eingeführt: Es gibt jetzt auch Latte Macchiato und Pinot Grigio.

www.strandperle-hamburg.de

Alstereisvergnügen
Außenalster

388

Was für ein Winterwochenende, dieses zweite im Februar 2012: Klirrende Kälte hatte die Stadt im Griff, das Wasser auf der Alster war gefroren, das Eis mehr als 20 cm dick. Während andere Städte gejammert hätten, jubelten die Hanseaten. Zum ersten Mal seit 1997 genehmigten die Behörden das Alstereisvergnügen, ein Volksfest auf dem Eis – mit 150 Buden sowie Tausenden von Besuchern, die mit oder ohne Schlittschuhe, mit Kinderwagen oder sogar auf dem Fahrrad, dick vermummt ein Fest feiern, das alles andere als alltäglich ist.

www.hamburg.de/alstereisvergnuegen

389 Klick Kindermuseum
Osdorf

Bitte nicht nur gucken und langweilen. Bitte anfassen, ausprobieren, spielen. Das Museum in der Hochhaussiedlung Osdorfer Born weiß, was Kinder sich wünschen. Hier heißt es »Baustelle – betreten erbeten« und Jungs wie Mädels lernen Klempnern, Maurern oder Fliesen legen; sie dürfen sogar eine Betonmischmaschine bedienen. »Urgroßmutters Alltagsleben« zeichnet einen Haushalt aus den 50er Jahren nach und die Arbeiten, die ohne Hilfe von Geräten gemacht werden mussten. Waschen auf Rubbelbrettern oder Kaffeebohnen in Mühlen mahlen. Projektleiterin Margot Reinig: »Wenn die Kinder das Wort Museum hören, wollen sie nicht kommen. Wenn sie aber einmal hier waren, kommen sie wieder.«

www.kindermuseum-hamburg.de

390 Hirschpark
Nienstedten

Er ist sicher nicht der größte Park der Hansestadt, aber mit Sicherheit einer der schönsten. Der Hirschpark macht auch heute seinem Namen alle Ehre: Hirsche, Rentiere, Wasservögel und Pfauen leben hier. Das Gartendenkmal an der Elbchaussee wurde schon 1620 als Landgut angelegt. Aus dieser Zeit stammt die beeindruckende, ehemals komplett vierreihige Lindenallee. Ende des 18. Jhs. ließ der Kaufmann Johann Caesar IV. Godeffroy das klassizistische Landgut errichten, in dem heute Ballettschüler unterrichtet werden. In den englischen Landschaftspark sind außerdem Repräsentations- und Schaugärten nach französischem Vorbild integriert. Zudem gibt es mit dem »Geesthang« – leicht versteckt – einen Aussichtspunkt, von dem aus man über die Elbe blicken kann.

www.hamburg.de/parkanlagen

Hessen

Börse live in Frankfurt – wenn das kein Abenteuer ist! In Zeiten des digitalen Hochfrequenzhandels stehen analoge Vergnügungen jedoch hoch im Kurs. Bergpark und Schloss Wilhelmshöhe sind eine gute Anlage. Die Fahrt mit der Solardraisine durch den Odenwald hat Zukunft. Und Paragliden auf der Wasserkuppe in Gersfeld? Kaufen!

»Die Lage ist gut«, so lautet der Slogan der Stadt Kassel. »Die Aussicht ist besser« – zumindest für Herkules, der vom Bergpark auf Schloss Wilhelmshöhe blickt.

391

Kanutour auf Weser und Diemel

Bad Karlshafen

Hessen und die Lahn sind Kanuland. Doch auch Weser, Diemel oder Eder haben für Kajak- und Kanadier-Fahrer das passende Element. Von Bad Karlshafen sticht das Boot ab in Richtung Hessen, NRW und Niedersachsen in die Weser. Einer der Höhepunkte sind die Hannoverschen Klippen. An dem Wesersandstein lockt seit 2011 ein »Skywalk« über der Klippe mit guter Aussicht. Doch es sind noch drei Paddelstunden bis zum Ziel Höxter, der Stadt mit dem lieblichen Fachwerk. Die meisten Paddler ziehen die malerischen Orte Beverungen und Wehrden vor. Die kleinere Diemel führt vom 13 km entfernten Trendelburg nach Helmarshausen oder nach Bad Karlshafen.

www.kanu-schumacher.de; www.bad-karlshafen.de

392

Sommerrodeln

Willingen

Allein der Bergauf-Transport ist einen Besuch wert. Mit Hilfe des Skilifts wird man auf dem Schlitten sitzend 250 m bergauf gezogen. Oben bietet sich ein herrlicher Ausblick. Mit elf rasanten Kurven, drei Jumps und mehreren Geraden auf ca. 700 m ist dies sicherlich eine der abwechslungsreichsten Bahnen ihrer Art.

www.sommerrodelbahn-willingen.de

393 Dornröschen im Schloss

Mit Tierpark / Hofgeismar

Märchenhaftes bietet ein Besuch auf dem Dornröschenschloss Sababurg im Herzen des Reinhardswaldes. Die vom Mainzer Erzbischof 1334 auf einer Basaltkuppe gegründete »Zappaborgck« wurde im 16. Jh. zu einem prächtigen Jagdschloss der Landgrafen von Hessen erweitert und bis ins 19. Jh. genutzt. Danach verfiel sie fast zur Ruine und wurde vom Volksmund zum Märchenschloss der Brüder Grimm verklärt. Heute ist die Anlage ein attraktives Ziel und lädt Besucher zur Besichtigung, zu Kultur im mittelalterlichen Gewölbekeller, ins Standesamt samt Hotel oder zum Genießen ins Restaurant mit Café ein. Weniger märchenhaft, sondern natürlicher (und für Kinder nicht minder reizvoll) ist ein Besuch des angrenzenden Tierparks Sababurg – einer der ältesten Europas.

www.sababurg.de;
www.tierpark-sababurg.de

394 Glasbläserei

Willingen

Ganz schön aufgeblasen. Und jedes Objekt für sich ein kleines Kunstwerk! Hier kann man erleben, wie aus einer 1 300 °C heißen Glasmasse wunderschöne Einzelstücke erstellt werden, wie die Masse Form und Farbe annimmt. Überhaupt erfährt man viel Wissenswertes über die faszinierende, alte Tradition der Glasbläser-Kunst, die im 17. Jh. in Italien zur wahren Meisterschaft geführt wurde. Und man wird darüber aufgeklärt, dass man zwischen Glasbläsern und Glasmachern tunlichst unterscheiden sollte. Wer sich sein eigenes Glas blasen will, findet hier Unterstützung. So kann man sein persönliches Andenken oder ein Mitbringsel kreieren.

www.glasgalerie-willingen.de

E-Bike-Tour

Bad Wildungen

395

Die Wandelhalle Reinhardshausen bietet eine Movelo-Station, von der aus man hinausradelt oder saust. Der nächste Info-Point befindet sich in Affoldern, am Bruder des Edersees. Grüne Hügel schieben sich ins Blickfeld, dann führt die Strecke am Fluss entlang nach Gifflitz, durch das Wesertal über Kleinern nach Gellershausen, wo der Akku bergauf kräftig unterstützt. Oben lockt ein Panoramablick am Tannendriesch. Hier ist die Einfahrt in den Nationalpark mit den typischen Buchenwäldern, von denen viele 150 Jahresringe tragen.

www.edersee.com; www.bad-wildungen.de; www.nationalpark-kellerwald-edersee.de

396 Buga-See
Fuldaaue/Kassel

Zur Bundesgartenschau 1981 wandelte die Stadt ehemalige Baggerseen in ein Naherholungsgebiet, die Fuldaaue um. Kernstück ist der 40 ha große Buga-See, der im Sommer zum Baden, Schnorcheln und Surfen einlädt. Das Ufer ist weitgehend naturbelassen und an einigen Stellen mit Sand zu einem Strand aufgeschüttet. Kinder können sich auf einem Abenteuerspielplatz vergnügen. Ein Bereich des Ufers ist für FKK ausgewiesen, der nördliche Teil des Sees als Naturschutzgebiet. Eine Brücke verbindet das Gelände mit der Karlsaue.

Damaschkestr.; Tram/Bus Messehallen

397 Mountainbiken
Ettelsberg/Willingen

Die Willinger Bike-Welt bietet viele Routen für jeden Anspruch und Geschmack. Die Strecken haben eine Länge zwischen 18 und 60 km, max. 1400 m Höhe sind zu überwinden. Wer im Juni kommt, trifft beim größten Mountainbike-Festival in Europa garantiert auf Gleichgesinnte.

www.biken-willingen.de; www.ettelsberg-seilbahn.de; s. Stichwort Biken

398 Ski- und Langlaufen
Willingen

Insgesamt 18 km präparierte Abfahrten im Kernort sowie in den Ortsteilen Schwalefeld und Usseln, acht Flutlichthänge und eine Seilbahn im Verbund mit 13 Liften sprechen eine klare Sprache. Berühmt wurde der Ort aber durch die Mühlenkopfschanze, die größte Großschanze weltweit. Von der Bergstation aus können Langläufer ihre Loipen spuren.

www.weltcup-willingen.de; www.willingen.de

399 Wassersport
Twistesee

Besonders attraktiv und vergleichsweise leicht für jedermann zu erlernen ist Wasserski. Wer das selbst einmal ausprobieren möchte, für den gibt es auf dem Twistesee eine Wasserskiseilbahn mit einem 800 m langen Rechteckkurs, der Anfängern den nötigen Platz einräumt und Profis für Wettkämpfe trainieren lässt.

www.bad-arolsen.de; www.wasserski-twistesee.de; www.volkmarsen.de

Kassel Stadtspaziergang

Auf den Spuren der Documenta

Seit 1995 nutzen Künstler auch den öffentlichen Raum der Stadt, um ihre Skulpturen und Installationen in Szene zu setzen. Einige dieser Werke bleiben auch nach der Ausstellung an ihren Standorten. Am populärsten ist wohl Jonathans Borofskys Himmelsstürmer »Man Walking to the Sky«, der seit 1992 vor dem Kulturbahnhof steht. Doch auch andere Inszenierungen wie der »Vertikale Erdkilometer«, Horst H. Baumanns »Laserscape«, die »Spitzhacke« von Claes Oldenburg, Beuys' »Stadtverwaldung statt Stadtverwaltung«, »Das Traumschiff von Tante Olga« vor der Heinrich-Schütz-Schule und andere Installationen machen neugierig, in Kassel die Spuren der Documenta zu suchen.

400

www.kassel-tourist.de

401 Drei-Seen-Wanderung

Bad Arolsen

Diese schöne Wanderung im Waldecker Land verbindet den Twiste-, den Eder- sowie den Diemelsee (Gesamtlänge ca. 125 km). Ausgangs- und Endpunkt der Drei-Seen-Wanderung ist Bad Arolsen. Gewandert wird in fünf Etappen zunächst nach Waldeck, dann nach Fürstenberg, Rhena, Adorf und von dort zurück zum Heilbad Bad Arolsen. Unterwegs wird augenscheinlich, dass mit der künstlich geschaffenen Seenlandschaft ein Freizeitparadies geschaffen wurde, das Seinesgleichen sucht. So kann man zum Beispiel den Twistesee komplett (7 km) umrunden, ohne von Autos belästigt zu werden.

www.bad-arolsen.de

Stollenführung
Kassel

402

Kassel ist mit einem weiträumigen Bunkersystem unterkellert Die Stollen unter dem Weinberg stammen von 1825 und dienten als Bier- und Eislager. Später wurden dort dank der konstanten Temperaturen sogar Champignons gezüchtet. Der Feurwehrverein öffnet nach Anmeldung zwei der neun unterirdischen Bunker. Neben dem Weinberg führt er auch in den Atomschutzbunker unter dem Hauptbahnhof. Dieser misst 3 000 qm, verfügt über einen Notbrunnen und ist mit zwei Küchen ausgestattet. Für die Tour (2 Std.) sollte man sich warm anziehen.

Nur mit Voranmeldung, Tel. 05 61/ 78 84-103 oder 104

403 Erlebnispark
Ziegenhagen

Ziegenhagen geht es beschaulich zu: Tretautobahn, Miniriesenrad, Wasserhüpfer und -springboot, Schwebebahn über den See, ein Trampolin, Schwingschaukeln, Röhrenrutschen, Kinderkarussell – rund 30 Attraktionen sorgen für genügend Abwechslung: Mit dabei sind so »altmodische« Unterhaltungen wie ein Irrgarten, der auch Eltern noch Spaß macht. Originell ist bereits die Eintrittsprozedur, denn hier wird der Tarif nicht nach Altersstufen, sondern nach der Größe festgelegt.

www.erlebnispark-ziegenhagen.de

404 Tabakmanufaktur
Witzenhausen

Selbst Anhängern eines verschärften Nichtraucherschutzes dürfte ein Besuch in der Tabakmanufaktur Grimm & Triepel nicht allzu anrüchig erscheinen. Handelt es sich doch bei dieser bereits 1849 gegründeten Firma um Deutschlands letzten Hersteller von Kautabak. Eine Werksbesichtigung gibt Einblick, wie Tabakblätter zu seildicken Schlunzen gerollt, beim x-fachen Soßen aromatisiert und dann getrocknet werden.

www.krusekautabak.de

Kunstwanderweg
Lohfelden

405

Ungewöhnlich ist das Projekt Ars Natura, das Wandern mit Kunst verbindet. Die Skulpturen der Künstler wirken dabei wie in die Landschaft gesetzte Akzente oder Kommentare. »X 3« verläuft auf dem alten Fernwanderweg »Wildbahn« (Westfalen bis Bayern), Teilabschnitt 3 tangiert dabei die Documenta-Stadt Kassel.

www.ars-natura-stiftung.de

Kirschpfad
Witzenhausen

406

Ein Drittel des Parcours verläuft in der Stadt, der Rest über Wiesen und Felder. Die Route beginnt am Rathaus: der ersten von 17 Stationen, an denen man viel über ihre Kulturgeschichte und Vielfalt, die Anbaugebiete bis hin zur Verarbeitung der Kirsche – als Schnaps oder in der Medizin – erfährt.

www.kirschenland.de

Märchenstunde
Baunatal / Brauhaus Knallhütte

Das Brauhaus Knallhütte verknüpft die Herstellung von Bier mit dem Zauber von Märchen. Die erstaunliche Kombination ist leicht zu erklären: Dorothea Viehmann (1755 - 1815) wuchs in Rengershausen auf. Hier hörte die junge Frau viele Märchen und merkte sie sich genau. Im Jahr 1813 machte sie die Bekanntschaft der Brüder Grimm. In Dorothea Viehmann fanden sie eine sprudelnde Quelle, aus der sich schöpfen ließ. Im Gasthof ihres Vaters schlüpft heute jeden Samstag eine Schauspielerin in die Rolle der Viehmännin und erzählt den Zuhörern, wie es einmal war ...

www.brauhaus-knallhuette.de

407

408 Grenzmuseum
Bad Sooden-Allersdorf

Das seit 1991 bestehende Museum Schifflersgrund hat ein düsteres Stück deutscher Geschichte zum Thema. Es ist ein erhalten gebliebenes Grundstück, über das der einstige »Todesstreifen« der innerdeutschen Grenze verlief, die die Bundesrepublik und die DDR teilte. Nach dem Krieg hatten sich Amerikaner und Russen auf einen Gebietsaustausch geeinigt, der für viele eine Umsiedlung bedeutete. Beim Tausch an der »Whisky-Wodka-Linie« wurde die Bahnlinie dem Westen, dafür einige hessische Gemeinden der Sowjetunion zugeschlagen.

www.grenzmuseum.de

409 Völkerkundemuseum
Witzenhausen

Exotisches gibt es im Völkerkundemuseum zu sehen, dessen Ursprünge im Kolonialismus des Zweiten Kaiserreichs liegen. 1898 wurde in der Stadt die Deutsche Kolonialschule gegründet, die angehenden Landwirten und Siedlern in Übersee jene Kenntnisse fremder Kulturen näherbringen sollte, die damals für angemessen gehalten wurden. Zwei Drittel der rund 2000 Exponate des Museums stammen von Absolventen der ehemaligen Kolonialschule. Vier Räume orientieren sich an Erwerbsarten (Fischer, Bauern, Jäger, Nomaden) höchst unterschiedlicher Kulturen in Afrika, Südamerika und Ozeanien, wobei Gegenstände aus allen Lebensbereichen zu sehen sind. Ein Raum widmet sich der Kultivierung ägyptischer Oasen und ein weiterer, durchaus selbstkritisch, der Geschichte der Deutschen Kolonialschule.

April - Okt.; Tel. 0 55 42 / 60 70

410 Jugendburg
Ludwigstein

1415 von Landgraf Ludwig I. zum Schutz vor Raubrittern erbaut, erfüllt die Burg längst andere Zwecke. Baufällig geworden, erwarb 1920 der »Wandervogel« die Burg, ließ sie restaurieren und mit einer Gedenkstätte für die 50 000 im Ersten Weltkrieg Gefallenen der Jugendbewegung versehen. Nach dem Zweiten Weltkrieg kümmerte sich der Jugendbund »Zugvogel« um das Anwesen, bald unterstützt von den Pfadfindern. Das beeindruckende, spätmittelalterliche Bauwerk ist ein idealer Ausgangspunkt für Wanderungen, Rad- und Kanutouren, zudem ein guter Rahmen für Feste, Seminare oder Theaterprojekte. Die wechselhafte Burggeschichte dokumentiert ein Museum.

www.burgludwigstein.de

Männerspielplatz

Großalmerode

411

Von April bis November stehen jedes Wochenende auf einem 70 ha großen Gelände Gerätschaften wie Schaufel- und Kettenbagger, Verladekran, Planierraupe, Unimog oder Traktor zur Erfüllung unterdrückter Träume aus dem Sandkastenalter parat. Gruben ausheben, kubikmeterweise Kies verlagern und tonnenweise Material umladen ist hier ohne spezielle Ausbildung möglich. Führerscheinklasse B bzw. drei genügt. Mal richtig Gas geben? – Hier darf man es!

www.maennerspielplatz.de

412

Reiterhof Hirschberg

Großalmerode

Hier sind ganze Ferien zu Pferde möglich. Einzel- oder Gruppenreitstunden in einer großen Longierhalle und im Freien werden ebenso unterrichtet wie alles Wissenswerte über Wesen, Aufzucht und Pflege der Tiere. Mehr als 100 Pferde leben auf dem Gestüt. Mit ihnen sind Ausflüge möglich, etwa Vollmondreiten, Wanderritte von Burg zu Burg oder Kutschentouren.

www.reiterhof-hirschberg.de

Langlaufen
Am Hohen Meißner

413

Der Hohe Meißner enttäuscht auch im Winter auf der Loipe nicht. Flocken sind hier oben, in Frau Holles Revier, natürlich keine Rarität. Der Parkplatz für Langläufer (ausgeschildert) liegt an der L 3241. Wer wachsen will, findet am Thermometer des Loipenhauses nützliche Hinweise. Läufer des klassischen Stils erwarten auf der 9 km langen Spur, die über das Hochplateau des Meißners ohne allzu große Steigungen führt, verschneite Fichtenwälder und weite Panoramen. So erreicht man etwa (auf halber Strecke) mit der Kasseler Kuppe (742 m) den höchsten Punkt der Loipe.

www.werratal-tourismus.de

414

Wanderung
Im Berkatal

Das Berkatal ist eine liebliche Gegend, die nahe Bad Sooden-Allendorf bis zum Hohen Meißner ansteigt. Bei den karstartigen »Hielöchern« (Naturschutzgebiet) mutet der kräuterreiche Magerrasen erstaunlich südlich an. Die Vegetation muss sehr schmackhaft sein, »glaubt« man den Schafen, die hier herdenweise lustvoll grasen. Orchideen (in den Monaten April und Mai) verschmähen sie. Aber all die Wildkräuter, Wacholderbüsche und der Enzian (Herbst) stehen auf ihrem Speiseplan. Kurzum: Auf dem Wanderweg P 2 begegnet man unterwegs einigen Schafen, wahlweise aber auch bei der Einkehr auf dem Teller: Im »Schindewolf« locken Leckereien wie Lamm und Weideochse. Die Rundwanderung beginnt am Jugenddorf (an der L 3241) und verläuft über eine Strecke von ca. 20 km. Sie bietet sich von Frühjahr bis in den Herbst als Tagestour an.

www.werratal-tourismus.de/wDeutsch/pdf/p2_Original.pdf

415 Radtour

Werra-Meißner-Land

Diese einfache (25 km lange) Radrundtour ist familientauglich. Die Tour dauert ca. 3 Std. Sie führt von der Kirschenstadt Witzenhausen bis zur Burg Hanstein. Wer ohne Fahrrad reist, kann sich in vielen Hotels ebenso wie am Campingplatz im Werratal Zweiräder ausleihen. Je nach Jahreszeit (in April und Mai) trifft man auf ein impressionistisches Landschaftsidyll: blühender Raps, sanfte Hügel, stille Weite, tiefe Wälder, breite Wege, einsame Gehöfte. Für die letzte Anfahrt zur Burg muss man kräftig in die Pedale treten, wird dafür aber oben angekommen mit einem traumhaften Blick ins südliche Niedersachsen und das nordhessische Bergland belohnt. Danach lockt unterhalb der Burg das Alte Wirtshaus Klausenhof in einem historischen Gehöft mit Rittersaal, einer mittelalterlichen Schänke und Steinbackofen zur zünftigen Einkehr.

www.kirschenland.de

416 Rundweg

Am Hohen Meißner

Von den 67 Schweizen in Deutschland liegt auch eine in Nordhessen. Grund genug, um eine Wanderung zum Hohen Meißner (754 m) zu unternehmen, die, so gehört es sich für diese Gegend, um ein märchenhaftes Thema nicht herumkommt, schließlich ist dies hier Frau Holles Revier. Der vom Deutschen Wanderinstitut ausgezeichnete Premiumweg beginnt idealerweise am Parkplatz Schwalbenthal (L 3241). Die 13 km lange Wanderung verläuft auf einem Rundweg im Uhrzeigersinn über das Hochplateau des Hohen Meißner und hält neben saftigen Wiesen und Weiden etliche Panoramablicke parat.

www.werratal-tourismus.de;
Stichwort: Hoher Meißner

417 Bergwerk

Abterode

In der Grube Gustav wurde bis zur Stilllegung 1968 intensiv nach Kupferschiefer gegraben. Seit 1986 gibt sie als Besucherbergwerk Einblick in die harte Arbeit der Bergleute, die mit Pickel, Hammer und Eisen tiefe Stollen in den Berg trieben. 1957 konnten zwei verschüttete Kumpel mithilfe eines Rettungsschlittens lebend geborgen werden. Der Schlitten sowie historische Gerätschaften und Gesteinsproben werden in der Förderkammer der Grube gezeigt. Zu besichtigen sind ebenso restaurierte Stollen und die Grotte der Schutzpatronin Barbara.

www.werrataltourismus.de;
Stichwort: Gustav Grube

Werratalsee
Schwebda / Eschwege

418

Von Eschweges Altstadt nur ein paar Fußminuten entfernt erstreckt sich der See über 2,2 km bis nahe Schwebda. An der breitesten Stelle 600 m, überdeckt er so eine Gesamtfläche von rund 1 qkm, kurzum: der ideale Baggersee für Camper (denen ein 5-Sterne-Campingplatz bei Eschwege zur Verfügung steht) und Wassersportler. Nicht nur zum Baden, Segeln und Windsurfen geeignet, hat ihn Hessens Ruderverband zum Leistungszentrum erkoren. Alljährlich reißen sich hier bei den hessischen Meisterschaften die Ruderer heftig am Riemen.

www.werraman.de;
www.knauscamp.de

419

Baumkronenweg
Am Edersee / Bad Emstal

Die Kraft der Natur kommt in Bad Emstal als Quelle tief aus der Erde, sie entsteht aber auch in der klaren, reinen Luft des Naturparks Habichtswald, die der Kurort mit dem Luftkurort Niedenstein teilt. Wie genau eine so klare Luft im Wald entsteht, studiert man am besten bei einem Ausflug zum »TreeTopWalk« am Südufer des Edersees, Hessens erstem Baumkronenweg. Dort führt der Eichhörnchenpfad die Besucher barrierefrei zum 250 m langen Weg in den Wipfeln. In der dichten Buchenkrone, rund 30 m über dem Waldboden, kann der Besucher die Urkräfte der Natur förmlich spüren: das Ringen der Bäume um Licht, Wasser und Nährstoffe …

www.baumkronenweg.de

420 Habichtswaldsteig

Bad Emstal

Rund 85 km führt der Habichtswaldsteig von Zierenberg zum Edersee und durch den Naturpark Habichtswald. Das Gelände verbindet die größten hessischen Wacholderheiden am Dörnberg mit den urwaldähnlichen Steilhängen des Edersees und dem Kasseler Bergpark mit den Buchenwäldern im Nationalpark Kellerwald-Edersee.

www.habichtswaldsteig.de

421 Wildtierpark

Edersee

Heimische Wildtiere ganz nah, faszinierende Ausblicke auf den Edersee sowie eine Greifvogel-Flugschau in unvergleichlicher Umgebung – das alles bietet der Wildtierpark. Das rund 80 ha große Gelände gehört zum Nationalpark Kellerwald-Edersee. Dort tifft man in großen Gehegen auf Tierarten wie Wolf, Luchs und Wisent. Rotwild, Damwild und Muffelwild bewegen sich hier völlig frei.

www.wildtierpark-edersee.eu

422 Naturerlebniswanderung

Kellerwald / Bad Wildungen

Dieses gut ausgeschildete und leichte Wanderung führt zu Wasserfällen und zu seltenen Pflanzen (Gesamtlänge ca. 14 km). Vor allem an klaren Tagen im Herbst schweift der Blick vom Nationalpark Kellerwald-Edersee weit bis ins Waldecker Land. Am Kaltebornbach lädt eine Anlage á la Sebastian Kneipp zum Wassertreten ein.

www.naturpark-kellerwald-edersee.de; Einkehr: www.hardtmuehle.de

423 Foltermuseum

Rüdesheim

Auf einer Fläche von 1 000 Quadratmetern in historischen Gewölbekellern zeigt das Museum die Rechtsgeschichte des Mittelalters sowie die Zeit der Hexenverfolgung auf: 144 Folterwerkzeuge und eine umfangreiche Bildergalerie. Werkzeuge der Exekution, der öffentlichen Demütigung und der Folter sind hautnah zu erleben. Zeichnungen und Radierungen geben die Grausamkeit aus der Zeit der Inquisition wieder. Eine Fotodokumentation von amnesty international zum Thema Menschenrechtsverletzungen des 20. und 21. Jhs., rundet diese größte Ausstellung ihrer Art ab.

www.foltermuseum.com

424

Auf dem Viertälerweg

Bad Endbach

Vorher kann man den Kreislauf mit dem Kneipp-Armbad auf Tour bringen, und dann kann's losgehen, auf den – mit dem Premiumsiegel ausgezeichneten – Viertälerweg, der fast 5 Std. lang durch stille und abgeschiedene Täler führt. Nicht nur die Fernsichten der Endbacher Platte und später vor allem des Schönscheid, an dessen Aufwinden sich die Greifvögel hochschrauben, schaffen jede Menge Abstand vom Alltag. Auch auf der Strecke füllen satte Wiesen mit murmelnden Bächen und artenreiche, immer wieder von Lichtungen aufgehellte Wälder die Seele mit Naturruhe.

www.bad-endbach.de; www.lahn-dill-bergland.de

425 Erlebnisburg Tannenberg

Nentershausen

Lebendig wird das Mittelalter bei einem Besuch auf Burg Tannenberg, die das Ende oder besser den Auftakt für den Werra-Burgen-Steig, mit der Markierung X 5, einen der großen deutschen Fernwanderwege bildet. Der Rahmen passt bestens: Anfang des 14. Jhs. vom Hersfelder Abt auf Resten eines Vorgängerbaus errichtet, erhielten seinerzeit die Ritter von Baumbach die Festung als Lehen. In jüngster Zeit gehört die Burg dem »Verein der Freunde des Tannenberg«, der eine veritable Erlebnisburg daraus machte. Seitdem wird hier in Schmiede und Stall, Weinkeller und Küche mittelalterliches Leben in stilechter Kleidung zelebriert, Zuschauen erlaubt. Auch aktive Teilnahme beim Bogenschießen, dem Minnegesang oder den urigen Festen ist ausdrücklich erwünscht. Wer mag, kann das Gemäuer samt Mägden und Knechtschaft auch mieten.

www.tannenburg.de

426 Berglandpfad

Lahn-Dill

Auf einer Strecke von knapp 88,5 bzw. 93 km führt diese Traumroute mitten durch den Naturpark Lahn-Dill-Bergland. Weite Waldgebiete, glitzernde Wasserflächen, reizvolle Heiden, grüne Wiesen und naturnahe Felder eröffnen immer wieder neue Perspektiven. Plötzlich auftauchende Felslandschaften, aufgelassene Steinbrüche, romantische Schlösser und lange schon verlassene Burgruinen garantieren abwechslungsreiche Wandererlebnisse. Idyllische Ausblicke in stille Täler und beeindruckende Fernsichten von luftigen Bergkuppen und hohen Aussichtstürmen laden ein, die besondere Schönheit des Lahn-Dill-Berglandes mit allen Sinnen zu entdecken.

www.lahn-dill-bergland.de

427 Burg Löwenstein

Auf dem Jakobsweg

Die erstmals im Jahr 1236 bezogene Burg Löwenstein verfügte zu ihrer Blütezeit über eine mächtige Ringmauer mit Pechkippen, Zinnen und Schutzmauern für Speerwerfer und Armbrustschützen. Geblieben ist der Bergfried, unten mit Verlies und Wächteretage, in der Mitte mit Wohn- und Fluchtraum, und am Ende der 82 Stufen mit der Wehranlage, von der das Auge in die Ferne schweifen kann. Die Bugruine, die auch Teil des Jakobswegs zu den Bad Zwestener Kirchen ist, liegt an der Südschleife des Wanderweges Kellerwaldsteig.

www.bad-zwesten.de; www.naturpark-kellerwald-edersee.de

Bergbaumuseum
Heringen

428

Selbst wenn alle Köche dieser Welt noch so verliebt wären, mit 150 Mio. t Salz ließen sich einige Suppen verwürzen, jahrelang. Dieses kaum vorstellbare Quantum auf einen Haufen getürmt, ergibt jedenfalls einen (derzeit) 220 m hohen Berg, der strahlend weiß über das hessische Städtchen Heringen ragt. Die »Monte Kali« getaufte Steinsalzhalde ist das weithin sichtbare Wahrzeichen des Ortes, das seit über 20 Jahren täglich um ca. 20 000 t anwächst. Kurzum: Salz ist Heringens Thema. Tiefe Einblicke in die Geologie des Untergrunds sowie in die Historie und Sozialgeschichte des Heringener Kalibergbaus vermittelt ein Besuch des Werra-Kalibergbau-Museums. Auch technische Fragen, erläutert z. B. anhand funktionstüchtiger Bohrgeräte, bleiben hier nicht unbeantwortet, ebenso wenig wie solche zur Vermessung, Sprengung, Sicherheit sowie zur Frischluftversorgung.

www.kalimuseum.heringen.de

429

Wandern auf dem Berglandring
Gladenbach

Eine Tour des Lahn-Dill-Berglandes »Berglandring« führt zur Burgruine Blankenstein hinauf. Beim Weg durch den Kurpark und am Freizeitbad Nautilust entlang wirkt der Ort so ländlich-gediegen, dass man sich hier die glanzvollen Zeiten der oberen Schichten früher kaum vorstellen kann. Im Lahn-Dill-Bergland feiert auch die Natur ihre Vielfalt: mit unvermutet im Wald auftauchenden Schieferfelslandschaften der »Hinterländer Schweiz« etwa. Vor allem der Diabas-Steinbruch, der etlichen Reptilien, Echsen und Kröten, aber auch Rotmilan, Wendehals, Grauspecht, Hohltaube und Uhus eine Heimat bietet, kann aus Wanderern schnell Naturschwärmer machen.

www.gladenbach.de; www.lahn-dill-bergland.de

430 Schneewittchendorf
Bergfreiheit

Wer sich für Märchen interessiert, dem empfiehlt sich ein Ausflug in das Schneewittchendorf Bergfreiheit. Im Jahr 1562 im tiefen Kellerwald als Bergwerkssiedlung gegründet, bedient es mit dem Haus von Schneewittchen am Kellerwaldsteig die Märchenwelt, informiert je-doch zugleich im Museum »Altes Bergamt« über den harten Bergmannsalltag. Der entsprechende Wanderweg führt am Sorgenstuhl und an der Schnitzereiche vorbei.

www.schneewittchendorf.com

431 »Wortreich« und Erlebniswelt
Bad Hersfeld

Sprache ist ein Sonderfall der Kommunikation. Das wird hier im »wortreich«-Rundgang deutlich. Es geht um Geheimsprachen, Käfer- und Vogelverständigung oder ums Streitgespräch. Eine Software zeigt, wie wir uns gestisch und mimisch ausdrücken. An anderer Stelle kann man auf Knopfdruck hören, wo und wie im Lande gebabbelt, geschnackt oder geklönt wird. Wer will, kann »Theater-Karaoke« probieren, ein Märchen erfinden oder ein Hörspiel mit Computereffekten unterlegen.

www.wortreichbadhersfeld.de

Greifvogelpark
Feldatal

432

Einen Tag Falkner sein: Hier kann man Greifvögel und Eulen noch näher erleben. Mit professioneller Unterstützung kann man Vögel tragen und fliegen lassen. Tiefere Kenntnisse in Federkunde, Artenschutz und in das Abtragen von Greifvögeln erlernt man dadurch nebenbei. Der Tag dauert ca. 6 Std. und endet mit der letzten Flugschau an diesem Tag. Wer einen verletzten Greifvogel findet, kann diesen gerne in den Vogelpark bringen. Eulen und Käuze, die auf dem Waldboden liegen, bitte nicht sofort aufheben! Meist helfen sie sich selbst.

www.greifvogelwarte-feldatal.de

Paragliden

433

Gersfeld

Die Wasserkuppe, deren Namen sich nicht vom Wasser, sondern von einem Weideplatz herleitet, war schon im 8. Jh. kahl. Im Jahr 1910 starteten Darmstädter Studenten hier die ersten deutschen Segelflugversuche mit Gummiseilen. Dank ihrer Pioniertaten entwickelte sich der Berg später zu einem Paradies für viele Ikarus-Anhänger, die anders als der Grieche aus der Mythologie die Thermik für sich zu nutzen wissen. Das unmittelbare Spiel der Winde hat nach wie vor seinen Reiz: Drachen- und Gleitschirme fliegen heute im Hangwind, bis ihre Lenker eine geeignete Wolke gegen die Windrichtung anfliegen können. Dafür ist der Westhang beliebt.

www.wasserkuppe.co;
www.gersfeld.de

Kristallhöhle
Kubach

434

Die Kristallhöhle Kubach ist die einzige Kristallhöhle in der Bundesrepublik. Umgeben von 350 Mio. Jahre altem Kalkstein, geschmückt mit unzähligen Kristallen und Perltropfsteinen, erhält der Besucher einen guten Einblick in erdgeschichtliche Vorgänge. Das Kubacher Höhlensystem entstand während der Eiszeit und konnte bisher nur zu einem kleinen Teil freigelegt werden. Sachkundige Führer erläutern den Besuchern gern alles Wissenswerte (Dauer ca. 45 Min.). Wer einen außergewöhnlichen Ort für ein Fest sucht: Die bis zu 30 m hohen Schauhöhlen machen's möglich!

www.kubacherkristallhoehle.de

435 Wintersport
Auf der Wasserkuppe / Gersfeld

Schneesicherheit dank hoher Lage und Schneekanonen, Flutlicht, bis 2 km lange Abfahrten, Skihütten und Schlepplifte erfreuen das Herz des Wintersportlers. Im Ski- und Rodelzentrum von Hessens höchstem Berg warten mehrere Schlepplifte und Abfahrten auf Gäste. Der Skilift weiter unten am Zuckerfeld ist bei Snowboardern beliebt. Aktueller Trend auf dem Hochplateau ist Snowkiten, also Schneesurfen mit Snowboard oder auf Skiern mit Zugdrachen. Beim Skilanglauf, den jeder Kurgast schnell lernen kann, werden fast alle Muskelgruppen trainiert. Vom Nordic-Aktiv-Zentrum des Deutschen Skiverbandes im Haus am Roten Moor führen fünf 3–10 km lange Rundkurse am Hochmoor entlang, die zum Teil auch zu weiteren gespurten Loipen führen, etwa auf die Kammloipe.

www.skilifte-wasserkuppe.de; www.skilift-simmelsberg.de

436 Wanderroute
Liebesweg in Poppenhausen

Ein Schelm, wer Böses dabei denkt: In Poppenhausen hat man einen Themenweg für Liebende erfunden. An neun Stationen können Besucher verweilen und den Panoramablick auf Poppenhausen und die Berge der Kuppen-Rhön genießen. Der Liebesweg beginnt am Ende »Roter Weg« und führt bergauf in Richtung Kühlküppel. Danach geht es nach rechts unterhalb der Rhönklubhütte auf einem Höhenweg über den sogenannten »Schießküppel« bis zur Ebersberger Straße. Wer vom »Logenplatz« wieder zum Ausgangspunkt gehen möchte, kann den Rückweg über den darunter verlaufenden mittleren Höhenweg nutzen.

www.poppenhausen-wasserkuppe.de

438

Kinder-Akademie

Fulda

Wie sieht unser Herz eigentlich von innen aus? Mitten ins Herz führt eine Entdeckungsreise in der Kinder-Akademie Fulda. In diesem Museum können die Besucher höchstpersönlich durch dieses lebenswichtige Organ spazieren, das dort auf einer Grundfläche von 36 qm und einer Höhe von 5 m überdimensional verkörpert wird. Im »Begehbaren Herzen« folgen sie als »rotes Blutkörperchen« dem Blutstrom durch die Herzkammern und erforschen so den Blutkreislauf. Die Kinder-Akademie Fulda ist das erste eigenständige Kindermuseum Deutschlands. Ausprobieren, Experimentieren und Mitmachen sind dabei ausdrücklich erwünscht.

www.kaf.de; Picknick: Im Museumscafé

Stand-up-Paddeln

Marburg

437

Die neue Trendsportart aus Hawaii Stand Up Paddling, oder einfach SUP, gibt es jetzt auch in Marburg auf der Lahn. Stand Up Paddling bedeutet, auf einem großen SUP-Brett stehend mit einem langen Stechpaddel über das Wasser zu gleiten. Der Sport ist ein ideales Ganzkörper-Training, das sowohl Kraft, Ausdauer als auch die Koordination stärkt.

www.freizeit-mittelhessen.de

439

Stadtspaziergang

Hadamar

Die Fürstenstadt Hadamar liegt landschaftlich reizvoll zwischen dem Flusstal der Lahn und den weiten Hügeln des Westerwalds. Daher gilt sie als geeigneter Ausgangspunkt für Ausflüge in beide Naturregionen. In Hadamar wird jedoch nicht nur auf fürstliche Zeiten zurückgeblickt, auch die jüngere Geschichte wird aufgearbeitet. In der Gedenkstätte Hadamar erinnert eine Ausstellung an die Opfer der NS-Euthanasie-Verbrechen. Besuchern der Stadt erschließt sich deren wechselvolle Historie am besten während eines Spaziergangs durch die von Fachwerkbauten eingerahmten Gassen. Während an der Schlossanlage und am Rathaus der Architekturstil der Renaissance in Erscheinung tritt, erinnert die spätgotische Liebfrauenkirche an das 14. und 15. Jh. Regionale Besonderheiten sind u.a. der englische Rosengarten auf dem Herzenberg, die Scherenschnitt- und Silhouettenkunstwerke im Stadtmuseum sowie das Krippenmuseum mit 850 Exponaten, die sich im Laufe des Jahres die 300 Krippen fassenden Ausstellungsräume teilen. Hadamar wird gerne für Tagungen gebucht. Dabei träumt manch ein Seminarist doch eher von einem Ausflug ins wunderschöne Umland.

www.hadamar.de

440 Hochseilgarten
Gießen

Inmitten der wunderschönen Waldkulisse rund um den Schiffenberg befindet sich einer der neuesten und modernsten Kletterwälder der Republik. Unter anderem warten zwei der längsten Seilrutschen auf Bezwinger. Wer den schwarzen Parcours bis auf 20 m Höhe durchklettert, wird mit einem 460 m langen Flug durch den Wald und über Wiesen belohnt. In Gießen kommt der »Seilbeißer« zum Einsatz. Mit diesem umlaufenden System wird ein komplettes Aushängen der Sicherung technisch ausgeschlossen. Adrenalin, Grenzerfahrung, Teamgeist und Selbstüberwindung werden in diesem Hochseilgarten auf dem Gießener Schiffenberg dennoch gefördert und gefordert. Um den Ausflug auch kulinarisch abzurunden, lädt das Team Kloster Schiffernberg zu einer echten Brotzeit in der ehemaligen Klosteranlage ein.

www.kletterwald-giessen.de

441 Kanufahren auf der Lahn
Gießen

Von ihrer Quelle im Naturpark Rothaargebirge durchfließt die Lahn viele Auen, Waldstücke, weite wie flache Landschaften und mündet schließlich in den Rhein. Die Lahn ist ab Roth bei Marburg befahrbar (rund 176 km). Diese Strecke bietet genügend Flusskilometer, um weit mehr als eine Woche Urlaub in Hessen zu machen. Während einer mehrtägigen Kanutour sollte man aber auch ein wenig Zeit für einen Besuch der vielen schönen Städte und Dörfer mit deren Sehenswürdigkeiten, Museen und Gastronomien einplanen, z. B. das Mathematikum in Wetzlar, das Industriemuseum in Solms, die Burg in Runkel u. v. a. m.

www.kanutours-giessen.de

442 Radtour
Westerwald / Taunus

Die ganze Palette hessischer Landschaften bietet Radweg Nr. 8. Die Route der ca. 300 km langen Strecke von Nord nach Süd beginnt in Frankenberg. Zunächst sanft hügelig an der Eder, geht es anspruchsvoller weiter ins Gladenbacher Bergland und von dort durch den Westerwald nach Limburg an der Lahn. Der Taunus fordert mit einigen kurzen, heftigen Steigungen, danach bringt die Mainebene den Puls wieder runter. Vom Turm der Darmstädter Mathildenhöhe ist fast schon das Ende in Sicht. Nun geht es runter nach Heppenheim. Nach 300 km Ankunft – Chapeau!

www.rad-reise-service.de

Vulkanradweg
Vogelsberg / Wetterau

443

Die Schienen sind weg, der Weg ist noch da. Heute kann man mehr als 94 km auf dem asphaltierten Weg der ehemaligen Bahntrasse der Oberwaldbahn zurücklegen. Man kommt dabei durch den Naturpark Vogelsberg und durch die Wetterau. Wer etwas mehr Zeit mitbringt, sollte auf dem Weg von Schlitz nach Höchst a. d. Nidder eine Visite von Schloss Eisenbach oder im archäologischen Park in Glauburg in Betracht ziehen. Ausreden gelten hier nicht: Mit 3 % Steigung ist die Fahrt mehr als kommod. Der Feinasphalt begeistert natürlich auch Inliner und Handbiker.

www.vulkanradweg.de

444 Baumkronenpfad
Hoherodskopf / Vogelsberg

Der Hoherodskopf ist einer der höchsten Erhebungen am Vogelsberg und damit natürlich auch ein beliebtes Ausflugsziel. In 2012 wurde hier der erste schwebende Baumkronenpfad Europas eingeweiht, der es auf 500 m Länge und über eine Hängebrücke ermöglicht, von Baumwipfel zu Baumwipfel zu spazieren. Aus dieser Höhe sieht die Welt ganz anders aus und man sinniert über die Kräfte der Natur. Warum wachsen Bäume in den Himmel und können dennoch vielen heftigen Stürmen trotzen?

www.hoherodskopf-info.de

445 Kamelausflug
Im Taunus / Bad Camberg

Von Bad Camberg Richtung Usingen geht es 8 km und 90 Min. lang auf den Rücken der Kamele durch Feld, Wald und Wiesen. Zu den Highlights gehören jene Abschnitte, die den Blick auf den Feldberg freigeben und durch Buchenwälder führen. »Kamele befähigen den Menschen, seine Gedamken auf das Wesentliche zu richten«, begründet der Veranstalter diese Art Ritt durchs Grüne.

www.bad-camberg.de

446 City Caching
Bad Nauheim

Die Instrumente und Namen ändern sich, das Vergnügen bleibt: »Geocaching«, früher Schnitzeljagd genannt, entwickelt sich zum Volkssport. Bei dieser Form der Schatzsuche gilt es, Verstecke, die »Caches« oder »Geo-Caches«, anhand geografischer Koordinaten zu entdecken. Diesen wiederbelebten Trend zur Schnitzeljagd hat Bad Nauheim aufgegriffen und bietet »City Caching« für Einheimische und Gäste an. Entwickelt wurde eine GPS-Tour mit 14 Stationen durch die Stadt (Dauer ca. 2 Std.). GPS-Geräte sowie die dazugehörigen Fragebögen können bei der Tourist-Information – gegen eine Gebühr – ausgeliehen werden. Das Gerät lokalisiert den Ausgangspunkt bis auf eine Genauigkeit von 3 - 4 m. Entfernungen zur nächsten Station werden angezeigt, ebenso wie das erreichte Ziel.

www.bad-nauheim.de; s. Tourismus/City Caching

447 Ausflug zum Limes
Taunus / Bad Homburg v. d. Höhe

Ein Unesco-Welterbe der besonderen Art: 550 km lang, 900 Wachttürme, 60 große und 60 kleine Kastelle, Gräben, Wälle, Palisadenzäune und Mauern. Der Limes war ein Wunderwerk römischer Militärtechnik des 2. Jhs. und ist nach der Chinesischen Mauer das größte Landdenkmal auf Erden. Bald nach dem Jahr 260 verfiel der gigantische Grenzwall. Im Taunus, 7 km von Bad Homburg entfernt, sehen wir das einzige vollständig rekonstruierte Kastell. Und so lässt sich heute in der Saalburg und ihrem archäologischen Park das Exempel für römische Wehrhaftigkeit studieren. Das Museum gibt einen profunden Einblick ins tägliche Leben der Legionäre.

www.saalburgmuseum.de

Felsentour 448
Herbstein

Herbstein liegt auf einem der Felsmassive, die als harter Kern einstiger Vulkanschlote jeder Verwitterung standhalten. Das wird sichtbar auf der Rundtour, die Herbstein über 19 km mit drei Vulkandurchbrüchen, Buchenwäldern und schönen Ausblicken verbindet. Ländliche Stille schenkt bald innere Ruhe. Der Pfad verläuft durch Wald und Wiesen unterhalb des Basaltbrockens »Diebstein« ins Fachwerkdorf Lanzenhain. Dann geht es zum »Burgfrieden«. Letzter Höhepunkt ist der Basaltdurchbruch »Felsenruhe«, der wie eine große Felswand erscheint.

www.extratouren-vogelsberg.de

450

Rheinsteig

Schlangenbad

Der rund 320 km lange Premiumwanderweg Rheinsteig führt durch den Ort und den Kurpark. Am Hang des Hansenkopfs vorbei geht es in die Wälder des Rheingauer Gebücks. Die Route führt hinab in den Großen Buchwaldgraben, dann wieder hinauf in den höchst gelegenen Stadtteil von Eltville, Rauenthal. Nach dem alten und neuen Forsthaus folgt man dem Sülzbach. Über dem Weinbauort Eltville wachte einst die Grenzveste und heutige Ruine Scharfenstein. Weiter verläuft der Rheinsteig hinab nach Kiedrich: Das Fachwerkensemble des Ortskerns wird von der Wallfahrtskirche St. Valentin (1300 errichtet) geprägt.

www.schlangenbad.de; www.der-ort-mit-zeit.de

449

Mountainbiken

Schotten

Ab Schotten zu den Gipfeln (43 km) – das bedeutet 450 m Steigung, das muss man sich schon trauen. Aber: Bei klarem Wetter winken wunderschöne Aussichten – und der Wald zwischen Hoherodskopf und Taufstein wirkt auch bei Nebel wildromantisch. Einkehren? Aber natürlich! Am Besten im Vogelsberggarten und in Ulrichstein. Das muss schon sein!

www.vogelsberg-touristik.de

451 Die Welt der Kelten

Glauberg

In eine Welt eintauchen, die vor 2 500 Jahren durch unsere keltischen Vorfahren erschaffen wurde – das verspricht das Keltenmuseum in Glauberg. Der Ort, der bereits in der Jungsteinzeit von Menschen besiedelt wurde, strahlt eine besondere Aura aus. Seine Funde aus drei keltischen Gräbern des 5. Jhs. v. Chr. und die Statue eines Keltenherrschers sind einzigartig und werden weltweit als wissenschaftliche Sensation gewertet. Im Park befinden sich ebenso ein rekonstruierter Grabhügel, mysteriöse Wall-Grabensysteme sowie Wehranlagen aus frühkeltischer Zeit. Verschiedene Denkmäler aus anderen Epochen entdeckt man auf dem Glauberg-Plateau.

www.keltenwelt-glauberg.de

452 Lama-Trekking

Eltville

»Du Trampeltier« ist in Eltville kein Schimpfwort, sondern eine Form der Anerkennung, denn die Lamas tragen Gast und Gepäck gemächlich und sicher über Berg und Tal. Auf ihren Schwielensohlen befördern die Kameliden den Proviant sicher durch die Rheingauer Weinberge oder durch das wunderschöne weitläufige Waldgebiet mit seiner höchsten Erhebung, der Hallgarter Zange. Gerade weil die Gelassenheit der Tiere ansteckt, ist diese Tour auch als Ausflug mit Kindern oder für außergewöhnliche Geburtstage geeignet. Selbst im Winter bei Schnee und Eis haben die Lamas einen sicheren Gang. Wer möchte, kann sich im Anschluss an die Wanderung im alten »Muh-Kuh«-Stall am wärmenden Ofen mit Glühwein und Saft stärken. Noch stilechter ist es, sich das Andenbüfett servieren zu lassen.

www.kisselmuehle.de/Lama-Trekking

453 Kletterpark

Neroberg / Wiesbaden

Hoch über Wiesbaden auf dem Neroberg erwartet die Besucher in wunderschöner Lage zwischen uralten Eichen und Buchen einer der größten Hochseilgärten in Deutschland. Er bietet Abenteuer, Spaß, Natur- und Team-Erlebnis. Der Neroberg mit seinen Sehenswürdigkeiten und Bewirtungsmöglichkeiten ist für Tagesausflüge mit Familie und Freunden ebenso beliebt wie für Klassenfahrten und Betriebsausflüge. Am Fuße des Taunus, unmittelbar über Wiesbaden, ist der Kletterwald Neroberg auch sehr gut aus Frankfurt und dem gesamten Rhein-Main-Gebiet zu erreichen.

www.kletterwald-neroberg.de

454

Wandern im Heilklima

Königstein im Taunus

Nördlich der Kurorte Königstein und Falkenstein sowie der höchsten Gemeinde im Taunus (Schmitten) verwandelt sich pure Luft in Heilklima, wird Atmen zur Medizin. Waldhänge wechseln sich mit Wiesen und Weiden auf Hochebenen ab. 180 km Wanderwege schlagen Schneisen ins sauerstoffreiche Naturidyll, abgesehen von einer kurzen Straße zum Großen Feldberg. Auf 34 leistungsphysiologisch vermessenen Wegen können bis zum Großen Feldberg 450 Höhenmeter überwunden werden. Im Kurbad von Königstein kann der Wanderer in einem »Biomonitor« genannten Beratungsterminal seine Daten eingeben, um individuelle Wandervorschläge zu erhalten. Anfänger holen sich beim Spazieren und Wandern, beim Nordic Walking oder Joggen im schonenden Klima besser zuerst Rat beim Therapeuten. Er führt an das richtige Maß des Ausdauertrainings heran, das Körper und Geist wieder auf Vordermann bringt.

www.heilklimapark.de

455 Segway-Citytour
Frankfurt

»Einfach einen Fuß nach dem anderen auf die Plattform setzen, den Lenker dabei gerade halten und am besten nach vorne schauen« – klingt einfach. So also soll man sich und den Segway die nächsten 2 Std. durch Frankfurt manövrieren. Der Segway, ein sogenannter »Selbstbalance-Roller«, besteht aus zwei Rädern an einer Plattform, der Fahrer kann sich im Stehen an einer Lenkstange festhalten. Ein Stabilisator sorgt dafür, dass der Segway nicht umkippt. Die meisten haben den Dreh schnell heraus: Verlagert man das Gewicht nach links oder rechts, fährt der Segway in diese Richtung – Gewichtsverlagerung nach vorne oder hinten fährt und bremst den Roller. Bevor es aber mit der Führerin auf Frankfurts Straßen geht, werden erst mal verschiedene Übungen durch einen Hütchenparcours gemacht. Und das ist gut so! Auch wenn es spielend leicht zu lernen ist.

www.segway-citytour.de

456 Kindermuseum

Frankfurt

Die Ausstellungen sind speziell für Kinder und Jugendliche konzipiert. Eigene Aktivität ist Programm, denn das Kindermuseum bietet Wissen zum Anfassen. Tatkräftig, mit viel Einfallsreichtum können Kinder und Familien hier experimentieren, forschen und die Welt verstehen lernen. Neben authentischen Objekten bieten die Ausstellungen interaktive Stationen und Werkbereiche. Auch in den Werkstätten, beim Drucken, Papier oder Schmuck herstellen, oder in der Radiowerkstatt sind Erkenntnisgewinn und Begeisterung kein Gegensatz.

www.kindermuseum.frankfurt.de

457 Naturmuseum Senckenberg

Frankfurt

»Je oller, desto doller« meinen zumindest die Fossilienforscher: Das Senckenberg Naturmuseum zeigt die heutige Vielfalt des Lebens und die Entwicklung der Lebewesen sowie die Verwandlung unserer Erde über Jahrmillionen hinweg. Erkenntnisse aus allen Bereichen der Biologie, Paläontologie und Geologie werden vorgestellt.

www.senckenberg.de

458 Wochenmarkt

Friedberger Platz / Frankfurt

Immer wieder freitags von 10-20 Uhr öffnet der Markt seine Stände. Der günstige Termin ist sicher nicht der einzige Grund, warum sich der Wochenmarkt auf dem Friedberger Platz zu einem Stadtteilfest entwickelt hat. Ob Studenten, Banker oder Familien mit Kindern – hier bietet sich jedem Gaumen genügend Auswahl und man läutet in entspanntem Ambiente das Wochenende ein.

Straßenbahn: Friedberger Platz

459 Börse live!

Frankfurt

»Kapitalistendom« – dieser Name für die Börse in Frankfurt hat sich nicht erst seit der Finanzkrise im Volksmund durchgesetzt. Die ganz großen Geschäfte werden in diesem Gebäude im Stile der italienischen Renaissance zwar nicht mehr gemacht, aber für einen Eindruck, wie es beim Handel auf dem Parkett so zugeht, reicht es allemal. Hier geht die Post ab!

www.deutsche-boerse.com; nur nach Voranmeldung

460 Main Tower
Frankfurt

Nur den Überblick nicht verlieren! Das gelingt am besten aus der Höhe, zum Beispiel auf dem Frankfurter Main Tower. Von der 200 m hohen Plattform hat man eine komplette Sicht auf die ganze Stadt und bei gutem Wetter sogar bis in den Taunus. Entworfen wurde der Wolkenkratzer von Architekt Peter Schweger im Auftrag der Hessischen Landesbank. Es ist das einzig öffentlich zugängliche Hochhaus der City. Wem es draußen zu windig ist? Im 53. Stock gibt es ein Restaurant und eine Bar mit passenden Cocktails zum Thema.

www.maintower.de

461 Nizza-Garten
Frankfurt

Kein Wunder, dass man den Nizza-Garten hier, am Mainufer zwischen Untermainbrücke und Friedensbrücke, angesiedelt hat! Der Flecken gilt als der wärmste Ort der Stadt und lässt Palmen, Feigen, Orangen, Ginkgos und Erdbeerbäume auf Erden und in den Himmel wachsen. Gut beschützt durch die Kaimauer gedeihen hier 150 exotische Pflanzen. Wer sich von den vielen Sinneseindrücken ermattet fühlt, findet wenige Schritte weiter ein Café mit Terrasse.

Untermainkai, U-Bahn: Willy-Brandt-Platz

462 Filmmuseum
Frankfurt

Seit Sommer 2011 hat es wieder geöffnet: das Frankfurter Filmmuseum. Die neue Dauerausstellung widmet sich den Prinzipien des filmischen Sehens und des filmischen Erzählens: Neben vielen historischen Exponaten, interaktiven Medienstationen und einem attraktiven Filmraum, der auf vier Großleinwänden die Mittel der Filmsprache sinnlich erfahrbar macht, bietet es eine Reihe von Highlights: z. B. den Oscar, den Maximilian Schell für »Das Urteil von Nürnberg« erhielt oder der Helm von Darth Vader aus »Star Wars« von Steven Spielberg.

www.deutsches-filminstitut.de; mit eigenem Kinoprogramm

464

Promenieren am Mainufer

Frankfurt

Alleine ist man hier nicht – die Uferpromenade am Mainufer gehört nun mal zu den beliebtesten Orten der Stadt. Spaziergänger, Radler und Skater tummeln sich bei schönem Wetter bevorzugt auf dieser Freizeitpromenade. Und das hat Gründe: Der Blick auf den Main und die dahinter liegende Skyline Mainhattens ist nur vom Main Tower noch zu toppen. Die grünen gepflegten Wiesen locken zu Pausen und Picknik. Wer das ganze Mainufer entlangspazieren will, ist etwas 2,5 Std. und 4,5 km gemütlich unterwegs und wechselt hier und da die Uferseite. Wer einkehren will, tut dies im Sommer im Maincafé und im Winter in der Gerbermühle am Deutschherrnufer.

www.frankfurt-tourismus.de; Kartenmaterial in der Tourist-Info

463

Palmengarten

Frankfurt

Der Palmengarten gilt als einer der schönsten in ganz Europa und lädt ein, Klimazonen und Pflanzen aus aller Welt zu bestaunen. Ob die Kulturprogramme im Sommer – wie etwa der »Jazz im Palmengarten« – die Flora zu verstärktem Wachstum anregen, ist nicht bekannt. Dass der Kuchen im Café Siesmeyer lecker ist, hat sich hingegen herumgesprochen.

www.palmengarten.de

465 Wildpark Alte Fasanerie

Hanau

Wie Wölfe heulen, Störche klappern und wie die Frischlinge (junge Wildschweine) im »Pyjama« aussehen, das und vieles mehr kann man im Wildpark der Alten Fasanerie hören und sehen. Das ganze Jahr hindurch haben Roth- und Damhirsch, Muffelwild, Waschbär, Wildkatze, Luchs, Fuchs, Hase und viele anderen großen und kleinen Tiere hier ein wunderbares Quartier. Manche Bewohner des Wildparks (wie die Störche) ziehen bei unter null Grad in ein schützendes Gehege und sind in dieser Zeit nicht zu besuchen. Doch zu erleben gibt es auch im Winter genug; Wildparkwölfe mit Lagerfeuer, eine Wolfsheulnacht oder die »Olympischen Winterspiele mit Feuer«.

www.erlebnis-wildpark.de

466 Dialogmuseum

Frankfurt

Wie es sich anfühlt, tatsächlich im Dunkeln zu tappen, erfährt, wer sich darauf einlässt: Blinde Führer lotsen durch sechs Räume – einer davon mutet wie ein Park an, ein anderer wie eine Großstadt. Man gewöhnt sich zwar rasch an die Dunkelheit, nicht aber an die eigene Hilflosigkeit, wenn einer der wichtigsten Sinne einfach ausgeknipst wird. Jeweils mittwochs, freitags und samstags – beim »Taste of Darkness« wird diese Erfahrung noch eindringlicher. Bei einem dreigängigen Menü in einem völlig dunklen Raum kann man seine Geschmacksnerven testen. Dazu gehört eine große Portion Vertrauen in die blinden Helfer, in die Köche und der Glaube daran, dass einen auch in dieser Lage die Tischmanieren nicht verlassen. Erst am Ende wird aufgedeckt, was genau aufgetisch wurde. Für viele Gäste eine große Überraschung!

www.dialog-museum.de

467 Weinlehrpfad

Groß-Umstadt

Der Groß-Umstädter Weinlehrpfad wurde im Jahr 2010 komplett überarbeitet. Er führt auf etwa 2 km durch die Lage Herrenberg. In einem großen Bogen leicht ansteigend bietet er einen herrlichen Ausblick in das Umland und informiert dabei an zwölf Themenstationen und auf elf Rebsortentafeln über Anbau, Rebsorten und lokale Geschichte. Besonders malerisch sind die kleinen Gemarkungshäuschen inmitten der Weinberge, wie sie in der Gegend um Bensheim zu finden sind. Riesling oder Silvaner kosten kann man im »Farmerhaus«, fast am Ende der Tour.

www.weinlehrpfade.de

Radtour
An der Bergstraße

468

Die 85 km lange Tour zwischen Heidelberg und Darmstadt umfasst 15 Etappen und führt durch herrliche Landschaften und Orte. Sie beginnt in Heidelberg an der Alten Brücke und geht über Dossenheim unterhalb der Strahlenburg durch Schriesheims historischen Stadtkern. In Hirschberg-Großsachsen lohnt ein Abstecher zur Villa Rustica. Weiter fährt man an der alten Dorfkirche von Laudenbach vorbei nach Heppenheim. In Bensheim beeindrucken mehrere Adelshöfe und das älteste Fachwerkhaus Südhessens.

www.diebergstrasse.de; Radweg-Flyer mit Karte, Zeit und Streckeninfos

469

Grube Messel
Bad König

1995 wurde die Grube Messel von der Unesco zum ersten Weltnaturerbe in Deutschland erklärt. Heute erfährt man im Besucherzentrum, dass die große Zahl gut konservierter Fossilien fast lückenlos Auskunft gibt über die klimatischen, biologischen und geologischen Verhältnisse in unseren Breitengraden – und zwar in der erdgeschichtlichen Epoche des Eozäns, also vor 60 bis 36 Mio. Jahren, als sich die Tier- und Pflanzenwelt nach dem Aussterben der Dinosaurier zu verändern begann.

www.grube-messel.de

470

Bergsträßer Weinmarkt
Heppenheim

In Heppenheim dreht sich zehn Sommertage lang bis zum ersten Juliwochende alles um den Wein. Auf dem Marktplatz mit herrlichen Fachwerkfassaden und in der historischen Altstadt finden zahlreiche Musikveranstaltungen statt. Regionale Spezialitäten sorgen für das leibliche Wohl, Weinbuden laden zu Kostproben örtlicher Provenienz wie Riesling und Spätburgunder ein. Natürlich gibt es deftige Speisen als Ausgleich dazu!

www.bergstraesser-weinmarkt.de

471 Planetenwanderung
Heppenheim

Länge: 08° 39' 10,7" Ost, Breite: 49° 38' 52,5" Nord, Höhe: 256 m über Normalnull – das sind die Koordinaten der Sternwarte in Heppenheim. 2004 haben deren Mitglieder einen Planetenweg angelegt, auf dem man eine Ahnung von den unvorstellbaren Entfernungen innerhalb unseres Sonnensystems bekommt. Tafeln informieren über die Beschaffenheit der einzelnen Planeten; außerdem gibt es Erläuterungen zu Kometen, Asteroiden und Planetoiden.

www.starkenburgsternwarte.de

472 Wintersport am Katzenbuckel
Birkenau

Zu den beliebtesten Wintersportorten in der Region Rhein-Neckar zählt Birkenau mit der Abfahrt Schnorrenbach in Löhrbach. Gegenüber vom Skihang und in Buchklingen befinden sich Rodelbahnen – der Birkenauer Schlossparkteich verwandelt sich bei entsprechenden Temperaturen in einen »Natur-Eislaufplatz«. Alpinskifans können in Grasellenbach z. B. die Abfahrt Tromm nehmen. Langläufer haben die Qual der Wahl: In Höhenlagen ab 460 m gibt es zahlreiche Rundloipen.

Schnee-Infos: Tel. 0 62 07/25 54

Drachenmuseum
Lindenfels

473

Am Eingang des einstigen evangelischen Pfarrhauses Baureneck begrüßt Drache »Cosimo« noch wenig beängstigend die Gäste. Aber im Innern wird deutlich, dass Drachendarstellungen schon etwas Furcht einflößendes haben können. Zu den Schätzen gehört ein Faksimile des Nibelungenliedes aus dem 13. Jh. In Baureneck können Kinder Drachenfilme ansehen und auch gleich einen Drachen malen oder basteln. In einem Terrarium im Raum »Drachen-Mythos« gibt ein lebendiges, 40 cm langes drachenähnliches Tier der Fantasie reichlich Nahrung.

www.deutsches-drachenmuseum.de; www.lindenfels.de

Nibelungensteig
Gras-Ellenbach

474

Viele Wege führen durch den Odenwald. Einer davon verbindet das Kneipp-Heilbad Gras-Ellenbach über den Nibelungensteig mit Kurort Lindenfels. Wegen der Steigungen startet man am besten von Lindenfels aus. Das rote »N« auf weißem Grund unterhalb der Burgruine gibt den Weg bergauf vor. Im Ort Lindenfels führt der Steig am denkmalgeschützten Friedhof vorbei. Mehr als 100 m geht es danach in Serpentinen hoch zur Walburgis-Kapelle. Über das idyllische Gaßbachtal führt der Weg an den Siegfriedbrunnen von Gras-Ellenbach.

www.grasellenbach.de; www.nibelungenland.net

475

Lehrpfad Wein und Stein
Heppenheim

Der Erlebnispfad Wein und Stein präsentiert auf einer Strecke von 6,9 km und an 30 Stationen mit zahlreichen Schildern viel Wissenswertes zu den Themen Wein, Rebsorten, Geologie, Klima, Geschichte, Flora und Fauna der Region. Entlang des Rundwegs locken Bänke und Panoramen, Pfirsich-, Mandel- und Feigenbäume.

www.weinlehrpfade.de

476

Solar-Draisine
Gras-Ellenbach

Solardraisinen, mit denen man von April bis Oktober auf den Gleisen der denkmalgeschützten Überwaldbahn eine rund 11 km lange Strecke von Mörlenbach nach Wald-Michelbach befahren kann, sind die neue Attraktion: Über drei große Viadukte, etliche Brücken und durch zwei Tunnel verläuft die Fahrt in den sechssitzigen Draisinen auf einer der schönsten Bahnstrecken Deutschlands.

www.solardraisine-odenwald.de

477

Stadt und Burg
Hirschhorn

Ihren klangvollen Beinamen hat die »Perle des Neckartals« wegen ihres schmucken Aussehens – und nicht etwa, weil sie Jahr um Jahr vom Hochwasser des Neckars umspült wird. Die Hochwassermarken an der Stadtmauer zeigen eindrucksvoll die höchsten Pegelstände. Beim großen Jahrtausendhochwasser 1651 konnten die Neckarschiffe durch die Stadttore bis zum Marktplatz fahren!

www.hirschhorn.de

479

Wandern im Felsenmeer

Lindenfels

Im Unesco-Geo-Naturpark Bergstraße-Odenwald soll man vom rechten Weg abkommen: im Felsenmeer oberhalb von Lautertal-Reichenbach. Dort ziehen sich spektakuläre Überreste einer Magmablase – die vor ca. 300 Mio. Jahren wegen der Kontinentalverschiebung nach oben gedrückt, dadurch zerborsten und dann vom Regen rund gewaschen wurden – etwa 1 km den Felsberg hinauf. Hier kann man klettern und nach Belieben rasten. Nur sollte man den Granit nicht wie einst die Römer und später Odenwälder Steinmetze bearbeiten wollen. Auch deshalb nicht, weil das oft schiefgeht: Fast 300 beschädigte und unfertige Werkstücke ließen die Römer hier zurück.

www.lautertal.de; www.felsenmeer-in-flammen.de

Burgentour

Neckarsteinach

478

Streng bewacht war die Neckarschleife in früheren Jahrhunderten: Vier Burgen hielten den Flussabschnitt an der Mündung der Steinach in den Neckar in Schach. Heute ist das in Deutschland einmalige Quartett ein beliebtes Ausflugsziel. Bei einer Wanderung (3,5 km) kann man allen vieren näher kommen. Der Rundweg beginnt in Neckarsteinach.

www.neckarsteinach.com

Mecklenburg-Vorpommern

An der Ostsee planscht und radelt die ganze Republik. Keine Frage, die Küsten von Usedom, Rügen, Hiddensee und Zingst sind ein Traum. Spannend wird es dahinter: im Gespensterwald bei Nienhagen, im Urwald auf dem Darß, im Bärenwald bei Waren. Und natürlich bei den Fischen in den fantastischen Meermuseen in Stralsund.

Meeresbuchten, Halbinseln, Landzungen – Rügen ist die beliebteste deutsche Insel. Hier bleiben sogar Kapitäne, die ihr Schiff »Vagabund« nennen, gerne etwas länger im Hafen liegen.

Seevogelinsel
Langenwerder

480

Einheimische nennen Langenwerder auch die Vogelinsel. Sie ist Mecklenburgs erstes Seevogelschutzgebiet und liegt nordöstlich vor der Küste von Poel bei Gollwitz. Auf einem Gebiet von rund 22 ha brüten mehrere Tausend Seevögel. Unter ihnen Austernfischer, Lach- und Sturmmöwen sowie eine Reihe weiterer See- und Watvogelarten. Selbst der Kranich ist hier wieder heimisch geworden. Langenwerder ist für Besucher normalerweise gesperrt. Von Ende Juli bis in den Oktober hinein finden jedoch naturkundliche Führungen auf der Insel statt.

www.insel-poel.de;
www.langenwerder.de

481 Phantechnikum
Wismar

Fantastische Erfindungen aus Wissenschaft und Technik gibt es seit Dezember 2012 auf 2500 qm im Technischen Landesmuseum zu bestaunen. Gemeinsam mit der Hansestadt Wismar präsentiert das Erlebniszentrum die spannende Welt der Technikgeschichte Mecklenburg-Vorpommerns. Das Spektrum der Einrichtungen ist riesig – vom Feuertunnel, durch den man ein Versuchslabor betritt, bis zur Lufthalle, die Einblicke in die spannende Geschichte der Fliegerei gibt.

www.phantechnikum.de

482 Nordic Cross Skating
Boltenhagen

Gelenkschonend und dynamisch: Die neue Trendsportart ist ein effizientes Ganzkörpertraining und erinnert an Skilanglauf auf Rädern. Das flache Revier der Mecklenburger Bucht eignet sich perfekt dafür. Darüber hinaus ist Nordic Cross Skating lebhafter als Nordic Walking und gesünder als Jogging. Am besten einfach mal ausprobieren! Schnupper- oder Einsteigerkurse kann man beispielsweise im Raum Boltenhagen oder Wismar buchen.

www.ostsee-skating.de

483 Bonbonmanufaktur

Bastorf

In Bastorf steht ein historischer Hof, unter dessen Reetdach Süßes der besonderen Art produziert wird. Es riecht nach Erdbeere, Pfirsich und Ananas. Die Düfte lassen nicht nur Kinderherzen höher schlagen. Feste Termine für die Schau-Manufaktur, beispielsweise montags um 12.30 Uhr, sowie Mitmachtermine zur eigenen Herstellung von Bonbons und Lollis nach Anmeldung.

www.der-bonbonladen.de

484 Schnitzeljagd in der Stadt

Rostock

So kann man Rostock auch kennenlernen: bei der Stadtabenteuer-Tour. Dabei haben nicht nur Kinder ihren Spaß. Mittels GPS-Gerät und Roadbook erkundet man spielerisch die Straßen, löst dabei Rätsel und kann einen Schatz heben. Ganz nebenbei kommt man an den schönsten Sehenswürdigkeiten der Hansestadt vorbei.

http://naturabenteuer-mv.de

485 Ausflug auf dem Cat

Kühlungsborn

Entweder man ist aktiver Segler oder man lässt segeln und relaxt. So oder so ist Katamaran-Segeln ein unvergessliches Erlebnis. Der Cat bietet bis zu zwölf Personen Platz. Die zwei Rümpfe gewährleisten Stabilität und verhindern Schräglage, was besonders »Landratten« ein entspanntes Mitsegeln ermöglicht. Ausflugstörns (2 Std.) ab 20 Euro pro Person.

www.yachtcharter-kuehlungsborn.de

486 E-Bike-Tour

Kühlungsborn

Die würzige Luft an der Küste, die flache Landschaft und die einladenden Ortschaften mit ihren gemütlichen Einkehrmöglichkeiten machen die Ostseeküste Mecklenburg-Vorpommerns zu einer Oase für Radler. Es gibt anspruchsvolle Radtouren ins Binnenland, aber auch bequeme Routen, die gemütlichen, flachen Wegen folgen und besonders gut für Familien mit Kindern geeignet sind. Wer ein E-Bike fährt und eine Strecke über ca. 52 km nicht scheut, für den ist die Rundtour ab Kühlungsborn über das Ostseebad Rerik, Neubukow und Kröpelin wie geschaffen.

www.ostseeferien.de

Am Darß per Rad
Ahrenshoop / Zingst

487

Die Naturlandschaft des Fischland-Darß ist einzigartig. Stille Laubwälder und weite Wiesen der Boddenregion bieten eine ideale Landschaft für Radtouren. Über 36 km führt eine Route durch die Halbinsel Zingst, beginnend am Campingplatz Freesenbruch mit Endpunkt Seebrücke Zingst. Unbedingt auf Kraniche achten, die man hier beobachten kann.

www.fischland-darss-zingst.de

488

Im Gespensterwald
Nienhagen

Der urwüchsige »Gespensterwald« mit seinen windschiefen Bäumen ist etwas ganz Besonderes. »Wo der Wind das Gras mäht«, sagen die Einheimischen, wenn sie von diesem Ort sprechen. Weil die gebogenen Gräser des Waldes permanentem Seewind ausgesetzt sind, scheinen sie immer gleich lang zu bleiben. Die Einmaligkeit liegt auch in den von der Natur »gespenstisch« geformten Laubbäumen. Die Baumbestände bestehen aus bis zu 170 Jahre alten Eichen, Buchen, Hainbuchen und Eschen. Durch das Waldgebiet zieht sich der an der Ostseeküste verlaufende »Europäische Rad- und Wanderweg«.

www.ostseebad-nienhagen.de

489 Walken im Küstenhochmoor

Graal-Müritz

Nordic Walken kann man auch über weichen, moosigen Moorboden: Das Ostseeheilbad Graal-Müritz bietet ein attraktives Wegenetz dafür. Vorbei an der Köhlerwiese geht es auf der Gemeindegrenze durch das Ribnitzer Große Moor in Richtung Meer. Die Route verläuft dann wahlweise etwa 1,5 km entlang des Internationalen Radwanderweges oder des Strandes. Durch das Müritzer Moor führt der Weg wieder zurück zum Startpunkt.

www.graal-mueritz.de

490 Eisenbahn »Molli«

Bad Doberan

Wer das Schnaufen und Bimmeln von Dampfloks oder das Rattern der Waggons liebt, sollte sich die zweistündiges Fahrt mit »Molli« zwischen Bad Doberan, Heiligendamm und Kühlungsborn gönnen. Der Besuch im Molli-Museum auf dem Bahnhof Kühlungsborn West mit gemütlichem Café ist ein würdiger Abschluss für so eine Nostalgietour entlang der schönen Ostseeküste.

www.molli-bahn.de

Hanse Sail

Rostock

491

Die erste Hanse Sail fand 1991 unter dem Namen »Hanseatische Hafentage« statt. Bis zu 300 Groß- und Traditionssegler sowie Kreuzfahrtschiffe, Fähren und andere große Seeschiffe kommen – neben rund einer Million Besuchern – aus mehreren Nationen seitdem jedes Jahr am zweiten Wochenende im August nach Rostock. Sie ist die größte maritime Veranstaltung in Mecklenburg-Vorpommern und eine der größten in Norddeutschland. Parallel zur Hanse Sail findet auch immer ein Seefliegertreffen statt. Jährlich nehmen ca. 20 Wasserflugzeuge aus der ganzen Welt daran teil.

www.hansesail.de

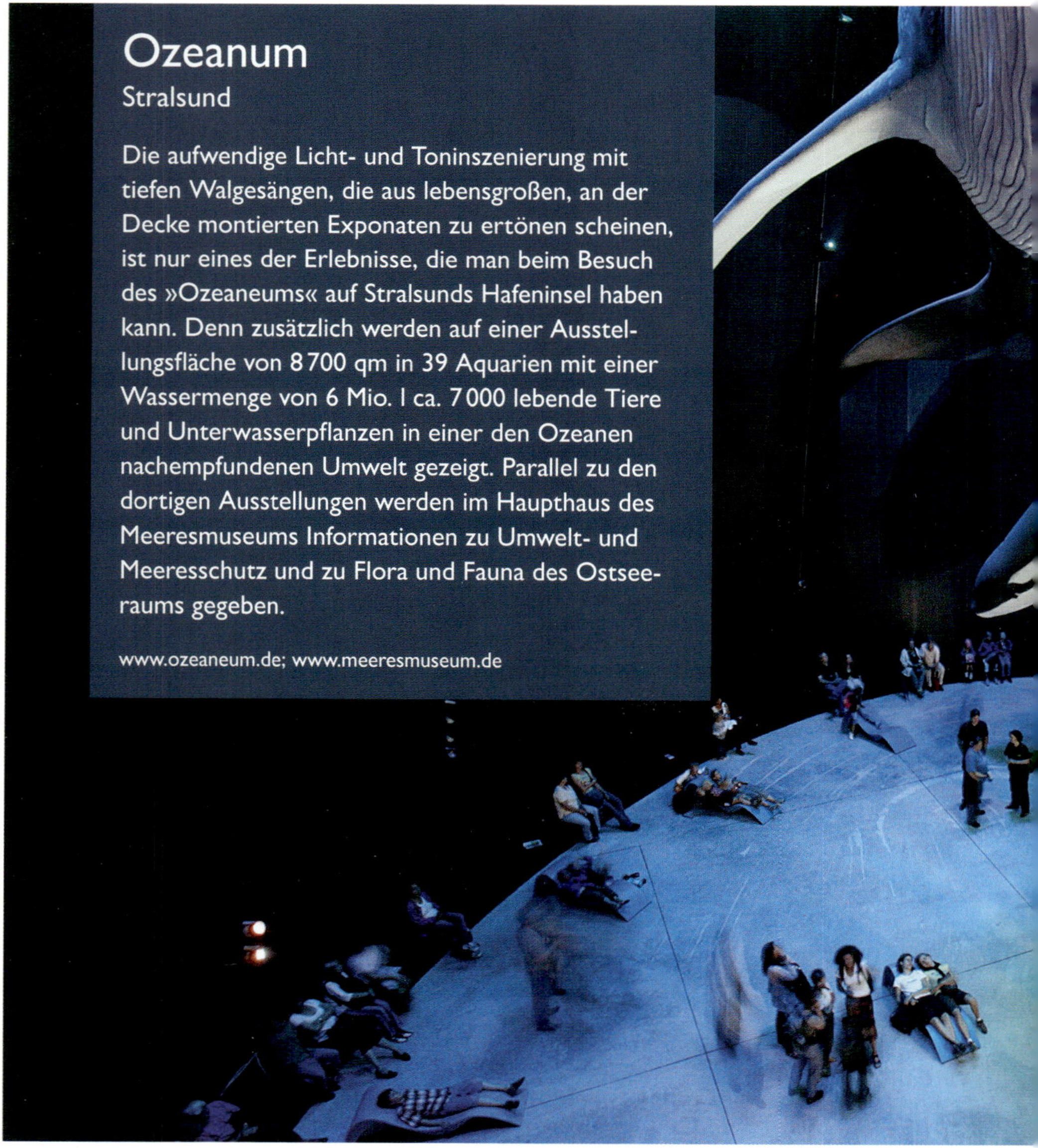

Ozeanum

Stralsund

Die aufwendige Licht- und Toninszenierung mit tiefen Walgesängen, die aus lebensgroßen, an der Decke montierten Exponaten zu ertönen scheinen, ist nur eines der Erlebnisse, die man beim Besuch des »Ozeaneums« auf Stralsunds Hafeninsel haben kann. Denn zusätzlich werden auf einer Ausstellungsfläche von 8700 qm in 39 Aquarien mit einer Wassermenge von 6 Mio. l ca. 7000 lebende Tiere und Unterwasserpflanzen in einer den Ozeanen nachempfundenen Umwelt gezeigt. Parallel zu den dortigen Ausstellungen werden im Haupthaus des Meeresmuseums Informationen zu Umwelt- und Meeresschutz und zu Flora und Fauna des Ostseeraums gegeben.

www.ozeaneum.de; www.meeresmuseum.de

492

493 Rundflug

Güttin / Rügen

Gelbe Rapsfelder, herrschaftliche Gutshäuser, saftig grüne Weiden, weite Strände und weiße Steilküsten – die Aussicht bei einem Rundflug vom Regionalflugplatz Rügen ist in jeder Hinsicht abwechslungsreich. Von Güttin aus kann man in fünf verschiedenen Flugzeugtypen unterschiedlich lange Schleifen ziehen – über die Kreideküste und Binz, über Stralsund und die Westküste oder über die Insel Hiddensee und Kap Arkona an der Nordspitze. Wer alles auf einmal sehen möchte, bucht am besten den Rundflug. Das Vergnügen in der Luft beträgt je nach Route zwischen 20 und 60 Min.

www.flugplatz-ruegen.de

494 E-Bike-Tour nach Hiddensee

Dranske / Rügen

Wer während seines Aufenthaltes auf Rügen auch mal die Insel Hiddensee erkunden möchte, sollte das am besten mit dem Fahrrad tun, da dort offiziell keine Autos verkehren. Start ist in Dranske, wo es auch gleich E-Bikes auszuleihen gibt. Weiter über Wiek geht es dann entlang der Küste zur Wittower Fähre, die einen über den Rassower Strom bringt. Noch eine Fähre weiter, und schon ist Hiddensee erreicht. Der Hauptort der Insel ist Vitte. Im nördlichsten Ort der Insel, in Kloster, liegen das Gerhart-Hauptmann-Haus und das Inselmuseum. Gut erreichbare Stromtankstellen gibt es in den drei Inselhäfen Kloster, Vitte und Neuendorf sowie auf den Fährschiffen der »Weißen Flotte«.

www.ruegen.de;
www.insel-ruegen.de

495 Halbinsel Mönchgut

Gager / Rügen

Bis zur Reformationszeit gehörte die Halbinsel Mönchgut zum Besitz des Klosters Eldena bei Greifswald – und hat daher auch seinen Namen. Die Hügellandschaft, auch »Zickersche Alpen« genannt, bietet traumhafte Ausblicke über die Ostsee und die Boddenlandschaft. Leckerer Räucherfisch und Lachs werden im Hafen von Gager bei der Lachsmanufaktur angeboten. Die Rundwanderung startet dort in der Nähe, dauert rund 5 Std. und führt über 17 km bis Klein Zicker. Von dort aus kann man den Bus zurück zum Ausgangspunkt nehmen. Es gibt immer wieder Möglichkeiten für einen Badestopp in der Ostsee. Besonders schön ist die Wanderung aber auch im Frühling oder Frühsommer, wenn die Weiden in saftigem Grün stehen. Festes Schuhwerk nicht vergessen!

www.moenchgut.info

Kap Arkona

Rügen

496

Den nördlichsten Punkt der Insel Rügen auf der Halbinsel Wittow schmücken neben der 45 Meter hohen Steilküste eine ganze Reihe von Sehenswürdigkeiten: Direkt an der Kappspitze liegt der Burgwall der Jaromarsburg. Daneben glitzert die Glaskuppel des restaurierten Peilturmes. Auf dem Weg zu den beiden Leuchttürmen hat der Deutsche Wetterdienst seinen Sitz. Der Schinkelturm, der große Leuchtturm sowie der Peilturm sind zu besichtigen. Im Garten des Leuchtturmwärterhauses finden regelmäßig kulturelle Veranstaltungen statt. Künstler und Kunsthandwerk haben sich im Peilturm und um die beiden Leuchttürme angesiedelt.

www.kap-arkona.de

497 Feinste Naturbadestrände

Darß

Die Ostseehalbinsel Darß hat herrliche Badestrände. Am rund 13 km langen Weststrand weht ein Hauch von Wildheit und Romantik. Er wurde vom Fernsehsender Arte zu einem der 20 schönsten Strände der Welt gekürt. Ein Spaziergang ist hier zu jeder Jahreszeit etwas Besonderes. Nach Stürmen kann man mit gutem Auge Bernsteine finden. Weit entfernt von Straßenlärm, nur zu Fuß oder mit dem Fahrrad zu erreichen, berührt man die Natur, wo Wind und Wellen mit ihrer Kraft noch wirken und gestalten dürfen. Der bis zu 80 m breite feinsandige Nordstrand der Prerowbucht ist für Kinder sehr geeignet.

www.darss.org

Slawisches Heiligtum
Groß Raden

498

Hölzerne Tempel, Palisadenzäune, Häuser mit geflochtenen Wänden … Im Archäologischen Freilichtmuseum Groß Raden, wenige Kilometer nördlich von Sternberg, wandelt man auf den Spuren der Slawen, die die Region vor rund 1000 Jahren besiedelten. Groß Raden war das Heiligtum des slawischen Stammes der Warnower; die Burganlage wurde anhand umfangreicher Ausgrabungsarbeiten rekonstruiert. Besonderer Beliebtheit erfreuen sich die Aktionstage mit Vorträgen, aber vor allem mit Koch- und Bastelaktionen.

www.freilichtmuseum-gross-raden.de

499 Natur- und Umweltpark
Güstrow

Wild geht es im Natur- und Umweltpark Güstrow zu. Neben Wildschweinen, Rehen, Damhirschen, Fasanen, Rebhühnern und Eichhörnchen sind deren natürliche Fressfeinde versammelt – ein ganzes Wolfsrudel, Wildkatzen, Luchse und sogar zwei Braunbären. Zusammen bilden sie die »Raubtier-WG«. Zu ihren Gehegen gelangt man über Kletterpfade und durch Höhlengänge – da kann man schnell das Gruseln lernen! Ruhiger, doch nicht minder aufregend ist es im Umweltbildungszentrum. Durch eine 30 m lange Sichtwand sowie im »Aquatunnel« kann man heimische Fischarten beobachten. Mitmachen und Experimentieren sind in interaktiven Ausstellungen zu verschiedenen Naturthemen gefragt.

www.nup-guestrow.de

500 Agroneum
Alt Schwerin

Landwirtschaft und Agrarwesen prägten das Dorf Alt Schwerin im Landkreis Mecklenburgische Seenplatte. Davon zeugt unter anderem die weitläufige Anlage eines ritterschaftlichen Gutes mit Herrenhaus, Park und Wirtschaftsgebäuden. 1963 wurde hier, inmitten authentisch historischer Substanz, ein agrarhistorisches Freilichtmuseum gegründet, um die »Errungenschaften der sozialistischen Landwirtschaft nach jahrhundertelanger feudalistischer Unterdrückung« zu demonstrieren. Noch 1988 wurde eine große Ausstellung über 5000 Jahre mecklenburgischer Landwirtschaftsgeschichte gestaltet – heute ein »Museum im Museum«. Neben wechselnden Sonderausstellungen finden im Agroneum auch Aktionstage und Veranstaltungen statt.

www.museum-alt-schwerin.de

Bärenwald Müritz

Stuer

501

Über 100 Bären werden in deutschen Zoos gehalten – viele jedoch nicht artgerecht. Der Bärenwald Müritz bietet Braunbären aus schlechter Haltung ein tiergerechtes Zuhause. Im Freigehege können sie Instinkte wiederentdecken und ihr natürliches Verhalten ausleben. Bei Wanderungen durch den Wald können Besucher mehr über die Wildtiere erfahren.

www.baerenwald-mueritz.de

502

Nationalpark Jasmund

Sassnitz / Rügen

Der Nationalpark Jasmund liegt auf der gleichnamigen Halbinsel im Nordosten der Insel Rügen. Er ist Deutschlands kleinster Nationalpark. Seit Juni 2011 gehört ein Teil des Buchenwalds des Parks zum Unesco-Welterbe. Die Kreidefelsen der Insel sind einer ständigen Erosion ausgesetzt. Mit jedem Sturm brechen große Stücke aus den Felsen und reißen gelegentlich auch Bäume und Sträucher mit ins Meer. Herausgelöst werden dabei auch Fossilien. Bei einem Strandspaziergang sollte man die Augen offen halten, denn es sind immer wieder versteinerte Reste von Seeigeln, Schwämmen und Austern zu entdecken.

www.nationalpark-jasmund.de

Fahrradtour
Malchin

Der Kummerower See ist der viertgrößte See in Mecklenburg-Vorpommern. Auf einer Fahrradtour entlang des Seeufers kann man die Schönheit der Natur, aber auch zeitgenössische Kunst auf sich wirken lassen.

503

Von Malchin aus radelt man nach Kummerow, wo der Maler Nil Ausländer eine Galerie hat. Weiter nach Sommersdorf – hier leben und wirken der Glasmaler Thomas Kuzio sowie Günter Horn, der in seinem »Künstlerdorf Grammentin« regelmäßig Veranstaltungen ausrichtet. Über Meesiger, Schönfeld und Trittelwitz erreicht man das Ziel, die Hansestadt Demmin.

www.malchin.de

504 Auf zur Inseltour
Usedom / Wollin

Da kommt Safari-Feeling auf: Begleitet von einem sachkundigen Reiseleiter kann man die Region an der Pommerschen Bucht, die Inseln Usedom und Wollin sowie das nähere Festland auf ungewöhnliche Weise kennenlernen. In kleinen Gruppen geht es mit dem Landrover in ein- oder mehrtägigen Touren, ausgerüstet mit Fernglas, Stiefel und Proviant, zu den verstecktesten Winkeln, inklusive Outdoor-Programm und Picknick. Bei Mehrtagestouren wird im Zelt übernachtet und selbst gekocht.

www.insel-safari.de

505 Skulpturenweg
Hohen Demzin

Vor 200 Jahren legte Baron Hans von Labes um Burg Schlitz einen weitläufigen Park mit Denkmälern an. Die Obelisken, Säulen und Steinsetzungen erinnerten den Grafen von Schlitz an (für ihn) wichtige Menschen. Die Künstler Wilfried Duwentester und Bernd Uiberall griffen seine Idee auf und führten sie über in die Begegnung mit Skulpturen der Gegenwart: Feuerbaum, Kuhschellen, Ahnen- und Sendesteine, Pyramiden, Stelen, Grazien …

www.burg-schlitz.de

506 Tour der Schlösser

Basedow

Die 73 km lange Tour umfasst vier Etappen – ideal als Fahrradroute. Man startet beim ritterlich anmutenden Schloss Basedow. Nächste Station ist Schloss Ulrichshusen, ein bedeutendes Renaissancebauwerk. Sehr sehenswert sind der dendrologische Garten bei Schloss Blücherhof und der Park von Burg Schlitz. Als Abschluss bietet sich eine Einkehr im Hotel Schloss Schorssow an.

www.auf-nach-mv.de/schloesser

507 Ivenacker Eichen

Stavenhagen

In der Nähe von Stavenhagen liegt das kleine Dorf Ivenack. Im Ivenacker Tiergarten stehen bis zu 1 000 Jahre alte Baumriesen – die Ivenacker Eichen, kultur- und naturhistorische Zeugnisse der im Mittelalter verbreiteten Landnutzungsform als Waldweide. Ein mystischer Ort der Erholung mit schönen Wandermöglichkeiten.

www.stavenhagen.de

508 In und um die Hansestadt

Demmin

»Dreistromland« wird die Hansestadt Demmin mitunter genannt, hier fließen die Peene, Tollense und Trebel zusammen. Sehr sehenswert ist die St.-Bartholomaei-Kirche mit ihrem 96 m hohen, ganz aus Ziegelsteinen gemauerten Turm. Demmin liegt eingebettet in eine landschaftlich reizvolle Umgebung, die man am besten im Rahmen von Tagestouren zu Fuß, per Rad oder auf dem Pferd erkundet.

www.demmin.de

509 Müritzeum

Waren (Müritz)

Einmal Auge in Auge mit Muränen schwimmen, auf eine Reise in die Eiszeit gehen oder mit den Kranichen über die Mecklenburgische Seenplatte fliegen – das und noch mehr kann man im Müritzeum, dem Informations- und Naturerlebniszentrum des Müritz-Nationalparks erleben. Natur und Regionalgeschichte werden spielerisch und interaktiv vermittelt, Tier- und Pflanzenwelt eindrucksvoll präsentiert. Im Mittelpunkt steht ein 100 000 l fassendes Aquarium für einheimische Süßwasserfische. Weitere Themenbereiche sind beispielsweise der Wald und das Moor.

www.mueritzeum.de

Niedersachsen

Watt, Moor und Heide im Norden, Wald, Berge und Geschichte im Süden. Mit Kajak oder Kutter geht es von der ostfriesischen Waterkant hinaus in die Nordsee, zum Beispiel zu den Seehundbänken vor Cuxhaven. Mit Mountainbike und Monsterroller oder per pedes durchstreift man den Harz.

Am Eingang zum Jadebusen:
Gutes Wetter ist bestellt.
Die Körbe sind reserviert.
Und die Drachen tanzen heute
auch schön in der Reihe.

511

Heimatmuseum Dykhus

Borkum

»Klön- und Tanzabend«, »Insulaners unner sück« – ein Blick auf das Programm und es wird klar: Hier wird Plattdüütsch gesprochen, und das bewusst und voller Stolz. Nicht weniger stolz ist man auf das 15 m lange und 35 t schwere Skelett eines Pottwals, das im Jahr 1998 an der Küste von Schleswig-Holstein angespült wurde. Das Tier passt in dieses Museum und erinnert – wie viele weitere Relikte – an die goldenen Zeiten des Walfangs. Daneben gibt es im Dykhus (Deichhaus) einen Blick in den früheren Alltag – beispielsweise eine mit Glut gefüllte Bettpfanne, die das Nachtlager erwärmt. Mit kalten Füßen schlief es sich auch damals nicht gut.

www.heimatverein-borkum.de

510

Badehaus

Norderney

Stattliche 8000 qm misst Europas ältestes Meerwasserbad mit sechs Schwimmbädern, vier Saunen und einer Lounge. Die Thalassotheraphie hat hier (vom Algen- und Schlammbad bis zur Fangopackung) eine lange Tradition. Wer Weitblicke liebt, sollte unbedingt aufs Dach steigen – von der Sauna dort oben eröffnet sich ein wunderbarer Blick auf die Stadt.

www.badehaus-norderney.de

512

Hammersee

Juist

Autofrei, klima- und somit besonders besucherfreundlich geben sich das Eiland und das gleichnamige Dorf Juist (1 800 Einwohner). Die Insassen des 17 ha umfassenden und damit größten Süßwassersees auf der Nordseeinseln profitieren, wenn auch eher indirekt, vom Umweltbewusstsein der hiesigen Bewohner: Rallen, Haubentaucher und Kreuzkröten laichen hier und fühlen sich offensichtlich zu Hause. Ein 3,5 km langer Weg führt um den See herum, der nach und nach verlandet. Der See ist ein besonderer Ort, war es doch just die Stelle, an der die Insel Juist im Jahr 1651 durch eine Sturmflut in zwei geteilt wurde. Es sollte über 100 Jahre dauern, bis der 2 km lange Durchbruch wieder gänzlich zugeschüttet war.

www.juist.de

513

Nationalpark Haus Wittbülten

Wittbülten / Spiekeroog

Seehunde, Kegelrobben und Schweinswale sind hier heimisch. Dieses Wissen reicht allerdings nicht aus, um die gejagten und bedrohten Tiere zu schützen. Was man für ihre Protektion tun kann, erfährt man hier. Außerdem wird erklärt, wie eine Düneninsel entsteht. Was ein Strandhafer mit dem Inselschutz zu tun hat. Und wie eine Strandkrabbe aus nächster Nähe aussieht. In der 10 000-Liter-Aquarienanlage entdeckt man heimische Fische und Krabbeltiere, die sonst im Watt oder in den Tiefen des Meeres verborgen sind. Der erste Gang aller Besucher gilt jedoch den Überresten eines Pottwals. Das 15 m lange und 2 t schwere Skelett schwebt unter der Hallendecke. Der Wal war Ende November 2003 bei Norderney gestrandet. Hier hat er eine würdige Bleibe.

www.wittbuelten.de

Feuerschiff

Borkum

514

Wer »im Hafen der Ehe zu landen« wörtlich nimmt, kann das hier tun. Jeden dritten Freitag im Monat steht das Standesamt in der eleganten Offiziersmesse an Bord des Nationalpark-Schiffes für Trauungen zur Verfügung. Doch auch simple Neugier reicht als Motiv aus, dem Feuerschiff Borkumriff einen Besuch abzustatten. Das noch immer fahrbereite Boot leistete in der Zeit von 1956 -1988 anderen Schiffen gute Dienste und wies ihnen den Weg in die Ems. Wen mehr das Riff als das Schiff interessiert, erhält eine anschauliche Einführung in das Wattenmeer als Raststätte für Zugvögel.

www.feuerschiff-borkumriff.de

Sehenswertes am und im Wasser

Langeoog

Langeoog steht für »lange Insel« und gehört zu den Ostfriesischen Inseln im Nordwesten Deutschlands. Alle Sehenswürdigkeiten hier haben natürlich etwas mit dem Wasser und der Insellage zu tun: der 1909 erbaute Wasserturm, das Schifffahrtsmuseum, das Seemannshus sowie die ehemalige Seenotbeobachtungsstation. Von der letztgenannten hat man einen Rundblick über Langeoog bis hin zur Hauptschifffahrtslinie und zum Festland. Die gute Aussicht und schnelles Handeln konnten früher Leben retten: Von hier wurde beobachtet, ob ein Schiff in Not geriet und man machte sofort das Rettungsboot klar, um der Besatzung Hilfe zu leisten und sie an Land zu holen.

515

www.insel-langeoog.de

Ökowerk
Emden

516

»Kein Land der Erde darf auf Kosten der Natur, anderer Länder und Menschen sowie künftiger Generationen leben!« – das ist grob zusammengefasst das, was sich 179 Staaten bei der Agenda 21 auf ihre Fahnen geschrieben haben. Aber: Was kann man tun, um sich verantwortungsbewusst zu zeigen, ohne sich jeden Spaß zu nehmen? Das Ökowerk Emden hat dafür ein eigenes Konzept entwickelt: mit Hexengarten, Libellenteich, Wildbienenlehrpfad und Weidenlabyrinth. Wer erlebt, wie schön das alles ist, sorgt sich auch mehr um dessen Schutz, so ist seine feste Überzeugung!

www.oekowerk-emden.de

517

Kajakfahren
Nordsee

Routinierte Seekajakfahrer finden mit der Inselkette vor der deutschen Nordseeküste ein Revier vor, das durch das »Inselhopping« ein Garant für eine abwechslungsreiche Tour ist. Aber was ist mit denen, die einfach nur einmal im Sitzen einen Ritt auf den Wellen wagen wollen? Unabhängig davon, ob sie schon einmal ein Paddel in den Händen gehalten oder in einem Kanadier gesessen haben? Auf Wangerooge lässt sich das Ausbalancieren des Gleichgewichts bei Wellengang für kleines Geld zunächst einmal mit einem offenen Kajak üben. Der Vorteil liegt auf der Hand. Das Kajak ist offen, kann also nicht volllaufen, und was nicht vollläuft, sinkt auch nicht. Wer bisher nur Ruderboot oder Kanadier gefahren ist, braucht sich keine Sorgen machen, wenn er die »Eskimorolle« nicht beherrscht. Das ein oder andere Mal wird es einen schon umwerfen, denn der Reiz, seine eigenen Limits zu testen, ist groß. Während Freunde oder die Familie aus dem Strandkorb heraus Haltungsnoten verteilen, hat man Zeit, die Extremsurfer anzuschauen und zu überlegen, ob man sich nicht doch die Kräfte des Windes zunutze macht, auf ein Surfbrett umsteigt und auf der Spitze des Wellenkamms für einen Moment in den Steigflug übergeht.

www.windsurfing-wangerooge.de

Museumschiffe

Emden

518

»I'll send an s.o.s. to the world.« – Eines ist gewiss: Alle 1672 Menschen, die vom Seenot-Rettungskreuzer »Georg Breusing« und von den Vormännern Wilhelm Eilers und Karl-Friedrich Brückner in Sicherheit gebracht wurden, werden die Namen der Retter und des Schiffes in ihrem Leben nie vergessen. 25 Jahre lang kreuzten sie umher und versuchten ein durch zahlreiche Riffs und gefährliche Untiefen geprägtes und von Seeleuten aller Nationen respektvoll beachtetes Revier abzusichern. Das Museumschiff »Deutsche Bucht«, manchen auch unter »Amrumbank« bekannt, ging ebenfalls 1988 »in Pension«. Doch es leistet auf seine Weise auch heute noch gute Dienste: Unter Deck wurde ein durchgängiger Museumsbereich geschaffen, von dem aus der Maschinenraum, der spannendste Ort an Bord, direkt erreicht und besichtigt werden kann.

www.amrumbank.de
www.goerg-breusing.de

519

Seehundstation

Norddeich

Bisweilen kann es ganz schön eng werden in der Seehundepension, wenn gleichzeitig bis zu 80 Tiere auf Station sind. Auf jeden Fall haben sie es gut hier, die Heuler. Sie werden liebevoll aufgepäppelt und erst dann wieder entlassen, wenn sie es am Strand und im Wasser alleine schaffen können. Hilfreich auch zu wissen, wie man sich zu verhalten hat, wenn man auf ein (verletztes) Tier stößt: Abstand halten (100 - 300 m), denn Seehunde sind Wildtiere. Nicht jedes Tier ist tatsächlich in Not. Daher erst einmal abwarten und beobachten. Nicht anfassen, wenn es verletzt ist, sondern den Fund der Seehundstation melden, die sich um die professionelle Versorung der Tiere kümmert.

www.seehundstation-norddeich.de, Nottel. 0 49 31 / 89 19

520 Mach-Mit-Museum

Aurich

Wer in dieses Museum kommt, will werkeln. Ein selbstgeknüpfter Gürtel oder eine gefilzte Tasche? Ketten, Ohrringe, Armbänder, Lesezeichen, Handy-Anhänger und vieles andere mehr, hier lernt man, wie es geht. Wie biege ich eine Öse? Was ist eigentlich eine Quetschperle? Wie mache ich einen Verschluss? Im Miraculum kann man seine eigenen Ideen umsetzen und bekommt Hilfe, wenn es mal nicht weitergeht. Andere kommen zum Zeichnen ins Museum: Ob Mangas oder Donald Duck – ob Tusche oder Bleistift, Aquarell oder Acryll, man darf, nein soll hier alles ausprobieren.

www.miraculum-aurich.de

521 Buddelschiffmuseum

Neuharlingersiel

Mehr als 100 Buddelschiffe in Flaschen von 0,7 - 60 Litern, mit originalgetreuen Modellen vom Einbaum bis zum Atom-U-Boot werden in diesem Museum ausgestellt. Viele davon stammen von Jonny Reinert aus Herne. Als Autodidakt entwickelte er völlig neue Techniken und perfektionierte den Modellbau in Flaschen. Eines muss der 2004 Verstorbene auf jeden Fall gehabt haben: Ausdauer! Die Bauzeit reichte von 80 Std. für einfachere Modelle bis hin zu 1000 Std. für Nelson's Schiff Victory oder 1200 Std. für das Fünfmastvollschiff Preussen.

www.buddelschiffmuseum.de

522 Ostfriesenabitur

Wittmund

Die Prüfung ist nichts für Unsportliche und bloße Theoretiker. Die Absolventen des Ostfriesen-Abiturs müssen unter freiem Himmel ihre Fähigkeiten im ostfriesischen Nationalsport »Straßenweit- und Straßenzielboßeln« unter Beweis stellen. Das »Bessensmieten«, »Padstockspringen« oder das alternative Balkenlaufen sind die warm-up-Sportarten für das »Kuhmelken« mit der Kuh »Elsa«. Danach folgt beim originellen »Löffeltrun« die mündliche Prüfung in Plattdeutsch. Nicht weniger ambitioniert wird die Prüfung dann im Inneren forgesetzt: Das steht die Ostfrieslandkunde ganz oben auf der Liste. Nach einem Kurzvortrag erfolgt die schriftliche Prüfung über das Gehörte. Danach wird's etwas gemütlicher – Beim Teetrinken lernt man die ostfriesischer Teezeremonie kennen und beim Krabbenpulen, das Krabben pulen. Diese Art Zehnfußkrebs aus der Nordsee wird hier auch Granat, Porre oder Knat genannt.

www.ostfriesenabitur.de

523

Kutterfahrt

Neuharlingersiel

Der Kutter mit dem klangvollen Namen »Gorch Foch« sticht von April bis Oktober zu Ausflügen in See. Wer mitfahren will, klingelt am Haus Nr. 19, snakkt ein büsscken und los geht's. Die Gäste wollen alle nur das eine: die Seehunde sehen, wie sie träge auf den Sandbänken liegen. So tuckert man gemächlich vor sich hin bis nach Spiekeroog. Stunden später heißt es Abschied nehmen von der Insel. Nun demonstriert die Crew, was die Nordsee so alles zu bieten hat: Schollen, Seenadeln, Krebse ... fast glaubt man, der Kapitätn kennt jedes Tier seines Fangs beim Vornamen. Im Hafen angekommen, lässt er sie alle wieder frei ...

www.neuharlingersiel.de, Am Hafen West, Hausnummer 19

524

Bikejöring

Wiesmoor

Fahrradfahren für Faule: Wer vom Muskelkater der letzten Touren geplagt wird und sich dennoch auf den Sattel schwingen will, kann sich beim Bikejöring von Husky-Hunden ziehen lassen. Wem es mehr um den Hund als um die Bequemlichkeit geht, leiht sich hier einen Husky für eine besondere Art von Nordic Walking aus.

www.siberian-snowthunder.info oder über Touristinfo Wiesmoor

Kartbahn

Rastede

525

Die wilde Hatz über den schwarzen Asphalt dürfte bei einigen Teilnehmern den Puls hoch schlagen lassen, wenn das grüne Licht das Rennen um enge Kurven und Schikanen freigibt. 5,5 PS, die einem Rasenmähermotor ähneln und neben dem Schalensitz aufheulen, sobald man das Gaspedal durchtritt und die flachen Flundern auf bis zu 60 km/h beschleunigen. Zwar lassen die Wagen den Eindruck aufkommen, als könnte sie kein noch so gewagter Drift aus der Bahn werfen, doch Vorsicht: Hier handelt es sich um Motorsportgeräte, die dem Fahrer Konzentration abfordern.

www.kart-o-drom.de

526

Mit Kanu und Rad

(Indianer-)Land erkunden / Friedburg

Für diese Abenteuertour mit 22 Stationen braucht es »Paddel und Pedal«. Das Rüstzeug für den Trip durch Ostfriesland erhält man im gleichnamigen Laden. Die Tour ist einfach 14 km lang. Sie führt angenehm leicht – weil ohne Strömung – im Kanu auf dem Ems-Jade-Kanal von Friedburg nach Sane. Zurück geht es per Rad. Trommeln, Bogenschießen und Grillen stehen ebenfalls auf dem Programm. Übernachtet wird nach dem Grillabend im eigenen Schlafsack im Indianerzelt Tipi, im Trekkinghaus oder in der Station Friedberg (bzw. in Sande).

www.paddelundpedal.de

527

Piratenmuseum

Wilhelmshaven

Wer Interesse am kämpferischen Treiben auf See hat, besucht das »Piratenamüseum«. Hier lernt man jede Menge über Kapitän »Jack Sparrow« und seine Weggefährten, deren Nachfahren auch noch heute Einsätze der Bundesmarine am Horn von Afrika erforderlich machen, um die Handelsschifffahrt zu schützen. So wie sich die Piraten gern der Wertgegenstände anderer Menschen bedienen, ist im Zuge der Jahre aus Wertstoffen wie Blechdosen, Kronkorken und jeder Menge Pappe eine lebendige Ausstellung mit Exponaten aus der ganzen Welt entstanden. Doch nicht alles erschließt sich dem Besucher auf den ersten Blick, und er muss sich bei vielen Details auf die Suche nach den Antworten auf die gestellten Fragen machen. Der Name Piratenamüseum ist übrigens abgeleitet von »Jolly Roger« (literarisch übersetzt: »Lustiger Rüdiger«), wie die Flagge mit dem Totenkopf auch genannt wurde.

www.piraten-museum.com; Einkehr: Kaffehaus am Strand

528 Baden, klettern, buddeln

Burhave / Tossens

Bekanntermaßen fehlt an der Nordsee regelmäßig das Wasser zum Baden und Befüllen der Eimerchen für den Sandburgenbau. Nicht so in Burhave. Hier hat man der Nordsee ein Schnäppchen geschlagen und eine Salzwasserlagune angelegt, die über alle Accessoires wie Strandkörbe, Liegewiese und flach abfallenden Badebereich verfügt, wie der Originalschauplatz, angereichert mit einem Tretbootverleih, Klettergerüsten und Rutsche.

www.butjadingen.de

529 Kletterwald

Hatten

»Ne, auf keinen Fall« oder »Da soll ich rüber?«, das hört man zu Anfang nicht selten bei jenen, die sich in bis zu 11 m Höhe an einen Baum klammern. Warum, fragt sich so mancher, bin ich überhaupt schon hier hoch gekraxelt? Man muss ja auch nicht, aber wenn man sich erst einmal überwunden hat, macht es mächtig Spaß, sich mit der Seilbahn oder mittels eines dünnen Seils von Baum zu Baum zu schwingen wie einst Tarzan und Jane.

www.kraxelmaxel.de

530 Nationalparkhaus

Fedderwardersiel

Beim Besuch des Nationalparkhauses direkt am kleinen Hafen lässt sich viel über das Wattenmeer und seine Bewohner ober- und unterhalb des Wassers in Erfahrung bringen. Als Kombination aus Landschaftsmuseum und Nationalparkhaus bespielt das Museum die Themen »Weltnaturerbe Wattenmeer« und vermittelt einen Einblick in Sitten und Gebräuche der Bewohner Butjadingens. Öffentliche Exkursionen ins Watt sind fester Bestandteil des Programms und nehmen den natürlichen Lebensraum zwischen Weser und Jadebusen unter die Lupe.

www.museum-fedderwardersiel.de

Leuchtturm

Roter Sand / Außenweser

Wer herausfinden möchte, wie man sich mitten im Meer, viele Kilometer vor der Küste fühlt, wenn einem der Wind um die Ohren weht und die Brecher auf einen zurollen, der bucht eine Überfahrt auf dem Bergungsschlepper »Goliath« und kann 3 Std. später aus 30 m Höhe über die Wellenkämme in die Deutsche Bucht hinausblicken. Seit 1885 trotzt das Bauwerk nun Wind und Wetter, und das Leben im Leuchtturm war hart und eintönig. Im Jahr 1989 vor dem Verfall gerettet und unter Denkmalschutz gestellt, kann man nun seit 1999 auch dort übernachten und sich fragen, wie man früher eine Nacht im Winter ohne Heizung überstehen konnte. Es gibt kein Wellnessangebot oder Feinschmeckerrestaurant, und man muss sich selbst verpflegen – eben ein weiteres romantisches Abenteuer an der Nordseeküste.

www.roter-sand.de

532 Moorseer Mühle

Nordenham-Abbehausen

Für Besucher, die den Schildern der niedersächsischen Mühlenstraße gefolgt sind, ein lohnender Halt. Über 256 Mühlenstandorte gibt es in Bremen und Niedersachsen, denn Wind zum Betrieb gibt es im Norden ja genug. Beim Besuch der Mühle bietet es sich an, die lehrreiche Geschichte von Max und Moritz bereitzuhalten und bei der Besichtigung des Mahlwerkes daraus zu zitieren: »Rickeracke! Rickeracke!, geht die Mühle mit Geknacke … Ja, ja, rief der Meister Böck – Bosheit ist kein Lebenszweck.« Zwar handelt es sich nicht um den Originalschauplatz der Posse von Wilhelm Busch, aber deren Erscheinungsjahr 1865 deckt sich gut mit dem nostalgischen Ambiente vor Ort.

www.museum-moorseer-muehle.de

533 Boßeln und Kohltour

Loxstedt

Ende Januar sieht man immer mehr sehr vergnüglich dreinschauende Menschen mit einem Handwagen durch die Gegend ziehen – auf Kohltour. Da es meist kalt und nass ist, benötigt der gemeine Norddeutsche zum Auftauen heißen Glühwein oder Schnaps, der meist in ausreichendem Maße mitgeführt wird. Nach dem Konsum entsprechender Mengen entwickelt diese Spezies ein Temperament, das dem südländischen in nichts nachsteht. Die Verbindung schafft dabei das sogenannte Boßeln, das nicht nur in Norddeutschland, sondern auch in Spanien und Italien (Boccia) gespielt wird. Das Ziel von zwei oder mehreren Gruppen ist es, eine Holz- oder Kunststoffkugel mit wenigen Würfen über eine bestimmte Distanz zu werfen.

www.tourilox.de
www.kohlfahrten.de

534 Segeltörn

Bremerhaven

Für manchen wird ein Kindheitstraum wahr – auf der »Großherzogin Elisabeth«, einem dreimastigen Gaffelschoner, der seinen Heimathafen in Elsfleth an der Unterweser hat. Ob selber segeln oder nur erholen, mehrmals im Jahr bricht die »Lissi« von Bremerhaven oder Wilhelmshaven mit Kurs auf das offene Meer in Richtung Nordsee auf. Ein Törn auf dem Großsegler ist ein Abenteuer zum Anfassen und Mitmachen. Wer will, kann ohne Vorkenntnisse zum vollwertigen Crewmitglied werden. Die aktive Besatzung wird in Wachen eingeteilt und in die Arbeiten an Bord einbezogen.

www.grossherzogin-elisabeth.de

Segelfliegen

Holste-Hellingst

535

Mit einem Klick schließt sich die Glaskuppel über der Kanzel, bevor mit einem leichten Ruck die Seilwinde das Segelflugzeug auf Startgeschwindigkeit beschleunigt. Es quietscht und vibriert, bis der Auftrieb den Flieger in die Luft hebt. Mit einem Mal tritt Stille ein, man schraubt sich in den Aufwinden wie ein Adler immer höher und höher, bis die Welt in über 1 000 m Höhe klein wie eine Modelleisenbahn erscheint. Dieses erhabene Gefühl lässt sich auf einem Gastflug beim Luftfahrtverein Unterweser erleben, und das zum Preis eines Kinobesuches – nur ohne Popkorn.

www.sfg-bremer.de

536 Bauerngolfen

Auf dem Ferienhof Dücker / Volkmarst

Ländliche Idylle ist kein Handicap: Beim Bauerngolfen werden bunte Bälle von der Größe eines Handballs von einem Holzschuh am Besenstil über eine Kuhweide und an natürlichen Hindernissen vorbei manövriert, um die lederne Kugel mit möglichst wenig Schlägen in zehn Löchern (Melkeimern) zu versenken. Der ungewöhnliche Spaß findet in der bäuerlichen Idylle des Ferienhofes Dücker statt, nur eine halbe Autostunde von Bremerhaven entfernt. Wer möchte, kann hier auch seinen Urlaub in einer der Ferienwohnungen verbringen.

www.ferienhof-duecker.de

537 Maisfeldlabyrinth

Heerstedt

Langsam wiegen sich die Halme im Wind, es raschelt leise, Spuren von Wild queren den Weg, schemenhafte Gestalten huschen durch die schmalen Pfade. Bereits nach wenigen Metern steht man vor der Entscheidung, in welche Richtung man weitergehen soll. Dass man wieder herausfindet, ist ziemlich sicher, da die Pfade mit einem Navigationsgerät von Bauer Schröder und nicht von »E.T.« angelegt wurden. Der Spaß kann jedes Jahr von Neuem beginnen.

Heerstedt, Tel. 0 47 74/10 10

538 Museumsinsel
Wremen

Inmitten des am Rande des Natiolparks gelegenen Nordseebades Wremen befindet sich in idyllischer Lage die Museumsinsel mit dem kuriosen Muschel-Museum und dem Museum für Wattenfischerei. Beide Häuser sind einen Abstecher wert. Wer hätte schon gedacht, dass es hier an der Küste einst Schlittenhunde gab? Diese sogenannten Kreier dienten den Fischern bei Ebbe als Transportschlitten auf dem matschigen Untergrund des Wattenmeeres und wurden von Hunden gezogen. Was bei einer günstigen Witterung geisterhafte Schatten über das Land fegen ließ, konnte bei Sturm zu einer harten Schinderei werden. Davon erholten sich die Fischer dann am wärmenden Ofen bei einer heißen Tasse Tee in der gemütlichen Stube, die hier originalgetreu aufgebaut wurde. Nebenan im Muschelmuseum berichten bereits die Eintragungen im Gästebuch von kunstvollen Wortspielereien im Umgang mit den wissenschaftlichen Namen der über 3 000 ausgestellten Muschelgehäuse. Da werden versteinerte Ammoniten in der Gesellschaft von anderen archäologischen Funden aus aller Welt zum »Internationalen Seniorentreffen« und eine Sammlung bunter kleiner Muscheln zu »Schmetterlingen«.

www.museum-wremen.de

Offroad Park
Hoope
539

Nur wenige Kilometer von der Autobahn Richtung Küste entfernt liegt der Hoope-Park in Wulsbüttel an der A 27. Ein Ort, an dem jedes Wochenende die Motoren von Crossbikes oder Geländewagen aufheulen und in halsbrecherischer Geschwindigkeit die Bahn umrunden oder sich mühsam durch den Schlamm wühlen. Steigungen bis 120°/50°, Schrägen bis 100 %/45°, Wasserdurchfahrten bis zu 120 cm Wassertiefe fordern Fahrern und Fahrzeug alles ab. Abends verstummen alle Motoren, werden Würstchen gebraten, ein paar Bierchen getrunken und die Wunden geleckt.

www.hoopepark.de

540 Kanutour

Auf der Wümme

Die Wümme gehört zu den saubersten Flüssen Norddeutschlands und steht auf ihrem gesamten Verlauf unter Natur- oder Landschaftsschutz. Entsprechend gut ist die Wasserqualität, sodass neben dem Paddelvergnügen an heißen Tagen auch ein Bad lockt.

Ein herrlicher Abschnitt ist der stark mäandernde Verlauf zwischen Lilienthal und der Einmündung in die Lesum, von wo es nur noch 10 km bis zur Weser sind. Besonders einfach und damit für Anfänger und Familien geeignet ist die Route zwischen dem »Haus am Walde« und dem Ausflugslokal »Dammsiel«.

www.kanuscheune.de

541 Ausritte ins Watt

Cuxhaven-Sahlenburg

Der Reiz ist groß, seinen »Zossen« mal auf Watttauglichkeit zu prüfen oder zu sehen, wie er auf eine Schiffssirene reagiert. Das geschieht im Rennbetrieb alljährlich, wenn sich beim »Duhner Wattrennen« Galopper und Traber gegenseitig über den Schlick jagen. Ist dieses Rennen den Profis vorbehalten, so ist ein Reitausflug vom Reiterhof »Tote Hose« ein eher gemütliches Unterfangen, das auch für Kinder bestens geeignet ist. Man reitet nicht einsam wie »Lucky Luke« dem Horizont entgegen, sondern begibt sich in das Geleit einer Führerin. Wer lernen will zu reiten wie der Cowboy aus dem Comic, wendet sich an eine der Westernreitschulen in Bremervörde oder Thedinghausen.

»Tote Hose«, Tel. 01 75/5 21 75; www.ewu-niedersachsen.de

542 Fort Kugelbake

Cuxhaven

Entlang des Wassergrabens, vorbei an den Schießscharten und der Wache gelangt man auf Schienen in den Innenhof der Marinefestung. Leider kann man nicht allein auf Eroberungsfeldzug gehen, sondern muss sich für eine der Führungen anmelden. Die allerdings zeichnet sich durch die Kompetenz und den Humor der geschulten Führer aus, man erfährt viel Wissenswertes, und Kinder werden gern mit einbezogen. Durch die Gewölbe der Kasematten, von deren Decken das Wasser tropft und Stalaktiten wachsen, geht es durch die Unterkünfte und Munitionskammern sowie anschließend durch die ehemalige Küche zu den Geschützen rauf auf den Wall. Angegriffen wurde das Fort glücklicherweise zu keiner Zeit, und niemand hat hier sein Leben lassen müssen.

www.tourismus.cuxhaven.de

543 Kitesurfen
Cuxhaven-Sahlenburg

10 qm Segel an Steuer- und Sicherheitsleine verbunden mit dem Gurt des Surfers, der auf einem kleinen »Board« im Wasser treibt und auf eine geeignete Windböe wartet, die ihn aus dem Wasser zieht und über die Wellen jagen lässt. Über 500 000 Menschen betreiben inzwischen die Trendsportart Kitesurfen; die Nordseeküste ist wegen des stetig wehenden Windes bestens dafür geeignet. Allerdings funktioniert dieser Sport ein wenig anders als seinerzeit von den Beach Boys besungen. Wer sich darin einmal versuchen möchte, kann Kurse in der Kiteschule Cuxhaven nehmen, und solche, die es schon einmal probiert haben, aber keine Ausrüstung besitzen, können sich dort eine mieten. Neben Anfängerkursen bieten die Surfschulen auch mehrtägige Kids- und Kitecamps an. Je nach Windrichtung wird in ausgewiesenen Wassersportrevieren am Strand von Sahlenburg (Süd- bis Nordwestwind) oder an der Kugelbake (Nord- bis Südostwind) in Döse gesurft. Doch Vorsicht! Bei kräftiger Brise werden Geschwindigkeiten erreicht, dass man mit den Motorbooten der Küstenwacht oder des DLRG um die Wette fahren kann, insbesondere bei ablandigem Wind. Surfern wird hier auf jeden Fall bewusst gemacht, dass die Nordsee kein Baggersee ist.

www.kitesurfschulecuxhaven.de; www.tourismus.cuxhaven.de

544 Wattwandern
Cuxhaven-Sahlenburg

Eine Wattwanderung ist eine tolle Angelegenheit, da man sich immerhin auf dem Meeresboden der Nordsee bewegt. Als Ziele bieten sich die Insel Neuwerk oder die Vogelinsel Scharhörn (in Begleitung des Vogelwartes) an. Die Strecken haben eine Länge von 8 - 12 km; Wanderer müssen schon ein wenig Kondition mitbringen, da man sich unterwegs nicht einfach ein Taxi bestellen kann. Die Alternative für den Rückweg sind die regelmäßig verkehrenden Fähren von Neuwerk aus. Wer zum ersten Mal im Watt ist, sollte sich besser einer geführten Tour anschließen.

www.cuxhaven-tours.de/wattfuehrungen/html

545 Tauchen
Im Kreidesee Hemmor

Im Kreidesee kann man den Geheimnissen versunkener Boote und Fahrzeuge, eines Flugzeugs oder den Resten eines alten Zementwerks nachspüren. Begleitet von Lachs, Forelle, Zander und dem Gefühl der Schwerelosigkeit bietet der Einführungskurs mit dem Tauchboot jedem die Gelegenheit, sich einmal zu fühlen wie Jacques Cousteau auf seinen Entdeckungsreisen. Nimmt man sich die zwei Tage Zeit, das Patent zum selbstständigen Führen des U-Bootes »Kreidesee-Eurosub« zu erlangen, ergibt sich später vielleicht die Chance, an einer der Expeditionen teilzunehmen.

www.kreidesee-taucher.de

546 Zu den Seehundbänken
Cuxhaven

Die Klänge von »Biscaya« auf dem Schifferklavier empfangen die Passagiere an der »Alten Liebe« und stimmen sie ein auf eine Fahrt zu den Seehundbänken vor Cuxhaven. Das Abenteuer beginnt mit einer kleinen Hafenrundfahrt, und irgendwo zwischen Seemannsgarn und Mutterwitz erfährt man jede Menge über Land, Leute und Seefahrt. Nach 1 Std. erreicht man dann die Seehundbänke, und da liegen sie: 40 bis 50 Seehunde, die an die Schiffe gewöhnt sind. Nur einige heben träge den Kopf. Der Rest schläft weiter und verdaut den Fisch. Bei Hochwasser muss man etwas genauer hinschauen. Dann tauchen die possierlichen Tierchen links und rechts vom Boot auf.

www.reederei-narg.de

547 Drachensteigen
Cuxhaven / Sahlenburg / Duhnen

Überall an der Küste sieht man sie am Himmel kreuzen oder hört das Surren der Schnüre. Wenn dieses Geräusch dann sehr laut wird, heißt es, den Kopf einziehen. Nicht, weil ein Feuer speiender Drache auf einen niederstößt, sondern einer der sogenannten Kites im Anflug ist. Die haben mit den aus Papier beklebten Holzkreuzen, die man früher als Kind gebastelt hat, eigentlich nur noch die Grundlagen der Aerodynamik gemeinsam.

www.drachenschwaermer.de

Burg Bederkesa
Bad Bederkesa

548

In einer malerischen Umgebung mit sanften Hügeln, grünen Wäldern und einem glitzernden See treffen einmal im Jahr die Tapfersten der Tapferen bei den mittelalterlichen Ritterspielen vor den Toren der Burg Bederkesa aufeinander. Die Schwerter klirren, und die Schilde schlagen krachend aufeinander im Kampf um die Gunst der wunderschönen Prinzessin. Das Schloss beherbergt nur leider keine Königsfamilie, sondern die archäologische Denkmalpflege des Landkreises Cuxhaven und eine Sammlung von Funden einer alten Wurten-Siedlung in der Marsch nahe von Wremen sowie Grabbeigaben und Bootsgräber aus dem 4. und 5. Jh. Wer sein Wissen darüber in der freien Natur vertiefen möchte oder gerade auf der Flucht vor dem schwarzen Ritter ist, folgt den Spuren der alten Sachsen auf der Vorgeschichtsfahrt in Flögeln.

www.burg-bederkesa.de; Einkehr: Burgschänke Bederkesa am See

549

Moorinformationszentrum
Cuxhaven-Sahlenburg

Wer in seinen Ferien einmal im Moor Torf geringelt hat, weiß, welche Schinderei das ist. Die im Akkord gestochenen Torfstücke müssen in der heißen Sonne des Sommers und umschwirrt von unzähligen Mücken gestapelt werden, bevor dieser Rohstoff in großen Ballen und in bunten Verpackungen im Baumarkt landet. Heute sind die meisten Flächen in Deutschland als Biotope ausgewiesen, die Torfwerke geschlossen oder – wie im Ahlenmoor – zu einem Info-Zentrum umgestaltet, das neben der interaktiven Ausstellung zu Aktivitäten in der Natur anregt. So kann man heute gefahrlos über Flächen gehen, die den Archäologen so manche Moorleiche bescherten.

www.ahlenmoor.de; Einkehr: Café-Restaurant Torfwerk

Fallschirmspringen

Neuenwalde

Im Zeitalter der Extremsportarten rangiert Fallschirmspringen nur noch auf den hinteren Plätzen. Dennoch dürfte der Sprung für die meisten nach wie vor zu den ganz großen Herausforderungen zählen, bei denen man nicht allein gelassen wird, sondern sich einem erfahrenen Lehrer im Tandemsprung anvertraut. Alles, was man über diese für Homo sapiens eher unübliche Form der Überbrückung einer Distanz zwischen A und B in der Vertikalen wissen muss, wird in einer Einweisung vor dem Flug eingehend erläutert. Sieben Minuten dauert die anschließende Injektion puren Adrenalins für »Todesmutige«.

www.jumpzone.de; www.fallschirmsprung.info

550

551 Museum des Handwerks
Bad Bederkesa

Was in den Sammlungen großer Museen versteckt oder in Archiven eingelagert ist, wird dem Gast hier, im Museum des Handwerks, in voller Gänze gezeigt. Exponate aus über 20 traditionellen Handwerksberufen wie Schmied, Setzer, Drucker, Sattler und Korbmacher, die es heute nicht mehr gibt, sind liebevoll in nachgebauten Werkstätten ausgestellt. Es empfiehlt sich allerdings, Oma oder Opa dabei zu haben, denn nur wenige Gegenstände sind mit einer Beschreibung versehen. Wer kennt schon einen Dauerwellen-Außenheizer oder vermutet in einem Möbel (in der Größe einer kleinen Kommode) ein Tonbandgerät mit Kassetten, die die 20-fache Größe eines MP3-Players haben?

www.handwerksmuseum-bederkesa.de

552 Kiekeberg Museum
Rosengarten-Ehestorf

»Früher war alles besser!« Ob Bauer, Altenteiler, Knecht und Magd das auch so sehen würden, könnten sie auf ihr Leben zurückblicken? Eines ist sicher: Die meisten Menschen beherrschten damals verschiedene Handwerksberufe, die wir, wenn überhaupt, vielleicht gerade noch vom Namen her kennen, aber kaum wissen, was sich dahinter verbirgt. Im Kiekeberg Museum werden Ahnungslose aufgeklärt, und zwar stilecht: In authentisch rekonstruierter Kleidung führen die Darsteller alltägliche land- und hauswirtschaftliche Arbeiten wie Dreschen, Drechseln, Flachsen, Intarsien schneiden, Weben oder Schmieden vor. Noch spannender wird es, wenn man sich selbst ans Werkeln macht. Das so erstellte Unikat darf man natürlich mit nach Hause nehmen.

www.kiekeberg-museum.de

553 Filmtierpark
Eschede

Joe Bodemann zählt heute zu den besten Filmtier-Trainern der Welt. Sein Umgang mit den Tieren brachte ihm den Ruf, der sanfteste aller Tiertrainer zu sein. Dazu gehört seine Überzeugung, dass man Tiere niemals wie Maschinen behandelt und keine unnatürlichen Verhaltensweisen antrainieren darf! Im Park leben rund 70 verschiedene Tierarten. Die meisten sind durch Film und Fernsehen bekannt. Bodemann und sein Team sind 24 Std. mit ihren Gefährten zusammen. Ob »Tigerentenpark«, »Brehm's Tierleben« oder »Winnetou« – hier werden sie vorsichtig auf ihre Rolle vorbereitet.

www.filmtierpark.de

554

Radtour

Vom Teufelsmoor zum Wattenmeer

Die Strecke vom »Teufelsmoor zum Wattenmeer« bezeichnet zwei der wichtigsten Landschaftszonen des Elbe-Weser-Dreiecks und rundet mit dem Startpunkt Stade das Angebot, die Region mit dem Fahrrad zu entdecken, ab. Mit einer Gesamtstreckenlänge von mehr als 450 km bietet diese Route viele Gelegenheiten, Orte und Städte wie Bremen, Bremerhaven, Cuxhaven, Worpswede, Otterndorf, Bad Bederkesa und somit die wesentlichen natürlichen und kulturellen Facetten der Region in kürzeren Tourabschnitten zu entdecken.

www.teufelsmoor-wattenmeer.de

555

Kletterwald

Scharnebeck

Ab 1,10 und 6 Jahren sind auch die jüngsten Familienmitglieder dabei. Und nicht selten beweisen sie mehr Mut als viele Erwachsene, wenn es darum geht, über Strickleitern hoch in die Baumwipfel zu kraxeln und dann über Hängebrücken, Wackeltunnel und Schaukelhölzer zu balancieren. Auf einer Höhe von 3-4 m für die Kleinen und bis zu 15 m für die Mutigsten erwarten fast 70 fantastische Stationen die Besucher. Über Brücken, Balken, Netze, auf Seilrutschen, die von Baum zu Baum führen, hangelt man sich weiter. Gefährlich ist das alles nicht! Aus der Puste gerät man allerdings schon. Doch das ist spätestens dann vergessen, wenn man sich überwindet und den Tarzansprung aus 15 m Höhe wagt.

www.kletterwald-scharnebeck.de

556

Archäologisches Zentrum

Hitzacker

»Anfassen und mitmachen« ist die Devise in Deutschlands erstem bronzezeitlichen Freilichtmuseum. Wer gut aufpasst, lernt, wie man Feuer aus dem Stein schlägt, Getreide mahlt, Keramiktöpfe erstellt, Körbe flechtet oder wie man mit dem Einbaum fährt. Man begibt sich auf die Suche nach Sommer- und Herbstkräutern, die Nahrung und Heilung bringen, oder versetzt sich in die Rolle des Jägers und Versorgers der Familie. Dafür versucht man sich im Bogenschießen. Doch wie behandelt man das Geweih und das Fell der Beute? Auch das erfährt man hier. Ein Klick bringt die Besucher mehr als 3000 Jahre zurück in die Bronzezeit. Kurzum: Wer die Programme des Museums mitmacht, spart sich jedes Überlebenstraining und ist bestens vorbereitet für den Ernstfall.

www.archaeo-zentrum.de

557

Museum für Energiegeschichte

Hannover

Was heute selbstverständlich (oder schon überholt) ist, wie die gute alte Glühlampe, war einst eine technische Sensation. Die Modelle Klapp-Toaster und Staubsauger Vampir konnten sich zwar nicht dauerhaft durchsetzen, doch die Funktionsweise an sich hat sich beim Rasierapparat ebenso etabliert wie beim Telefon. Apropos Telefon: Den Kids von heute muss man erklären, wie eine Wählscheibe funktionierte und sich fragen lassen, wie man sich früher ohne Handy überhaupt verabreden konnte.

www.energiegeschichte.de

558

Nabu Gut Sunder

Winsen / Meißendorf

Die hat doch eine Meise. Stimmt. Genau genommen eine Kohlmeise, die zum Filmstar wurde, als sie in einem mit einer Mini-Kamera versehenen Nistkasten mit der Eiablage begonnen hatte. Dabei konnte man das »Wunder des Werdens von Leben, der Brut, der Aufzucht und des Ausfliegens nachvollziehen«, freut sich die Nabu. Jedes Jahr versucht man mit diesem Trick die scheuen Wildtiere zu beobachten, ohne sie zu stören.

www.nabu-gutsunder.de

Moormuseum

Elisabethfehn

559

Wen das Moor nicht nur als gruseliger Ort für Kriminallfälle interessiert, ist hier richtig. Moor ist ein geografischer Begriff wie Gebirge, See oder Wüste. Als Moor gilt eine mindestens 30 cm starke Schicht oder Schichtfolge von Torfen. Moore gibt es weltweit. In der Ausstellung sieht man verschiedene Fotografien von Mooren aus Finnland, Alaska, Chile und anderen Ländern der Erde. Die meisten Moorflächen in Deutschland gibt es in Niedersachsen und Bremen mit 2 492 qkm, doch diese Landschaftsform ist im Rückzug begriffen, wie man hier anhand von Karten erkennen kann.

www.fehnmuseum.de

560

Maschsee

Hannover

Sommer in der Stadt! Da freut sich, wer einen See in der Nähe hat, zumal wenn er (wie der Maschsee) Ausmaße verzeichnet, die ihn weit über eine Baggerseepfütze zum veritablen Gewässer machen: 2,4 km lang, 180 - 530 m breit, 2 m tief. Damit der See entstehen konnte, wurden 780 000 Kubikmeter Erde ausgebaggert und weggeschaufelt. Jährlich werden 1-2 Mio. Kubikmeter Wasser hierher gepumpt, damit der Wasserstand konstant bleibt. Die Besucher wissen ihren See zu schätzen, inbesondere im Juli/August, wenn 2 Mio. Gäste beim Maschseefest für kuschelige Atmosphäre sorgen. Aber auch sonst wird man hier nicht über Einsamkeit klagen – baden, rudern, segeln ... wollen eben auch andere.

Bus: Maschsee / Sprengelmuseum

561 Sea Life Center
Hannover

Wie fühlt sich eine Anemone oder ein Seestern an? Kribbelt es, wenn Krebse und Krabben über die Hand krabbeln? Ein wenig nass kann schon werden, wer diese Wasserbewohner hautnah spüren will. Aber das nimmt man dafür gerne in Kauf. Ganz so nahe möchte man den großen Attraktionen des Hauses wie Stechrochen, Piranhas, Riffhaie oder Krokodile dann lieber nicht kommen ... Auch in Hannover hat sich Sea Life etabliert und lädt ein, in einem 8 m langen Glastunnel die schillernde Fauna von der Karibik bis zum Regenwald im Amazonas erleben zu können.

www.sealife.de

562 Biosphaerium
Elbtalaue / Bleckede

Von Aal bis Zander – welche Fische sich in der Elbe tummeln, erlebt man in den acht Aquarien des Biosphariums, darunter auch eigentümliche Arten wie Stör und Welst. Im begehbaren, auf die menschliche Größe abgestimmten, Biberkessel kann man das Verhalten des Bibers in beeindruckenden Filmsequenzen kennenlernen, erfährt, wer den Biber in seinen literarischen Werken Meister Bockert genannt hat und warum der Biber im Mittelalter zu den Fischen gezählt wurde. Den Winter im Sommer erleben? Kein Problem am Eisblock im Winterraum. Hier kann getestet werden, welches Material unsere Füße warm hält und warum Vögel keine kalten Füße haben. Im Biosphaerium Elbtalaue reist man durch alle Jahreszeiten.

www.biosphaerium.de

563 Wilhelmstein
Steinhuder Meer

Welch eine Idylle: Die künstliche Insel, die 1767 für militärische Zwecke geschaffen wurde, liegt malerisch mitten im größten See Niedersachsens, dem Steinhuder Meer. Wer in Friedenszeiten an der Militärschule ausgebildet wurde, blieb allerdings nicht lange. Die ständige Feuchtigkeit gestaltete den Aufenthalt unangenehm. Angenehmer war es sicher auch für die späteren Insassen nicht, die zu langen Haftstrafen verurteilt, hier teilweise ein Leben lang einsitzen mussten. Die isolierte Lage machte einen Ausbruch kaum möglich: Bei 300 Delinquenten sind nur drei Ausbruchsversuche zu verzeichnen. Übrigens: Was früher Adligen und Verurteilten vorbehalten war, kann heute jeder buchen. Und seit einer umfangreichen Renovierung bekommt man auch keine kalten Füße mehr.

www.steinhude-am-meer.de

564

Mühlenmuseum
Gifhorn

»Naturgetreu und maßstabsgerecht« – darauf legte man großen Wert bei der Nachbildung der 45 Wind- und Wassermühlen aus aller Herren Länder. Im Sommer verzeichnen die Mühlen im Freigelände großen Zulauf, zumal sich auf dem Gelände lauschige Plätze für ein Picknick bieten und auch vierbeinige Besucher willkommen sind. Jedes Modell ist ein kleines Kunstwerk und wurde mit viel Liebe zum Detail erstellt, ob nun die »Moulin de la Galette« vom Montmartre in Paris oder die Mühle von »La Mancha« aus Spanien, gegen die Don Quijote so wenig ausrichten konnte.

www.muehlen-musem.de

565

Park der Sinne
Hannover

Auch hier stand der Künstler und Philosoph Hugo Kükelhaus Pate, als es darum ging, diesen »Park der Sinne« zu entwerfen. An 38 Stationen kann man einen oder mehrere Sinne testen: Rosen und Lavendel im »Garten der Düfte«, das »Spiel der Farben« beim aus weißen, gelben, roten, blauen und violetten Tönen komponierten Blütenmeer. Die »Quelle« hört und sieht man, weil an mehreren Stellen Wasser sprudelt, tröpfelt und plätschert, und sie sich durch einen kleinen Bachlauf zwischen Felsen und Pflanzen hindurch bis zum tiefsten Punkt des Parks schlängelt. Kinder lieben das Heckenlabyrinth, in dessen Mitte man plötzlich auf einen Zerrspiegel stößt. Dort wird vom Künstler Andreas Rimkus das Märchen von »Schneewittchen« symbolisiert dargestellt. Und sogleich hat man den Satz zur Hand: »Spieglein, Spieglein an der Wand, wer ist die Schönste im ganzen Land?«

www.verein-park-der-sinne.de

566 Otterzentrum
Hankensbüttel

Wer sie in natura gesehen hat, wird vermutlich nicht mehr Gefahr laufen, sich einen Nerz- oder einen Hermelin-Mantel zu wünschen. Diese selten gewordenen Tiere finden hier ideale Lebensbedingungen. Behütet und geschützt wird auch die vom Aussterben bedrohte Fischotter. Der Weg führt über Teiche, Wiesen und Äcker. Mit etwas Glück kann man den possierlichen Tierchen wie Dachs und Baummarder auf die »Pelle rücken«, ohne sie damit zu belästigen. Wer will, kann nach dem Rundgang selber planschen – am Wasserspielplatz vor dem Restaurant.

www.reiseland.niedersachsen.de; Stichwort; Otterzentrum

567 Handwerksmuseum
Burg Bromme

Wer es besonders »echt« haben möchte, sollte sich an einem Sonntag des »lebendigen« Museums hier einfinden. Dann präsentieren und praktizieren Handwerker mit Originalwerkzeugen die alten Techniken. Schuhmacher, Schmied, Seiler, Schneider und Glasschneider – das waren Berufe, mit denen man in ländlichen Gegenden ein gutes Auskommen hatte. Als Selbstversorger musste man auch die weitere Verwertungskette beherrschen, um überleben zu können. Schlachten und das Leder verabeiten gehörten ebenso zum Alltag wie die Textilverarbeitung oder Wolle zu spinnen. Ein weiteres Thema ist der Buchdruck, bei dem die »Ritter der schwarzen Zunft« ein komplexes Regelwerk beherrschen mussten.

www.museen-gifhorn.de

568 Fahrschule für Kids
Autostadt Wolfsburg.

Ampeln, Kreisel, Einbahn- und auch Vorfahrtstraßen – puh, wenn man selbst am Steuer ist, wirkt das doch ein wenig unübersichtlich. Noch ist das »Rumfahrland« nur auf dem Bildschirm, aber die Simulation ist ziemlich echt und die Kids geben Gas, bremsen und biegen mit Karacho um die Ecke. Schneller zu sein als die anderen, ist offensichtlich ein angeborener Ehrgeiz, das gilt auch für Kettcars, Drei-Räder und V-Cars. Doch nach dem Theorieunterricht kommt die Praxis im Parcours draußen. In elektrobetriebenen Mini-Beetles sausen sie über fast echte Straßen. Endlich ein »echtes« Steuer in der Hand und zeigen, was man draufhat. Wer lieber Autos entwirft, kann sich als zukünftiger Designer von Experten Tipps für die Umsetzung des Futur-Cars holen.

www.autostadt.de

569 Alles in Bewegung

Allerpark

Skateboarden, Radeln, Discgolf, Volleyball, Tischtennis und anderes spielen, sich austoben und sich ausruhen ... Das alles kann man nach Lust und Laune im Allerpark an Land. Wem es da zu heiß wird, geht ins Wasser: Segeln, Kanufahren oder Eishockey? Der Park hat für jeden und jede Jahreszeit etwas parat. Ach ja: Den Hund Gassi führen, darf man auch. 7000 qm wurden für das liebe Tier reserviert. Mal sehen, was dieser Modellversuch bringt.

www.allerpark.net

570 Bücherhof Hötzum

Sickte / Hötzum

Tradition gegen Moderne? Nein, mit E-Books kann und will man hier gar nicht konkurrieren. Vielmehr geht es um einen kunstvollen Satz, um Kalligrafie, Ledereinband und um einen guten Zwirn, damit aus einer losen Blattsammlung ein fadengebundenes nobles und gleichzeitig robustes Buch entsteht. Man darf es auch selbst ausprobieren: Hände, Augen und Geduld werden benötigt, wenn Faden, Leim oder Kleister und Papier eingesetzt werden, um ein Buch zu binden oder ein Leporello zu falzen.

www.olbrich-buecherhof.de

Geopark

Königslutter

571

Sie waren vollständig an das Leben im Wasser angepasst, lebten ausschließlich im Meer – und das über einen Zeitraum von über 150 Mio. Jahren. Vor 93 Mio. Jahren starb der Ichthyosaurus jedoch aus, noch lange vor den Dinosauriern. Ein Exemplar dieser Spezies hat es – zumindest als Fossil – in die Neuzeit geschafft und lockt im Geopark die Besucher an. Wer sich auf eine Zeitreise durch mehr als 290 Mio. Jahre Erdgeschichte begeben will, kann zwischen verschieden langen Touren durch Stadt und Wald wählen und z. B. im Steinbruch viel über Asseln, Saftkugler und Spinnen erfahren.

www.femo-online.de

Wildfütterung
Bad Harzburg

572

Der Natur nah, aber nicht zu nah. Eine Wildtierbeobachtungsstation sorgt für Distanz zwischen Mensch und Tier. Früher war es anders, da ging der Wirt vors Haus, rüttelte ordentlich mit dem Eimer voller Kastanien und rief sehr beharrlich »Kooomm, kooommm«, und dann kamen Reh und Hirsch ganz zutraulich und fraßen dem Alten aus der Hand. Seitdem die Nähe von Mensch und König des Waldes als unnatürlich empfunden wird, bleibt das Wild wild und muss sich mit Selbstbedienung begnügen. Vor der Waldgaststätte Molkenhaus auf dem Weg zum Brocken stehen die Futterkrippen mit Heu und die Drehtröge mit Kastanien, und hungrige Wildschweine wüssten auch gern, wie diese Dinger funktionieren. Aber noch immer sammeln Kinder ab Herbstanfang um die Wette Kastanien und verkaufen die Leckerbissen für die Wildfütterung.

www.molkenhaus.de

573

Phaeno Science Center
Wolfsburg

LED statt Kerzenlicht? Wer eine moderne Weihnachtsbeleuchtung möchte, lötet aus Leuchtdioden und Drähten leuchtende Sterne und Tannenbäume zusammen. Tatsächlich eröffnet die elektronische Schwester der Kerze zauberhafte Möglichkeiten ... Wichtig ist den Initiatoren von Phaeno das Selbermachen, ob allein oder mit der ganzen Familie. Angebote dafür gibt es das ganze Jahr über. Töne sichtbar machen, Klänge durch Wärme erzeugen oder auf einem fliegenden Teppich schweben. Der dazu passende architektonische Rahmen stammt von Zaha Hadid.

www.phaeno.de

574 Landtechnik-Museum
Braunschweig

Selbst Kartoffeln pflanzen, Kartoffeln ernten und danach ein großes Erntedankfest veranstalten – das sind feste Daten im Jahreskalender von Gut Steinhof. Viel Zuspruch findet dabei die Mitmachaktion nach der Ernte, wenn es darum geht, auf einem alten holzbefeuerten Ofen Kartoffelpuffer zu machen. So knusprig wie hier bekommt man sie zu Hause einfach nicht hin. Wie sich die Arbeit vom Pferdepflug zum Traktor nach und nach veränderte, ist Thema in diesem Museum, das auf 1400 qm etliche Gerätschaften pflegt und hegt, sodass sie bei Veranstaltungen zum Einsatz kommen können, etwa beim Schaudreschen mit dem Dampflokmobil oder wenn demonstriert wird, wie ein Pferd am Göpel Stroh häkselt.

www.gut-steinhof.de

575 Gleitschirmfliegen
Goslar

Die Brockenwanderer können es kaum glauben: Eine Gruppe bunter Schirme gleitet über dem Berg durch die klare Luft. Wer ihnen sehnsuchtsvoll hinterhersieht und davon träumt, selbst wie ein Vogel über Berge, Tal und Dörfer zu schweben, hat den ersten Schritt zum Fliegen schon gemacht. Der Rammelsberg ist das Gleitschirm-Paradies Norddeutschlands, und ein Tandemflug kann Sucht aus lösen. An der Winde ein paar Schritte über den Boden, schon geht es auf 250 m Höhe, ein kurzer Zug an der Schleppklinke und der Vogelflug beginnt. Pulsbeschleunigung gibt es gratis, die Länge des Flugs bestimmt die Thermik. Mit dem Motorschirm geht's auch, reinsetzen, Gas geben und nach ein paar Metern weht der Wind ins Gesicht …

www.paracenter.de;
www.harzergss.de

576 Im Königreich
Romkerhall

Unaufmerksame könnten das kleinste Königreich der Welt »Romkerhall« übersehen. Es liegt an der B 498 zwischen Oker und Altenau und ist von hohen Bergen umgeben. Geheimnisvolle Geschichten ranken sich um das Gebiet. Fest steht jedoch, dass König Georg V. von Hannover hier 1862 einen Jagdsitz errichten ließ. Bei einer Gebietsreform im 20. Jh. wurde Romkerhall vergessen. Der damalige Besitzer rief es zum kleinsten Königreich der Welt aus. Das Haus ist innen fürstlich geschmückt und steht, gegen Entgelt, auch Bürgerlichen offen, ebenso seine Tafelrunden.

www.koenigreich-romkerhall.eu

Rodeln
Torfhaus

820 m hoch liegt der riesige Parkplatz und der Brocken – mit dicker Schneemütze – scheint zum Greifen nah. Aber Schnee liegt eben auch auf Torfhaus. Wer keinen Schlitten hat, kann sich jetzt einen leihen. Neben dem Skihang »Auf der Rose« beginnt die rasante Bahn, 300 m lang und mit gut 16 % Gefälle, und dann gibt es glücklicherweise den Rodellift mit dem passenden Namen »Brockenblick«, der Menschen und Schlitten wieder nach oben trägt, damit sie wieder hinuntersausen können. Mit etwas Glück darf man von 17 Uhr an noch weitere 3 Std. im Fluchtlicht rodeln ...

577

www.oberharz.de;
www.torfhauslifte.de

578

Okertalsperre
Wassersport / Schulenberg

Wie mit Krakenarmen greift die Okertalsperre in den Nordwesten des Gebirges, in Richtung Goslar, Schulenberg, Clausthal-Zellerfeld, Altenau sowie Bad Harzburg, und mit 2,3 qkm bildet sie dabei den zweitgrößten Stausee im Harz. Zwischen 1952 und 1956, während die Staumauer wuchs, mussten die Menschen aus Schulenberg ihre Häuser verlassen und bekamen einen neuen Luftkurort. Ihr Dorf und die umgebenden Täler wurden überflutet. Wenn jemand erzählt, manchmal könne man den Kirchturm sehen, dann ist das eine Legende, denn es gab keine Kirche dort. 1,5 Std. schippert die »Aqua-Marin« bei der großen Okerseefahrt zwischen vier Anlegestelle an schönen Aussichten sowie an lauschigen Rastplätzen vorbei. Baden ist erlaubt, Segler und Surfer haben reichlich Platz, und an der Oker unterhalb der Talsperre lernen Wildwasserfans bei rasanten Fahrten durch unruhiges Wasser Hüftknick und Eskimorolle, sobald die Wasserwerke die Schleuse öffnen und die Waldschlucht überfluten.

www.okersee.de

579

Board'n Bikes

Hahnenklee / Bocksberg

Roller war gestern. Jetzt ist es der Monsterroller, dessen dicke Profilreifen über Äste springen, Zweige streifen den Kopf und Scheibenbremsen erhöhen den Nervenkitzel in steilen Kurven. Gibt es das Fahrrad noch? Hier nicht, Experten sprechen von Downhill-Bike und Hillracer und lassen damit schon ahnen, dass es am Bocksberg um mehr als Mountainbiken geht. Sie wappnen sich mit Helm, Ellenbogen- und Schienbeinschonern, hüllen sich in Battle-Jackets und stürzen sich ins Abenteuer, das Singletrail heißt, mit Sprüngen und Senken, mit schnellen und langsamen Kurven. Man kann es immer wieder probieren, Gondeln der Seilbahn bringen auch Fahrzeuge auf den Berg, und dann geht es wieder bergab ...

www.bike-park-hahnenklee.de

580

Silbergrube Lautenthals Glück

Lautenthal

Das hat man sich anders vorgestellt, das Glück. Es sieht bescheiden aus: ein riesiges Wasser- und Förderrad, Maschinen und Lokomotiven. Ein »Fahrkunst« genanntes Leitersystem, mit dem die Bergleute zu ihrem Arbeitsplatz im Berg hinunterfuhren. Wer zu spät kam, dem wurde Lohn abgezogen. Hinunter wollten viele, denn unten konnte man Erze abbauen, sogar Silber – Lautenthals Glück, vom 13. bis Mitte des 20. Jhs. Jetzt muss man einen Helm aufsetzen und sich in die Grubenbahn zwängen. Sie ist nützlicherweise rundum vergittert, denn nur wenige Zentimeter trennen Passagiere und Stollenwand. Man kann sich vorstellen, wie mühsam das Erz aus der Wand geschlagen wurde. Den Bergmännern gilt aller Respekt. Allein dafür lohnt sich die Tour unter Tage!

www.lautenthals-glueck.de

581

Goetheweg

Torfhaus

Eigentlich müsste man den Goetheweg im Winter gehen, möglichst bei tiefem Schnee, denn der Dichter brach am 10. Dezember 1777 zu seiner ersten Brockenbesteigung auf und war wohl gut beraten, aber auch nicht allein. Der Förster Degen begleitete ihn. Eine Brockenbahn gab es noch nicht, und die Harzquerbahn wurde gut 100 Jahre später gegründet. Von Torfhaus aus scheint der Brocken bei guter Sicht einen kurzen Spaziergang entfernt zu sein, aber es sind nicht die 5,5 km Luftlinie zu überwinden, sondern ein 8 km langer Weg, der von 800 m auf 1141 m Höhe ansteigt.

www.national-parkharz.de

Höhlenerlebnis
Bad Grund

582

2008 stand zum ersten Mal ein Mensch vor dem rekonstruierten Gesicht eines seiner bronzezeitlichen Vorfahren. Er kann eine der ältesten Stammbaumlinien der Welt nachweisen – über 120 Generationen. Hier sah er, wie seine Vorfahren vor rund 3 000 Jahren lebten und sich ernährten. Göttinger Anthropologen hatten dafür die DNA von fast 300 Freiwilligen ausgewertet und 50 wahrscheinliche bis sichere Nachfahren identifiziert. Ein Jahr später feierte die älteste Großfamilie der Welt, dann schon auf über 100 Nachfahren gewachsen, eine einzigartige Zusammenkunft.

www.hoehlenerlebnis-zentrum.de

583

Wasserwanderweg
Clausthal-Zellerfeld

Im Südosten von Clausthal-Zellerfeld liegt der schönste Teil des Welterbes, das die Unesco nun als »Oberharzer Wasserwirtschaftssystem« eingetragen hat: eine Kaskade von vier Teichen, in denen sich die Wolken spiegeln. Für eine Attraktion taugt der Name nicht, da wird man sich noch etwas einfallen lassen müssen. Er bezeichnet nur einen Rechtstitel. Hier ist nichts Natur und alles Technik. Herr über die Teiche sind heute die Harzer Wasserwerke. Die ersten waren wohl die Zisterzienser – Mönche aus Walkenried, die damit und mit dem Bergbau ein erfolgreiches Wirtschaftssystem in Gang setzten. In Sammelbecken wurde Regenwasser aufgefangen und über kilometerlange Gräben dorthin geführt, wo es gebraucht wurde. Keiner kennt die genaue Zahl der Teiche, um 140 mögen es seit dem 16. Jh. gewesen sein, wenn auch nicht alle gleichzeitig existierten. Die Länge der Gräben wird mit 500 km geschätzt, die der unterirdischen Überleitungsstollen mit 30 km. Heute sind noch 65 Teiche registriert, 70 km Wassergräben und 20 km Wasserläufe. Die Aufgabe der Teiche beschränkt sich auf Hochwasserschutz und Trinkwassergewinnung. Schilder mit einem Wasserrad und Richtungspfeil kennzeichnen 22 Wege, meist als Rundtouren angelegt, 450 m bis 12 km lang, in deren Verlauf es eine Fülle Erläuterungen zum Bergbau gibt. Manche waren bisher unspektakulär, der neue Titel bringt Neugier. Die Kaskade östlich von Clausthal-Zellerfeld wird auf 2,7 km vom Wasserwanderweg »Hirschler Teich / Pfauenteiche« erschlossen. Die ehemaligen Bergwerke »Caroline« und »Dorothea« liegen in der Nähe, Kern des Burgstätter Zuges mit ertragreichen Erzgruben im ganzen Oberharz. In der Trockenzeit von 1766/67 entleerte der Teich sich vollständig und verursachte eine Krise im Bergbau. Zu allen Bauwerken – auch zu den Teichen – gibt es unterwegs Informationen.

www.harzwasserwerke.de

584

Kräuterpark

Altenau

Nichts vom weltweiten Wissen um die Heilkräfte der Natur ist verloren! Wer daran zweifelt, kann sich im Kräuterpark überzeugen lassen. Von Schmetterlingen umschwärmt, an Berg und Sumpfwiesen, an Salbei, Minze, Thymian, Melisse und Ysop vorbei, geraten Spaziergänger an Exoten wie Indianernessel, sehen am Wasserfall Farne und überall gibt es Tafeln, die Herkunft und Heilkraft verraten. In der Gewürz-Pagode erst einmal die Augen schließen und schnuppern: Indien oder eher Thailand? Tibet? Malaysia? Würzig ist es ganz sicher, aber es ist unmöglich, einen einzigen, speziellen Duft auszumachen.

www.kraeuterpark-altenau.de

585

Wintersport

Braunlage

Braunlage liegt mitten im Harz, 600 m hoch und außerdem am Fuß des 971 m hohen Wurmbergs. Höher geht es in Niedersachsen nicht. Mit dem Schnee finden jedes Jahr die Besucherscharen ein traumhaftes Skigebiet vor, und mit dem Kaffeehorst einen idealen Snowboardinghang, 400 m lang und mit beachtlichen 80 m Höhenunterschied.

www.harzinfo.de; s. Wintersport

586

Arboretum

Bad Grund

Der Weinblattahorn leuchtet feuerrot – der Rundkurs Indian Summer im Arboretum, nun »Welt-Wald Harz« genannt, lädt zu einem Herbstspaziergang ein. Jetzt sieht es ganz anders aus als im späten Frühjahr, da gehörte der Asiatische Blütenzauber zu den beliebtesten Wegen im Exotenwald. Aus Sibirien bis Südamerika stammen etwa 600 Baumarten und Gehölze. Sie heißen Gurken-Magnolie oder Hirschkolbensumach und sind auf ca. 12 km Weg nach Ländern sortiert. So weiß jeder, woher die »Fremden« stammen, die sich hier seit dem Jahr 1975 integrieren.

www.bad-grund-harz.de

587

Schlittenhunderennen

Clausthal-Zellerfeld

»Gee«, ein bisschen nach rechts, ruft der Musher am Ende der Kufen, die Zugleine fest in der Hand. Immer gleichmäßig gespannt muss sie sein, damit die Hunde nicht stolpern und sich verletzen, permanenter Druck auf die Bremsen hilft. So ein Schlitten lässt sich nicht lenken wie ein Auto, auch wenn er Matten- und Krallenbremse hat. Gespann und Mann oder Frau müssen zusammenarbeiten. Gewichtsverlagerung beeinflusst das Kurvenverhalten, Rufe geben die Richtung an. Bei »Haw« geht es nach links durch aufstaubenden Schnee, wie Wölfe heulen die Hunde. Bis zu 40 km/h können die Tiere erreichen. Bei »Easy« verringern sie das Tempo, fallen in Trab, und »Whuuu« kündigt den Stopp an.

www.oberharz.de

588

Glashütte

Clausthal-Zellerfeld

Heiß ist es: Bei 1 250 °C arbeiten die Glasmacher mit dem flüssigen Quarzsand, ziehen mit der langen Pfeife das Material aus der Glut, das wie flüssiger Honig tropft, wenn das Gerät nicht ständig gedreht wird – und dann pusten, kräftig, aber nicht zu sehr, sonst tropft das flüssige Glas hinunter. Besucher dürfen das auch probieren, sich ein Souvenir blasen. Es sah gerade noch so leicht aus. Im Kunsthandwerkerhof blitzt das Glas in allen Farben, Vasen, Teller und Tiere sind hier in Handarbeit entstanden. Mit dem Zwackeisen hat der Glasmacher bei der Vorführung Ohren und Beine aus einer Kugel gezogen, formt Pferdeschwänze und Hasenohren. Aber dann kommt das Schönste: Den selbst geblasenen Glocken entlockt einer mit leichtem Klöppelschlag eine leise Melodie.

www.glasblaeserei.de

Grube Samson

St. Andreasberg

Aber was hat der Kanarienvogel Harzer Roller mit Bergbau zu tun? Er hat die Männer im Berg geschützt, wenn er bei gefährlichem Grubengas verstummte. Dann wussten sie, dass sie den Stollen verlassen mussten. Er sorgte, jahrhundertelang in St. Andreasberg gezüchtet und verkauft, für das notwendige Brot, das die Arbeit im Berg nicht immer hergab. Kanarienvogelmuseum im Gaipel und Grube Samson gehören somit zusammen. Mehr als 100 t Erz (bis in 810 m Tiefe) wurde hier gefördert. Heute führt die Drahtseilfahrkunst, damals mit Wasserrädern betrieben, 190 m tief in den Berg.

589

www.oberharz.de/andreasberg-kanarienvogel-museum.html

590 Rhumequelle
Rhumspringe

Als Nebel wallten und Menschen nur als Schattenrisse wahrzunehmen waren, fehlte nur Rhuma, die Nixe, die der Vater vor vielen Jahren in eine Höhle verbannt hatte. Auf unterirdischen Wegen, so will es die Sage, hatte sie sich befreit und stieg ans Licht – als Rhumequelle. Fasziniert stehen jedes Jahr Besucher am Rand des Dorfes und schauen auf den 20 m großen, 9 m tiefen Quelltopf, aus dem die Rhume mit 900 bis 5 500 l Wasser pro Sek. entspringt. Mit konstanten 8 - 9 °C Wassertemperatur wissen auch Wasseramsel, Eisvogel und Pirol diesen Ort zu schätzen.

www.rhumspringe.de

591 Wildnispark
Altenau

Mit einem Eichen-Buchen-Mischwald, der nur 300 bis 400 m hoch und damit in warmen Tieflagen gedeiht, beginnt der Weg. Die Buche ist die dominierende Baumart im Harz, das ist in höheren Lagen zu sehen; bis 700 m konkurriert sie mit der Fichte um den Platz. An den Bachauen sind Erle, Esche und Aspe, auch Bergahorn zu finden. Ein Drittel aller in Deutschland bekannten Pflanzen wachsen, wo sie dürfen, im Nationalpark. Aber die Fichte hat ein Problem, sie hat flache Wurzeln, und wenn der Wind stark pustet, wirft er die Bäume um. Nach dem Windwurf machen sich die Borkenkäfer über die Bäume her. Der Wald ist nicht tot, die nächste Generation nutzt die Chance und streckt erste Blätter ins Licht.

www.nationalpark-harz.de

592 Museum im Schloss
Schloss Herzberg

Untypisch für ein Schloss: vier Flügel und fast alles Fachwerk, eine Renaissance-Anlage, 1510 auf einen Bergrücken im Westen der Stadt gebaut, wo im Mittelalter eine Burg stand. Heinrich der Löwe soll das Schloss 1157 gegen die Burg Badenweiler von Kaiser Friedrich Barbarossa getauscht haben, danach blieben die Welfen, bis der Ort 1866 an die Preußen ging. In der ehemaligen Schlossküche tagt seit dem Jahr 1882 das Amtsgericht, im Museum kann man 1 000 Jahre Harzer Geschichte und ein Faksimile des Evangeliars Heinrichs des Löwen besichtigen. Tapeten mit Jagdmotiven in Lebensgröße sind zu sehen, eine Orgel aus berühmter Werkstatt. Neugierige Kinder gehen mit Lupen auf Forschertour. An den Computer-Terminals sehen sie Filme.

www.museum-schloss-herzberg.de

593

Fledermäuse beobachten

Lonau

Sie sehen mit den Ohren und fliegen mit den Händen, und wenn sie Geräusche machen, hören wir sie wispern, zetern, kratzen, glucksen, – aber sie brüllen und schimpfen auf eine Art, die wir nicht hören können. Fledermäuse sind schnell und geheimnisvoll, manche nennen sie mystisch; andere fürchten sie als kleine Vampire. Wer mehr darüber wissen will, nutzt die »Batnight« Ende August, sobald die Weibchen die Jungen aufgezogen haben.

Führung: Tel. 0 55 21/7 26 5300

594

Römerlager

Hann. Münden

Das erst vor wenigen Jahren entdeckte römische Militärlager gilt als archäologische Sensation, zumal in Niedersachsen. Als Grabräuber im Jahr 1998 hier antike Beute machten, brachte dies die Archäologen auf den Plan und zu reichen Funden: römische Waffen, Zeltheringe, Münzen, Werkzeuge. Im Jahr 2004 wurden die Ergebnisse der Untersuchung verkündet: Es handelt sich hierbei um das östlichste bislang entdeckte Militärcamp der Großmacht in Germanien.

www.goettingerland.de/roemerlager

Rundweg

Bad Sachsa

595

Der Ravensberg schützt das alte Kurstädtchen im Südharz. Um die Spitze des 660 m hohen Berges führt ein 3,8 km kurzer Rundweg und bietet die schönsten Blicke: zum Brocken, zum Kyffhäuser und zum Thüringer Wald. Enge Täler führen auf kurzem Weg ins Gebirge. Wem das zu anstrengend ist, bleibt auf der Flaniermeile und im Kurpark, erfreut sich dort an Lehrpfaden. Uffebach heißt das Gewässer, das über einige Stufen vom Schmelzteich ins Grüne fällt. Schöne Fachwerkhäuser sind im Zentrum um das Rathaus mit jugendstilgeschmücktem Sitzungssaal erhalten.

www.badsachsainfo.de

596 Nachtwächter
Hameln

»Hört Ihr Leut' und lasst Euch sagen: Unsre Glock hat Zehn geschlagen! Wahrt das Feuer und das Licht ... Menschen wachen kann nichts nützen, Gott muss wachen, Gott muss schützen, Herr durch Deine Gnad' und Macht, schenk uns eine gute Nacht.« So ähnlich hat es bis Ende des 19. Jhs. in den Gassen von Hameln geklungen, wenn der Nachtwächter seine Runden ging. Der »Neu-Wächter« Lorenz holt den in Vergessenheit geratenen Beruf in die Gegenwart zurück und erzählt über den wilden Peter, die Hugenotten und vieles andere mehr.

www.lorenz.bz/_nachtwaechter/geschichte.html

597 Skizentrum Ravensberg
Bad Sachsa

Leicht und kurz für Langläufer ist der Rundkurs Stephanhütte: Gemächlich geht es los – und bleibt 1 500 m auf gleicher Höhe, dann 2000 m bergab, noch ein kleiner Anstieg bis zur Uffequellenhütte, – schon ist der Ausgangspunkt wieder erreicht. Vor allem für Familien ist der Südharz mit dem 660 m hohen Ravensberg ein Geheimtipp, dafür sorgen die leichten bis mittelschweren Abfahrten auf 4 000 m Höhe. Acht Wanderwege sind bei Schnee geräumt, Snowboarder finden ein extra Gelände mit Schanzen und Rampen vor, im Wald gibt es eine kleine Rodelbahn, aber auch 620 m Abfahrt- und im Saltal-Paradies eine Eislaufhalle. Wenn der Schmelzteich im Kurpark zugefroren ist, tummeln sich jedoch alle dort.

www.sportzentrum-ravensberg.de

598 Kloster auch für Kinder
Walkenried

Eine imposante weiße Ruine auf der Wiese, ein herrlicher gotischer Kreuzgang, ein Kapitelsaal, der noch als Kirche genutzt wird, Refektorium und Wirtschaftsgebäude – das ist alles, was blieb von einem der mächtigsten Wirtschaftsbetriebe in Norddeutschland, dem Zisterzienserkloster Walkenried. 1129 von Mönchen aus dem Burgund gegründet, ließen sie Laienbrüder für Gottes Lohn in Bergwerken schuften, machten Sümpfe urbar, legten Fischteiche an und trennten sich von Unrentablem zugunsten von Zinsgeschäften. Am Ende wurde das Kloster Steinbruch und Schnapsbrennerei und schließlich 2006 ein Zisterzienser-Museum. Eine moderne Geschichte, wie Bruder Ambrosius und die Klostermaus auch Kindern gerne zeigen.

www.kloster-walkenried.de

usw
uferträume seesterne wellenreiter
111 magische Orte am Wasser
MERIAN books
usw 111 magische Orte am Wasser
MERIAN books

Nordrhein-Westfalen

Wo anfangen? Vielleicht auf der Rheinpromenade in Düsseldorf oder auf der Aussichtsplattform Köln Triangle – mit Blick auf den Dom. Natur gibt es auch, sie kommt in die Städte zurück: Zwischen rostigen Stahlinstallationen und nagelneuen Skulpturen, wie hier in Duisburg, sprießt frisches Grün.

»Tiger & Turtle«, die begehbare Skulptur auf der Heinrich-Hildebrand-Höhe in Duisburg, ist Tag und Nacht geöffnet. Wer sie betritt, ändert mit jedem Schritt ihre Form.

599

Floßbau

Rheine

Es ist gar nicht so schwer, sich einmal wie Tom Sawyer und Huckleberry Finn zu fühlen. Dafür braucht man nicht an den Mississippi zu fahren, die Ems reicht aus. Das Programm dauert ca. 3,5 Std. und ist eine lehrreiche Erfahrung für Kinder wie Erwachsene. Geschick, technische Begabung und Kreativität sind hilfreich. Das Wichtigste beim Bau – und natürlich auch bei der Floßfahrt – ist jedoch Teamgeist. Aus verschiedenen Materialien werden Flöße gebaut, die auf dem Wasser auf ihre Stabilität getestet werden – dann zeigt sich, wie gründlich man gearbeitet hat.

www.tourenmacher.de;
www.rheine.de

600

Saline Gottesgabe

Rheine

Nüchtern betrachtet, ist die Saline »nur« ein technisches Baudenkmal. Anfang des 17. Jhs. war sie für Alexander von Velen jedoch ein Geschenk des Himmels: Die Salzquelle bedeutete ökonomischen Aufschwung, daraufhin gab er ihr den Namen: Gottesgabe. Der Park ist frei zugänglich, Spazier- und Wanderwege führen hindurch, auf Themenrouten wird man zu Kultur- und Naturschätzen geleitet. Auf der Salzroute lernt man z. B. die Geschichte des »Weißen Goldes« kennen. Bei einer Führung (ca. 2 Std.) erfährt man viel über die Blütezeit der Salzgewinnung im 18. und 19. Jh. – jene Zeit, als das 300 m lange Gradierwerk entstand, die erste derartige Anlage in Westfalen.

www.rheine.de;
www.kloster-bentlage.de

601

Haddorfer Seen

Wettringen

Im Norden von Wettringen liegt eingebettet in eine Heidelandschaft das Erholungsgebiet Haddorfer Seen. Fünf an der Zahl reihen sich hier aneinander. Der größte ist der Boots- und Angelsee, an dem an Sommerwochenenden Tret- und Segelboote oder ein Elektroboot geliehen werden können. Der etwas kleinere See im Osten ist der Naturbadesee mit einer angrenzenden Dünenlandschaft. Hier gibt es Ganzjährig-Campingplatz mit Zeltwiese, Übernachtungshütten für Radler und Ferienhäuser. Wer sich sportlich betätigen möchte, hat die Wahl: Minigolfplatz oder Tennisplatz, Trimm-dich-Pfad, Basketball- und Beach-Volleyballfeld oder doch der Bolzplatz? – Alles ist vorhanden. Für Kinder besonders attraktiv: der Abenteuerspielplatz und Matschbereich direkt an der Badebucht.

www.wettringen.de

602

Naturzoo
Rheine

Zwei Besonderheiten zeichnen den Zoo aus. Die erste: Hier siedelt die größte Weißstorchkolonie in Nordrhein-Westfalen. 60 Störche sind hier zu Hause. Im Frühjahr gesellen sich wilde Störche dazu, um hier in den Bäumen ihre Nester zu bauen und zu brüten. Zu den Fütterungszeiten treffen sich alle im Reservat – ein einmaliges Schauspiel. Die zweite Besonderheit: Rheine rühmt sich, den ersten Affenwald Deutschlands zu besitzen. Hier leben Berberaffen in einem frei zugänglichen Gehege und man erlebt sie hautnah. Wer sich nicht an die Regeln hält und nicht auf sein Hab und Gut aufpasst, hat schnell den Kürzeren gezogen. Die Affen sind schnell und grapschen gern nach Essbarem. Das Füttern ist aber streng verboten. Die Tiere dürfen nicht angefasst werden. Vice versa sind Rucksäcke, Taschen und Kinderwagen für die Tiere tabu. Ob das die Affen auch so sehen?

www.naturzoo-rheine.de

603

Drachenbootfahren
Rheine

Es ist über 12 m lang, kommt aus dem fernen China und heißt Grisu – Feuer spuckt es allerdings nicht. Das knallbunte Drachenboot aus Rheine hat wie alle Drachenboote einen Drachenkopf am Bug, einen Drachenschwanz am Heck und schwimmt auf der Ems. Mit einem Steuermann und einem Trommler an Bord, der den Takt für die Paddelschläge der Mannschaft angibt, wird das Ungetüm gezähmt. Bis zu 20 Personen finden im Boot Platz. Der Verkehrsverein Rheine bietet dreistündige Touren mit dem Boot an. Ein Experte weist in die Paddeltechnik ein. Gefährlich ist das Gefährt aber nicht!

www.rheine.de

604 Dreiländersee
Gronau

Der 24 ha große See mit seinen 4 km langen Uferwegen ist in einer Stunde zu Fuß gut zu umrunden. Nimmt man es ganz genau, handelt es sich eigentlich um zwei Seen: der kleine Badesee im Westen und der große im Osten, die allerdings an einer Stelle miteinander verbunden sind. Segeln, Paddeln, Tretbootverleih, Baden am Sandstrand, auch Minigolf, Fußball und Beachvolleyball – das Freizeitangebot ist facettenreich und immens. Außerdem lockt der See Windsurfer an. Die Verhältnisse für die Surfer werden als anspruchsvoll eingestuft.

www.gronau.de;
www.campingplatzgronau.com

605 Beach-Halle
Recke

Seit dem Jahr 2006 gibt es die erste Indoor-Beachhalle des Münsterlandes, den Family Beach Club in Recke. Mit einer Höhe von stolzen 9 m verwandelte sich eine Halle in ein neues Highlight für Beachsportarten. 600 t Sand wurden hierher verfrachtet. Mit einer Fußbodenheizung wird der Sand für die Spiele angewärmt, die Halle selbst ist klimatisiert. Das Licht scheint durch die großen Seitenfenster und durch Oberlichter ins Innere. Hier wird gespielt, was normalerweise am Strand Spaß macht: Badminton, Handball, Volleyball, Fußball, Indiaca oder einfach nur Boccia – man ist aber auch für andere Sportarten offen. Auf 1 000 qm stehen vier Plätze zur Verfügung, die stundenweise gemietet werden können.

www.beachhalle-recke.de

606 Pop-Museum
Gronau

Gronau? Genau! Schublade auf, Musik ab. Das Rock- und Pop-Museum ist ein Ort zum Hinhören. Hier swingt, groovt und rockt es den ganzen Tag. Udo Lindenberg hatte die Idee zum ersten und einzigen Popmuseum Europas. In der ehemaligen Textilfabrik seiner Heimatstadt ist die Musikgeschichte des 20. Jhs. dokumentiert. Lindenberg kommt ab und an zu Besuch, hat seine eigenen Bilder hier ausgestellt und das ein oder andere Konzert gegeben. Die Ausstellung ist schrill, bunt und plakativ. Im ersten Raum ist es zunächst aber ziemlich plüschig: Hier dudelt der erste Millionenseller der Musikgeschichte, das kitschige »Gebet einer Jungfrau« von Thekla Badarzewska. Das Studio der deutschen Rockband Can ist im Original aufgebaut – bis hin zum abgewetzten Fußboden.

www.rock-popmuseum.de

Tauchen im Park

Ibbenbüren

607

Die Faszination des Naturagart-Parks liegt unter der Wasseroberfläche verborgen: Ein komplettes Schiff und eine 20 m lange Tempelanlage mit 5 m hohen Säulen, Höhlen, die sich über eine Länge von 300 m erstrecken – die Unterwasserwelt im Naturerlebnispark Dörenthe ist ein kleines und feines Disneyland für Taucher.

www.naturagart.de;
www.tourismus-ibbenbueren.de

608

Dörenther Klippen

Ibbenbüren

Gut beschildert, führen Rundwanderwege und Kraxelpfade von den Dörenther Klippen bis tief in den Teutoburger Wald. Für Profiwanderer erstreckt sich der 170 km lange Hermannsweg von Rheine bis in die Region Ostwestfalen-Lippe (Beschilderung: weißes H auf schwarzem Grund). Von den Dörenther Klippen aus sind z. B. das Plisseetal und der Dreikaiserstuhl in einer zweistündigen Wanderung gut zu erreichen. Mit Kindern lohnt ein Abstecher zum Kletterwald oder Freizeitpark: Eine Sommerrodelbahn mit Schlittenpiste (120 m) sowie ein nostalgischer Märchenwald sorgen für beste Unterhaltung.

www.bergfreunde-ibb.de; www.sommerrodelbahn.de

609

Bildhauer für einen Tag

Sandsteinmuseum / Havixbeck

Seit über 1000 Jahren wird der Baumberger Sandstein in der Havixbecker Hügelkette abgebaut. Das Havixbecker Sandsteinmuseum im denkmalgeschützten Bauernhof Rabert führt seine Besucher anschaulich in die Geschichte der Sandsteinverarbeitung ein. Der Stein diente nicht nur als Baumaterial für Kirchen und Häuser der Region, sondern wurde auch von Bildhauern genutzt. Skulpturen und Steinmetzarbeiten sind in der Dauerausstellung zu sehen. Jeder Besucher darf hier selbst zum Werkzeug greifen und Bildhauer spielen.

www.sandsteinmuseum.de; www.touristik.havixbeck.de

Flughafen

Münster / Osnabrück

610

Der Flughafen in Münster/ Osnabrück lässt hinter die Kulissen blicken: Was bei Großflughäfen meist verboten ist, ist hier erlaubt und gewünscht: Die Besucher durchlaufen Handgepäck-, Personenkontrolle und besichtigen das Vorfeld sowie die Abflug- und Ankunftshallen.

www.fmo.de; auch: Nachtführung mit Dinnerbüfett

Teuto-Express

Lengerich

611

Das ist Nostalgie: Mit dem Teuto-Express lässt sich das Bahnfahrgefühl der Fünfziger Jahre nacherleben. Der Name Express sollte dabei großzügig interpretiert werden. Der Zug schlängelt sich, von einer Dampflok gezogen, in gemäßigtem Tempo durchs Tecklenburger Land, durchs Münster- und durchs Osnabrücker Land.

www.eisenbahn-tradition.de

612 Moorschnucken und Flamingos
Zwillbrocker Venn

Eine Radroute und sieben markierte Wanderwege führen durch Moor und Heide. Sie liegen alle direkt an der Flamingoroute. Der Name passt, denn hier liegt das nördlichste Brutgebiet freilebender Flamingos in Europa. Einen Abstecher wert ist die Schäferei Moorhof der Biologischen Station Zwillbrock in Ahaus-Graes: Hier grasen die Moorschnucken mit bis zu 500 Mutterschafen. Wer will, kann für eines der vom Aussterben bedrohten Tiere eine Patenschaft übernehmen.

www.vreden.de;
www.bszwillbrock.de

613 Kutschfahrten
Warendorf

Kutsch- und Planwagenfahrten bieten sich v. a. in der Gruppe an: bei Kindergeburtstagen, Partys oder bei Hochzeiten. Gemietet werden sie meist samt Fahrer und Begleitperson. Es werden aber auch Stadtrundfahrten mit der Kutsche offeriert, beispielsweise in Münster. Münsterland-Touristik und Münster-Marketing vermitteln ein bis vier Pferdestärken, die in fast jeder Gemeinde gebucht werden können.

www.muensterland-tourismus.de;
www.regiofreizeit.de,

614 Glockenmuseum
Gescher

Mehr als 1000 Exponate erzählen im Museum 2000 Jahre Glockengeschichte. Glocken vom 12. bis zum 20. Jh. zeugen vom Können der Glockengießer. Man sollte sich auf jeden Fall durchs Museum führen lassen. Man lernt, was es bedeutet, zu »beiern« und zu »kleppen«, und in der großen Glockengrube wird Schritt für Schritt veranschaulicht, welche Etappen vom Zeichnen der Glockenrippe bis zum Glockenguss in einer Gießerei notwendig sind. Auf zwei Glockenspielen kann man sich selbst als »Carilloneur« (Glockenspieler) versuchen. Na, läutet das was?

www.glockenmuseum.de

Longinusturm

Nottuln

615

Ausgangspunkt der Tour zum höchsten Punkt des Münsterlandes ist das sehenswerte Schlaun-Dorf Nottuln. Wer nicht wandern will, kann den Turm mit dem Bus »Baumberg-schnecke« erreichen. Mit einer Geschwindigkeit von 6 km/h, von Bordmusik begleitet, kriecht sie durch die Waldlandschaft. Stützpunkt des Busses ist der Parkplatz vom Café Longinus, wo man auch reservieren lassen kann.

www.nottuln.de; www.longinusturm.de, Reservierung Tel. 0 25 02/79 11

616 Barfußgang
Stift Tilbeck

Havixbeck hütet ein Wellness-Wunder. Es ist verblüffend einfach, effektiv und wird auch noch kostenlos angeboten: Schuhe aus, Socken aus und ab auf den Barfußgang. Ein außergewöhnliches Erlebnis mitten in den Baumbergen. Ein 2,5 km langer Rundweg mit viel Freiheit für die Füße, bei dem sich der ganze Körper entspannt. Unbeschuht durch Matschbecken laufen, über weichen Waldboden, Heu, durchs Wassertretbecken, durch den Tilbecker Bach und über Kieselsteine: Das ist ein fantastischer Spaß für Kinder und Erwachsene und gleichermaßen eine gesundheitsfördernde Fußreflexzonenmassage. Picknickplätze finden sich auf dem Weg reichlich.

www.barfussgang.de; Einkehr: www.cafe-am-turm.de

617 Radtour zum Eiskeller
Münster / Altenberge

Auf einer Fahrradtour von Münster nach Altenberge fährt man über Nienberge in die Bauernschaft Hansell, wo man u. a. an einer ehemaligen Holländerachteckwindmühle vorbeikommt. Kurz vor Altenberge, am südlichen Ortseingang (Alter Münsterweg), steht die 300 Jahre alte »Krüselinde«, das Wahrzeichen der Stadt. In Altenberge, mit seiner fantastischen Aussicht vom Höhenrücken, geht es dann allerdings tief ins Erdinnere: genauer gesagt in den Eiskeller der ehemaligen Bierbrauerei Beuing. Der Gewölbekeller wurde im 19. und Anfang des 20. Jhs. für die Bierreife verwendet und steht heute unter Denkmalschutz. Hier lagerten die Fässer und das Eis zur Kühlung. Das Eis wurde damals auf den Eiswiesen »geerntet« – eine mühselige Arbeit.

www.altenberge.de; Anmeldung für den Eiskeller im Bürgeramt

618 Nordic Walking
Hohe Mark

Es gibt im Münsterland drei spezielle »Nordic-Walking-Parks«. Einer davon liegt in Reken: 15 zum Teil vernetzte Touren findet man in fünf Stadtteilen – Groß Reken, Bahnhof Reken, Klein Reken, Maria Veen und Hülsten, insgesamt 100 km lang. Reken ist auch Teil des zweiten Nordic-Walking-Gemeinschaftsprojekts: Die Städte und Gemeinden Dülmen, Haltern am See, Heiden und Reken haben zusammen den Nordic-Walking-Park Hohe Mark geschaffen. Hier wurden 250 km durch die gesamte Region Hohe Mark für Walker erschlossen.

www.reken.de; www.duelmen-marketing.de; www.haltern.de; www.land-schafft.net.de, u. a. m.

Drei Burgen
Lüdinghausen

619

Burg Vischering, die Renaissanceburg Lüdinghausen und Burg Kakesbeck (etwas außerhalb) bilden den Wasserburgen-Dreiklang der Stadt. Die beeindruckendste Anlage ist Vischering. Die trutzige Ringmantelburg von 1271 verbreitet bis heute ihren mittelalterlichen Charme, als wären Knappen noch gestern über die Zugbrücke geritten. Auf Burg Lüdinghausen wird heute Politik gemacht: Hier tagt der Rat. Renaissanceflügel und Kapitelsaal mit Wappenschmuck und Wappentafel können besichtigt werden. Ein 500 m langer Fuß- und Radweg verbindet die zwei Innenstadt-Burgen.

www.burg-vischering.de

620 Wildpferde
Merfelder Bruch

Im Merfelder Bruch lebt die einzige verbliebene Wildpferde-Herde auf dem europäischen Kontinent. Dass die ca. 350 Stuten und Fohlen nicht längst ausgestorben sind, haben sie dem Herzog von Croy zu verdanken. Er richtete den Tieren 1847 auf seinem Land ein Reservat ein – und rettete sie so vor der immer intensiver werdenden Landwirtschaft, die ihnen ihren Lebensraum zu nehmen drohte. Hier sind die Pferde sich selbst überlassen. Nur im Winter bekommen sie zusätzliches Futter.

www.wildpferde.de

621 Stausee
Haltern am See

Tauchen, Surfen, Angeln, Paddeln, Rudern, Treetbootfahren, Segeln, Schwimmen – alles, was sich in und auf dem Wasser machen lässt, ist am Halterner Stausee möglich. 3 km lang, 2 km breit und auf einem 10-km-Weg auch umrundbar, ist er der größte See der Region sowie mit seinen 20 Mio. Kubikmetern Wasser auch unerlässlich für die Wasserversorgung von über 1 Mio. Menschen im westlichen Münsterland und nördlichen Ruhrgebiet.

www.bootshausstrandallee.de

622 Waldwanderung um das Schloss

Nordkirchen

Die Wälder rund um das Schloss Nordkirchen eignen sich für ausgedehnte Wanderungen und Radtouren. Reizvoll sind der Tierpark und der Hirschpark, ein ehemaliges Wildgehege, in dem heute nur noch Rinder weiden. Der Eichenwald ist besonders im Frühjahr einen Besuch wert, wenn die Buschwindröschen blühen. Eine gut ausgeschilderte und leichte 5-km-Route führt um den Hirschpark herum.

www.verkehrsverein-nk.de, Vogelstimmenwanderung

623 Venner Moor

Senden

Das Venner Moor, als Fauna-Flora-Habitat ausgewiesen, ist eine Oase der Ruhe. Unter Birken- und Kiefernwäldern sind seltene Pflanzen wie der Grönländische Sumpfporst und der Königsfarn zu entdecken. Besonders schön und eindrucksvoll präsentiert sich die Wollgrasblüte im Frühling. Mit etwas Glück kann man außerdem der vom Aussterben bedrohten Kreuzotter begegnen.

www.naturfoerderstation.de

624 Biotop

Isselburg

Sieht aus wie in der Schweiz, liegt aber in Isselburg: der Biotop Wildpark Anholter Schweiz. Im Zuge der englischen Gartenbewegung im Jahr 1890 von Fürst Leopold zu Salm-Salm erbaut, legte man mitten im See eine Insel an, auf der sich das heutige Schweizer Häuschen befindet. 40 Arten einheimischer Tiere leben hier in artgerechter Haltung. Neben Wölfen, Luchsen und Wisenten werden Braun- und Kragenbären in einer großen Anlage beherbergt. Täglich können die Besucher bei Fütterungen zusehen; an mehreren Sonntagen im Jahr finden außerdem Falkenshows statt.

www.anholter-schweiz.de

Vögel beobachten

Gelmer

Wer in die Rieselfelder geht, braucht ein Fernglas. Sonst entgehen ihm Pfuhlschnepfe, Löffler und Bartmeise. Sie leben hier im Europareservat für Watt- und Wasservögel mit vielen anderen bedrohten Tierarten in einer naturnahen Landschaft. Die im Jahr 1901 ursprünglich zur Abwasserreinigung angelegten Rieselfelder sind heute ein Vogelschutz- und Naturerlebnisgebiet mit über 100 Teichen.
Bis zu 150 verschiedene Vogelarten lassen sich hier beobachten; Schwärme von Kranichen und Gänsen, und auch der seltene Eisvogel. Manche nordischen Watvögel rasten hier, fressen sich satt und ziehen nonstop von Münster bis in den Senegal – das sind beinahe 5 000 Flugkilometer!

www.rieselfelder-muenster.de

625

626 Skulpturen-Tour
Münster

Seit 1977 verwandelt sich Münster alle zehn Jahre in ein Freilichtmuseum für zeitgenössische Kunst. Hundert Tage lang nutzen international renommierte Künstler Plätze und Straßen, Gebäude und Gewässer als Ausstellungsraum für ihre Kunst. Die Werke sind speziell für die Stadt gestaltet, manche bleiben, andere kommen hinzu. Über 60 Skulpturen sind es bis heute. Eine feste Route durch das Open-Air-Museum gibt es nicht, allerdings werden geführte Touren zu Fuß oder per Rad angeboten. Neu ist eine Broschüre der Stadt, die fünf Strecken vorschlägt.

www.skulptur-projekte.de; www.muenster.de

627 Kanu-Tour
Albersloh

Besonders sportlich muss man nicht sein, um ein Kanu zu beherrschen. Die Grundzüge des Paddelns sind schnell und leicht erlernt. Und alleine muss man auch nicht sein: Man kann zu zweit, zu dritt, zu viert, aber auch zu zehnt in einem Boot sitzen. Die Werse ist für Anfänger ein ideales Flüsschen. Sie entspringt in Beckum aus drei kleinen Bächen und schlängelt sich 67 km lang östlich an Münster vorbei bis nach Gelmer, wo sie in die Ems mündet. Angenehm ist die schwache Strömung. Sie lässt ebenso leicht flussaufwärts wie flussabwärts fahren, entlang wildromantischer Natur, vorbei an Wassermühlen, Schrebergärten und Wochenendhäuschen mit eigenem Steg und Boot.

www.kanuverleih-pleistermuehle.de

628 Museum für Naturkunde
Lauheide

Im Westfälischen Museum für Naturkunde begibt man sich auf eine Zeitreise ins Erdmittelalter. Hier werden die Überreste von Dinosauriern ausgestellt, die vor 100 Mio. Jahren in Westfalen gelebt haben. Das prächtigste Exemplar ist 16 m lang: das Skelett eines Tyrannosaurus Rex. Nicht weniger eindrucksvoll ist der größte Ammonit der Welt, der zum »Fossil des Jahres 2008« gekürt wurde. Entdeckt wurde dieser Riesentintenfisch in Seppenrade, wo eine Kopie des versteinerten Urmeerbewohners steht. Die Ausstellung beschäftigt sich u. a. mit den Indianern. Zahlreiche Exponate veranschaulichen Leben und Wertesystem der nordamerikanischen Prärie- und Plainsindianer. Im Planetarium nebenan heißt es: Sterne gucken!

www.lwl.org/LWL/Kultur/WMfN

629

Klettern

Münster / Senden / Ahlen

Bis zu 22 m hoch lässt es sich in den münsterländischen Kletterhallen kraxeln. Hierfür braucht man nur ein wenig Mut und Kraft, doch auch Untrainierte schaffen es, sich am Indoor-Berg von Vorsprung zu Vorsprung zu hangeln. Der Trick: Man sollte sich nicht mit den Armen nach oben ziehen, sondern aus den Beinen nach oben drücken. Und sich vorher gut überlegen, welche Route man wählt. Mit Händen und Füßen klettert man dann, durch Seile gut abgesichert, einen Parcours an der Wand entlang. Wer es nie oder selten macht, bekommt vermutlich Muskelkater.

www.high-hill.de; www.bigwall.de

Radtour

An Ems und Aue

630

2004 wurde der Ems-AuenWeg eröffnet – und bereits ein Jahr später wurde er als Radroute des Jahres prämiert. Der kulturhistorische Radwanderweg verläuft auf einer Strecke von etwa 100 km zwischen Warendorf und Rheine entlang der Ems, mal direkt, mal etwas entfernt von ihr – was nicht weiter schlimm ist, denn auch ihre Auenlandschaft ist idyllisch, friedlich und voller Geheimnisse. Der Radweg verbindet die alten Emsstädte Warendorf, Telgte, Greven, Emsdetten sowie Rheine und deren historische Ortskerne miteinander. Die Beschilderung ist ausgezeichnet. Radwanderer können sich an den Schildern mit den grünen Wellen oder den Markierungen mit den roten Pfeilen orientieren. An 78 Stationen werden auf Informationstafeln landschaftliche sowie kulturhistorische Besonderheiten erklärt.

www.emsradweg.de; Einkehr: Bauerncafé-Reiterhof Austermann in Warendorf

631 Naturgenussroute
Münster

Die Naturgenussroute erstreckt sich über ca. 160 km. Vom Zentrum der Stadt breiten sich die Touren sternenförmig ins Münsterland aus. Als Tagesausflug eignet sich die kürzeste Radtour: 50 km lang, mit flachen Wegen. Vom Hauptbahnhof Münster geht es an der Pleistermühle vorbei Richtung Telgte mit einem Abstecher zu der Wacholderheide der Klatenberge, dann nach Westbevern – zu den Konikpferden und Heckrindern, die in den Emsauen beobachtet werden können. Über die Rieselfelder verläuft der Weg durch den Dyckburger Wald Richtung Handorf zurück.

www.naturgenussroute.de

632 Adlerwarte
Detmold

Allein die Abflugtribüne mit über 160 Sitzplätzen belohnt den Aufstieg mit einem wunderbaren Blick weit hinein ins Berlebecker Tal. Noch aufregender als die Aussicht ist eine Vorführung: In atemberaubenden, weil steilen Sturzflügen fliegen die Adler mit ihrer für uns unvorstellbaren Körperkontrolle hautnah über den Köpfen hinweg, um zielgenau auf der Faust des Falkners zu landen. Ganz nebenbei erfährt man Wissenswertes über den Artenschutz und die Lebensgewohnheiten der Greifvögel.

www.detmold-adlerwarte.de

633 Freilichtmuseum
Detmold

Mit mehr als 90 ha und mehr als 100 Gebäuden, Gärten, Feldern, echten Lippegänsen und Bentheimer Landschweinen zählt dieses Freilichtmuseum zu den größten Deutschlands. Von April bis Oktober und je nach Witterung kann man sich hier beim Blick in die Vergangenheit vor Augen führen, wie aufreibend und mühselig das Landleben und die Bewirtschaftung des Bodens in frühener Jahrzehnten war.

www.lwl.org/LWL/Kultur/LWL-Freilichtmuseum-Detmold

634 Museumshof Senne

Bielefeld

Jetzt steht es gut und sieht schmuck aus. Bevor das Gutshaus seinen Platz im Museumshof Senne fand, stand es an einer stark befahrenen Kreuzung und sollte einem Autohaus weichen. Dort war der Hof Buschkamp Zeuge und Zentrum vieler historischer Ereignisse. Schwarz-weißes Fachwerk, der Giebel ist holzverkleidet, eine grüne Doppeltür mit Fenstern ziert die Front. 201 Jahre ist er alt. Das ist dem Buschkamp nicht anzusehen, das historische Gasthaus ist gut gepflegt. Dass es nicht plattgemacht wurde, verdankt es auch dem heutigen Pächter. Zwar musste die alte Tür mit den vielen Fenstern weichen. Die westfälische Küche mit Desserts wie »Pumpernickelkrem an Backpflaumen« ist geblieben.

www.museumshof-senne.de

635 Radtour durchs Revier

Duisburg

Die »Route der Industriekultur per Rad« erstreckt sich über 700 km durch die industrielle Landschaft zwischen Duisburg und Hamm. Dabei verlaufen große Teile des Wegenetzes auf ehemaligen Bahntrassen, attraktiven Ufer- und Waldwegen oder verkehrsarmen Straßen. Viele Ankerpunkte liegen direkt oder unmittelbar am Radweg. Der Reisende fährt auf dem 230 km langen Emscher-Park-Radweg mitten durch das »Herz« des ehemaligen Reviers. Oder er erradelt auf dem 350 km langen Rundkurs Ruhrgebiet die historisch und geografisch sehr unterschiedlichen Teilräume zwischen Rhein, Lippe, Ruhr und Börde. Die Verbindungswege – meist in Nord-Süd-Richtung verlaufend – ermöglichen individuelle Tourenkombinationen.

www.route-industriekultur.de/route-per-rad

Tauchen

Gasometer / Duisburg

636

Die Feuerwehr, die Polizei und Berufstaucher üben hier, um für den Ernstfall präpariert zu sein. Das hat den Vorteil, dass eine ausgeklügelte Infrastruktur vom Geräteverleih über eine Werkstatt bis hin zu beheizten Umkleidekabinen und warmen Duschen zur Verfügung steht. Auch unter Tauchern gibt es offensichtlich Warmduscher. Das Tauchrevier im Gasometer ist das größte Indoor Tauch- und Ausbildungszentrum Europas. In Zahlen heißt das: 45 m Durchmesser, 13 m Tiefe, 21 Mio. Liter Süßwasser und eine gute Sicht bis zu 25 m Weite.

www.tauchrevier-gasometer.de

637

Römer-Lippe-Route

Von Detmold nach Xanten

Obwohl sie das längste Gewässer Nordrhein-Westfalens ist, steht die Lippe bisher im Schatten von Rhein und Ruhr. 2013 wird die Bedeutung des Flusses mit dem Radfernweg »Römer-Lippe-Route« aufgewertet. Die 295 km lange Tour zwischen Detmold und Xanten verbindet spannende Fundstellen früherer Römerlager mit besonderen Rastpunkten am Wasser, die der Fluss nachhaltig geprägt hat. Während Roms Legionen flussaufwärts marschierten, haben es die Radreisenden von heute einfacher: Von der Quelle im Teutoburger Wald rollt es sich angenehm hinab bis zur Mündung in den Rhein.

www.roemerlipperoute.de

638

»Tiger & Turtle«

Duisburg

Mit der Großskulptur »Tiger & Turtle – Magic Mountain« haben Heike Mutter und Ulrich Genth eine sehr eindrucksvolle, neue Landmarke für das Ruhrgebiet geschaffen, die sich seit der Eröffnung 2010 zu einem Besuchermagneten entwickelt hat. Bei Sonnenuntergang erstrahlt die begehbare »Achterbahn« in filigraner Eleganz.

www.du2010.de/landmarke-angerpark

639 Indoor-Skydiving
Bottrop

»Die sicher intensivste Art zu fliegen, die ein Mensch erleben kann, ist es, mit seinem Körper zu fliegen und mit nichts sonst«, meint der Anthropologe Thorolf Lipp. In Bottrop geht das: Der bis zu 286 km/h schnelle Luftstrom im Windtunnel ist so gleichmäßig wie bei einem Fallschirmsprung im Freien. Profis imponiert das authentische Flugverhalten; Einsteiger schätzen es, hier ganz ohne Übung und Vorkenntnisse abheben zu dürfen.

http://indoor-skydiving.com

640 Spionagemuseum
Oberhausen

Welche Spuren hinterlässt man beim Einkauf mit der Kreditkarte oder wenn man mit dem Handy telefoniert? Und wer weiß schon, dass die CIA Beteiligungen an Facebook unterhält? Tagtäglich berichten die Medien über Ereignisse, in denen meist ein Stück Spionage mitschwingt. Aber wie fing alles an? Das soll man hier erfahren.

www.spionage.de

641 Archäologiemuseum
Herne

Museen sind Bollwerke gegen das Vergessen. Das gilt auch im LWL-Museum für Archäologie, denn hier heißt es, eine unterirdische Grabungslandschaft von 3 000 qm zu entdecken und die Geschichte Westfalens zu erforschen. Über 10 000 Funde enthüllen die Menschheitsgeschichte dieser Region: vom Faustkeil aus Mammutknochen bis zum Puppenkopf aus dem Bombenschutt des Zweiten Weltkrieges. Besonders stolz ist man in Herne auf das preisgekrönte Forscherlabor, in dem man selbst zum Entdecker oder Wissenschaftler werden kann.

www.lwl-landesmuseum-herne.de

642 Besuch beim BVB
Dortmund

Natürlich fehlt die Atmo der Fans, ihr Pfeifen und Buhen, der Geruch nach fetter Bratwurst und »alkoholfreiem« Bier. Aber: Echte Anhänger müssen da durch, wenn sie das Stadion besichten wollen. Dann sehen sie den Spielerbereich mit Umkleidekabinen, den Spielertunnel und die Mixed-Zone; sie begehen den Stadioninnenraum, passieren die Trainerbänke, besuchen das Stadiongefängnis und eventuell auch einen VIP-Raum (je nach Verfügbarkeit). Doch wer will schon in eine VIP-Lounge, wenn man draußen dem »heiligen Rasen« so nahe kommen kann wie sonst nie!

www.bvb.de; s. Stadionführungen

643 Ski in der Halle
Bottrop

Skifahren bei 40 °C im Schatten, Snowboarden bei Regen, Wind und Wetter – alles kein Problem in Bottrop. Noch nie auf Skiern gestanden? Dann wird es Zeit. Das Alpincenter Bottrop hat die derzeit längste Skihalle der Welt – und auf einer 640 m langen Piste für alle Schwierigkeitsgrade etwas zu bieten. Und das das ganze Jahr über: 365 Tage lang! Anfängern stehen leichte Pisten zur Verfügung, Fortgeschrittene können auf kurvigen Bahnen und bei 25 % Gefälle ihre Standhaftigkeit beweisen.

www.alpincenter.com

644 Besuch in der Kokerei
Dortmund

Für die Mitarbeiter der Kokerei Hansa war der 15. Dezember 1992 ein denkwürdiger Tag, als der letzte Koks auf Hansa gedrückt wurde. Heute kann die Kokerei Hansa auf dem Erlebnispfad »Natur und Technik« besichtigt werden. Der Weg führt hoch auf den »Kohlenturm mit Panoramablick« und zu den Ofenbatterien, in denen einst bei weit über 1000 °C Steinkohle zu Koks »gebacken« wurde.

www.industrie-denkmal-stiftung.de

645 Schlittschuhlaufen in der Zeche
Zollverein / Essen

Die Zeche Zollverein kennt jeder. Was eher Einheimischen bekannt ist: Hier, wo einst bei über 1 000 °C Kohle zu Koks gegart wurde, muss man sich ab Dezember warm anziehen, denn dann werden die Koksöfen zur Kulisse einer Eisbahn. Schlittschuhläufer können auf der 150 m langen Kunsteisbahn inmitten des Weltkulturerbes Kokerei Zollverein ihre Bahnen ziehen. Im Dezember und im Januar findet hier eine Eisdisco bis 24 Uhr statt! »Datt iss wattze mitti alten Industrieanlagen und mitte ollen Pütts anstelln. ... Da kannze dann, wennet kannz, mitti Schlittschuh abgehn wie sonn Zäpfken, also einklich nur, wennet ma grad nich so foll iss«, so der humorige Kommentar eines waschechten Ruhrpottlers im Netz.

www.zollverein.de; s. Angebote

646 Kanutour an der Ruhr
Essen

Eine Tour auf der Ruhr. Außer dem schönen Reim hat dieser Ausflug jede Menge für die Sinne zu bieten, beispielsweise im Vogelschutzgebiet Heisinger Aue: Da tummeln sich Haubentaucher, Graureiher, Zwergrohrdommeln, Blauspechte, Höckerschwäne und Kormorane. Eisvögel und verschiedene Entenarten brüten hier, Blesshühner und Kanadische Wildgänse ziehen ihre Brut groß. Und wo bleibt die Kultur? – Mit Zeche Carl Funke, Villa Hügel und Schloss Baldeney garantiert nicht auf der Strecke. Wer es wilder will, macht eine Raftingtour von Hattingen bis Dalhausen. Wer die sanfte Variante vorzieht, nimmt das Floß, aber nur im Hochsommer, denn der Kontakt mit dem Wasser ist hier garantiert, so sind Floße nun mal konzipiert.

www.kanu-tour-ruhr.de;
www.kanudeluxe.de

647 Phänomania
Essen

Was man mit allen Sinnen erlebt, bleibt länger haften. Davon sind die Macher des Phänomania Erfahrungsfeldes überzeugt. Dafür haben sie u. a. ein begehbares Riesenkaleidoskop, einen Balancierparcours, eine Archimedische Schraube und ein Dreizeitenpendel konzipiert. Man kann den Kopf in einen »Summstein« stecken und damit seinen Körper in Schwingung bringen, an einem Gong Töne fühlen oder an einem »Riechbaum« seinen Geruchssinn auf die Probe stellen. Dem Gründer der Phänomania, Hugo Kükelhaus, gehen noch lange nicht die Ideen aus – für weitere erlebbare Objekte!

www.phaenomenia.de

648

Kulturlinie 107

Essen

Satte sechzig Sehenswürdigkeiten auf 17 km in 45 Minuten! Im dicht besiedelten Nordrhein-Westfalen wird eben jeder Platz genutzt. Entlang der Strecke der Straßenbahnlinie 107, die vom Stadtteil Bredeney bis nach Gelsenkirchen führt, liegen zwei Opernhäuser, ein Dom, eine Philharmonie, zwei große Museen und das Weltkulturerbe »Zeche Zollverein«. Außerdem kann man bequem im Vorbeifahren auch die Nikolauskirche sowie die Stiftskirche Maria in der Not erblicken. Und von der Endhaltestelle in Bredeney sind Park und Villa Hügel sowie die Ruhrhöhen und der Kruppwald leicht zu erreichen. Natürlich kann man aber auch schon vorher aussteigen, und sei es nur, um sich bei »Pommes rot weiß«, samt einem Kühlen vom Fass von den vielen Eindrücken zu erholen. Wieder einsteigen geht immer, solange man auf der Linie bleibt.

www.kulturlinie107.de

649

Sightjogging

Essen und Umgebung

»Time is money« – das werden sich jene gedacht haben, die jetzt auch noch das Sightseeing beschleunigen wollen: eine Stadtführung im Laufschritt. Sightjogging also als ideale Kombination in mehrfacher Hinsicht. Zum einen müssen Jogger sowieso Laufen gehen, sonst wären sie keine Jogger. Zum anderen haben überzeugte Läufer auf allen Reisen ohnehin die Sprintschuhe dabei. Der Vorteil in geführten Gruppen: Man erhält Insidertipps über die Sehenswürdigkeiten vor Ort und für den weiteren oder wiederholten Aufenthalt sowie (ganz nebenbei) eine gute Orientierung in der fremden Stadt. Na dann: Guten Lauf!

www.simply-out-tours.de/angebote/touren/termine/joggen

650 Phänomenta
Lüdenscheid

Was den Essener die Phänomania ist den Lüdenscheidern die Phänomenta. Wer schon in der Schule Physik so früh wie möglich abwählte oder sich seit jeher für einen technischen Analphabeten hielt und hält: Hier – im ersten Science Center von Nordrhein-Westfalen – kann man sein Trauma überwinden. Ob Akustik, Elektrizität, Mechanik oder Optik, die Versuche sind leicht zu machen und leicht verständlich, aber dennoch verblüffend. Übrigens: Das Haus verfügt über einen Aufzug; der überwiegende Teil der Exponate ist für Rollstuhlfahrer und Kinderwagen problemlos zugänglich. Nur Vierbeiner müssen draußen bleiben, die würden sich bei den bisweilen lauten Experimenten auch gar nicht wohlfühlen.

www.phaenomenta.de

651 Tubing auf der Ruhr
Hattingen

Wer schon einmal mit einem Traktorreifen den Schneeberg heruntergerodelt ist, für den ist Tubing die feuchtfröhliche Variante in den Sommermonaten. Mit dem aufgepumpten Wasserreifen schaukelt es sich auf nicht ganz so wildem Wasser ungewohnt, aber ungefährlich. Sportsfreunde haben den Dreh meist schnell raus. Dennoch gilt: Gerade wenn man glaubt, den Reifen unter Kontrolle zu haben, kommt beim Tubing die Unberechenbarkeit zum Tragen. Helm und Wildwasserausrüstung sind daher Pflicht. Landungen im Wasser dagegen sind gewollt. Schwimmen sollte man also können. Tubing, so viel sei noch verraten, ist durchaus anstrengend. Doch es ist so kurzweilig, dass man dies meist erst am nächsten Tag bemerkt.

www.einmalige-erlebnisse.de;
www.go-tubing.de

652 Gasometer
Oberhausen

Ein Dom der Neuzeit mit imposanten Zahlen: 117 m hoch, 68 m Durchmesser, 592 Stufen bis aufs Dach. Wer nach diesem Aufstieg noch immer keine Sterne sieht, hat eine zweite Chance. Im oberen, etwa 100 m hohen Innenraum des Gasometers eröffnet sich die Panorama-Ansicht der Künstlerin Christina Kubisch mit dem klangvollen Namen »Licht Himmel«. Den besten Eindruck erhält, wer sich im gläsernen Aufzug nach oben gleiten lässt, vom Dach in die Runde schaut und den eigenen Echos lauscht, die die außergewöhnliche Akustik des ehemaligen Gasspeichers bezeugen.

www.gasometer.de

653

E-Biken im Mittelgebirge

Sauerland

In Nordrhein-Westfalen, dem Bundesland mit der höchsten Bevölkerungsdichte, geht's oft eng zu. Deshalb packen viele aus der Metropolregion Rhein-Ruhr am Wochenende ihre sieben Sachen und folgen der Ruhr flussaufwärts ins Sauerland. Im über 800 m hohen Mittelgebirge scheint Radfahren zunächst nur Profis vorbehalten zu sein. Doch bieten die Flusstäler des Sauerlands genügend Möglichkeiten für sanfte Radtouren. Um die weite Aussicht von oben nicht zu versäumen, nimmt man am besten eines der E-Bikes der zahlreichen Verleihstationen. Oben angekommen, grüßt man dann die Profis – ganz locker.

www.sauerland.com/ebike

654

Gruben-Dinner

Ramsbeck

Der Heiratsantrag sollte in ungewöhnlicher Umgebung stattfinden? Dann ist die Grube Ramsbeck der richtige Ort: vorausgesetzt, die Angebetete leidet nicht unter Klaustrophobie. Sehr gemächlich führt die Bahn auf einer 1,5 km langen Strecke in 300 m Tiefe. Zunächst gibt es die Führung; dann das Festmahl. Jetzt nur nicht zögern!

www.sauerlaender-besucherbergwerk.de

655 Kluterhöhle

Ennepetal

Die Kluterhöhle gibt es schon ein Weilchen: Entstanden ist sie vor 370 Mio. Jahren (auf ein Jährchen kommt es dann nicht mehr an, oder?). Die unterirdischen Seen und Fossilien wirken dafür ziemlich taufrisch und bieten ein prima Klima für Fledermäuse. Mit 300 Gängen und 5 500 m Länge gilt sie als eine der größten Natur- und Schauhöhlen Deutschlands. Selbst wenn sie nicht die größte ist, eine tolle Kulisse für Halloween ist sie auf jeden Fall.

www.kluterhoehle.de

656 Wintersport Arena

Sauerland

150 Lift-Anlagen mit 280 ha Pisten, 300 km Loipennetz, 280 Maschinen beschneien eine Fläche von 140 Fußballfeldern und sorgen für 75 beschneite Pisten und 8 km Loipe. Also: Ihr Bayern könnt uns gar nicht locken. Wir bleiben hier im Schnee-Revier, das sich vom Sauerland bis in die Region Siegerland-Wittgenstein erstreckt!

www.wintersport-arena.de

Bikepark

Winterberg

657

Nur knapp eine Woche nachdem der letzte Lift stillsteht, beginnt in Winterberg die Bikesaison. Die letzten Schneereste sind verschwunden. Winter ade! Ab Ende März transportiert der Sessellift auf der Winterberger Kappe wieder Mountainbiker mitsamt Rad. Tolle Strecken sowie der Pump-Track erwarten die Besucher. Und auch in der nächsten Saison werden die Veranstalter mit Attraktionen wie »iXS Dirt Masters Freeride Festival« oder »Slopestyle-Events« zu punkten wissen. Wer nicht weiß, was sich dahinter verbirgt, gehört eindeutig nicht zur Zielgruppe.

www.bikepark-winterberg.de

Rheinturm

Düsseldorf

658

Vermutlich ganz schön luftig da oben?! Wer nicht schwindelfrei ist, bleibt besser angewurzelt stehen – wie unsere Dame auf der Litfaßsäule. Der Fernsehturm in Düsseldorf misst stattliche 234 m und ist damit das höchste Gebäude der Stadt. Die Betonsäule verjüngt sich nach oben, um sich dann wie ein umgedrehter Glasschirm zu öffnen. Wer hochfährt, kann bei gutem Wetter bis zum Kölner Dom blicken und gelangt im Restaurant »Top 180« nach einer Runde und einer Stunde zum Ausgangspunkt zurück. Solange braucht der Turm, um sich um seine eigene Achse zu drehen.

www.duesseldorf-netz.de

659 Neanderthal-Museum

Mettmann

So könnte er ausgesehen haben. Herr N., eine lebensechte Figur, begrüßt die Gäste zu Beginn. Das moderne, spiralförmig angelegte Museum befindet sich nur wenige hundert Meter von der Stelle entfernt, an der Mitte des 19. Jhs. die aufregenden Funde gemacht wurden. Wer sich vorher anmeldet, kann sich mit steinzeitlichen Techniken vertraut machen, wie etwa dem Schießen mit Pfeil und Bogen oder wie man mit Knochennadeln näht. Man weiß ja nie, wozu man das im Leben noch einmal gebrauchen kann. Wer genug gesehen hat, geht in die Cafeteria und brütet über jene Fragen, die sich hier aufdrängen: »Wer sind wir?«, »Woher kommen wir?«, »Wohin gehen wir?«

www.neanderthal.de; behindertengerecht ausgestattet

660 Radtour am Rhein

Kaiserswerth

Etwa 22 km lang ist diese Rundtour, die in Düsseldorf an der Oberkasseler Brücke startet und endet. Es geht dabei immer der Nase nach, links und rechts am Rhein entlang. Kaiserswerth, der älteste, 1929 eingemeindete Stadtteil Düsseldorfs, wurde schon im Jahr 710 vom Benediktinermönch Suitbert mit einer Klostergründung beglückt. Als Baugrund suchte er sich eine dem Rhein vorgelagerte Werth, also eine Binneninsel aus. Die Insel versandete, der Name blieb, ist aber letztlich auf den Bau einer protzigen Kaiserpfalz zurückzuführen, die hier entstand und im 12. Jh. durch Kaiser Barbarossa zur Festung ausgebaut wurde. Da Radfahren, auch wenn es immer nur geradeaus geht, anstrengend ist, bietet sich linksrheinisch am Langster Fährhaus eine Pause an.

www.langster-faehrhaus.de

Bootsfahrt

Am Rhein

661

»Warum ist es am Rhein so schön? Weil die Mädel so lustig. Und die Burschen so durstig. ... Weil die Felsen hoch droben, so von Sagen umwoben ... Weil aus Malz und aus Hopfen, wird gemacht ein guter Tropfen« – etwas muss ja dran sein, denn Volkslieder lügen nicht. Die beste Art, den Rhein zu erkunden, ist immer noch vom Boot aus. Die Köln-Düsseldorfer Rheinschifffahrt bietet Tagestouren und fährt sie alle an: Rüdesheim, Bingen, Assmannshausen, Bacharach, St. Goar, Bonn, Köln, Koblenz und nicht zu vergessen die Loreley. Alles Orte, die den Rhein so schön machen!

www.kd-rhein-main.de

Baumgeist
Düsseldorf

662

Oh nein, schon wieder spazierengehen? Der Nachwuchs ist nicht immer begeistert von den sonntäglichen Rundgängen. Aber: Im Himmelgeister Rheinbogen lockt der Baumgeist einer Kastanie. »Jüchtwind«, so heißt der Gefährte, hat einen Briefkasten mit eigener Anschrift. Wer wissen möchte, wie es sich so in einem jahrhundertealten Baum lebt, warum sich der Geist geraden diesen Baum ausgesucht hat und was des Nachts so alles passiert, schreibt einen Brief und legt einen frankierten Umschlag bei. Die Antwort kommt!

Baumgeist Himmelgeister
Kastanie, Kölner Weg,
40589 Düsseldorf

663 Senfmuseum
Düsseldorf

»Was für ein Senfladen!«, nicht zu verwechseln mit Saftladen, ist hier ein großes Kompliment. Wie der Senf hergestellt wird, erfährt man per Video. Sinnlicher wird es, wenn es ans Degustieren geht: lieber den guten, klassischen Düsseldorfer Löwensenf, den Altbier-, Chili- oder Feigensenf? Was auch immer man wählt: »Die geben ihren Senf gerne dazu, das ist ihr Job!« Gemeint ist das freundliche Personal im Museum, das reichlich Geschichte und noch mehr Geschichten zum Thema Senf beitragen kann.

www.duesseldorfer-senfladen.de

664 Aquazoo
Düsseldorf

Das Füttern ist immer wieder das größte Ereignis. Unter der Woche darf man dabei zuschauen, wenn Seebär, Pinguin, Haifisch und Krokodil ihr Menü des Tages erwarten: 6 t Fisch und rund 800 kg Krebse und Muscheln sowie 1 850 Kisten Gemüse, Obst und Kräuter werden im Jahr vertilgt. Wer die Pinguine häufiger erleben will, kann dies per Webcam tun: In ihrem »Zuhause« brüten hier die Eselspinguine bei kühlen 10 ° C jedes Jahr.

www.duesseldorf.de/aquazoo

665 Stadtrallye
Düsseldorf

Bei einer Rallye für Kinder werden 700 Jahre Geschichte lebendig: Radschläger, Fischerjunge, Plätze, an denen sich der berühmteste Sohn der Stadt Harry (alias Heinrich) Heine gerne aufgehalten hat. Damit man nicht nur hören, sondern auch raten kann, werden Kinderfragen gestellt. Wie hoch ist der Fernsehturm? Was stellt die Plastik vor dem Museum vor? Was bedeutet KIT? In 2 Std. kann man so ziemlich viel Stadt unterbringen ...

www.duesseldorf-tourismus.de

666 Schloss und Garten
Benrath

Das also verstand Kurfürst Karl Theodor unter einer bescheidenen, in der Natur gelegenen Bleibe: Von außen wirkt das Schloss wie ein Bau mit nur einer Etage, in Wirklichkeit birgt es 80 Zimmer. 1753 errichtet, ist es sicher eines der schönsten Gartenschlösser in Europa. Wie gut, dass heute so viele Besucher etwas davon haben.

www.schloss-benrath.de

667 Jazzrally
Düsseldorf

Schirmherr der Jazz-Rally ist seit einigen Jahren Klaus Doldinger, der nach dem Zweiten Weltkrieg als Kind mit seiner Familie von Wien nach Düsseldorf geflüchtet war und dort als Jugendlicher seine ersten Schritte als Jazzmusiker tat. Alle Jahre wieder im Frühling hallen Swing, Dixiland und Modern Jazz sowie Soul- und Rockmusik durch die Düsseldorfer Innenstadt. Aber: Was macht dieses Festival um so vieles beliebter als alle anderen? Vermutlich das einfache System – ein Ticket kaufen und (fast) alle Konzerte besuchen dürfen – die allermeisten kann man sogar zu Fuß erreichen.

www.duesseldorfer-jazzrally.de

668 Auto sticht in See

Köln

Mit dem Amphicar, einem schwimmfähigen Auto, in See zu stechen, gehört zu den ungewöhnlichen kleinen Abenteuern vor der Haustür. Eine Fahrt mit dem 1961 von Hans Trippel auf den Markt gebrachten Gefährt verschafft auf jeden Fall Aufmerksamkeit. Zwei Propeller unter dem Heck treiben das Vehikel im Wasser an. Der »Kapitän«, Marco Schuh, ohne den das Auto nicht in den See sticht, bietet die 30-mintüge Fahrt vom Müllheimer Hafen vor allem Hochzeitspaaren an. Ob er damit ganz richtig liegt? Wer will denn nach dem »Ja-Wort« gleich baden gehen?

www.alles-zur-hochzeit.de

669 Schwebebahn

Wuppertal

Sie schwebt und schwebt und schwebt. Und das seit dem Jahr 1901! Auf der 13,3 km langen Strecke gleiten täglich 85 000 Fahrgäste in 12 m Höhe über der Wupper und 8 m über den Straßen. An 20 Bahnhöfen, von Jugendstil bis Hightech, können die Gäste auf ihrer 35 Min. dauernden Fahrt zu- und aussteigen. Die Dichterin Else Lasker-Schüler, bekannteste Tochter der Stadt, mochte die Bahn nicht leiden, die sich »wie ein stahlharter Drachen mit vielen Bahnhofsköpfen und sprühenden Augen über den Fluss legt und wendet«. Sie war mit ihrer Abneigung nicht allein. Heute ist für die Wuppertaler die Bahn, was den Parisern ihr Eiffelturm, der in seinen Anfängen ja nicht weniger umstritten war.

www.die-schwebebahn.de; 2013 Renovierungsarbeiten

670 Selfkantbahn

Heinsberg

Bereits seit 1971 gehören sie zum Veranstaltungsprogramm der Region Heinsberg und haben sich in dieser Zeit einen festen Platz im Herzen der Kinder und ihrer Eltern erobert. Die Selfkantbahn ist die letzte schmalspurige Dampfkleinbahn in Nordrhein-Westfalen. Denn alle Jahre wieder steigt ein besonderer Gast zu: Vom Bahnhof Gillrath aus geht die Fahrt über die 5,5 km lange Strecke in Richtung Schierwaldenrath. Kurz nach der Abfahrt hält der Dampfzug, um den Nikolaus, der in einer prächtigen Kutsche anreist, aufzunehmen. Er spaziert während der Weiterfahrt durch den Zug und beschert die mitfahrenden Kinder. Der Aufenthalt im Bahnhof Schierwaldenrath dauert ca. 50 Min., weil die Lokomotive ihre Vorräte an Wasser und Kohle ergänzen muss.

www.selfkantbahn.de

672

Triangle

Aussichtsplattform / Köln

Gute Aussichten gibt es also auch auf der rechten Seite des Rheins, selbst wenn diese für die Kölner immer die »Schäl Sik« – die »Falsche Seite« bleiben wird. Von der 28. Etage des Triangle-Büroturms in Deutz genießt man einen spektakulären Blick über die Stadt: direkt gegenüber der Deutzer Dom, im Westen das Stadion des 1. FC Köln, im Osten das Bergische Land, im Süden das Siebengebirge und im Norden der Kölner Zoo und die Flora. Im Köln Triangle befinden sich zwei gastronomische Einrichtungen, die vielfältige asiatische oder mediterrane Speisen offerieren.

www.koelntrianglepanorama.de

671

Pumpkin Island

Dormagen

Maisirrgarten und Irrgartenrallye (das geht natürlich nur, wenn der Mais hoch genug gewachsen ist), Kettcars und Trampolin, Wippen, Schaukel und Bobbycars, Beach-Volleyball – kurzum: ein volles Tagesprogramm für die Ferien. Fragt sich nur, warum bei dieser Namennähe der leckere Pumkin Pie (Kürbiskuchen) nicht auf der Speisekarte steht.

www.pumpkin-island.de

Claudius-Therme
Köln

673

Der Name lässt es erahnen: Diese Anlage ist architektonisch einer römischen Therme nachempfunden. Rundum gelungen, fand dann auch Stiftung Warentest die Claudius-Therme. Natürlich erhält man hier das volle Programm – von Ayurveda bis Wassergymnastik. Stolz ist man auf das Schwebebecken in den Rosenterrassen. In einer 15 %-Sole lässt sich die Schwerelosigkeit erleben und genießen.

www.claudius-therme.de

674 Schokoladenmuseum
Köln

Verfehlen kann man es nicht: Schon von Weitem erkennt man das Schokoladenmuseum; es gleicht einem Schiff aus Glas und Metall und befindetet sich passenderweise im Rheinauhafen, direkt vor der Altstadt in der Nähe des Kölner Doms. Hier werden alle Themenbereiche zur Geschichte und Gegenwart des Kakaos und der Schokolade abgedeckt. Viel wichtiger aber: Hier sieht man, wie man sie macht – die heiß geliebte Schokolade, und zwar in allen erdenklichen Geschmacksrichtungen und Formen. In der Werkstatt darf man Füllungen kreieren und Pralinen selbst dekorieren. Je nach Saison werden Osterhasen und Weihnachtsmänner oder aber Fußbälle in Schokolade gegossen!

www.schokoladenmuseum.de

675 Querwaldein
Köln

Raus aus der Stadt. Rein ins Vergnügen. Das verspricht der Verein Querwaldein. Mit großer Liebe zur (lokalen) Natur und einem ganzheitlichen Ansatz will man die Städter ins Umland führen. Urbane Wildnis, Wiese und Wald bieten dafür beste Voraussetzungen. Die Philosophie des Teams: »Wir füllen unseren Waldrucksack mit Elementen aus der Naturerlebnispädagogik, Erlebnispädagogik, Wildnispädagogik sowie der Geografie, Biologie und Sozialwissenschaften. Es gilt Natur-, Umwelt-, Klima- und Artenschutz im Großraum Köln/Bonn positiv zu unterstützen.« Was politisch korrekt klingt, macht vor allem kleinen Gästen bei Naturexkursionen, Spielveranstaltungen und Erlebniswanderungen einfach nur Spaß.

www.querwaldein.de

676 Sport- und Olympiamuseum
Köln

Triumphale Siege und bittere Niederlagen aus 3000 Jahren Sportgeschichte. Von den ersten Olympien in der Antike bis hin zu Wettbewerben in modernen Disziplinen wie Surfen, Skateboarden, Snowboarden oder BMX – die feierliche Kranzverleihung von damals und die Medaillenübergabe von heute bedeuten alles im Leben eines Athleten. Wer mit dem ganzen Rummel nichts am Hut hat, amüsiert sich vielleicht bei einer der Sonderausstellungen, wie jener zur Bedeutung der Trikots: »Mit dem Nationaltrikot verbindet man Stolz und Tradition. Es ist verbunden mit großen Erfolgen, großen Namen, großen Geschichten«, wird Joachim Löw zitiert. Der Bundestrainer, dem eine hohe Affinität zu Mode und Design attestiert wird, muss das ja wohl am besten wissen.

www.sportmuseum.de

677 Oddyseum
Köln

Als »Erlebnishaus des Wissens« sieht sich das Science Center, welches unweit des Bürgerparks, im Stadtteil Kalk, eröffnet wurde. Der Name Oddyseum verrät das Konzept: Die Entwicklung des Menschen wird als Reise mit offenem Ausgang gesehen, Wissenschaft als Fortschritt, aber auch als Problem. Beliebeter als die theoretischen Fragen über unsere Zukunft sind die praktischen Tests, die man hier machen kann, beispielsweise der Astronautentrainer, der Hochseilgarten und der Flugsimulator oder aber die Rennbahn und der Mini-Bagger im Außenbereich.

www.odysseum.de

678 Zauberschule
Rösrath

»Übung macht den Meister« – das gilt auch fürs Zaubern. Nur gab es lange keine Schule, in der man das Zaubern lernen konnte. Seit 2001 gibt es sie endlich. Unter der Leitung von Peter Helten kann man – stilecht im Gewölbekeller des ehemaligen Rittersitzes von 1750 – das Handwerk trainieren. Helten verzaubert auch die Großen aus Politik und Wirtschaft: Bei Kohls und Gorbatschows hat er am Tisch gesessen, mit Industriemagnaten Softbälle vertauscht und Ringe entzweit. Helten kann sich spontan bis zu 80 Namen merken, jongliert dazu mit Worten und löst ein Zauberseil.

www.zauberschule-helten.de

679 Freilichtmuseum
Mechernich-Kommern

Regionalgeschichte zum Anfassen, so lautet das Motto: Schafe scheren, Wolle spinnen, Holzkohle köhlern – wer von uns beherrscht diese Fertigkeiten noch? Zugegeben: In unserem Alltag wird das kaum noch verlangt, aber es schadet auf keinen Fall, sich vorführen zu lassen, wie mühevoll der Alltag im Mittelalter war. Das Rheinische Freilichtmusem, etwa 1 Std. von Köln entfernt, bietet 67 originalgetreu rekonstruierte Bauernhöfe, Windmühlen und Wohnhäuser.

www.kommern.lvr.de/freilichtmuseum

680 Golfen in der Halle
Overath-Steinenbrück

Golfen bei schlechtem Wetter? – In Overath ist das alles kein Problem. Als einzige Anlage im Rheinisch-Bergischen Land verfügt der Platz über eine mit Naturrasen ausgelegte Indoor-Halle mit Putting- und Pitchinggreen, mit verschiedenen Bunkern sowie einer großen Driving Range mit 20 überdachten und beheizten Abschlägen. Schöner ist es nur outdoor, auf der malerisch ins Bergische Land eingebetten Anlage.

www.1golf.eu/club/golfclub-am-luederich-ev

681 Aggerthalhöhe

Engelskirchen

Vor 350–390 Mio. Jahren herrschten hier Verhältnisse, wie wir sie heute aus der Südsee oder in der Karibik kennen. Fast ganz Europa war damals mit einem tropischen Meer bedeckt, es gab Korallenriffe mit einer artenreichen Tierwelt. Und weil sie (aus-)gestorben sind, finden wir heute »nur« noch steingewordene Zeugen aus dieser warmen Epoche. Was passierte, als das Land das Meer verdrängte, und wie entsteht eine Höhle? Gemeinsam mit dem Führer begibt man sich auf Zeitreise und entdeckt Fossilien eines längst vergangenen Korallenriffs. Übrigens: Im Sommer ist der Besuch der Höhle aufgrund der kühlen Temperatur besonders angenehm (6-8 °C). Daher: Jacke oder Pullover nicht vergessen!

www.aggertalhoehle.de

682 Kanuwandern

Auf der Sieg / Eitdorf

Die Sieg schlängelt sich durch eine Mittelgebirgslandschaft, einmal in einem weiten Bett gesäumt von Wiesen und Auwald. An anderen Stellen verengt sich das Flussbett und der Wald reicht an steilen Hängen bis ans Ufer. Kleinere Stromschnellen und Rauschen wechseln sich ab mit ruhigen Paddelstrecken. Seltene Wasservögel wie Eisvogel und Graureiher sind hier heimisch und es gibt jede Menge andere interessante Tiere aus nächster Nähe zu beobachten und fotografieren. Damit das Idyll ein Idyll bleibt, wurde die Siegaue 2005 von der Landesgrenze bei Windeck-Oppersau bis zur Mündung in den Rhein unter Naturschutz gestellt und alle Kanuten herzlichst gebeten, unterwegs die aufgestellten Regeln zu respektieren.

www.rhein-sieg-kreis.de;
www.outdoorstation.de

683 Drachenfels

Königswinter

Die Drachen sind schon lange ausgestorben. Selbst die so betitelten Ehegattinnen scheinen aus der Mode gekommen zu sein – das galt auch für dieses Naherholungsgebiet. Dabei standen Drachenfels und Drachenhöhle einst hoch im Kurs. Die Besucherzahlen in den 1980er und 1990er Jahren sanken jedoch kontinuierelich. Mit Sea Life Center und der benachbarten Remise gewann man eine neue Klientel. Romantiker bevorzugen aber nach wie vor die originalen Schauplätze der Nibelungensaga: Wie mag es gewesen sein, als Siegfried hier den Drachen Fafnir besiegte?

www.drachenfels.net

684

Stadtspaziergang

In und um Monschau

Mehr als 200 denkmalgeschützte Bauten. Hier seien nur einige genannt: die Burg Monschau, die evangelische Kirche, deren Spitze kein Hahn, sondern ein Schwan ziert, und das Rote Haus der Tuchmacherfamilie Scheibler. Die Stadt – malerisch zwischen Berghängen gelegen – zieht vor allem im Sommer Schwärme von Touristen an. Wem das zu bunt wird, nimmt Reißaus. Attraktive Ziele in der Umgebung gibt es genug, so der Nationalpark Eifel mit majestätischen Buchenwäldern, wilden Bächen und einer beeindruckenden Seenlandschaft. Er ist der erste und der einzige Nationalpark in Nordrhein-Westfalen!

www.monschau.de;
www.nationalpark-eifel.de

685

Dom

Und Lousberg / Aachen

Von solch einem Handel können die Bauträger der Elbphilharmonie nur träumen: Als es darum ging, dem Teufel für den Bau des Doms eine Unmenge Gold zu entlocken, versprachen die Aachner ihm die Seele des ersten Lebewesens, das den Dom betreten sollte und jagten dann einen Wolf hinein. Voller Wut schlug der Teufel die Domtür derart zu, dass sein Daumen abgerissen wurde. Dieser Tat wird mit einer Statuengruppe auf dem Lousberg gedacht: »De Oecher send der Düvel ze lous« – »Die Aachner sind dem Teufel zu schlau«, – frohlockt man darüber noch immer.

www.aachen.de

686

Wintersport

Hellenthal und Hollerath

Zugegeben, Hellenthal und Hollerath sind nicht die Alpen: Eine 550 m lange Abfahrtspiste mit Ankerschlepplift und eine bis zu 350 m lange Rodelstrecke mit Rodellift am »Weißen Stein« Udenbreth im Hellenthal sind das Höchste der Gefühle. Die Pisten und Bahnen in Hollerath sind noch kürzer, dafür gibt es dort eine 8,1 km lange Langlaufloipe. Die Anfahrt ist für alle aus Nordrhein-Westfalen recht kurz und man steht nicht so lange im Stau. Ob man nun auf Skiern oder auf einem Schlitten die Eifelhänge heruntersausen oder einfach einen gemütlichen Spaziergang durch die reizvolle Landschaft unternehmen möchte, in dieser Region kommt man durchaus auf seine Kosten.

www.eifel.de; s. Stichwort: Freizeitmöglichkeiten

687

Elisabethhalle

Aachen

Stil und Jugendstil verbirgt die unscheinbare Fassade der Elisabethhalle. Im Inneren befinden sich zwei wunderbare Schwimmhallen, die nach der Sanierung im Jahr 2011 in neuem Glanz erstrahlen. Zwei Hallen waren es übrigens nur deshalb, weil Kaiser Wilhelm II. im Bade auf absolute Geschlechtertrennung bestand. 100 Jahre nach der Ersteröffnung war die Zeit reif für ein Lifting. Die ursprünglichen Duschen kamen wieder zum Vorschein und die kalten Neonröhren wurden durch sanfte und warme Lichtquellen ersetzt, die der »Alten Dame« schmeicheln. Im Eingangsbereich fällt der Aesculap-Brunnen mit der dazu passenden Inschrift ins Auge: »Jugendbrunnens Zauberkraft ist nicht bloße Sage, Jugendfrische gibt das Bad zaubernd alle Tage.«

www.elisabethhalle.de

BASIL®
KATHARINA
BLACK & DOTS
[RE]-CYCLING®
Stylish Bicycle Accessories
www.basil.com
SHOULDER BAG
DOUBLE BAG
SADDLE COVER
CRATE COVER L

Rheinland-Pfalz

Die deutsche Romantik ist nicht aus der Mode gekommen. Dennoch: Weintrinken und Burgengucken allein ist nicht genug, man will – und kann auch aktiv sein, durch die Weinberge an Mosel, Rhein und Nahe radeln oder wandern. Andere erkunden hoch zu Ross den Pfälzerwald: Mehr Bäume gibt es in ganz Deutschland nicht.

Bilderbuchidylle: Weinberge, Burgen und mittendrin der Vater Rhein. Wer fragt da noch, warum es gerade hier so schön ist?

688 Vulkanhaus
Strohn

Was hat unsere Erde mit einem Pfirsich gemein? Im Vulkanhaus in Strohn wird diese und noch viele andere Fragen allumfassend beantwortet. Überhaupt ist das Haus, in dem man über mehrere Etagen unglaublich viel Detailliertes über die Erde und ihre Vulkantätigkeit erfahren kann, ein Museum der besonderen Art. In den verschiedenen Erlebniswelten kann man 6400 km tief bis zum Mittelpunkt der Erde reisen oder fühlen, wie schwer Material aus dem Erdkern wäre. Ein europaweit einzigartiges erdgeschichtliches Denkmal ist die 6 m breite Lavaspaltenwand.

www.vulkanhaus-strohn.de

689 In der Teufelsschlucht
Ernzen

Die Teufelsschlucht bei Ernzen ist ein Ausflugsziel, das zu jeder Jahreszeit reizvoll ist. Die abenteuerliche Felslandschaft lädt zu Wanderungen ein. Im nahen Umfeld liegen Erdzeitenpark, Besucherzentrum, Schauteich und eine Imkerei. Eine ungewöhnliche Führung erwartet den Besucher am »Lauschtor«. Hier wird ihm die Entstehungsgeschichte der Schlucht nähergebracht: Man reist in 10 Min. durch 4,6 Mrd. Jahre Erdgeschichte und fliegt virtuell mit einem Helikopter in die Eiszeit.

www.teufelsschlucht.de

690 Hopfenhof Dick
Holsthum

Holsthum liegt an der Mündung der Enz in die Prüm, im Naturpark Südeifel. Hier befindet sich die einzige Hopfenplantage von Rheinland-Pfalz. Der bekannteste Hopfenbauer ist Andreas Dick. Bei einer Führung über seinen Hof und zu den Feldern wird alles Wissenswerte zum Hopfen als Biergewürz, zum Anbaubetrieb und zur Erntetechnik erklärt. Anschließend kann dort eingekehrt und das traditionelle Getränk verköstigt werden.

www.hopfenbauer.de

Adler und Wolf

Kasselburg bei Pelm

691

Ganz in der Nähe von Gerolstein befindet sich der 20 ha große Adler- und Wolfspark Kasselburg, der die gleichnamige historische Kasselburg umrahmt. Die dort regelmäßig stattfindenden Falknertage, Wolfsnächte, Ritterspiele und der Weihnachtsmarkttanz sind seit Eröffnung ein Besuchermagnet. Die Freiflugvorführung mit Steinadlern, Falken, Milanen und Geiern werden auf der großen Flugwiese vor der Kasselburg gezeigt. In den alten Gemäuern des Burghofs der Stauffenburg aus dem 12. Jh. leben die Greifvögel, darunter auch Uhus, Mönchsgeier und Eulen, in Volieren. Die Wolfsschlucht in den Wäldern rund um die Kasselburg dient dem größten Wolfsrudel Westeuropas als Lebensraum. Attraktion seit dem Jahr 2000 ist ein erhöhter, eingezäunter Erlebniswanderweg, von dem aus der Besucher einen freien Blick und unmittelbaren Kontakt zu den Tieren hat.

www.adler-wolfspark.de

692

Die Maare der Eifel

Daun

»Augen der Eifel« heißen die drei Maare um Daun. Sie sind aus einer von Südost nach Nordwest laufenden Förderspalte in einem geologisch recht kurzen Zeitraum vor 15 000 bis 30 000 Jahren entstanden. Explosionen erschütterten zu jener Zeit die eiszeitliche Landschaft, doch nur in drei Trichtern konnten sich Maarseen ausbilden und bis heute halten. Wie Perlen aufgereiht liegen Schalkenmehrener, Gemündener und Weinfelder Maar (auch Totenmaar genannt) nebeneinander. Wanderwege verbinden sie auf wunderbare Weise. Vom Dronketurm auf der Höhe zwischen Gemündener und Weinfelder Maar bietet sich der beste Blick auf die tiefblauen Wasser.

www.gesundland-vulkaneifel.de

Römerwelt
Rheinbrohl

693

»Salvete.« »Seid gegrüßt!« – und tretet ein in das Erlebnismuseum und Limes-Informationszentrum »Römerwelt« am Caput Limitis in Rheinbrohl. 2005 wurde der obergermanisch-rätische Teil des Limes zum Unesco-Welterbe ernannt. Alltag und Leben der Römer und Hilfstruppen sind das Thema der dortigen Ausstellung. Multimediale Darstellungen werden ergänzt durch fachkundige Informationen zum Limes, seiner Entstehung und zu den Spuren der Besiedelung bis in unsere heutige Zeit. Geschichte wird so für Jung und Alt nachvollziehbar und transparent.

www.roemer-welt.de

694 Vulkanpark: Geologie für Kids
Plaidt

Der Besuch im Vulkanpark gleicht einer Exkursion in die Welt der Eifelvulkane. So ist es gerade einmal 15 000 Jahren her, dass hier durch den Ausbruch des Laacher-See-Vulkans Deutschlands jüngste Landschaft entstand. Der Vulkanpark ist auch kein Freizeitpark im herkömmlichen Sinn. Er ist Bildungsstätte und Abenteuerspielplatz, Naherholungsgebiet und Urlaubsziel, das zu sportlichen Aktivitäten einlädt. Tipp: Kindergeburtstag im Infozentrum feiern oder im alten Tuffbergwerk heiraten!

http://vulkanpark.com

695 Um den Laacher See
Wassenach

Das Vulkanland Eifel ist die perfekte Gegend, um aktiv zu werden – ob zu Fuß, auf dem Rad, zu Pferd oder gar in der Luft. Schlackenkegel, Maare oder Basaltlavasteinbrüche aus der Zeit der Römer prägen die Landschaft. Wer nicht alleine unterwegs sein will, schließt sich einer Gruppe mit Wanderführer an und entdeckt die Vulkanlandschaft in kompetenter Begleitung. Auch gut beschilderte Radwege führen rund um den Laacher See.

www.brohltal-tourismus.de

Bergbaumuseum

Sassenroth, Kreis Altenkirchen

2500 Jahre Siegerländer Bergbau erwarten den Besucher im Bergbaumuseum des Kreises Altenkirchen. Vorbei an dem originalgetreu aufgebauten Schacht gelangt man zunächst in die Ausstellung, wo eine Karte der Region eine erste Übersicht verschafft. Im Museum selbst dokumentieren Texttafeln, Bilder und zahlreiche Exponate die Geschichte des Siegerlandes von den Anfängen um etwa 500 v. Chr. bis zur Stilllegung der letzten Gruben im Jahr 1965. Der Gang durch das Schaubergwerk führt vorbei an Schächten, durch verschieden ausgebaute Stollen sowie in Abbaue. Grubenlokomotiven, Lademaschinen sowie Pressluftbohrer erwecken in Kombination mit Originalgeräuschen den Eindruck eines Untertagebetriebs. So also war der Alltag eines Bergmanns in der Grube! Das Museum ist ein Informationszentrum des Geoparks Westerwald-Lahn-Taunus und gibt Auskunft zu Geologie, Wirtschafts- und Kulturgeschichte sowie zu bedeutenden paläontologischen und archäologischen Funden in der Region. Weiterhin ist das Museum ein Teil der »Eisenstraße Südwestfalen«, einer alten Wirtschaftsachse zwischen dem ehemaligen Siegerländer Bergbaugebiet und der Kleineisenindustrie in der märkischen Region.

www.bergbaumuseumkreisak.de

696

697 Haus der Krippen
Klüsserath

Eingebettet in die Weinlandschaft der Mittelmosel liegt das Haus der Krippen. Mit über 90 Exponaten auf etwa 300 qm wird hier ganzjährig die bildhafte Darstellung der Geburt Jesu dem Besucher auf eine Art und Weise nahegebracht, die ihresgleichen sucht: Die ausgestellten Krippen könnten unterschiedlicher nicht sein und stammen aus aller Welt. Die Sammlung, die in einem historischen Haus untergebracht wurde, ist in Rheinland-Pfalz und angrenzenden Gebieten einmalig und in der gebotenen Darstellung und Qualität wirklich eine Reise wert.

www.krippenmuseum.info

698 Rheinisches Landesmuseum
Trier

Das Rheinische Landesmuseum Trier ist eines der bedeutendsten archäologischen Museen in Deutschland. Unverwechselbar ist die außergewöhnliche Fülle und Qualität der Fundstücke und Zeugnisse zur Römerzeit – jener Epoche, in der die Stadt Trier als Hauptstadt bzw. Verwaltungsmetropole der römischen Provinz Gallia Belgica und erst recht als Kaiserresidenz im spätrömischen Reich ihren Rang eingenommen hat. Die Sammlung wird laufend durch Neufunde der mit dem Museum verbundenen Archäologischen Denkmalpflege bereichert. Vorbildlich: Alle Ausstellungsräume des Museums sind mit Aufzügen bequem zu erreichen und somit auch für Menschen mit Behinderung gut zugänglich.

www.landesmuseum-trier.de

699 Altstadt mit Wasserfall
Saarburg

Die Stadt Saarburg liegt eingebettet in eine abwechslungsreiche Landschaft am Ufer der Saar. Auch die historische Altstadt des Zentrums der Saarwein-Region ist äußerst sehenswert. So findet man am Buttermarkt den größten innerstädtischen Wasserfall Europas. Einen Besuch im »Amüseum« am Wasserfall, dem städtischen Museum, sollte man sich gönnen, wenn einen traditionelle Handwerkerberufe wie Glockengießer, Drucker, Schuster, Gerber oder Schiffer interessieren. Die älteste noch in Betrieb befindliche Turbine wird in der ehemaligen kurfürstlichen Mühle präsentiert. Sichtbare Spuren eines mehr als 3000 Jahre umfassenden menschlichen Schaffens findet der interessierte Besucher auch im nahen Beuriger Kammerforst beim alte Salzbrunnen.

www.saarburg.de

700

E-Biken im Hunsrück

Zwischen Mosel und Saar

Wanderer haben den Hunsrück bereits im Sturm erobert. Die Radrouten der Mittelgebirgsregion mitten in Rheinland-Pfalz sind aber noch richtige Geheimtipps. Das E-Bike-Angebot »Entspanntes Radeln zu Mosel und Saar« verknüpft den Hunsrück-Radweg zwischen Kell am See und Saarburg mit den Radwegen der angrenzenden Regionen. Saar-Radweg und Mosel-Radweg bringen den Radler ganz entspannt nach Trier zum Übernachten. Der nächste Tag startet mit einem geführten Rundgang durch die älteste Stadt Deutschlands und einer anschließenden Radtour über den Bahntrassenradweg »Ruwer-Hochwald-Radweg« zurück nach Kell am See. Ein Erlebnis!

www.hunsruecktouristik.de, Angebot inkl. E-Bike-Verleih

701

Erlebnisführungen

Trier

Nach dem Untergang Roms begann die Zeit des mystischen Mittelalters. Jede dieser Epochen ist ein wahrer Quell für unglaublich gute Geschichten, die eine Stadtführung in Trier zur abwechslungsreichen Zeitreise macht: zu Gladiatoren, wilden Kaisern oder gar dem Teufel selbst. Manchmal gespenstisch, oft vergnüglich, immer spannend.

www.erlebnisfuehrungen.de

Rheinburgenweg

St. Goar

702

St. Goar und die Burg Rheinfels liegen direkt am »Rheinburgenweg«, der von Bad Breisig bis Bingen verläuft und an weiteren 46 Burgen und Bauten vorbeiführt – viele davon Meisterwerke der rheinischen Baukunst aus der Zeit des Mittelalters bis ins 19. Jh. Wer den Weg in der vollen Länge begehen möchte, muss rund 13 Tagesetappen einplanen. Insgesamt sind das 373 km auf und ab mit den schönsten Aussichten auf das Mittelrheintal. Der bekannteste Panoramablick bietet sich zwischen Oberwesel und St. Goar: die Aussicht hinüber zum berühmten Loreleyfelsen.

www.rheinburgenweg.com

703 Weinerlebniswelt
Bernkastel-Kues

So kann man Weine auch kennenlernen: In einem der modernsten Multimedia-Museen von Deutschland wird mit interessanten Filmen und Animationen jede Menge Wissen rund um die edlen Tropfen vermittelt. In Kooperation mit dem Lehr- und Forschungsstandort für Weinbau in Geisenheim entwickelt, zeugt dieses Projekt von dem verantwortungsvollen Umgang der Mosel-Region mit Tradition und Moderne. Wer möchte, rundet den Besuch mit einer Weinprobe in der Mosel-Vinothek in den historischen Gewölbekellern des St.-Nikolaus-Hospitals ab.

www.moselweinmuseum.de

704 Fahrt auf dem Weinschiff
Neumagen-Dhron

Zu den bedeutendsten Funden der römischen Geschichte gehört das Neumagener Weinschiff – das Grabmal eines römischen Weinhändlers aus der Zeit um 220 n. Chr. Mit dem Nachbau des Schiffes kann man zu einer unterhaltsamen Moselfahrt starten. Im Jahr 2007 wurde das Römerweinschiff, die »Stella Noviomagi«, mit Hilfe von Plänen antiker Schiffe originalgetreu rekonstruiert. Die rund 18 Meter lange Galeere kann zwischen Ostern und Oktober für ca. 2-stündige Charterfahrten gebucht werden und bietet Platz für 40 Personen. Wer möchte, kann an einem der Ruderplätze auf dem Schiff gerne selbst Hand anlegen. Einzelgäste können im Rahmen von Bildungsfahrten (der VHS) mitfahren.

www.roemerweinschiff.de

705 Radtour zur Ritterburg
Treis-Karden / Münstermaifeld

Wer sich noch an die alten 500-Mark-Scheine erinnert, hat sie sicher gleich vor Augen: die Burg Eltz. 1157 erbaut, ist das Gemäuer bis heute in gut erhaltenem Zustand und von April bis Ende Oktober für Besucher geöffnet. Der Radweg an der Mosel führt genau dort vorbei. Die Räume der Burg beinhalten Gegenstände von acht Jahrhunderten, die bei einer Führung besichtigt werden können. Bei dieser Gelegenheit sollte man einen Blick in die Schatzkammer mit ihren über 500 Ausstellungsstücken werfen. Schmuck, Waffen und Kuriositäten sind dort zu bestaunen. Vor allem der sogenannte »Dukatenscheißer«, eine aus Amsterdam stammende wertvolle Elfenbeinschnitzerei, sowie das Trinkspiel der Jagdgöttin Diana sind einmalige Exponate.

www.burg-eltz.de;
www.mosel-radweg.de

706 Mosel Adventure Forest

Traben-Trarbach

Hier kann man sich fallen lassen – und stürzt trotzdem nicht ab. Im Kletterwald auf dem Mont Royal an der Mittelmosel, der von April bis Oktober (Di–So, während der Schulferien täglich) geöffnet ist, steht Sicherheit an erster Stelle. Ohne Helm und Klettergurt geht hier keiner an den Start. Der Hochseilgarten mit über 40 Elementen in 2 bis 12 m Höhe erlaubt Klein und Groß spielerisch Geschicklichkeit, Mut und Teamgeist auszutesten. Eine TÜV-geprüfte Anlage, ausgebildete Trainer und eine fundierte Einweisung in die Handhabung der Sicherheitsausrüstung sorgen für ungetrübten Spaß.

www.adventureforest.de

707 Freilichtmuseum

Bad Sobernheim

Im Rheinland-Pfälzischen Freilichtmuseum bekommt das alltägliche Leben der letzten 500 Jahre neue Energie. Knapp 40 historische Gebäude, darunter eine alte Schule und eine Metzgerei mit Villeroy & Boch-Fliesen, wurden an ihren Originalstandorten ab- und auf dem Gelände des Freilichtmuseums wieder zusammengebaut. Ergänzt durch Gärten, einen Weinberg, Weiden und die zugehörigen Tiere vermitteln sie dem Besucher das Gefühl, in die Geschichte einzutauchen. Die gesamte Saison über bietet das Freilichtmuseum viele Anlässe, um das Gelände zu besuchen. Dazu gehört neben den zahlreichen Aktionstagen auch die Veranstaltungsreihe »Sonntags um drei«. An jedem Sonntag, an dem kein Aktionstag stattfindet, können die Besucher jeweils um 15 Uhr an einer Führung teilnehmen, Märchen lauschen oder den verschiedenen Handwerkern über die Schulter schauen.

www.freilichtmuseum-rlp.de

708 Barfußpfad

Bad Sobernheim

Manche behaupten, Barfußlaufen kann süchtig machen! Ein prickelnder Spaß ist es allemal und die Hauptattraktion des 3 500 m langen Rundwegs an der Nahe. Wie eine Fußreflexzonenmassage regt der Gang über Lehm, Gras, Sand und Steine den gesamten Organismus an. Das Lehmbecken, das man am besten mit kurzen Hosen durchwatet, die Furt durch die Nahe und die Hängebrücke, die auch Indiana Jones gefallen hätte, sind neben dem Geologiepfad die Highlights. Im angrenzenden Biergarten gilt die bayerische Tradition: Die eigene Brotzeit darf mitgebracht werden.

www.barfusspark.info

709 Weinlehrpfad

Nackenheim

Gunderloch heißt die Hauptfigur in Carl Zuckmayers Theaterstück »Der fröhliche Weinberg«. Inzwischen ist der Titel zum Markenzeichen Nackenheims geworden; das Stück wird seit 1972 während der Sommermonate im Garten des Weinguts Gunderloch aufgeführt. Zuckmayers Arbeit und den Weinlehrpfad verbinden die Infotafeln, welche die Herkunft der alten Flurbezeichnungen erklären, ergänzt durch Zitate aus den Werken des 1896 in Nackenheim geborenen Dichters. Er bleibt seiner Heimat und dem Nackenheimer Wein damit zeitlebens verbunden.

www.weinlehrpfade.de

710 Dom zum Anfassen

Mainz

Mainz macht mobil im Bereich barrierefreies Reisen: Auf dem Liebfrauenplatz steht beispielsweise ein Bronzemodell des Mainzer Doms nahe des Originals. Es ist maßstabsgetreu und mit Blindenschrift ausgezeichnet. Der westfälische Bildhauer Egbert Broerken fertigte den »Dom zum Anfassen«. Organisierte Gruppenführungen der Touristik Centrale Mainz gibt es für mobilitätseingeschränkte und sinnesbehinderte Gäste.

www.touristik-mainz.de

711 Orgel Art Museum

Windesheim

In Windesheim steht ein Museum, das in seiner Art einmalig in Deutschland ist. Das Gebäude, dessen Grundriss an eine klassische Orgel erinnert, wurde eigens für den Zweck eines Instrumentenmuseums gebaut. Auf 900 qm wurde eine Verbindung zwischen Museum, Architektur, Kunstausstellungen, Konzerten und Events geschaffen.

www.orgelartmuseum.de

712

Auf dem Soonwaldsteig

Kirn an der Nahe

Der Soonwaldsteig gehört zu den Geheimtipps unter den Wanderwegen des Hunsrücks. Beginnend in Kirn führt er auf 83 km quer durch das Mittelgebirge bis nach Bingen am Rhein. Die Route ist in sechs Etappen unterteilt. Jede ist zwischen 13 und 15 km lang und verläuft teils fernab von Ortschaften durch abgelegene Täler und über malerische Höhenzüge. Auf den ersten vier Etappen sind Unterkünfte und Einkehrmöglichkeiten eher rar gestreut. Für die bessere Planung bietet die Region auf ihrer Webseite eine Liste mit Pensionen und Adressen für die Einkehr an.

www.soonwaldsteig.de

»Kuckucksbähnel«
Neustadt bis Elmstein

713

Eisenbahnfans werden davon schwärmen! Die 20 km lange Fahrt mit dem 20 km/h schnellen »Kuckucksbähnel« durchs Elmsteiner Tal ist eine Reise wert (Ostern bis Mitte Okt. jeden zweiten Sonntag). Waggons und Loks stammen aus dem Museum der Deutschen Gesellschaft für Eisenbahngeschichte in Neustadt, in dem noch andere Schätze, vor allem Fahrzeuge der ehemaligen süddeutschen Länderbahnen, zu bewundern sind. Das Musuem am Hauptbahnhof ist Di–Fr, 10–13 Uhr, sowie an Wochenenden und Feiertagen von 10–16 Uhr geöffnet.

www.eisenbahnmuseum-neustadt.de

714 Wildpark Potzberg
Föckelberg

Hauptattraktion des Wildparks Potzberg ist die Falknerei. Sie liegt auf rund 562 m Höhe mit bestem Blick in die Westpfalz. Von Ende März bis Ende Oktober (je nach Witterung auch bis November) werden dort täglich um 15 Uhr frei fliegende Adler, Geier, Falken, Bussarde oder Milane in moderierten Flugshows präsentiert. Weniger wild, und deshalb vor allem für die Kleineren spannend, geht es im Streichelzoo zu, der Elche, Rowild und Hängebauchschweine zu seinem Eigen zählt.

www.wildpark.protzberg.de

715 Tour am Donnersberg
Steinbach

Mit 687 m Höhe ist der Königsstuhl am Donnersberg die höchste Erhebung der Pfalz. Ganz entgegen seinem Namen sind Wanderungen über die sanft geschwungenen Hänge des Bergplateaus eher leicht. Die Landschaft ist abwechslungsreich und Zwischenstationen laden zur Exkursion in die bewegte Geschichte der Region ein. Die Zeugnisse reichen von den Kelten aus dem 2. Jh. v. Chr. (Keltendorf Steinbach) bis zum Bergbau im 14. Jh.

www.donnersberg-touristik.de

716 Ölmühlenweg
Morbach

Insgesamt 74 »Traumschleifen« strukturieren den Saar-Hunsrück-Steig. Das sind Rundwege, meist zwischen 6 und 18 km lang, die größtenteils auf schmalen, naturnahen Pfaden verlaufen. Manche Routen führen vorbei an idyllischen Wasserläufen und imposanten Felsformationen hin zu Aussichtspunkten oder Natur- und Kulturdenkmälern. Eine der Traumschleifen liegt bei Morbach. Die Tour beginnt beim Kulturdenkmal »Historische Ölmühle« südlich des Ortes. Abwechslungsreich geht es über Stege durchs Moor aufwärts durch verschiedene Waldformationen auf den Höhenkamm des Idarwaldes. Von dort oben bieten sich tolle Ausblicke auf die Hunsrücklandschaft.

www.saar-hunsrueck-steig.de; www.morbach.de

717 Draisinen-Spritztour
Altenglan

Was macht man mit einer Bahnstrecke von rund 40 Kilometern Länge, die keiner mehr braucht? Zwischen Altenglan und Staudernheim wurde man erfinderisch und brachte eine Draisine, ein von Menschen- oder Motorkraft betriebenes Hilfsfahrzeug, ins Spiel. Die eingleisige Strecke bietet zahllose landschaftliche Reize. Auch Einheimische staunen über die Idylle des Glantals, denn mit der Draisine kann der Blick plötzlich schweifen, wo man sonst mit dem Auto vorüberhuscht. Über die Strecke verteilt befinden sich Haltepunkte, an denen die Draisine geparkt werden kann. Denn vom Museum über architektonische Kostbarkeiten bis zur regionalen Gastronomie oder zum Weingut gibt es auf der Strecke eine ganze Menge Gelegenheiten zur Stippvisite.

http://draisinentour.de

718 Lautertal-Radweg
Lauterecken

Wer clever ist, der fährt den Lautertal-Radweg von Süden nach Norden, um das leichte Gefälle zu nutzen – die rund 36 km lange Radlstrecke ist aber auch umgekehrt problemlos zu bewältigen. Immer dem Lauf der Lauter durchs landschaftlich wunderschöne Tal folgend, durchquert man die Hügellandschaft zwischen Kaiserslautern und Lauterecken. Tipp: In fast jedem Ort an der Strecke gibt es einen Bahnhaltepunkt, sodass man jederzeit bequem auf den im Stundentakt zwischen Lauterecken und Kaiserslautern verkehrenden Zug umsteigen kann.

www.radwanderland.de; www.kaiserslautern.de

719 Im Fußballstadion
Kaiserslautern

Am spannendsten ist ein Besuch auf dem Betzenberg an einem Spieltag des 1. FC Kaiserslautern. Dann strömen Tausende FCK-Fans mit roten Schals und Fahnen ins Fritz-Walter-Stadion. Der Traditionsverein hat treue Anhänger, deren Enthusiasmus selbst dann nicht nachlässt, wenn die »roten Teufel« eine Pechsträhne haben. Zur Fußball-WM 2006 wurde das Stadion auf dem »Betze« erweitert und bietet nun 48 500 Zuschauern Platz. Auf Führungen und im Museum erfährt man Interessantes über Stadion und Verein.

www.fck.de; www.fckshop.de; www.kaiserslautern.de

720 Neumühlepark
Kaiserslautern

Riesige Saurier »leben« im Neumühlepark im Westen von Kaiserslautern, wo für die Landesgartenschau 2000 Brachland in eine blühende Parklandschaft verwandelt wurde. Auch die Dinos sind damals hier eingezogen: Lebensgroß sind die Urviecher dargestellt; Tafeln erläutern ihre Lebensgewohnheiten. Die Saurier-, Blumen- und Gartenausstellung begeistert alle Altersgruppen. Neben dem Kaiserberg liegt der Japanische Garten, die größte Anlage dieser Art in Deutschland, in der man in eine fernöstliche Welt und Lebenskultur eintauchen kann – zwischen Kies-, Wasser- und Grasflächen mit altem Baumbestand, kleinen Pagoden und einem original japanischen Gästehaus.

www.gartenschau-kl.de; www.japanischergarten.de

721 Erlebnisstadtführung
Zweibrücken

Charmant plaudert die Kammerzofe auf Pfälzisch von Liebschaften und Intrigen um Herzog Christian IV. von Pfalz-Zweibrücken. An den Orten des Geschehens verweilt sie kurz, trifft hier einen Barden, der ein Ständchen trällert, und dort einen Kutscher, der die Gruppe weiter zur kulinarischen Stadtführung mitnimmt. Er kennt den Weg zu den Restaurants bestens, in denen drei Gänge eines barocken Menüs serviert werden – jedes Gericht nach einem Rezept aus der Epoche zubereitet. Im Trab geht es dabei über die Gestütsallee zur Rennbahn, am Rosengarten vorbei, einer der schönsten Anlagen dieser Art in Europa. Im Juni, wenn alles blüht, sind Besuche im Rosengarten und im 2,5 km entfernten Wildrosengarten am Landschloss Fasanerie besonders lohnenswert.

www.zweibruecken.de

722

Wandern zu Felsen und Höhlen

Rodalben

Zehn Felsen liegen an seiner Strecke, 45 km misst er – der Felsenwanderweg, der rund um den Ort Rodalben im Biospährenreservat Naturpark Pfälzerwald führt. Zu den Höhepunkten der Wanderung zählen »Bruderfelsen« und »Bärenhöhle«, die größte natürliche Felsenhöhle der Pfalz. Mit 40 m Tiefe und einem unterirdischen Teich, in den ein kleiner Wasserfall läuft, ist sie sehr beeindruckend. Früher sollen sich hier Bären aufgehalten haben, ein hölzerner Gevatter erinnert daran. Nördlich von Rodalben sieht man von Weitem den »Kanzelfelsen« – eine weitere lohnende Aussichtsplattform, von der aus man den Ort und das Tal der Rodalb bestens überblickt.

http://felsenwanderweg.de; www.rodalben.de

Gelterswoog

Kaiserslautern

723

Der Stausee Gelterswoog südlich von Kaiserslautern ist überregional bekannt und ein beliebtes Sommerziel zum Baden und Paddeln. Das Naherholungsgebiet lockt aber auch Campingfreunde an. Rund ums Jahr genutzt werden die Rad- und Wanderwege, Nordic-Walking-Pfade und der Naturerlebnisweg rund um den See und in die Nachbartäler.

www.gelterswoog.de

724 Eisenhüttenweg

Trippstadt

Dieser Weg besteht aus insgesamt zwölf Stationen, an denen die frühere Herstellung von Eisen im Tal vorgestellt und über die Zeit der Industrialisierung informiert wird. Rund 8 km ist der Eisenhüttenweg lang. Zu sehen sind die ehemaligen Produktionsstätten, Arbeiterhäuser, Stauwehre, das Herren- und das Uhrenhaus sowie das alte Walzwerk. Der Weg bildet einen Teil des Pfälzer Jakobswegs. Er führt entlang der Moosalb durch die wildromantische Karlstalschlucht, vorbei am idyllisch gelegenen Walzweiher bis nach Breitenau in Richtung Gelterswoog.

www.trippstadt.de;
www.jakobsweg-pfalz.de

725 Wild- und Erlebnispark

Wachenheim

700 000 qm Kurpfalz-Park – das ist genug Raum für viele Arten von Tieren. Mufflons, Dam-, Rot- und Sikawild, eine aus Ostasien stammende Hirschart, tummeln sich in den großen Freigehegen, Wildschweine suhlen sich im schlammigen Boden ihres Reviers, Ziegen, Hasen und Meerschweinchen warten im Streichelzoo auf Futter. Auch Wölfe und Luchse gibt es. Sie haben ihren eigenen, eingezäunten Bereich. Neben der Tierbeobachtung ist hier auch Freizeitspaß möglich: beispielsweise auf der Sommerrodelbahn, in den Bumperboats oder Schwanentretbooten. Außerdem gibt es eine 40 m lange Rutscheanlage, Hängebrücken, Piratenburg und Irrgarten, ein Restaurant, Picknick- und Grillplätze.

www.kurpfalzpark.de

726 Durchs Leiningerland

Altleiningen

Am Nordostrand des Pfälzerwalds führt ein Weg von Altleiningen ca. 24 km durch Wald, Wiesen und Weinhänge bis nach Dirmstein. Er folgt immer dem Bachverlauf und führt zur Burg Altleiningen, Stammsitz der Leininger, die früher über das Leiningerland herrschten. Am Eckbachweiher vorbei passiert man außerdem die Burgen Neuleiningen und Battenberg, weitere Weindörfer und ehemalige Mühlen. Einst drehten sich 30 davon im Eckbachtal. Infolge der Industrialisierung setzte gegen Ende des 19. Jhs. das große Mühlensterben ein. Heute sind manche der aufgegebenen Mühlen restauriert und zu Wohnhäusern umfunktioniert, andere beheimaten sehr einladende Weinstuben, Lokale und Hotels. Der Wanderweg ist auch gut mit dem Rad befahrbar!

www.lvermgeo.rlp.de

Pfälzerwald Mountainbikepark

Johanniskreuz

Outdoor-Spielplatz der Superlative: Über 300 km ausgeschilderte Trails in unterschiedlichen Schwierigkeitsgraden, durch Täler und über Bergkuppen, vorbei an Burgen und Felsen, lassen die Herzen der MTB-Fahrer höher und schneller schlagen. Um Unfälle zu vermeiden, ist die jeweilige Fahrtrichtung vorgeschrieben. Auf der längsten Tour zwischen Lambrecht und Johanniskreuz sind auf 74 km Länge 1771 Höhenmeter zu bewältigen. Die kürzeste Strecke beginnt bei Waldfischbach und verläuft über 48 km mit 833 Höhenmetern.

www.mtb-pfalz.de

727

728

In Wald und Flur

Neustadt an der Weinstraße

Welche Farben hat Buntsandstein? Wie schmecken »Keschde« (Edelkastanien)? Wie fühlt sich Eichenrinde an? Diese und weitere Fragen erklären zertifizierte Naturführer auf den Themenwanderungen rund um Neustadt. An der Nahtstelle zwischen dem Rebland an der Deutschen Weinstraße und den dicht mit Bäumen bestandenen Bergen des Pfälzerwalds gibt es spannende Kontraste. So unterschiedlich die Touren auch sein mögen, sie sprechen immer alle Sinne an und liefern darüber hinaus auch Anekdoten und Sagen über Land und Leute.

www.neustadt.eu

729

Haus der Nachhaltigkeit

Johanniskreuz

Wer weiß schon, was Nachhaltigkeit wirklich bedeutet? Mitten im Wald steht ein moderner Bau an dem Ort, wo 1843 eine Gruppe von Förstern die Bezeichnung Pfälzerwald festlegte. Noch heute treffen alle mit einem Kreuz markierten Wege hier zusammen. Nicht weit entfernt liegt der Sandsteinklotz »Pfälzer Weltachs«. Für Dichter Paul Münch bildete das Felsdenkmal den Nabel der Pfalz. Deren einzigartige Naturlandschaft wollte schon Münch bewahrt wissen und genau dieser Aufgabe hat sich das Haus der Nachhaltigkeit verschrieben. Mit seiner Bauweise, Heiz- und Fotovoltaikanlage, Gartenlandschaft und Ausstellung informiert es darüber, was der Mensch im Alltag tun kann, um die Umwelt weniger zu belasten.

www.hdn-pfalz.de

730

Villa Ludwigshöhe

Rhodt unter Rietburg

Zu den schönsten Weindörfern der Pfalz zählt Rhodt. Als es im 14. Jh. in württembergischen Besitz kam, erhielt es den Beinamen »unter Rietburg«, weil es in der Grafschaft bereits ein paar andere Ortschaften gleichen Namens gab. Als die linksrheinische Pfalz im 19. Jh. Bayern zugesprochen wurde, fand König Ludwig I. es hier so schön, dass er seinen Sommersitz zwischen Rhodt und Rietburg plante. Bei der Namensgebung war er bescheiden und nannte das Schloss »Villa Ludwigshöhe«. Im Obergeschoss ist heute die Max-Slevogt-Galerie mit Bildern aus dem Nachlass des bekannten Impressionisten untergebracht. Die Rietburg ist zu Fuß in 45 Min. oder mit dem Sessellift in 8 Min. zu erreichen – und König Ludwig hatte recht: Die Aussicht ist fantastisch!

www.rhodt-unter-rietburg.de

731 Wanderung und Winterspaß

Hermersbergerhof

1909 ließ der Pfälzerwaldverein zu Ehren von Prinzregent Luitpold auf dem Weißenberg nahe der Siedlung Hermersbergerhof den »Luitpoldturm« errichten, das heute weithin sichtbare Wahrzeichen der Region. Eine steinerne Wendeltreppe führt über 164 Stufen auf die Aussichtsplattform in 28,5 m Höhe. Wenn richtig viel Schnee liegt, tummeln sich vor der höchstgelegenen Siedlung im Pfälzerwald Schlitten- und Bobfahrer.

www.luitpoldturm.de

732 Museum im Schloss

Neustadt-Hambach

Am Hambacher Schloss wehte sie zuerst: die schwarz-rot-goldene Fahne, die später zur Nationalflagge der Bundesrepublik Deutschland werden sollte. Wie es dazu kam und warum das 1832 auf der Burgruine gefeierte »Hambacher Fest« als Anfang aller Demokratiebewegung in deutschen Landen gilt, erfährt man bei einem Besuch des Museums. Weitere Veranstaltungen rund ums Jahr.

www.hambacher-schloss.eu

Wanderritte

Schweix

733

Eine besonders schöne und beliebte Form von Aktivferien stellen Wanderritte dar. Die Koordination der Touren übernimmt die Grenzland-Ranch in Schweix (nahe dem Biosphärenreservat Nordvogesen). Weitere Stationen liegen in der West- und Vorderpfalz sowie im Pfälzer Bergland. Auf Wunsch werden auch Ritte ins Lothringische organisiert. Das Ausflugsangebot ist bereit: Gourmets schätzen ganz besonders die deutsch-französischen Routen, Weinfreunde zieht es eher in die Vorderpfalz, wo auch Verköstigungen mit auf dem Tourenprogramm stehen.

www.grenzlandranch.de

735

Science-Center »Dynamikum«

Pirmasens

Für das erste rheinland-pfälzische Science-Center interessieren sich nicht nur Lehrer und ihre Schulklassen. Die riesigen Ausstellungshallen in der ehemaligen Pirmasenser Schuhfabrik Rheinberger beherbergen heute rund 160 interaktive Experimentierstationen aus Forschung und Technik. Von der Bewegung zur Erkenntnis – so heißt das Motto nicht zu Unrecht, denn überall kann man etwas anfassen, ausprobieren und erforschen. Im Mitmachmuseum erfährt man geradezu nebenbei Interessantes über die Pirmasenser Stadt- und Industriegeschichte sowie über berühmte Bürger wie den Dadaisten Hugo Ball oder über Adi Dassler, den Gründer von Adidas.

www.dynamikum.de

Felsenpfad

Dahn

734

Die Sandsteinriesen des Dahner Felsenlandes haben der Region nicht umsonst ihren Namen gegeben. An 14 der markanten Felsentürme führt der Dahner Felsenpfad vorbei – ein etwa 12 km langer, ausgeschilderter Wanderweg, der Kondition und Trittsicherheit erfordert. 5 Std. Gehzeit sollte man einplanen.

www.dahn.de

736 Tour zu den Altschlossfelsen

Eppenbrunn

Dass schon die Römer von den Jagdgründen und Felsformationen im Wasgau begeistert waren, beweist das Dianabild im Altschlosswald bei Eppenbrunn. Das in die Felswand gemeißelte Relief zeigt die römische Jagdgöttin, den Kriegsgott Mars und Waldgott Silvanus. Unterhalb des Felsens weisen Einkerbungen darauf hin, dass dieser Ort auch von den Kelten als Kultstätte genutzt wurde. Vom Parkplatz Spießweiher östlich von Eppenbrunn benötigt man zu Fuß rund 30 Min. bis dorthin. Eine lohnende Rundtour folgt dem Helmut-Kohl-Wanderweg entlang der deutsch-französischen Grenze und schließt die von den Mönchen der ehemaligen Abtei Sturzelbronn angelegten Weiher im Stüdenbachtal ein.

www.pirmasens-land.de

737 Westwall Museum

Pirmasens-Niedersimten

»Ein deutscher Soldat vergräbt sich nicht!« Getreu diesem Leitspruch hatte am Westwall der Schutz der Waffen Priorität vor dem der Truppen. Die Stollenanlage in Pirmasens-Niedersimten sollte als Zugangs- und Versorgungsebene für das Festungswerk Gerstfeldhöhe auf der Oberfläche des Berges dienen. Das Festungswerk war Teil von Hitlers Plan, an der Westgrenze des Deutschen Reichs von Kleve bis Basel auf 650 km Länge eine Verteidigungslinie aufzubauen. Heute ist ein Teil der Hohlgänge auf einem 1 km langen Rundweg zu besichtigen. Eine gut dokumentierte Ausstellung zeigt Armeefahrzeuge, Panzer, Geschütze, Minen, Waffen, Uniformen und vieles mehr. Nicht alle Exponate stammen von der Wehrmacht, viele auch von US-Truppen.

www.westwall-museum.de

738 Schusterpfad

Hauenstein

Seinen Namen verdankt der Premiumwanderweg den Schuhmachern und Händlern, die hier früher auf dem Weg von und zu den Hauensteiner Schuhfabriken unterwegs waren. Der Schusterpfad beginnt an einem Felsendurchbruch, der auf den Charakter der Strecke einstimmt. Im weiteren Verlauf erschließt er den ganzen Zauber des farben- und formenreichen Wasgauer Buntsandsteins. Die anspruchsvolle Wanderung führt zu wunderschönen Aussichtspunkten, zur urigen Pfälzerwaldverein-Hütte »Dicke Eiche« und zum romantischen Winterkirchel.

www.hauenstein-pfalz.de; www.pfaelzerwaldverein-hauenstein.de

739 Deutsches Schuhmuseum
Hauenstein

Seit über 100 Jahren werden im Luftkurort Hauenstein Schuhe hergestellt. Dieser Tradition verpflichtet, dokumentiert das Museum, das in einem historischen Fabrikgebäude im Ortszentrum seine Heimat fand, die Entwicklung der Schuhkultur von den Anfängen bis zur Gegenwart. Die Ausstellung führt durch die Geschichte des Schuhs – mit Abstechern in die Fußmode ferner Länder. In der Prominentensammlung kann man die Schuhe bekannter Persönlichkeiten, darunter José Carreras, Boris Becker und Thomas Gottschalk, bestaunen.

www.museum-hauenstein.de

740 Teufelstisch
Hinterweidenthal

Ging es mit dem Teufel zu, dass die Erosion eine riesige graue Steinplatte auf einem hohen, rot schimmernden Sockel scheinbar schwebend hinterlassen hat? Der Name »Teufelstisch« lässt es zumindest vermuten. Mittlerweile hat sich in Sichtweite des imposanten Naturdenkmals ein großzügig angelegter Abenteuerspielplatz angesiedelt. Hier kann man mit einer Röhrenrutsche ins Tal sausen, durchs Labyrinth irren oder im feuchten Sand des Wassererlebnispfades matschen. Eine Kindermotorradbahn, Schaukeln und ein Minigolfplatz runden das Freizeitangebot ab. Nicht vergessen sollte man bei so viel Abwechslung den kurzen Aufstieg zum Teufelstisch.

www.hinterweidenthal.de

741 Besuch im Waldkletterpark

Kandel

Hier kann man von Stamm zu Stamm schwingen, über ein Seil tanzen und auf dem Snowboard zum nächsten Baum gleiten – selbstverständlich immer gut gesichert. Der Kletterpark im Bienwald bietet 16 Parcours unterschiedlicher Schwierigkeitsgrade an, darunter einige, bei denen selbst Profis an ihre Grenzen stoßen. Nach einer ausführlichen Einweisung mit Probeschwingen, Einhaken und Ausklinken heißt es: Hinein ins Vergnügen und hinauf in luftige Höhen. Denn am Boden ist man erst wieder, wenn man die nächste Klettertour in Angriff nimmt. Alle benötigten Hilfsmittel und Materialien werden von einem hilfsbereiten Team erklärt und bereitgestellt und sind bereits im Eintrittspreis enthalten.

www.abenteuerpark-kandel.de

742 Zu Fuß zur Reichsburg

Annweiler am Trifels

Von weither sichtbar thront die Reichsburg Trifels hoch über dem Städtchen Annweiler, eingerahmt von den Burgen Anebos und Scharfenberg. In Trifels waren im 12. und 13. Jh. die wertvollen Reichskleinodien, Zeichen der Kaisermacht, aufbewahrt. Die Mönche des nahe liegenden Klosters Eußerthal waren für die Pflege und Bewachung der Schätze zuständig; rund eine Stunde brauchten sie, um von der Innenstadt Annweilers hinauf zur Reichsfeste und weiter zu den beiden Nachbarburgen zu gelangen. Heute wandern Touristen auf ihren Spuren und genießen die herrlichen Aussichtspunkte, die weit über die Waldflächen bis in die Rheinebene und die Vogesen blicken lassen. Lohnend im Sommer: die stimmungsvollen Klassikkonzerte im Kaisersaal der Burg.

www.annweiler.de

743 Draisinentour

Landau-Bornheim

Ob zu zweit, als Familie oder in der Gruppe – mit einer Draisine zu fahren, macht Spaß. Vorne sitzen zwei oder drei Radler auf einem Fahrradsattel und treten in die Pedale, während die »passiven« Mitfahrer Schranken öffnen oder die Verpflegung bereithalten. Die Südpfalz-Draisinenbahn führt vom Bahnhof Bornheim bei Landau über die Schienen einer stillgelegten Bahntrasse etwa 13 km durch die Rheinebene nach Osten bis Lingenfeld am Rhein und zurück. Die Route verläuft eben; Gegenverkehr ist dank festgelegter Fahrtzeiten nicht zu befürchten.

www.suedpfalz-draisine.de

Pfälzer Keschdeweg

Hauenstein

744

Im Frühsommer, wenn u. a. die Edelkastanien blühen, erfüllt ein herber Duft die Wälder der Haardt. An ihrem Rand führt ein landschaftlich reizvoller Wanderweg entlang. Er beginnt in Hauenstein, endet in Neustadt an der Weinstraße und ist das ganze Jahr über ein Erlebnis. Von der insgesamt 50 km umfassenden Route kann man beliebige Teilstücke wählen; daneben gibt es auch Rundwegvarianten. Die gesamte Strecke ist mit Kastaniensymbolen beschildert.

www.keschdeweg.de

745 Altrhein-Nachenfahrt
Germersheim

Reinste Natur erlebt man bei einer Nachenfahrt durch das Altrheiner-Schutzgebiet bei Gernsheim. Die Ausflüge mit den elektrisch betriebenen Booten finden von Mitte März bis Mitte Oktober statt. Bootsführer leiten durch die Fauna und Flora der Rheinarme und erklären deren einmalige Naturlandschaft. Viele einheimische Tier- und Pflanzenarten sind von den Altrheinarmen abhängig. Im Gestrüpp der flachen Uferzone finden zahlreiche Vogelarten, Insekten und Fische ideale Laich- und Brutplätze. Die Fahrten mit den bis zu zwölf Personen fassenden Nachen finden in einem Landschaftsschutzgebiet statt, daher ist die Anzahl der Touren begrenzt. Rechtzeitige Buchung wird empfohlen (ca. 90 Euro pro Boot und Fahrt).

www.germersheim.de

746 Von Burg zu Burg
Schönau

Vier Burgen auf einen Streich lassen sich hier an einem Tag erwandern. Die Tour im deutsch-französischen Grenzgebiet führt zu interessanten Ruinen (ca. 12 km, 5 Std.). Beginnend in Schönau wandert man stetig bergauf zur Ruine Wegelnburg, der höchstgelegenen Burg der Pfalz. Weiter geht es über die grüne Grenze zur Ruine Hohenburg mit ihren Felsenkammern, steilen Treppen und fabelhaften Aussichtspunkten. Ein Abstecher führt zur Ruine Löwenstein, von der nur noch wenige Mauerreste übrig sind. Burg Fleckenstein liegt etwas tiefer in einer Mulde und kann (gegen Eintritt) besichtigt werden. Von hier steigt man am Ende wieder hinab ins Tal und überquert kurz vor Hirschthal erneut die Grenze. Dem Saarbach folgend geht es zurück nach Schönau.

www.wanderportal-pfalz.de

747 Schaubergwerk
Nothweiler

420 m tief geht es in das unterirdische Netz aus Gängen, Hallen und Schächten der Eisenerzgrube in Nothweiler hinein. Um 1850 meißelten rund 250 Kumpels den wertvollen Rohstoff in mühsamer Handarbeit aus dem Berg; 1883 wurde der Betrieb eingestellt. Heute ist der Sankt-Anna-Stollen ein Kulturdenkmal. In den Gängen, die zu jeder Jahreszeit rund 9 °C kühl sind, stehen Förderwagen, mit denen das Erz einst ans Tageslicht geschoben wurde. Auch Werkzeuge, Lampen und Arbeitskleidung aus der Zeit der aktiven Nutzung sind zu sehen.

www.nothweiler.de/erzgrube.html

748 Radtour

Speyer

Der Kaiser-Konrad-Radweg führt von Speyer nach Bad Dürkheim und verbindet den größten pfälzischen Kurort und die geschichtsträchtige Kaiserstadt am Rhein. Ihr Namenspatron ist Konrad der Zweite, der erste Kaiser aus dem Geschlecht der Salier. Wie sieben seiner Nachfolger liegt er im Kaiserdom zu Speyer begraben. Am Dom endet – oder beginnt – der bequeme Radweg. Da die Route kaum Steigungen aufweist, ist sie auch für Kinder bestens geeignet. Auf der Strecke liegen einige Bahnhöfe, sodass man sogar mit der S-Bahn zum Ausgangspunkt zurückfahren kann.

www.speyer.de

749 Baumwipfelpfad

Fischbach bei Dahn

Zwischen Pfalz und Elsass ragt das Biosphärenhaus Pfälzerwald / Nordvogesen in die Höhe. Das futuristische Glasgebäude steht am Rande des Ortes Fischbach. Geradezu magische Anziehungskraft übt der Baumwipfelpfad aus, auf dem man in Höhen zwischen 18 und 35 m durch die Baumkronen turnen kann. Am Ende des über 270 m langen Pfades schlüpft man durch eine Röhrenrutsche zurück auf den Waldboden und hat neben Momenten der Spannung viel über Natur und Umwelt gelernt. Nur wenige Meter vom Biosphärenhaus entfernt beginnt der Wassererlebnisweg. An 14 Stationen können sich Spaziergänger auf der 2 km langen Route über die wichtigsten Ressourcen unseres Planeten informieren.

www.wipfelpfad.de

750 Barfuß im Park

Ludwigswinkel

Die zehn Stationen des 1,6 km langen Barfußpfades im Luftkurort Ludwigswinkel sind für Fußsohlen und Beine ein tolles Erlebnis. Es gilt, durch das kalte Wasser des Baches zu laufen, das unterschiedlich beschaffene Bachbett zu fühlen, knietief durch schlüpfrigen Moorboden zu waten, über Holzstämme zu balancieren, das Drücken der Kiesel oder das Kitzeln der Grashalme zu ertragen. Wer noch mehr Abwechslung und Bewegung braucht, kann einen Waldspaziergang auf dem Skulpturenpfad anhängen. Der Start befindet sich schräg gegenüber von Kiosk, Biergarten und Parkplatz des Freizeitparks Birkenfeld. 32 in Holz festgehaltene Waldgeister lassen mit ihren Fratzen und mystischen Formen die sagenumwobene Natur- und Kulturlandschaft des Wasgaus lebendig werden.

www.ludwigswinkel.de

752

Sea Life

Speyer

Heimische und exotische Unterwasserwelten zeigt das »Sea Life« in Speyer. Im Großaquarium kann man dem Verlauf des Rheins, des längsten europäischen Flusses, folgen. Vom deutschen Strom führt das Museum bis hin zu exotischen Gewässern. Zu den Highlights zählt die Lagune der Haie, ein tropisches Unterwasserparadies mit farbenprächtigen Fischen. Die 30 Süß- und Salzwasser-Biotope präsentieren die Bewohner von vielen Flüssen, Seen und Ozeanen. Unter den rund 3 000 Tieren sind Zebra- und Katzenhaie, Rochen, Seewölfe, Kraken, Doktorfische, Seepferdchen, Seeigel und Anemonen zu bewundern.

www.sealife.de

751

Ruine Lindelbrunn

Vorderweidenthal

Im 12. Jh. als Reichsburg gegründet, hatte Lindelbrunn im Laufe seiner Geschichte mehrere Besitzer. Im Bauernkrieg wurde es 1525 niedergebrannt und verfiel. Am Fuße der Burg liegt das Wanderheim Cramerhaus mit idyllischem Biergarten. Von hier führt ein steiler Waldweg (15 Min.) hinauf zur Ruine. Der Rundgang um die Burg dauert etwa 30 Min.

www.cramerhaus.de

Saarland

Rot und Grün sind an der Saar eine ebenso heimliche wie harmonische Koalition eingegangen: Die Streuobstwiesen im Biosphärenreservat Bliesgau und die einzigartige Rostlaube der Völklinger Hütte bilden die Eckpunkte eines gut ausgewogenen Beschäftigungsprogramms, das seine Wähler nicht enttäuscht. Freizeit für alle!

Einmal im Jahr, beim größten Ballontreffen der Welt, verwandelt sich Metz in einen Ort himmlischen Vergnügens. Bläst der Wind kräftig von Westen, trägt er die Ballons auch mal bis ins nahe Saarland.

Keramik & Co.
Mettlach

753

Hinter der imposanten Barockfassade der Alten Abtei in Mettlach, dem Firmensitz des Keramikherstellers Villeroy & Boch, lassen sich 260 Jahre Firmengeschichte hautnah miterleben. Das in der Abtei untergebrachte Museum dokumentiert, wie das Unternehmen mit seinen künstlerisch gestalteten Produkten Weltruf erlangte. Ein betörendes Erlebnis ist der Besuch im Café des Museums. Hier dreht sich alles um die Milch. Ganz in Stil des Dresdner Milchladens gehalten, durchströmt ein Hauch Dekadenz diesen wunderschönen Laden.

www.villeroy-boch.com/erlebniszentrum

754 Weinverkostung
Perl

Stimmungsvoll ist eine Weinprobe im Ortsteil Sehndorf. Rund um den einstigen Waschplatz schmiegen sich die Winzerhäuschen aneinander. Wer anklopft, wird nicht enttäuscht. Ein reiches Sortiment an Weißweinen in Verbindung mit einer zünftigen Winzerbrotzeit stärken für einen kleinen Abstecher ins Hinterland: Ein Spaziergang führt ins Dörfchen Wochern – eines der schönsten im Saarland, das den Besucher mit seinen lothringischen Bauernhäusern in den Bann zieht.

www.saarlaendischer-weinsommer.de

755 Römermuseum
Homburg

Das Römermuseum präsentiert zahlreiche Fundstücke aus der unter Kaiser Augustus gegründeten Siedlung und zeigt, wie die Menschen vor etwa 2000 Jahren lebten. Auf dem Ausgrabungsgelände hinter dem Museumsbau kann man einen Spaziergang durch die Geschichte machen und dabei eine Herberge für Reisende, eine Töpferei, eine Bäckerei, die Schenke und die Praxis eines römischen Augenarztes besichtigen.

www.roemermuseum-schwarzenacker.de

Touren und tafeln

Saarschleife bei Mettlach

756

Eine Reise in das Saarland ist eine Begegnung mit einer sehr wechselvollen Geschichte, einmaliger Landschaft und einer exzellenten Küche. Im Südwesten an Frankreich und mit seiner Westspitze an Luxemburg gelegen, erfreut sich das kleine Bundesland im Südwesten auch einer netten Nachbarschaft. Den geübten Grenzverkehr spürt man nicht nur an der etwas ruhigeren Gangart, sondern ganz besonders an der kulinarischen Vielfalt und Qualität, die für die Saarländer von größter Bedeutung sind. Den saarländischen Küchenhimmel schmücken alleine fünf kulinarische Sternehäuser, darunter zwei Köche, die gleich drei Sterne zieren: Christian Bau und Klaus Erfort. Die Landschaft ist besonders: Hügelland, weite Aussichten, Flusstäler und der sommergrüne Mischwald. Der Bliesgau, eine der schönsten und abwechslungsreichsten Regionen im Saarland, ist Unesco-Biosphärenreservat und eine der ausgewiesenen Kulturlandschaften Deutschlands. Viele sehr wertvolle Streuobstbestände sowie artenreiche Wiesentypen, ausgedehnte Buchenwälder und die von der Blies durchzogene Auenlandschaft ergeben das einzigartige Landschaftsbild. Auf Touren kommen und köstlich tafeln – im Saarland gehört das zusammen.

www.tourismus.saarland.de;
s. Wandern & Schlemmen

Kupferbergwerk
Düppenweiler

757

Aus der ehemaligen Grube ist ein sehenswertes Besucherbergwerk unter Tage geworden. Über den »Barbarschacht« fährt man in die Tiefe und erkundet die Welt des Bergbaus. Am »Dom«, dem größten Raum unter Tage, wird pausiert und man erhält Auskunft über die Techniken des Kupferabbaus. Fast unheimlich mutet der Blick durch eine Glasplatte auf den »unterirdischen See« an, den unter Wasser stehenden Tiefbau. Nach getaner »Arbeit« darf man sich eine deftige Brotzeit im »Huthaus« (an der Erdoberfläche) gönnen.

www.beckingen.de;
s. Kupferbergwerk

758 Wandern, baden & Bahnfahren
Stausee Losheim

Der Losheim Stausee hält für jeden Besucher etwas parat, das gemütliche Gewässer lädt zum Ausspannen und Sonnenbaden ein. Leicht umrundet man den See auf dem Fahrrad, oder man erkundet ihn mit dem Tretboot. Etwas mehr Kondition wird für eine Tour auf dem Ruwer-Hochwald-Radweg benötigt, der auf einer stillgelegten Bahntrasse nch Mosel verläuft. Vergnüglich für die ganze Familie ist eine Fahrt (15 km) mit der Museumsbahn durch Saarlands »Wilden Westen« bis nach Merzig.

www.losheim-stausee.de

759 Ringwall Otzenhausen
Nonnweiler

Unweit der Primtalsperre schützt ein mächtiger Steinwall des Saarlands nördlichste Grenze. Das Bauwerk wurde vom keltischen Stamm der Treverer im 1. Jh. v. Chr. errichtet. Urtümlich wird es bei einem nächtlichen Spaziergang in Begleitung der Bardin Birgid. Dann rezitiert die keltische Dichterin Heldensagen aus frühen Zeiten. Die Gemeinde Nonnweiler gedenkt ihrer gallo-römischen Vorfahren regelmäßig auf Veranstaltungen.

www.keltenring-otzenhausen.de

760 Rodeln und Skifahren
Peterberg

Das Freizeitzentrum Peterberg unterhält eine Skipiste, die mit 370 m Länge sicher nicht zu den größten der Republik zählt, mit seinem bodenständigen Charme aber ein beliebtes Wintersportziel darstellt. Wem der Schnee ein Gräuel ist, besucht die Rodelbahn am Peterberg im Sommer. Die Strecke hat es in sich: 15 Steilkurven, Bögen und Sprünge sind auf 1 000 m Länge zu überwinden. Bremsen kann man aber!

www.sommerrodelbahn-peterberg.de

761 Wolfspark
Merzig

Der »Leitwolf« Werner Freund liebt und kennt seit vielen Jahren seine Rudel bestens. Vom Welpen zum Wolf hat er die Tiere eigenhändig mit der Milchflasche aufgezogen und sie bei den ersten Schritten in die (kontrollierte) Freiheit begleitet. In den großräumigen Gehegen finden Alt- und Jungtiere die für sie ideale Lebensbedingungen und Auslaufmöglichkeiten vor.

www.wolfspark-wernerfreund.de

762 Schlittschuhlaufen
Dillingen

Eislaufen bis in den April? Im Eissportcenter in Dillingen geht das. Ein zusätzliches Plus: Die hauseigene Schleiferei in Dillingen sorgt dafür, dass die Kufen den richtigen Schliff bekommen. Und sonntags wird dank eines speziellen Tarifs zusätzlich der Geldbeutel geschont. Naturliebhaber finden auf einem der zahlreichen Seen im Saarbrücker Umland ein ideales Terrain, ihre erworbenen Fähigkeiten zu verfeinern. In Saarbrücken werden bei ausreichender Eisdicke Tabaks- und Prinzenweiher freigegeben. Wen es weiter hinauszieht, besucht den idyllischen Würzbacher Weiher bei Blieskastel.

www.eissporthalle-dillingen.de

763

Reiturlaub

Hunsrück / Bliesgau

Man muss weder Jockey noch Jockette sein, um das Saarland auf dem Rücken eines Pferdes zu erkunden. Als geführte Reitwanderung oder individuell mit einem geliehenen Pferd lässt sich das Saarland vom Schwarzwälder Hochwald bis zum französisch inspirierten Saargau entdecken. Ein mehrtägiger Rundritt durch den Naturpark Saar-Hunsrück dürfte auch Kennern der Region neue Ein- und Ausblicke eröffnen. Der Streckenverlauf umfasst ca. 105 km in vier Tagesetappen. Einen weitaus kürzeren Ausflug bietet ein Ritt durch die Landschaft des Bliesgau in drei gemütlichen Tagesetappen à 10 bis 20 km.

www.saarland-im-sattel.de

764

Radeln & skaten

Bliesgau

Auf der flachen Trasse der ehemaligen Bliestal-Eisenbahnstrecke kann man ohne Steigung von Ort zu Ort bis nach Frankreich radeln, immer dem Verlauf der Blies folgend. Ab Zweibrücken führt die Südpfalz-Tour nach Bierbach über den Glan-Blies-Radweg nach Lautzkirchen, wo der eigentliche Bliestal-Radweg beginnt.

www.europaeischer-kulturpark-online.de; www.blieskastel.de

765 Schlossberghöhlen
Homburg

Die Heimat des Sandmännchens befindet sich im Inneren des Schlossbergs der Stadt Homburg. Das und noch viel mehr kann man bei einem Besuch der Schlossberghöhlen erfahren. Von hier aus, den größten Buntsandsteinhöhlen in Europa, zogen einst die Sandmänner aus, um die Hausfrauen der umliegenden Dörfer mit Scheuersand zu versorgen. Im völlig unterhöhlten Buntsandsteinmassiv des Bergs wurde Quarzsand abgebaut, der vor allem zur Herstellung von Glas diente. Noch im 18. Jh. wurde geschürft, danach gerieten die Höhlen bis zu ihrer Wiederentdeckung im Jahre 1930 in Vergessenheit. Heute lassen sich die gut gesicherten Gänge und Hallen bei einer Führung besuchen, die auch in den Teil führt, der nach dem Krieg als Schutzbunker ausgemauert wurde.

www.homburg.de; s. Schlossberghöhlen

766 Römischer Gutshof
Perl-Borg

Im Perler Ortsteil Borg lebt es sich fast wie vor 2000 Jahren. Dabei kann es die römische Villa Rustica in puncto Komfort mit jedem modernen Wohnhaus aufnehmen. Unweit der römischen Fernstraße, die Trier und Metz miteinander verband, auf einer Fläche von 7,5 ha erstreckt sich ein prächtiger Gutshof. Die fast vollständige Rekonstruktion der Villa ermöglicht es, das luxuriöse Ambiente der Räumlichkeiten von damals nachzuempfinden. Wer will, kann sich nach Rezepten von Marcus Gavius Apicius, einem ausgewiesenen Gourmet des kaiserlichen Roms, verköstigen lassen, z. B: zartes Lamm auf Pinienkernen in Weinsauce. Schlemmen wie zu Cäsars Zeiten!

www.villa-borg.de

767 Burg Neufelsberg
Überherrn-Fels

Wer die Nacht lieber nicht mit dem Burggespenst verbringen möchte, sollte rechtzeitig die historischen Gemäuer verlassen: Die Gitter werden um 21 Uhr heruntergelassen. Ein besonderes Vergnügen sind die Festspiele auf der Teufelsburg: Die dramatischen Inszenierungen um Leid und Freud der noblen Ritterschaft lassen das Mittelalter zwischen den mit Moos berankten Mauern wieder auferstehen. Bei schönem Wetter sind die Aufführungen ein Spektakel für die ganze Familie und ein gelungener Ausklang jeder Wanderung.

www.teufelsburg1.de

Burgruine
Dagstuhl / Wadern

768

Wer dem Dagstuhl nicht auf dem hohen Ross einen Besuch abstatten möchte, wählt stattdessen das Velo. Zwei Routen bieten sich an: Auf dem Saarland-Radweg gelangt man direkt zum Schloss. Die andere Strecke führt über den Saar-Hunsrück-Radwanderweg in ca. 1 km Entfernung an den Sehenswürdigkeiten vorbei. Wanderfreunde können die reizvolle Umgebung auf einem Rundweg durch das sagenhafte Löstertal entdecken. Zur Einstimmung empfiehlt sich ein Rundgang durch das Städtchen Wadern mit Besuch im Öttinger Schlösschen, das u.a. ein Heimatmuseum beherbergt. Einmal im Jahr, zur Sommerzeit, ertönen die Fanfaren über dem Tal. Dann kommen zum »Turnier der Drachenritter« Edelmänner und gemeines Volk aus nah und fern zusammen, um wie Jahrhunderte zuvor ausgelassen zu feiern.

www.burgdagstuhl.de
www.wadern.de

769

Brotbacken
Theley

Die Johann-Adams-Mühle im malerischen Theley ist ein originalgetreu restauriertes Anwesen aus dem 18. Jh. Heute bekommt der Besucher vom Wasserrad über das Mahlwerk bis zum Steinbackofen den Werdegang des Brotbackens serviert. Dabei würzt der Museumsführer seine Rundgänge mit Anekdoten über die einstigen Müllerfamilien. In der schönen kleinen Mühle wird außerdem noch immer nach alten Rezepturen gebacken: Konservierungsstoffe kommen hier nicht ins Brot, noch »Halbgebackenes« aus dem Ofen. Und da die beiden Mühlenbäcker nicht mit ihrem Wissen hinter dem Berg halten, darf man ihnen neugierig über die Schulter schauen.

www.tholey.de; www.hofgut-imsbach.eu

770 Bergarbeitersiedlung

Maybach / Friedrichsthal

Die ehemalige Bergwerkssiedlung Maybach veranschaulicht bildlich das Nebeneinander von Wohn- und Arbeitsstätten aus der Zeit um 1900. Auf 13 Stationen geht es durch die denkmalgeschützten Mietshäuser und Produktionsanlagen. Der unterschiedliche Standard der Wohnhäuser spiegelt die hierarchische Sozialstruktur der Beschäftigten im Bergbau wider: Beamte und Ingenieure waren einst räumlich von der Arbeiterschaft getrennt. Im Ortsteil Bildstock trifft man auf den im Jahr 1892 unter dem Motto »Freiheit, Brot, Gerechtigkeit« eingeweihten Rechtsschutzsaal, der als Deutschlands erstes Gewerkschaftshaus gilt. Da im Kaiserreich keine Demonstrationen unter freiem Himmel erlaubt waren, brachte jeder Arbeiter zwei Backsteine und eine Reichsmark mit – genug, um ein Gebäude für 1000 Menschen zu errichten.

www.iks-saar.de

771 Am, im und um den See

Bostalsee

Der Bostalsee ist das Herz des Naturparks Saar-Hunsrück. Mit 120 ha Wasserfläche gilt er als der größte Freizeitsee im Südwesten. Nördlich von St. Wendel gelegen, und auch mit Bus und Bahn gut erreichbar, bietet der Stausee seinen Besuchern eine Fülle ganzjähriger Freizeitaktivitäten. Ein entspanntes Kennenlernen des Sees kann mit einer Rundfahrt beginnen: entweder im Tretboot oder auf dem solarbetriebenen Katamaran »St. Wendeler Land«. Auch Segler und Surfer finden in dem Gewässer ideale Bedingungen. Diverse Segelschulen vor Ort und auch ein Bootsverleih bieten die nötige Infrastruktur für einen maritimen Urlaub vor der Haustür.

www.bostalsee.de

772 Bergwerk

Quierschied

Die Grube Göttelborn in Quierschied zählte bis zu ihrer Stilllegung im Jahr 2000 zu den größten Bergwerken in Europa. Eindrucksvoll wird dies im ca. 100 m hohen Förderturm, dem höchsten weltweit, dokumentiert. Eine Fahrt auf die Plattform des »Weißen Turms« erschließt dem Betrachter auf der 75 m hohen Plattform das Industriekonglomerat in seiner ganzen Größe. Auf Techniktouren geht es in den »Bauch« des Giganten. Hier kann u. a. die »Waschkaue«, also der überdimensionierte Umkleideraum der Arbeiter, besichtigt werden.

www.tourismus.saarland.de

773 Wendelinus-Runde

St. Wendel

Der Wendelinus-Radweg startet hinter dem Bahnhof St. Wendel in Richtung Oberthal. Völlig eben und perfekt ausgebaut, radelt es sich auf dem Bahndamm durch das obere Bliestal. Skulpturen eines einheimischen Künstlers am Wegesrand amüsieren große und kleine Radfahrer. Nach wenigen Kilometern – kaum warm geradelt – bietet am ehemaligen Bahnhof Bliesen ein Kiosk gekühlte Getränke an. Eine frühe, aber willkommene Pause, denn die Steigungen kommen im zweiten Teil der Rundtour. Weiter geht es nach Oberthal. Hier kreuzt der Saar-Nahe-Höhen-Radweg die Bahntrasse. Wer will, kann hier am ehemaligen Bahnhof Oberthal die relativ kurze Wendelinus-Runde mit der Bostalsee-Runde kombinieren und zu einer Ganztagestour ausbauen. Weiter geht es auf der Bahntrasse in Richtung Tholey und es wird immer schöner. Völlig abgeschieden, fast verwunschen, führt der Weg leicht erhaben durch die Kulturlandschaft des nördlichen Saarlandes. Kurz vor Tholey verschwindet die Bahntrasse in einem Tunnel und steigt rechts steil an, aber nur kurze 40 Höhenmeter hinauf zum Rad- und Wanderparkplatz des Ortes.

www.tourismus.saarland.de;
s. Radfahren

774 Edelsteine schürfen

Freisen

An fast allen Wochenenden trifft sich im Norden des Saarlands in der Gemeinde Freisen eine eingeschworene Gruppe an Edelsteinschürfern. Die Picke geschultert und mit wetterfester Kleidung und Proviant ausgerüstet, gehen die Glücksgräber dann auf die Suche. Hier wird nach Achat, Amethyst und Jaspis (allesamt prächtige Steine) gefahndet. Die glücklichen Finder dürfen ihren Schatz natürlich mit nach Hause nehmen.

www.edelsteindorado.de

775 Erlebnispfad

Nalbach

In Nalbach an der Prims entdecken Kinder spielerisch die Geheimnisse des Waldes. Ein 2,5 km langer Rundweg führt um den Berg Litermont. Ohne wesentliche Steigungen ist der Parcours mit seinen 24 Stationen ideal für Kinder ab vier Jahren und fordert alle Sinne: Wer kann am besten auf einem Waldxylofon mit den Bäumen kommunizieren oder dem rätselhaften »Summstein« einen Ton entlocken? Viele mögen das Alter eines Baums richtig schätzen, aber wie lässt sich dessen Höhe bestimmen?

www.nalbach.de; s. Erlebnispfad

Öhlmühle

Heusweiler

In ihren Anfängen fungierte die Mühle als sogenannte Lohmühle, in der Eichen- und Fichtenrinden zu Gerbmitteln zermahlen wurden. Im Jahr 1769 wurde sie dann zur Ölmühle umgebaut. Seit der Sanierung 1998 präsentiert sie sich dem Besucher als detailgenauer Nachbau. Imposant für den Laien sind das hölzerne Zahnradgetriebe und die wuchtige Presse. Letztere ist eine Balkenkonstruktion aus vier massiven Eichenstämmen, deren längster fast 6 m misst. Der Ertrag, den man mit den historischen Gerätschaften erwirtschaften konnte, liegt bei ca. 150 l pro Tag aus 6 Zentnern Raps.

www.muehle.berschweiler.com

776

777 Greifvogel-Show
Neunkirchen

Rasante Unterhaltung ist geboten, wenn zweimal täglich Adler, Falken und Bussarde auf Jagd gehen. Als Manege dient eine kleine Waldlichtung auf einem Hochplateau, die mit Sitzbänken ausgestattet ist. Ein kundiger Falkner begleitet die Vorführungen und erläutert das Verhalten der Tiere in freier Wildbahn. Am Ende der Vorführung wartet eine besondere Attraktion: Dann dürfen Besucher auf Tuchfühlung mit den Tieren gehen. Wo sonst kann man tagsüber die Bekanntschaft eines Uhus machen oder dem – gar nicht komischen – Kauz gar übers Gefieder streichen.

ww.zoo-neunkirchen.de

778 Ausgrabungen zum Mitmachen
Tholey / Theley

Das Besondere am Vicus Wareswald? Hier wird der Besucher selbst zum Archäologen: Unter fachkundiger Anleitung darf von März bis Oktober in der Geschichte des »römischen Saarlands« gegraben und gebuddelt werden. Wer weiß schon, welche Geheimnisse sich nach 2000 Jahren noch ausgraben und aufdecken lassen?

www.terrexggmbh.de

779 Erlebnisbad
Tholey

Die sprudelnden Lagunenbecken und Whirlpools lassen keinen Muskel unberührt, und in den Sommermonaten wandelt sich das Schwimmbad zur Liegewiese mit Sandstrand. Kinder rauschen über die 103 m lange Rutsche ins Becken. Im Winter heizen finnische Saunen und römische Dampfbäder ordentlich ein. Wasserscheue finden im Erlebnispark mit »Barfußpfad« eine gute Alternative.

www.schaumbergbad.de

780 Schulmuseum
Ottweiler

Das historische Schulmuseum in der Goethestraße Ottweilers fällt aus dem Rahmen. Der Gebäudekomplex umfasst neben einer ausgedehnten Sammlung an Exponaten aus 1000 Jahren Schulgeschichte ein liebevoll rekonstruiertes Klassenzimmer aus der Wende vom 18. zum 19. Jh. Wahre Raritäten sind ein handgeschriebenes Rechenbuch und ein Schönschreibheft.

cms.schulmuseum-ottweiler.net

Urzeitpark Gondwana

Schiffweiler

Alle Sinne sind gefordert, wenn man unter den naturgetreu modellierten Riesenbäumen in die faszinierende Welt vergangener Landschaften eintaucht: Zwischen der üppigen Vegetation lauern angriffslustige Saurier, und aus dampfenden Karbonwäldern zwitschern exotische Vögel den Besuchern ins Ohr. Riesenlibellen begleiten gigantische Tausendfüßler auf ihren Streifzügen über den sumpfigen Urwaldboden. Und ständig ist Vorsicht geboten, denn in den Lagunen einer Rifflandschaft lauern bereits krokodilartige Geschöpfe auf etwaige Fehltritte allzu sorgloser Zweibeiner.

www.gondwana-das-praehistorium.de

781

782 Wandern an der Bergehalde

Ensdorf

Vom Boden aus misst die Bergehalde der Grube Duhamel stattliche 150 m in der Höhe und sie umfasst eine Fläche von ca. 50 ha. Für den Anstieg ist außer festem Schuhwerk ein Rucksack mit Proviant zu empfehlen. Kioske oder Imbissbuden sucht man am Wegrand zum Glück vergeblich. Wer mit Kindern unterwegs ist, sollte lieber den flacheren Aufstieg wählen und nur bis zum Mittelplateau gehen. Denn beim Aufstieg auf den Gipfel muss eine starke Steigung überwunden werden. Übrigens: Die Route wird zukünftig länger: Der Berg wächst jedes Jahr ein Stück gen Osten.

www.gemeinde-ensdorf.de;
s. Freizeit und Kultur

Völklinger Hütte

Völklingen

Das begehbare Industrieareal bietet eine erlebnisreiche Rundreise durch die einzelnen Stationen der Eisenerzeugung. Da wäre beispielsweise die beeindruckende Möllerhalle, in der bis zu 12 000 t Erz Platz fanden. Hier ist auch das »Science Center Ferrodrom« untergebracht, in dem die Besucher selbst im Labor stehen und nach Lust und Laune experimentieren dürfen. In den drei Elementetunneln zeigt sich, wer das Zeug zum wahren Hüttenmann hat! Feuer, Wasser, Luft – die drei Elemente, die neben Erz (Erde) zum Eisenschmelzen nötig sind – toben sich dort aus und bringen selbst Hartgesottene in heftige Wallungen.

www.voelklinger-huette.org

783

784

Brennender Berg
Dudweiler

Seit dem 17. Jh. glimmt ein Kohleflöz im Saarkohlewald zwischen dem Saarbrücker Bezirk Dudweiler und der Stadt Sulzbach, dessen Ursprünge im Dunkeln liegen. Und so scheint es nicht verwunderlich, dass schon Johann Wolfgang von Goethe während seiner Reise an die Saar 1770 höchst beeindruckt war – von den schwefelhaltigen Ausdünstungen, die vor seinen Augen aus dem Waldboden krochen. Rund um den Brennenden Berg herum führen thematisch ausgeschilderte Erlebnispfade, z. B. der auch für Kinder gut zu bewältigende »Pfad der Industriekultur«.

www.brennenderberg.de

785

Wandern und feiern
Auf Burg und Gemeinde Kirkel

Beginn des Rundwanderwegs ist der Parkplatz im Kohlroterweg. Auch mit dem Drahtesel lässt sich die Umgebung auf zwei Rundwegen (à 30 km) hervorragend entdecken. Wer nur auf eine kurze Visite vorbeikommt, fährt auf dem Saar-Nahe-Höhen-Radweg entweder weiter Richtung Blieskastel oder Neunkirchen. Wenn zur warmen Jahreszeit der Kirkeler Burgsommer eingeweiht wird, lebt das Mittelalter rund um den Burgturm (aus dem 12. Jh.) wieder auf. Im Handwerkerdorf lernen Kinder und Jugendliche, wie man zu Zeiten des Grafen Gottfried von Kirkel lebte und arbeitete. Auf der alljährlichen Burgolympiade können auch jene glänzen, denen eine Medaille im Schulsport versagt blieb. Teilnehmer messen sich an der Kunst des Axt- und Hufeisenwerfens, oder sie nehmen es mit dem Rasenden Roland auf.

www.kirkel.de

786

Zoo
Saarbrücken

Eines der Highlights im Tierpark ist die Seehundfütterung. Während sich die Robben über Heringe und andere Leckereien freuen, vollführen sie beeindruckende Tricks und Sprünge. Und warum nicht einmal einen Kindergeburtstag im Zoo feiern? Bei der Tierolympiade dürfen die Kleinen in diversen Disziplinen gegen die Zoobewohner antreten. Kindergruppen haben sogar die Möglichkeit, in fachkundiger Begleitung von Zoopädagogen über Nacht im Forscherhaus des Tierparks zu bleiben. Am nächsten Morgen geht es nach dem Frühstück auf einen Spaziergang, der ungeahnte Einblicke in das aufregende »Privatleben« der Tiere zulässt.

www.zoo.saarbruecken.de

787 Industriekultur am Hüttenweg

Neunkirchen

In Neunkirchen stemmen sich die Schlote der Eisenwerke dem Zeitgeist entgegen. Die Stadt blickt auf stolze 500 Jahre Industriekultur zurück. Kohle und Erz sind das Erbe. Bis Anfang der 1980er Jahre wurde hier Stahl geschmolzen. Einen Eindruck vom Treiben einer Industriestadt bietet der Hüttenweg: Beginnend bei den Meisterhäusern aus dem ausgehenden 19. Jh. führt der Gang durch die Stationen des Kohle- und Stahlzeitalters.

www.neunkirchen.de

Saar-Urwald

Riegelsberg

Ein Urwald wächst vor den Toren der Landeshauptstadt heran. Im ehemaligen Feudalwald der Fürsten von Nassau-Saarbrücken, inmitten des Saarkohlenwalds, darf sich die Natur auf 1 000 ha Fläche austoben. Seit 1997 schweigen die Motorsägen im einstigen Nutzwald. Dafür sprießt eine ungeahnte Artenvielfalt und überwuchert die letzten Zeichen der Zivilisation. Wer sich nicht allein ins Dickicht traut, be-gleitet den Förster und spürt nachts Fledermäusen nach.

www.saar-urwald.de

788

Bergwerk

St. Ingberg

789

Das älteste Industriedenkmal des Saarlands, die im Jahr 1750 eingeweihte Möllerhalle, befindet sich auf dem Gelände der »Alten Schmelz«. Das historische Gebäude erweckt mit seinen sakralen Ausformungen den Eindruck einer Kapelle. Bei einem Gang durch Siedlung und Werksanlagen erschließt sich peu à peu die lebendige Geschichte der Region. Und weil der Leitspruch gilt »Ohne Koks kein Eisen«, geht es weiter zum Bergwerk Rischbachstollen. Seit 1990 wird wieder gegraben, allerdings nur für Touristen. Helm, Lampe und Arschleder sind Pflicht, bevor es in den Stollen geht

www.rischbachstollen.de

E-Biken im Urwald vor den Toren der Stadt

Saarbrücken

Das Saarland hat sich in den letzten Jahren zur E-Bike-Region entwickelt! Das flächendeckende Netzwerk »e-Velo Saarland« bietet Elektro-Fahrrad-Verleih, Akku-Wechsel und Transport-Service an. Alle Touren, die über die Tourismus Zentrale Saarland angeboten werden, sind auch mit E-Velo zu buchen. Dann heißt es, einfach aufsteigen und losfahren – denn mehr braucht es nicht, um mühelos und mit hohem Spaßfaktor auch die Höhenzüge des Saarlandes zu erklimmen. Speziell die Tour durch den Saarkohlenwald bei Saarbrücken, auch »Urwald vor den Toren der Stadt« genannt, bietet eine sehr abwechslungsreiche Fahrt durch naturnahe Wälder und über Höhenzüge mit herrlichen Aussichtspunkten. Rund 85 Kilometer und 1 000 Höhenmeter sind dank E-Bike in einem Tag gut machbar. Mehrere touristische Ziele gestalten die Tour kurzweilig. So streift man den Naherholungsraum mit dem lautmalerischen Namen Itzenblitz, kann den Brennenden Berg besuchen, der allein aufgrund seiner Ausdünstungen nicht zu verfehlen ist. Essen und Trinken gehören bei jedem Ausflug dazu, auch wenn man sich nicht mehr völlig verausgaben muss; Restaurants und Gasthäuser sind auf der Strecke. Übrigens: Wer dann doch zu viel Gas gegeben hat: Auf der Hälfte der Tour besteht in Reeden oder in Saarbrücken die Möglichkeit, den Akku zu wechseln, sonst wird es doch noch anstrengend.

www.tourismus.saarland.de

790

791 Gespenst im Schloss

Saarbrücken

Seit 1000 Jahren spukt es im Saarbrücker Schloss. Kindern sei eine Führung mit einem besonderen Bewohner ans Herz gelegt: Wer kennt sich besser in der Geschichte des Schlosses aus als das Schlossgespenst. Sonntags (11 Uhr) schlägt es zur Geisterstunde. Gemeinsam mit dem kuriosen Gesellen erkunden Kinder den Palast und sind Geheimnissen auf der Spur. So viel sei hier verraten: Für Angsthasen ist das nichts!

www.stadtverband-saarbruecken.de

792 Historische Salzhäuser

Sulzbach

Wie keine andere Gemeinde im Saarland ist Sulzbach vom Bergbau geprägt. Umgeben vom satten Grün des Saarkohlenwalds begegnet man der jahrhundertealten Bergwerktradition auf Schritt und Tritt. Heute ist das Salzbrunnen-Ensemble in der Stadtmitte das architektonische Wahrzeichen der Stadt. Es besteht aus dem historischen Salzbrunnenhaus, das der Förderung des Minerals diente, und dem einstigen Wohnhaus des Sulzbacher Industriellen Carl Philipp Vopelius.

www.stadt-sulzbach.de

793 Schifffahrt

Saint-Louis-Arzwiller

Eigentlich war der »plan incliné«, wie das Schifffhebewerk auf Französisch heißt, für den Güterverkehr gedacht. Aber den Wettlauf mit Eisenbahn und Straße konnte die Binnenschifffahrt nicht mehr gewinnen. So transportiert der Lift heute die Jollen der Freizeitkapitäne. Wer nicht im Schiff anreist, kann das Spektakel auf einer geführten Bootsfahrt erleben. Neugierige finden im ausgemusterten Lastkahn »Sophie-Marie« ein ansprechendes Museumsschiff. Für Eisenbahnnostalgiker empfiehlt sich eine Fahrt mit der Museumsbahn entlang des Wasserverlaufs.

www.sarrebourg.org

794 Glasmanufaktur
Sarrebourg

Sarrebourg ist über die Landesgrenzen hinweg für seine historischen Glasmanufakturen bekannt. Die Cristallerie Vallerysthal beschäftigte während des 18. und 19. Jhs. bis zu 2000 Arbeiter. Heute kann man dem letzten verbliebenen Glasbläser bei seiner diffizilen Arbeit über die Schulter sehen. Kultureller Höhepunkt ist die »Chapelle des Cordeliers«. Hier schuf Marc Chagall 1977 sein farbgewaltiges Buntglasfenster »La Paix«. Damit setzte er ein Zeichen für mehr Völkerverständigung. Das Werk zählt zu den größten Glasmalereien des französisch-russischen Künstlers.

www.sarrebourg.org

795 Minenmuseum Carreau Wendel
Petite-Rosselle

La Petite-Rosselle ist kein Dorf aus einem Bilderbuchreiseführer. Dennoch lohnt ein Gang zu den französischen Nachbarn »La mine, grandeur nature« ist ein Schaubergwerk in Originalgröße. Unter der futuristisch anmutenden Architektur aus Wellblechtunneln und überdimensionierten Bauklötzen wird auf 4500 qm eine rekonstruierte Kohlegrube zum Leben erweckt. Das Erlebnis beginnt bereits beim Eintritt in die Grube. An Bord eines Minenaufzugs rauscht man der Seele der Erde entgegen. Bei einer Geschwindigkeit von 12 m in der Sekunde bleibt kaum Zeit, sich auf das folgende Abenteuer einzustellen. Das Herz der Mine pulsiert wie zu seinen besten Zeiten. Der Lärm der mächtigen Fördermaschinen lässt die Luft vibrieren. Der Puls schlägt länger und für einen langen Moment vergisst man, dass hier nur simuliert wird.

www.la-mine.fr

796 Bettsäächertage
Losheim am See

Ob Kuhblume, Eierbusch, Goldblom, Seichkraut, Pissblume, »Piss en Lit« oder eben wie im Saarland Bettsäächer, die Namensgebung ist unterschiedlich, aber als Heilmittel und Delikatesse ist der Löwenzahn überall bekannt. Deshalb veranstalten viele Gemeinden (u.a. Losheim an der See, Mettlach, Weiskirchen) dieser Blume zu Ehren Ende März/Anfang April die Bettsäächertage. Welche Gastronomiebetriebe sich jährlich daran beteiligen, verkünden die Webseiten der Orte. Auch wenn die Gasthäuser und Restaurants, die mitmachen, Jahr für Jahr wechseln, eines ist sicher. Sie kennen viel mehr Rezepte als nur Löwenzahnsalat. Wobei der natürlich nie fehlen darf!

www.losheim.de

798

Waldhochseilgarten

Saarbrücken

Begleitet vom Zwitschern der Vögel geht es in luftiger Höhe von 12 m auf Drahtseilen, Schaukeln und Rollen durch die Baumwipfel. Auf fünf Parcours mit unterschiedlichen Schwierigkeitsgraden lässt sich die Baumkletterei üben. Wer die 56 Hindernisse mit Bravour und ohne gravierende Kratzer überwunden hat, darf sich zu Recht als Nachfolger von »Tarzan und Jane« für eine neue Filmproduktion bewerben. Die Anwärter müssen eine gehörige Portion Mut und Selbstvertrauen aufbringen, um sich so leichtfüßig wie das bekannte Dschungelpaar zwischen den Baumkronen zu bewegen. Hier lernt man Geschicklichkeit und einen respektvollen Umgang mit der Natur.

www.abenteuerpark-saar.de

Erbsensonntag

Wadern

797

Alle Jahre wieder wird am ersten Fastensonntag von der Anhöhe des »Perscher Kopfes« das Erbsenrad (ein Heu- oder Strohballen) in Brand gesetzt und in den Bach Wadrill gerollt. Anschließend trifft man sich zum traditionellen Eieressen. Dieser Brauch soll den ansässigen Bauern eine gute und ertragreiche Ernte einbringen und den Frühling begrüßen.

www.wadern.de

Sachsen

Der »Wanderer über dem Nebelmeer« in der Sächsischen Schweiz ist immer noch gut unterwegs – heute eben im Softshell. Unten im Elbtal hat sich die Lage derweil geklärt: Raddampferpassagiere bleiben auf, Radler neben dem Wasser. Und überall wird gerne geschlemmt: ob Pfefferkuchen in Pulsnitz oder Käse in Pfunds Molkerei.

Der schönste Milchladen der Welt befindet sich in Dresden: Nur Pfunds Molkerei bietet dem Käse eine Kulisse aus handbemalten Fliesen im Neorenaissancestil.

799 Museum für Schildbürger
Schildau

Es gibt zwei Versionen: Die weniger nette ist die, dass die Schildauer um das 16. Jh. ihre Steuern nicht zahlen wollten, worauf ein erboster Amtmann sie als »Dummköpfe« beschimpfte. Auf die heutigen Steuerflüchtigen übertragen, hätten wir also jede Menge Dummköpfe unter uns. Hübscher ist die Version, derzufolge die Schildbürger äußerst klug waren, sich aber bewusst dumm stellten, indem sie Aussagen und Metaphern wörtlich nahmen. Auf diese Weise erlangten sie Berühmtheit. Egal, wie es war, unterhaltsam zu lesen sind ihre Geschichten bis heute.

www.schildbuerger-museum.de

800 Panometer
Leipzig / Dresden

Aus Panorama und Gasometer, denn in einem solchen ist es untergebracht, wurde »Panometer«. Erfunden hat diese Wortschöpfung der Architekt, Hochschullehrer und Begründer Yadegar Asisi. Die Panometer in Dresden und Leipzig zeig(t)en großformatige, über 100 m lange und rund 30 m hohe 360-Grad-Panoramen von Amazonien, der Berliner Mauer, Rom und dem Mount Everest: Von einer 6 m hohen Plattform aus öffnet sich der Blick auf eine hochalpine Welt, die von Hellblau bis Aquamarin, von Schneeweiß bis zu sattem Schwarz leuchtet.

www.asisi.de

801 Via Regia
Ökumenischer Pilgerweg

Die mittelalterliche Handelsstraße Via Regia bereisten Könige, Krieger, Händler; ihr folgten die Pilger. Sie durchreisten das Abendland mit dem Wissen um heilige Ziele und schufen so ein Geflecht von geheiligten Wegen. Der Ökumenische Pilgerweg orientiert sich am historischen Verlauf der Via Regia. In christlicher Tradition haben sich Menschen am Weg bereit erklärt, Pilger aufzunehmen. Die Herbergen stehen den Pilgern ganzjährig offen.

www.oekumenischer-pilgerweg.de

Naturpark
Dübener Heide

Kinder ab 3 Jahren und Erwachsene bis ins Alter von 70 Jahren und älter können die Dübener Heide auf dem Pferd entdecken. Auch Menschen mit Behinderungen erhalten dort die Möglichkeit, das Reiten als Therapie zu nutzen. Am besten lässt sich das Gebiet vom Burgturm des nahe gelegenen Bad Düben aus überblicken.

802

Mit ca. 2 000 qkm bietet der Naturpark die größte zusammenhängende Waldfläche aus Kiefern, Buchen und Birken in Ostdeutschland. Wer lieber wandert als reitet, findet hier reichlich Auswahl, z. B. den Weg zum Waldbad, der Hammermühle, den Wildenhainer Burch oder die Wasserburg Schnadnitz. Noch bequemer geht es nur in der Pferdekutsche. Sich mit entschleunigten zwei PS durch die stille Heidelandschaft der Naturparks fahren lassen, das senkt den Blutdruck, beruhigt das Herz und hebt die Laune.

www.duebener-heide.de;
www.freizeitreiten-paetz.de

803

Erlebniswelt Meißen
Porzellanmanufaktur

Viele Bereiche gibt es nicht mehr, in denen die Hand als das wichtigste Werkzeug gilt. In der Dresdner Porzellanmanufaktur ist es so. Mit gutem Grund: Formen und Drehen, Figuren fertigen (Bossieren), unter der Glasur und auf der Glasur malen ist eine Kunst, die man maschinell nicht hinbekommt. Wie entsteht eine Tasse? Aus wie vielen Einzelteilen besteht eine Figur und wie kommen die blauen Schwerter unter die Glasur? Auf all diese Fragen erhält man beim Rundgang eine Antwort. Wie aber aus den verschiedenen Materialien fast 10 000 unterschiedliche brillante Farbtöne kombiniert und produziert werden, bleibt ein streng gehütetes Firmengeheimnis.

www.meissen.com

DIESBAR

Brühlsche Terrasse
Dresden

Beim Blick auf die »Brühlschen Terrasse« versteht man einmal mehr, warum Dresden den Beinamen »Elb-Florenz« trägt. Im abendlich warmen Licht erscheint die 500 m lange und bis zu 200 breite Promenade noch mal so schön. Hier wetteifern die Prachtbauten um die Aufmersamkeit der Passanten: die Kunstakademie, die Sekundogenitur, das Ständehaus und die Kathedrale St. Trinitatis. Promenaden wie diese laden zur Legendenbildung ein: Einst sah man eine weiß gekleidete Frau aus dem Brühlschen Palast kommen, die sich über das Geländer ins Wasser stürzte. Hierbei sollte es sich um die Geliebte des Grafen Brühl, die Opernsängerin Teresa Albuzzi-Todeschini, gehandelt haben, die sich an dieser Stelle das Leben nahm. Belegt ist das nicht. Aber schön-traurig ist es schon.

804

Straßenbahn: Theaterplatz oder Synagoge

Erlebnispfad

Dresden-Süd

Prima Klima? 48 000 Bäume in Dresden sorgen dafür. Mit 63 % Wald- und Grünfläche gilt die Stadt als eine der grünsten in Europa. Doch das ist noch lange nicht das Ende der Bemühungen, entlang der früheren Stadtbefestigung ist ein Promenadenring mit doppelreihigen Baumalleen in Planung, und man hat zusammen mit dem Bund für Umwelt und Natur einen »Stadtökologischen Erlebnispfad« entwickelt. Was politisch korrekt klingt, soll praktisch und ohne erhobenen Zeigefinger vermittelt werden: etwa beim Wind- und Drachenfest, bei einer Baumpflanzaktion oder an der Bienenstation, an der, zusammen mit dem Imkerverein, Aufklärung betrieben wird. In Deutschland sorgen 80 000 Imker mit 1 Mio. Bienenvölker dafür, dass der Honig reichlich fließt. Die fleißigen Hautflügler gehören zu den wichtigsten Bestäubern weltweit.

805

www.bund.net/dresden/erlebnispfad

806

Raddampferfahrt

Dresden

Schmuck sehen sie aus, die stilecht restaurierten Schiffe mit den roten Schaufelrädern. Selbst der jüngste der neun Dampfer ist weit über 80 und somit längst im Rentenalter, der älteste stammt aus dem Jahr 1879 und heißt »Stadt Wehlen«. Das leise Rauschen der Schaufelräder und das Schnaufen ihrer Dampfmaschinen wirken beruhigend, die gemächliche Geschwindigkeit, das Unterwegssein vertreiben die Melancholie. Auf ihrem Fahrtgebiet zwischen Seußlitz bei Meißen und Bad Schandau in der Sächsischen Schweiz durchquert die traditionsreiche Flotte eine der schönsten Flusslandschaften Europas sowie das Dresdner Elbtal.

www.saechsische-dampfschifffahrt.de

807 Schloss und Park Pillnitz

Dresden

»Sehen und gesehen werden« – für diese Form, sich in der Öffentlichkeit in Szene zu setzen, brauchte es den richtigen Rahmen. Die einstige Sommerresidenz des Dresdner Hofes brachte alles mit, was die Reichen und Mächtigen für ihre Auftritte bevorzugten. Das Wasser- und das Bergpalais zählen zu den größten Chinoiseriebauten der Welt. August der Starke ließ sich häufig mit Gondeln über die Elbe hierher tragen. Heute reist man mit dem Dampfer oder Auto an. Man möchte etwas erleben und gerne auch die Kinder gut betreut wissen. Dafür gibt es Themenrouten, bei denen man »Spinnen, Schnaken und Schnecken« im Schlosspark aufspürt. Beim letztgenannten Rundgang sollten sich Eltern rechtzeitig und ohne Murren auf Familienzuwachs einstellen.

www.schlosspillnitz.de

808 Mühle und Drachenhöhle

Syrau

Wer nach Syrau kommt, kommt kaum an ihr vorbei – der ältesten Holländermühle im Vogtland. Mit ihrem hölzernen Getriebe, den riesigen Zahnrädern und durchdachten Funktionsabläufen ist sie ein beeindruckendes Zeugnis vergangener Technik und Mühlenbaukunst. Geheimnisvoller geht es jedoch in der Drachenhöhle zu, in der man eine Vielfalt an Tropfsteingebilden, kristallklaren Seen, weichen Lehmformationen und bizarren Sintervorhängen entdecken kann. Um das Ganze noch mystischer erscheinen zu lassen, wird von Mai bis August ein effektvolles Zusammenspiel aus Musik und vielfarbigen Lasereffekten vorgeführt. Dabei hätte das Naturtheater diese künstliche Illuminierung nicht unbedingt nötig.

www.syrau.de

809 Zittauer Schmalspurbahn

Dichte Mischwälder, zackige und rund geschliffene Sandsteinfelsen, vulkanische Kuppen – insgesamt 82 Gipfel, 1170 Kletterwege und 300 km markierte Wanderwege durchziehen diese Region. Dafür wird ein Urlaub kaum ausreichen. Aber man kann ja wiederkommen. Gerne auch im Winter, wenn es auf Loipen und am Hang heißt: »Ski und Rodel gut!« Im Sommer führt die Schmalspurbahn in knapp einer Stunde von Zittau ins Zittauer Gebirge, dessen bekanntester Berg der Oybin ist. Oben stößt man auf Steingebilde, die an Tiere erinnern, wie z. B. auf die »Brütende Henne«.

www.soeg-zittau.de

Semperoper

810

Dresden

Benannt nach ihrem Architekten Gottfried Semper gilt dieses als eines der schönsten und kulturell renommiertesten Opernhäuser der Welt. Doch sobald der Vorhang aufgeht, gehört die Aufmerksamkeit den Protagonisten auf der Bühne. Wer dem Bau selbst Ehre erweisen will, stößt auf ein vielseitiges Führungsangebot: für Kinder, für Detektive oder bei einem nächtlichen Rundgang.

www.semperoper-erleben.de

811 Malerweg
Elbsandsteingebirge

Es ist der »Beliebteste Wanderweg in Deutschland« meinen die vielen, die diesen 200 Jahre alten Weg bereits zurücklegten. Man kann also unterwegs durch die bizarren Felsgebilde, erhabenen Tafelberge und romantischen Schluchten nette Bekanntschaften machen. Schon für Caspar David Friedrich, Carl Gustav Carus und Ludwig Richter war der Malerweg Quelle der Inspiration.

www.saechsische-schweiz.de

812 Felsenbühne
Rathen

Die Kulisse ist der Held in diesem grandiosen Naturtheater. Die Dresdner selbst halten es für das schönste dieser Art überhaupt: Die Bühne liegt inmitten eines Felsenkessels der Sächsischen Schweiz und bietet 2 000 Gästen Platz in gut klimatisiertem Ambiente. Das Programm reicht vom Aschenbrödel über Old Shurehand und Camina Burana, von Wagner und Verdi bis zu »Pucks Sommernachtsträumen«, die Shakespeare hier recht frei interpretieren. Dafür gibt es Applaus!

www.felsenbuehne-rathen.de

813 Wintersport
Fichtelgebirge / Altenberg

Auf Skiern mal schnell über die Grenze? Am Fichtelberg geht das, weil hier einige Pisten mit jenen im benachbarten Tschechien kombiniert werden können. In anderen Orten gibt es meist nur ein oder zwei miteinander kombinierbare Lifte. Langläufer laufen dafür umso länger: Die 36 km gespurte Kammloipe zwischen Johanngeorgenstadt und Schöneck im Vogtland ist die längste in Sachsen. Wer mehr auf Bobs abfährt, ist in Altenberg (Erzgebirge) richtig. Die Bahn dort ist Austragungsort von Weltmeisterschaften und entsprechend modern.

www.kammloipe.com; www.sachsen-tourismus.de

814

Fürst Pücklers
Park in Bad Muskau

Dieser Park sollte ihm den Ruin bringen. Das Vermögen seiner Frau hatte er zuvor schon durchgebracht. Dem Park selbst hat sein Ehrgeiz allerdings gutgetan. Inspiriert von englischen Gartenanlagen ließ er Seen und Wasserläufe, wohl geordnete Baumgruppen und mit Ziergittern eingefasste Blumenbeete arrangieren. Dieses Ensemble gleicht einem Gemälde – so sah es zumindest der Schriftsteller Friedrich Förster, der hier »durch eine Bildergalrie der Claude Lorrains, Poussins und Ruisdaels« zu schreiten glaubte. Die Nachwelt dankt es dem Fürsten jedenfalls; auch mit einer Auszeichnung durch die Unesco.

www.muskauer-park.de

815

Erich Kästner Museum
Dresden

Generationen von Kindern haben mit seinen Figuren gelebt – mit dem »Doppelten Lottchen«, mit »Emil und den Detektiven« oder mit »Pünktchen und Anton«. Ihr Erfinder, Erich Kästner, ist in Dresden geboren. In der Villa seines Onkels wurde dem Kinderbuchautor, Gebrauchslyriker und Journalisten ein Museum gewidmet.

www.erich-kaestner-musuem.de

Kindermuseum
Im Hygienemuseum / Dresden

»Vor dem Essen, nach dem Essen – Hände waschen, nicht vergessen.« Warum ist das eigentlich sooo wichtig? Viel spaßiger als solche Fragen, ist es, die Sinne zu testen: im Spiegelkabinett Grimassen schneiden, Geräusche raten, an Riechsäulen schnüffeln Tiere (er)tasten oder die fünf Geschmacksarten schmecken und vieles andere mehr.

www.dhmd.de

816

818 Osterreiten

Bautzen / Kamenz / Hoyerswerda

Nobel sehen sie aus: Das Pferdegeschirr ist aufwendig mit Muscheln oder mit Metallbeschlägen verziert, die festliche Tracht besteht aus Gehrock und Zylinder – so will es der sorbische Brauch. Durchgehen sollte der Gaul bei dieser Kopfbedeckung allerdings nicht. Die Osterreiter haben ihre Tiere jedoch bestens im Griff. Auf ihrem Ritt verkünden sie die frohe Botschaft über die Auferstehung Jesu Christi, singen und beten. Angeführt von den Fahnenträgern, den Trägern der Christusstatue und des Kreuzes versammeln sich die Reiter vor der Kirche und werden vom örtlichen Geistlichen gesegnet und verabschiedet.

www.bautzen-kamenz.city-map.de

817 Weinstraße

Pirna / Diesbar-Seußlitz

»Klein, aber fein« – dachten sich die Winzer dieser Region, als sie 1992 hier eine Weinroute ins Leben riefen: Von Pirna über Dresden, Radebeul und Meißen nach Diebar-Seutzlitz sind es ca. 55 km. Wer sich mehr Zeit nimmt, schaut bei Karl May vorbei oder dampft auf der 16,5 km langen Kleinbahnstrecke mit dem »Lößnitzdackel« durch die Gegend.

www.saechsische-weinstrasse.net

Töpferei
Pulsnitz

Die Töpferei Jürgel ist wahrscheinlich eine der ältesten noch produzierenden Töpfereien in Deutschland. Sie wurde bereits im 14. Jh. in einer Chronik der Stadt erwähnt. In der Blütezeit gingen von hier jährlich 100 Eisenbahnwagen mit Töpferwaren beladen nach Sachsen, Württemberg, Schlesien, Böhmen und Österreich-Ungarn. Bis heute werden fast alle Stücke auf der traditionellen Fußtöpferscheibe gedreht und werden anschließend mit viel Können, Liebe und dem volldeckenden Schwammdekor bemalt. Wer dabei zusehen möchte, sollte sich zuvor anmelden.

www.toepferei-juergel.de

819

820 Fischwochen
An der Lausitz

»Die Ernte des Jahres« findet im Herbst mit dem traditionellen Abfischen statt. Für die Lausitzer Teichwirte sind es die aufregendsten und schönsten Wochen des Jahres. Begleitet wird diese Zeit des Abfischens von den Lausitzer Fischwochen. Zahlreiche Restaurants wetteifern um die Gunst der Gäste. Die häufig gestellte Frage, ob der Fisch wirklich frisch ist, erübrigt sich allerdings.

www.oberlausitz.com

821 Musikinstrumenten-Museum
Markneukirchen

Zunächst die Superlative: Man rühmt sich, die kleinsten, die größten sowie mit 3 200 Exponaten die meisten Musikinstrumente aus aller Welt im »Paulus-Schlössel« versammelt zu haben. Dabei geht es bei Musik ja gerade nicht um »höher, größer, weiter«. Aber beeindruckend ist das Ganze schon. Insbesondere, wenn den Besuchern auf dem Rundgang etwas vorgespielt wird und wenn sie am letzten Sonntag im August Gelegenheit haben, einigen Instrumentenbauern über die Schulter zu schauen.

www.museum-markneukirchen.de

Erlichthof

Rietschen

822

Wenn nur der Name nicht so schwer auszusprechen wär: »Schrotholzhäuser« kommt gleich nach »Rotsamtkleid«. Dabei wirken die urigen Bauten viel wohnlicher und behaglicher als ihre Bezeichnung vermuten lässt. Die denkmalgeschützten Gebäude stammen größtenteils aus Dörfern, die dem Braunkohlenabbau weichen mussten. Behutsam wurden die bis zu 300 Jahre alten Bauten abgetragen und am Erlichtteich originalgetreu wieder zusammengesetzt. Das reizvolle Ensemble vermittelt das Bild eines Lausitzer Heidedorfes, wie es im 19. Jh. ausgesehen haben könnte. Zu dem kleinen Dorf, am Wolfsradweg gelegen, gehören neben dem Museumsgehöft »Erlichthof« 18 weitere Schrotholzhäuser, die für Gäste geöffnet sind. Besucher erleben traditionelles Handwerk zum Anfassen sowie Handel und Gastronomie – u. a. eine Hofschneiderei und eine Steinofenbäckerei sowie den Bogenpark.

www.erlichthof.de

823

Uhrenmuseum

Glashütte

Ticken die noch richtig? Wenn, dann tun sie das garantiert hier. Denn Genaugikeit in der Produktion ist ein entscheidendes Merkmal bei diesen handgefertigten Qualitätsuhren. Der Dresdner Adolph Lange gründete 1845 eine Fabrik in Glashütte, die nach der Wende unter dem Label A. Lange & Söhne wieder einen Aufschwung erlebte und sich weltweit einen Namen als Luxusmarke machte. Offenbar hat der Ort einen goldenen Boden für das Uhrmacherhandwerk; auch Glashütte Original, Nomos und Wempe haben hier ihren Sitz. Im Museum selbst werden mehr als 400 Exponate erlebbar gemacht: Taschen-, Armband- und Pendeluhren, Marinechronometer u. v. a. m.

www.uhrenmuseum-glashuette.com

Basteifelsen

Sächsische Schweiz

Immer wieder beeindruckend – der Blick von der Plattform der Bastei über die Landschaft. Man kann schon verstehen, dass der Panoramafelsen eine der meist besuchten Sehenswürdigkeiten der Sächsischen Schweiz ist. Der Name dieser Region geht auf die beiden Schweizer Maler Adrian Zingg und Anton Graff zurück, die 1776 an die Kunstakademie in Dresden berufen wurden. Beim Blick in Richtung Osten sahen sie ein Gebirge liegen, das eine merkwürdige Berglandschaft zeigte und ohne eigentliche Gipfel auskam. Ein wenig Heimweh wird bei der Betrachtung und Bezeichnung schon dabei gewesen sein. Sei es drum: Der Name »Sächsische Schweiz« kam und blieb!

www.saechsische-schweiz.de

824

825 Pfefferkuchenstadt
Pulsnitz

Sie lassen sich ungern ins Handwerk pfuschen. Das hat in ihrer Zunft gute Tradition. So trotzten die Pfefferkuchenbäcker auch in Zeiten der DDR der Staatsform und wehrten sich gegen die Überführung in eine Genossenschaft. Nach der Wende kämpften sie sieben Jahre lang um die Anerkennung als Handwerk. Mit Erfolg! Nur bester, lang gelagerter Honig- und / oder Sirupteig, mit feinsten Gewüzen (im Mittelalter kurz unter dem Begriff »Pfeffer« zusammengefasst) werden zu Pfefferkuchen verbacken. Und das schmeckt gut so!

www.pfefferkuchenmarkt.de; Markt immer Anfang Nov.

826 Badegärten
Eibenstock

Mal ehrlich: Die Finnische Sauna oder den türkischen Haman kennt inzwischen jeder. Aber wie saunieren die Russen, Japaner, Italiener und Nordamerikaner? Wer die Badegärten in Eibenstock besucht, kann an einem Tag die Saunen der Welt für sich entdecken – und damit auch die unterschiedlichsten Gewohnheiten, die dazugehören: vom Hopfenbad zum Römischen Schlammbad, dem Karelischen Vastaritual, dem Russischen Wenikritual, dem Hühnerfußbanja oder dem Banja-Kreml, dem orientalischen Kräuterdampfbad, der Schaummaske in Ovemalik, dem indianischen Steinsitzbad etc. pp. Wem bei so viel Auswahl blümerant wird, dem hilft vielleicht noch die japanische Meditationssauna oder einfach der beherzte und kühne Sprung ins Kühlbecken!

www.badegaerten.de

827 Johannisbad
Zwickau

Immer dienstags: »Aqua-Zumba mit Musik«, mittwochs: »Schwimmen bei Kerzenschein«, donnerstags: »Freie Körper Kultur, kurz FKK«, freitags: »Aqua-Fitness mit Musik« – wer will, kann die ganze Woche in diesem wunderschönen Schwimmbad zwischen Gründerzeit und Jugendstil aus dem Jahr 1869 zubringen. Natürlich wurden die Anlagen seither kräftig renoviert und zu dem ausgebaut, was man heute gerne als Wellnesstempel bezeichnet. Um an Gelder für die Renovierung zu kommen, veräußerte man die originalen handbemalten Beckenrandfliesen und erfand die »Johannisbadaktie«. Man sollte schon sehr früh oder sehr spät kommen, um die stilvolle Architektur in Ruhe würdigen zu können.

www.johannisbad.de

Impressum

Liebe Leserinnen und Leser,
vielen Dank, dass Sie sich für einen Titel aus unserer Reihe MERIAN *live!* entschieden haben. Wir freuen uns, Ihre Meinung zu diesem Reiseführer zu erfahren. Bitte schreiben Sie uns an merian-live@travel-house-media.de, wenn Sie Berichtigungen und Ergänzungen haben – und natürlich auch, wenn Ihnen etwas ganz besonders gefällt.

Alle Angaben in diesem Reiseführer sind gewissenhaft geprüft. Preise, Öffnungszeiten usw. können sich aber schnell ändern. Für eventuelle Fehler übernimmt der Verlag keine Haftung.

1. Auflage

Bei Interesse an maßgeschneiderten Produkten:
veronica.reisenegger@travel-house-media.de
Tel 0 89 / 4 50 00 99 12

Bei Interesse an Anzeigenschaltung:
bianca.jasny@travel-house-media.de

TRAVEL HOUSE MEDIA
Postfach 86 03 66
81630 München
merian-live@travel-house-media.de
www.merian.de

Programmgeschäftsleitung
Dr. Stefan Rieß

Layout
Michaela Reitinger M-DESIGN

Redaktion
Simon Pause (verantw.), Martina Krammer, Gernot Schnedlitz, Eva Stadler

Schlussredaktion
Anita Meschendörfer

Bildredaktion
Nafsika Mylona, Tobias Schärtl

Autoren
Verónica Reisenegger, Simon Pause, Axel Nowak, Birgit Chlupacek, Gernot Schnedlitz, Gisela Buddée, Jutta Kürtz, Peer Pierrot, Carsten Dohme, Sabine Müller, Anja Bech, Emil Lenoire, Gaby Funk, Claudia Weber, Suse Stroner, Raimund Haser, Ralf Nestmeyer, Karin Willen, Heidi Bauer, Anja Zeller

Produktion
Gloria Schlayer, Katrin Uplegger

Repro
Repro Ludwig, Zell am See

Druck und Bindung
Polygraf Print, Prešov

TRAVEL HOUSE MEDIA

Ein Unternehmen der
GANSKE VERLAGSGRUPPE

Wir danken allen, die an diesem Buch mitgewirkt und die Produktion unterstützt haben. Förderung aus dem Europäischen Fonds für regionale Entwicklung der Europäische Union erhielten der Bayerische Wald (s. S. 76, 78), das Bayerische Golf- und Thermenland (s. S. 82) sowie Ruhr Tourismus (zusätzlich Förderung durch das Land Nordrhein-Westfalen; s. S. 300).

Europäische Union
„Investition in Ihre Zukunft"
Europäischer Fonds für regionale Entwicklung

Ministerium für Wirtschaft, Energie, Bauen, Wohnen und Verkehr des Landes Nordrhein-Westfalen

Sachsen-Anhalt

Die höchste gemessene Windgeschwindigkeit auf dem Brocken? Ordentliche 264 Stundenkilometer – mit diesem Tempo könnte einem die Atmosphäre hier oben schon mal um die Ohren fliegen. Eine fotogene Dampfeisenbahn fährt auf diesen höchsten Berg im Harz. Doch es geht auch gemütlicher ...

»Eins, zwei, drei, viele … «
So schön kann Schäfchen zählen in Sachsen-Anhalt sein. Und danach schläft man mit Blick auf den Wurmberg auf der Wiese ein.

Wandern im
Colbitzer-Lindenwald

828

Nah der Gemeinde Colbitz befindet sich der größte geschlossene Lindenwald Europas (ca. 220 ha). Alle Jahre, Ende Juni, Anfang Juli, ist dort Hochsaison. Die alten Linden stehen dann in voller Blüte und laden zu ausgedehnten Waldspaziergängen ein. Aber auch außerhalb der Lindenblüte kann man einen einzigartigen Lebensraum für Pflanzen und Tiere auf den Rundwegen entdecken. Die kleine und etwas leichtere Tour (ca. 1,5 km) ist ein Naturlehrpfad. Der große Lindenwaldrundweg (ca. 4 km) kann auch mit dem Rad befahren werden.

www.heideinfo.de

829 Kanutour auf der Bode
Gröningen

Die Bode ist ein reizvoller Wasserwanderfluss, gerade weil er nicht überlaufen ist. Bei normalem Wasserstand kann die Bode ab Gröningen befahren werden. Auf der insgesamt ca. 67 km langen Strecke hat sie einige Wehre, an denen umgetragen werden muss. Leider gibt es nicht überall dafür geeignete Aus- und Einstiegsmöglichkeiten. Wer aber eine kleine Herausforderung sucht und das Umtragen an den Wehren nicht fürchtet, wird durch herrliche naturbelassene Fleckchen, Ruhe und Einsamkeit sowie interessante Tierbeobachtungen belohnt.

www.salzlandtourismus.de

830 E-Biken
In der Altmark

Für Naturliebhaber und Radler ist der Landstrich des nördlichen Elbbogens, wo der Fluss langsam nach Nord-West in Richtung Hamburg schwenkt, eine neue Entdeckung. Die abwechslungsreiche landschaftliche Gliederung macht diese Gegend bei Radlern so beliebt: Flache Wiesenlandstriche wie der Drömling im Westen und die Wische im Osten, wo man glaubt, der Himmel berührt die Erde, wechseln mit den bewaldeten Höhen der »Altmärkischen Schweiz« rund um Klötze oder dem Elb-Havel-Gebiet mit den »Kamernschen Bergen«. Mehr als 1 600 km Radlervergnügen laden zu ausgedehnten Touren kreuz und quer durch die Altmark ein. Für die bis zu 50 km langen Teilstrecken bieten sich E-Bikes besonders an. Ausleih- und Ladestationen (auf Wunsch mit Gepäcktransfer) für E-Bikes befinden sich in Arendsee, Kalbe (Milde), Salzwedel und Ziegenhagen.

Radtouren auch zum GPS-Download unter www.naturfreude-erleben.de

831

Die Grüne Zitadelle

Hundertwasser in Magdeburg

Es gibt nur wenige Architekten, deren Bauten eine so unverkennbare Handschrift haben, wie die des verstorbenen Friedensreich Hundertwasser. Die Grüne Zitadelle, deren Konzept und Philosphie vom philantrophischen Gemüt des Meisters zeugen, beweist dies einmal mehr. In seinem weltweit letzten Kunstwerk leuchten goldene Kugeln auf den Türmen, schauen »Baummieter« aus »tanzenden Fenstern«, duften Blumenwiesen auf den Dächern und tragen »Melodien für die Füße« die Besucher beschwingt durch die Innenhöfe. Nur schade, dass Hundertwasser die Einweihung selbst nicht mehr erleben konnte.

www.gruene-zitadelle.de

832

Solepark

Bad Salzelmen

Hier fließen Milch und Honig, zumindest, wenn man sich die dazu passende Massage gönnt. Ansonsten bleiben vom Algenbad über das den Kreislauf schonende Brechelbald, das Bier-, Kräuter-, Stein- oder Solebad, die Kraxenöfen und das Kaskadenbecken sowie jede Menge Begleitprogramm kaum Saunawünsche offen.

www.solepark.de

Radtour

Mit drei Fähren

Eine Besonderheit dieser Fahrradroute sind die Gierseilfähren, die der Überquerung von Saale und Elbe dienen. Gierseilfähren überwinden die Flüsse nur mit der Kraft der Flussströmung und werden an Seilen, die im Grund befestigt sind, gehalten. Alle Fähren befördern gegen Entgelt Personen aber auch Pkw. Die Strecke verläuft auf Deichverteidigungs- und landwirtschaftlichen Wegen nahe der beiden größten Flüsse der Region entlang, sodass man die Ruhe und vor allem die landschaftliche Schönheit dieses zum Teil unter Schutz gestellten Gebietes genießen kann. Auf der Tour sollte man nicht versäumen, in Barby einen Abstecher zur Mündung der Saale in die Elbe zu unternehmen oder in Breitenhagen das Museumsschiff zu besuchen. Dort kann man auch auf Vorbestellung eine geführte Wanderung ins Biosphärenreservat buchen.

833

www.salzlandtourismus.de

834

Klettern

Schierke

Den Kleinen Feuerstein gibt es, die Vogelherdklippe und die Schnarcherklippen, ein 25 m hohes Naturdenkmal bei Schierke, außerdem die Silberwand – alles Namen, die erfahrene Bergsteiger jubeln lassen. Hier finden sie Kletterrouten im I–IV-Schwierigkeitsgrad, und weil alle irgendwann bescheiden angefangen haben, zeigen kundige Trainer hier auch Anfängern, worauf es ankommt. An der rötlich gefärbten Feuersteinklippe hat schon Goethe gekratzt, das war 1784. Intensive waagerechte und senkrechte Klüftungen entstanden bei der Abkühlung erstarrender Magmas und versprechen diverse Herausforderungen. Manche der Formationen erinnern an Wollsäcke im Stapel.

www.dav-basislager-brocken.de; www.schierkerbaude.de

835 Radtour entlang der Elbe

Zum Wasserstraßenkreuz

Der Radweg führt von Magdeburg aus zum Wasserstraßenkreuz im Norden der Landeshauptstadt. An der 15 km langen Strecke befindet sich die Magdeburger Sport- & Freizeitmeile Herrenkrug mit dem Elbauenpark, dem Jahrtausendturm, dem Herrenkrugpark und der Pferderennbahn. Durch die Elblandschaft gelangt man bis zum Wasserstraßenkreuz mit der längsten Kanalbrücke Europas. Die beste Sicht auf das Meisterwerk hat man vom Boot der Weißen Flotte Magdeburg!

www.magdeburg-tourist.de

836 Elbauenpark / Jahrtausendturm

Magdeburg

Dieser schiefe Turm steht in Madgeburg. Die sechs Etagen sind durch ein Treppenhaus im Inneren und eine begehbare Spiral-Rampe an der Außenhaut erreichbar. Mit 60 m Höhe ist es das höchste Holzgebäude Deutschlands. Im Sauseschritt werden hier Errungenschaften von 6000 Jahren Geschichte vorgestellt: Den Anfangspunkt setzt ein ägyptisches Wohnhaus, den Endpunkt der Mikrokosmos und Makrokosmos moderner Wissenschaften.

www.elbauenpark.de

Im Hextal

Schierke

837

Schierke, bis 1989 »Kurort der Werktätigen«, jedenfalls derer, die einen Passierschein erhielten, galt mit seiner Lage am Fuße des Brocken bis zum Zweiten Weltkrieg als St. Moritz des Nordens. Denkmalgeschütztes Fachwerk ist zu sehen und etwas Jugendstil. Das teuflische Treiben ist zurückgekehrt, hier gehört es hin. Hexen und Teufelnachwuchs lassen sich schon nachmittags mit bunten Farben im Gesicht und an den Händen schmücken. Ein Kopftuch muss auch sein, die Nase nicht zu klein, Hexensalbe wird angerührt, überall wird getuschelt und geratscht.

www.schierke-am-brocken.de

838

Löwenzahn-Pfad
Drei Annen Hohne

Sie tun so geheimnisvoll, die Kinder, die sich gerade vor dem morschen Baum am Löwenzahn-Entdeckerpfad versammelt haben. Sie sind mit Sherlock Frog, dem Walddetektiv, auf Verbrecherjagd. Sie suchen nach Dieben, die den Tieren des Waldes ganz übel mitgespielt haben sollen. Wie und wo und was? Es gibt keine Antwort, die Räuber-Jäger verschwinden. Sie haben alles Wichtige entdeckt, können Spuren lesen, wissen, zu welchem Baum der braune Zapfen gehört (Fichte!), wo der Raufußkauz wohnt (in Baumhöhlen!) und wie weit ein Hase springen kann (9 m!).

www.nationalpark-harz.de; Angebote für Kinder

839

Besuch beim Luchs
Rabenklippe / Bad Harzburg

18 Stufen führen zur Plattform hinauf, 3,50 m über dem Waldboden neben dem Wohnzimmer der Luchse. Eigentlich haben sie es nicht gern, wenn man ihnen zusieht, aber die granitenen Rabenklippen mit Büschen, Bach und Bäumen, Fichtenaltholz und Schotter bieten ausreichend Versteck. Im größeren Gehegeteil leben Attila – ein Kuder, wie die Kater heißen – und die Luchsin Bella, im kleineren die handaufgezogenen Pamina und Tamino aus Finnland, beide nicht ganz so menschenscheu wie bei Europas größter Katze üblich. Öffentliche Fütterungen sollen sie zwei Mal in der Woche vor neugierige Augen locken. Luchse sind an sich alte Harzer, waren jedoch vor 200 Jahren ausgerottet und werden seit 2000 in einem in Deutschland einmaligen Programm hier wieder angesiedelt. Dabei ist wichtig, dass sie menschenscheu bleiben. Und dass die Menschen keine Angst vor ihnen haben. Der Harz ist klein und der Luchse Lebensraum damit begrenzt. Man weiß z. B. aus Polen und der Schweiz, dass Luchse Reviere von 44 - 345 qkm für sich beanspruchen. So werden sie wandern, im Thüringer und Frankenwald, zum Solling und zum Elm.

www.nationalpark-harz.de

840 Der Brocken

Im Harz

300 Tage im Jahr hüllt der Berg seinen Glatzkopf in Wolken. Das macht ihn so geheimnisvoll. Eisige Winde sorgen auf 1 141 m für Alpenklima. Man darf auch im Sommer damit rechnen, dass es um 10 Grad kälter ist als im Tal. Und dennoch gedeihen im Brockengarten, fast 1 500 verschiedene Brocken- und Alpenpflanzen. 1,6 km lang ist der Rundweg mit weiten Ausblicken ins Tal.

www.brockenharz.de

841 Schachdorf

Ströbeck

Als der Halberstädter Bischof vor 1 000 Jahren einen Kriegsgefangenen im Ströbecker Wartturm festsetzen ließ – so will es die Legende –, setzte er eine Manie in Gang: Die Bauern, die den Gefangenen bewachten, behandelten ihn gut, und er brachte ihnen das Schachspiel bei. Das gaben sie weiter, von Generation zu Generation. Es ist nicht lange her, dass in der Grundschule in Klasse 2 bis 4 Schach gelehrt wurde. Und bis heute wird einmal pro Woche Schach in der Schule angeboten.

www.schachdorf-stroebeck.de

842 Klosterwandern

Ilsenburg

1050 Jahre Vergangenheit hat Kloster Drübeck, dessen Doppeltürme von St. Vitus nicht zu verfehlen sind. Hier beginnt der Pilgerpfad zwischen Ost und West, zwischen Sachsen-Anhalt und Niedersachsen. 3,2 km hat der Pilger bis Ilsenburg unter den Sohlen und bewundert in der Kirche den schönen Gipsfußboden aus dem 12. Jh. Immer Nationalpark und Brocken im Blick, führt der Weg nach Westen und Vienenburg, vom Geist der Einkehr zur Einkehr mit Klostergeist: Im Kloster Wöltingerode weiß man zu wirtschaften. Mit Kloster Grauhof in Goslar ist die letzte Etappe erreicht.

www.harzer-klosterwanderweg.de

843

Teufelsmauer
Blankenburg

Damals, als Gott und Teufel die Erde unter sich aufteilten, wurde vereinbart, dass dem Teufel das Land gehören sollte, das er in der Nacht bis zum ersten Hahnenschrei mit einer Mauer umbauen könnte. Eine Marktfrau, nachts mit einem Hahn unterwegs, stolperte, der Hahn krähte, und wütend riss der Teufel seine Mauer um. Da stehen die Reste bis heute, beliebter Abenteuerspielplatz für große Kinder, ca. 5 m lang, mit Stufen und Geländern ausgestattet, ohne Zuhilfenahme der Hände nicht immer zu bewältigen – doch die tolle Aussicht lohnt jede Mühe.

www.harz-online.de/ausflugsziele

844

Höhlenwohnungen
Langenstein

Manche sind getüncht und wirken durchaus behaglich, Fenster und Türen gibt es und rauchgeschwärzte Feuerstellen: Höhlenwohnungen, die lange Jahre vergessen waren, sind nun wieder zugänglich. Krieg und Nachkriegszeit haben über diese Zeugen im wahren Sinne des Wortes Gras wachsen lassen. Aber nicht nur Wohnstätten aus dem Mittelalter sind zu sehen. Gegenüber am Schäferberg gibt es Wohnungen aus neuerer Zeit. Übrigens: 30 qm Wohnraum wie hier galten lange als komfortable Familienbleibe.

www.schaeferhof-langenstein.de; www.harzlife.de/kurios/hoehlen wohnungen-langenstein

845

Felsenburg Regenstein
Blankenburg

Raum für Ritter: Die älteste deutsche Felsenburg, fast 300 m hoch über steilem Hang gelegen, mit Räumen, die in den Sandstein gehauen wurden, ist längst eine Ruine. Das macht ihren Reiz aus. Ihr Alter ist umstritten. Die erste Urkunde, die ihre Existenz bestätigt, stammt von 1196, als Graf Poppo von Blankenburg den Besitz an seine Söhne aufteilte. Friedrich II. ließ die Burg 1758 schleifen. Die Steine, so wird vermutet, wurden wohl für den Bau des Blankenburger Schlosses verwendet. Der 8 m hohe Stumpf ist im Burghof erhalten geblieben, es gibt Reste von Umfassungs- und Stützmauer, ebenso das Haupttor, etwa 30 Felsräume und Gräben. Rund und glatt ist der Stein längst geschliffen und bei feuchter Witterung auch gefährlich. Ein Adler- und Falkenhof führt vor romantischer Kulisse seine Ritter der Lüfte vor, und ganz Mutige dürfen die Eulen streicheln und den Falken halten.

www. blankenburg.de; www.falkenhof-harz.de; Einkehr: Burgrestaurant Regenstein

846

Fahrt mit der Brockenbahn

Wernigerode

Heiser pfeift die Brockenbahn am Westerntor. Sie schnauft eine ordentliche Portion Dampf in die Luft und klettert von 238 m in Wernigerode auf 311 m bei der Steinernen Renne. Dann kommen die Bögen, 72 sind es, längere und kurze, die schmalen gerade 60 m im Radius, höchste Anstrengung für Lokführer und Heizer. 540 m hoch liegt der Bahnhof Drei Annen Hohne. Dann schnauft das Bähnchen weiter nach Schierke auf 685 m. Wanderer steigen zu, für das letzte Stück zum Brockenbahnhof, 1 125 m hoch. 1,5 Std. dauert die Fahrt, eine Strecke auf den 140,4 km im Netz der Harzer Schmalspurbahnen.

www.hsb-wr.de; gelegentlich Brockenfahrt ab Quedlinburg

847

Miniaturpark

Wernigerode

Wie der »Kleine Harz« im Maßstab 1:25 entsteht, lässt sich in der Schauwerkstatt besichtigen. Jeder Stein und jeder Ziegel werden einzeln geformt, filigrane Metallteile gelötet. Mehr als 50 Miniaturen sind schon ausgestellt. Bonsais und Zwerggehölze, Fenstersimse, Blumenkästen und Pflastersteine kann man ebenso gut erkennen wie die Kaiserpfalz.

www.wernigerode.de

Rübelandbahn
Blankenburg

848

Sie ist 125 Jahre alt und war für 1 Mio. Euro eineinhalb Jahre auf Herz und Nieren geprüft worden, bevor sie sich nach 41 Jahren zum ersten Mal wieder schnaufend auf den Weg ins Gebirge zwischen Blankenburg und Rübeland machte. Sie bekam großen Beifall, denn die Lok 95027 ist die Bergkönigin. Schließlich gibt es nur noch fünf dieser Steilstreckendampfloks. Der Antrieb erfolgt über die Haftung der Räder. Mit 50 km/h schnauft sie den Berg hoch, mit 30 trödelt sie ihn runter. Atemberaubend auch die Strecke mit dem Krockstein-Viadukt, 40 m über dem Tal der Bode.

www.ruebelandbahn.de

849 Tropfsteinhöhlen
Rübeland

In 100 Jahren wächst so ein Tropfsteingebilde etwa fünf Millimeter, und manche sind über 2 m hoch. In dieser schönsten mitteleuropäischen Höhle kann man bizarre Gebilde bestaunen, die man Stalagmiten und Stalagtiten nennt. Kein Wunder, dass sie Namen bekommen haben wie »Hamburger Wappen« und »Bärenfriedhof« – da liegen doch Knochen? – oder der »Goethesaal«, riesig und perfekt für eine gruselige Märchenaufführung. Eine funkelnde Kristallkammer gibt es in der Hermannshöhle, 1866 entdeckt und wohl 350 000 Jahre alt.

www.harzer-hoehlen.de

850 Kletterwald
Thale

Balancieren, klettern, hangeln, rutschen. Und immer ernste Gesichter. Kletterwald ist kein Spaß, er ist Herausforderung, Grenzüberschreitung. Zitternde Knie, mutige Schritte. Ein Griff zum Karabinerhaken über dem Helm. Wer hier klettert, hat keinen Blick für die andern, für den, der nebenan am Seil vorbeirauscht. Großen wird nicht geholfen, wenn der Mut nicht reicht. Dafür gibt es Leitern nach unten. Aber: Der Mut wächst mit den Aufgaben!

www.kletterwald-thale.de

851

Wanderung

Durchs Bodetal

Erst um das Jahr 1820 wurden hier, im Bodetal, die ersten Wanderwege angelegt. Vorher war dieses gewaltige Felsental nahezu unpassierbare Wildnis. Bis heute konnte sich dieser Teil des Tals der Bode seinen ursprünglichen Charakter weitestgehend erhalten. Das Wandern durch das Bodetal ist nur auf den ausgeschilderten Wanderwegen möglich. Ein Verlassen des Weges wäre gefährlich und würde auch die unter Schutz stehenden Pflanzen und Tiere stören. Landschaftliche Höhepunkte auf der Wanderroute durch das Bodetal sind u. a. der Goethefelsen, der sagenumwobene Kronensumpf, die Teufelsbrücke und der Bodekessel. Auf den Felsen über dem Tal der Bode gibt es zahlreiche Aussichtspunkte, von denen aus sich ein einzigartiger Blick in die Tiefe bietet. Die steilen Felswände im Bodetal haben außerdem eine große Anziehungskraft für Bergsteiger.

www.harzlife.de/info/wandern

852

Bergtheater

Thale

Die Kulisse steht schon seit 1903, als Theatergründer Ernst Wachler die Bühne nach dem Vorbild griechischer Amphitheater eröffnete. Wind und Wetter mögen da und dort eine Unebenheit weggeschmirgelt, ein Pflänzchen hinzugefügt haben. Garantiert beleuchten Sonne oder Mond den letzten Akt und manchmal kommt der Theaterdonner direkt vom Himmel. Wer zum ersten Mal am Rand des Bergtheaters in Thale steht, mag die Ränge vor der Felsenbühne beängstigend steil finden, aber die Sicht ist atemberaubend. Tragödien und Komödien, Märchen und Musicals passen zum Bühnenbild, das während der Saison von Mai bis September die Farben wechselt.

www.harzer-bergtheater.de

Papiermühle
Weddersleben

853

Diese Papiermühle, eine der ältesten im Harz, 1549 gegründet, war bis 1991 auch eine richtige Fabrik, in der zuletzt Raufasertapeten für die Wände der Wohnungen in der DDR produziert wurden. Erst 1997/98 ist sie unter der Leitung des Museumschefs Herbert Löbel saniert worden, bis sie ein komplettes Museum der Papiergeschichte mit allen notwendigen Maschinen war. Aber sie ist ein aktives Museum, eins, in dem gearbeitet wird, Mitarbeiter der Lebenshilfe beherrschen das Handwerk, stellen aus Papier Alben und Lampenschirme, Karten und Mappen her.

www.lebenshilfehz-qlb.de

854 Essen unter Tage

Elbingerode

Brot, Schmalz und große Schlachteplatte, dazu Gurken, Zwiebeln, Speck, Getränke und Livemusik – so hätten es die Bergleute sicher auch gern gehabt. Wo der Harz noch wie eine Arbeiterregion aussieht und es in der Schwefelkiesgrube »Einheit« (bis 1990) und der Erzgrube Büchenberg (bis 1970) genügend Erwerbsmöglichkeiten gab, nutzen ehemalige Bergleute Anlagen, Erfahrung und Wissen in Schaubergwerken. Zu den Höhepunkten gehört das Tscherperessen, früher ein einfaches Frühstück der Bergleute, bei dem die Wurst mit dem stabilen Tscherpermesser über den Daumen geschnitten wurde – übrigens mit demselben Messer, mit dem Schäden und Leitern ausgebessert wurden.

www.schaubergwerk-elbingerode.de

855 Saale-Wein-Wanderweg

Naumburg

Die Saale-Unstrut-Region ist geprägt von alten Burgen und Schlössern. Zwischen diesen Bauwerken hinterlassen die Rebstöcke der Weinberge interessante Muster in der Landschaft. An den Flussufern wird bereits seit über 1 000 Jahren Wein angebaut. Der Mittelpunkt der Region ist die Stadt Naumburg, über deren Dächer der spätromanische Dom hinausragt. Dort beginnt der Saale-Wein-Wanderweg, eine 7-stündige Rundtour über Großjena nach Bad Kösen und zurück. Nach wenigen Kilometern erreichen Wanderer oberhalb der Mündung der Unstrut in die Saale den Max-Klinger-Weinberg, wo sich ein großartiger Ausblick bietet. Nach der Überquerung der Unstrut führt der Weg weiter bis in die Kurstadt Bad Kösen. Zurück nach Naumburg geht's südlich der Saale.

www.saale-unstrut-tourismus.de

856 Rosarium

Sangerhausen

Betörender Duft empfängt Besucher in der alten Bergstadt. An keinem Ort der Welt gibt es eine so große und bedeutende Sammlung; die klare Schönheit der Wildrosen konkurriert mit robusten Park- und üppigen Kletterrosenpyramiden. Alte Moosrosen und die kleinsten Rosen der Welt sind hier zu entdecken, verblüffende Züchtungen und Attraktionen wie die Schwarze Rose und die Grüne Rose sowie Rosen aus Goethes Garten, 8 300 Sorten insgesamt. Wer weiß schon, dass Rosen Moden unterliegen und manche deshalb vom Aussterben bedroht sind? Hier werden sie alle gepflegt und gehegt.

www.europa-rosarium.de

Naturistenstieg
Wippra

»Willst du keine Nackten sehen, darfst du hier nicht weiter gehen.« Das liest man in Wippra, am 6 km langen Harzer Naturistenstieg im Wippertal. Am Anfang stand ein Witz. Ein Redakteur hatte über Tourismusförderung gesagt: »Macht doch einen Nacktwanderweg , dann kommen die Leute.« Zuerst kamen Zeitungen und Fernsehsender, danach der Spott (»Die spinnen, die Harzer«), sowie die Beratung, und die Suche nach dem geeigneten Ort, worauf wiederum die Schilder aufgehängt wurden. Im Mai 2010 sorgten hüllenlose Naturistinnen für die »standesgemäße« Einweihung des Terrains.

857

www.wippra-harz.de

858

Köhlerei
Hasselfelde

Hier wird Holzkohle produziert wie schon Jahrhunderte zuvor. Die Verhüttung der Bodenschätze wäre bis zum 19. Jh. nicht möglich gewesen ohne die Arbeit der Köhler, mit der hier aus Erzlagerstätten und ausgedehnten Wäldern eines der bedeutendsten vorindustriellen Zentren in Europa entstand. Große Wälder wurden gerodet, um die hohen Temperaturen zu erzeugen. Aber auch Bergwerke sicherten mit diesem Holz Stollen und Gräben. Heute verwandeln die Köhler wertlose Resthölzer zu wertvoller Holzkohle – am Stemberghaus bis zu 150 t im Jahr.

www.harzkoehlerei.de

859

Karsthöhle Heimkehle
Uftrungen

Wasser von Thyra, Krebsbach und Krummschlacht haben Hunderttausende von Jahren an dieser Gipskarsthöhle gearbeitet. Das macht neugierig. Also Helm aufsetzen, Taschenlampe in Empfang nehmen – der Strom könnte ja ausfallen – und los. 700 m lang ist der Weg, den Besucher gehen dürfen. Sensationell der Große Dom, ein vierstöckiges Haus hätte darin Platz. Ob Geologie, Geschichte oder Fledermäuse, jede Frage wird beantwortet.

www.hoehle-heimkehle.de

860 Mausefallenmuseum
Güntersberge

Wie fängt man ein Nagetier: Es duftet nach Speck, ein Versprechen voller Tücke, denn wenn die Maus den Faden durchgebissen hat, hat sie ihr Todesurteil schon mit einer Drahtschlinge vollstreckt – und dann beißt die Maus keinen Faden mehr ab. Todesturm und Minigalgen warten auf unerwünschte Nager, Instrumente, die hartnäckige Tierfreunde das Gruseln lehren. Aber wir sind im Museum und dabei kommt nichts und niemand zu Schaden.

www.mausefallenmuseum.de

861 Die Himmelsscheibe
Nebra

Die erste, uns bekannte Himmelsdarstellung in der Geschichte der Menschheit ist 3600 Jahre alt und wurde 1999 gefunden. Ihr Wert: unschätzbar. Archäologen und Astronomen vermuten und verwerfen seitdem Erkenntnisse. Deutungsvorschläge gingen nach Bekanntwerden des Fundes im Wochenrhythmus ein. Die Himmelsscheibe ist jetzt in Halle im Landesmuseum zu sehen. In Nebra wurde 2007 ein multimediales Besucherzentrum, Arche Nebra, in Form einer Himmelsbarke eröffnet.

www.himmelsscheibeerleben.de

862 Schmetterlingspark
Wittenberg

Die meisten Menschen kennen hoffentlich das Gefühl, wenn sie »Schmetterlinge im Bauch« haben. Die Art der Tiere spielt in solchen Momenten eine eher untergeordnete Rolle. Alles Wichtige über die bunten und wandlungsfähigen Insekten erfahren Besucher des Alaris Schmetterlingsparks in Wittenberg, wo zwischen tropischen Gewächsen bis zu 140 unterschiedliche Arten frei umherfliegen. Kaum zu glauben: Einer der größten Schmetterlinge, der Atlas-Seidenspinner, hat eine Flügelspannweite von mehr als 30 Zentimetern.

www.schmetterlingspark-wittenberg.de

Radführung
Wittenberg

863

Die traditionsreiche Universitätsstadt Wittenberg ist aufgrund der Spuren, die Martin Luther dort hinterlassen hat, ein wichtiges touristisches Ziel in Sachsen-Anhalt. Doch die Stadt an der Elbe hat mehr zu bieten als die berühmte Tür der Schlosskirche, an die der Reformator seinerzeit die 95 Thesen schlug. Geschulte Gästeführer bringen Besuchern die Schönheit des Umlands auf einer Radrunde näher. Dabei werden verschiedene Themen wie das Jahrhunderthochwasser von 2002 oder die wirtschaftliche Wandlung der Region mehr und mehr in den Vordergrund gerückt.

www.lutherstadt-wittenberg.de

864

Radtour durch Karstlandschaft
Sangerhausen

Die ausgeschilderte Rundtour (53 km) beginnt am Marktplatz in Sangerhausen und führt zunächst in Richtung Lengefeld und Großleinungen. Große Fachwerkhöfe passieren Radler in Hainrode. Über Questenberg, einem malerischen Ort im engen Tal, ragt die Queste, ein heidnisches Sonnensymbol, auf dem Gipsfelsen. Hinter Agnesdorf, wo der Weg Richtung Kyffhäuser führt, ist der Bauerngraben, ein periodisch auftretender See, mal da oder weg. Von hier aus geht's weiter, also zurück.

www.karstwanderweg.de

865

Wandern im Naturpark
Fläming

Im 12. Jh. wurden im Zuge der Ostexpansion von Albrecht dem Bären Holländer, Friesen, Westfalen und Flamen – daher der Name »Fläming« – in diesen Landstrich geholt, die das sumpfige Gebiet urbar machten. Wälder, Wiesen, Ackerflächen, naturnahe Bachläufe wechseln sich mit sanften Hügeln ab. Angenehme Bedingungen also fürs Wandern, Radeln, Reiten und Nordic Walking. Wo, was, wann und wie, erfährt man aktuell auf der Website.

www.naturpark-flaeming.de

Walderlebnispark
Petersberg

866

Nördlich von Halle an der Saale steht der 250 m hohe Petersberg wie ein stiller Wächter über der weiten Landschaft. Ganz oben befindet sich einer von weltweit 173 Bismarcktürmen, von dem sich an klaren Tagen eine hervorragende Aussicht bietet. Zu seinen Füßen liegen drei kleine Naturschutzgebiete und der gleichnamige Ort. Gesellschaftlich engagierten Bürgern ist es zu verdanken, dass außerdem im Gebiet »Bergholz« ein Walderlebnispark errichtet wurde. Auf einem knapp 800 m langen Rundweg können an 13 Stationen viele wissenswerte Informationen und Eindrücke über den einheimischen Laubmischwald und seine Tiere gesammelt werden. Durch die ausgewogene Kombination von Aktivelementen, sportlicher Betätigung und waldpädagogischen Informationsstationen ist ein Spaziergang durch den Wald ein abwechslungsreiches Erlebnis.

www.museum-petersberg.de

867

Ferropolis
Gräfenhainichen

Der Braunkohleabbau hat in der Gegend östlich von Bitterfeld seine Spuren hinterlassen. Die riesigen Löcher der Tagebaue wurden überflutet und bilden heute eine weite Seenlandschaft. Bei Gräfenhainichen wurde ein außergewöhnliches »Freilichtmuseum« mit dem stolzen Namen »Ferropolis« eingerichtet. Fünf monsterartige Großgeräte mit so kräftig klingenden Namen wie Eimerketten- oder Raupensäulenschwenkbagger beeindrucken jeden, der die »Stadt aus Eisen« auf der Halbinsel im Gremminer See besucht. Besonders eindrucksvoll ist eine Führung, auf der man den Weg des Abraums über den 60 m langen Ausleger verfolgen kann.

www.ferropolis.de

868 Irrgarten
Altjeßnitz

Wer meint, dass Irrgärten erst in Zeiten der boomenden Freizeitindustrie gewachsen sind, irrt sich tatsächlich. Bereits im 16. Jh. wurden die ersten ihrer Art angelegt. In Altjeßnitz, im Südosten Sachsen-Anhalts, liegt einer der größten barocken Irrgärten Deutschlands. Eine 2 m hohe Hainbuchenhecke sorgt dafür, dass der Orientierungssinn plötzlich verloren geht. Obwohl der kürzeste Weg in die Mitte nur etwa 400 m misst, ist es eine anspruchsvolle Aufgabe, dorthin zu gelangen. Doch irgendwann schafft es jeder, schließlich führen 250 Wege ans Ziel.

www.irrgarten-altjessnitz.de

869 Landschaftspark Goitzsche
Pouch

In Pouch bei Bitterfeld ist seit dem Ende des Braunkohleabbaus 1991 eine neue landschaftliche Kulisse entstanden, die einerseits mit der Tagebau-Vergangenheit der Region verwurzelt ist und dennoch die Entwicklung einer neuen Identität gefördert hat. Bergleute, Landschaftsarchitekten, Künstler und Kulturwissenschaftler haben dort mit dem Landschaftspark Goitzsche das flächenmäßig größte Landschaftskunstprojekt der Welt geschaffen. Ein großer Teil der Kunstwerke befindet sich auf der Halbinsel Pouch, wie z. B. die »Hügel und Haldenkegel«, oder die »Schwimmenden Steine«. In Bitterfeld-Wolfen bieten mehrere Veranstalter interessante Touren und Führungen durch das Gebiet an.

www.goitzsche.eu

870 Botanischer Garten
Halle an der Saale

Sachsen-Anhalt besitzt eine traditionsreiche Gartenkultur, die seit einigen Jahren mit dem Netzwerk »Gartenträume« gefördert wird. Einer von über 40 Parks ist der Botanische Garten in Halle, der zugleich einer der ältesten seiner Art in Deutschland ist. Das vor über 300 Jahren errichtete und heute zur Martin-Luther-Universität Halle-Wittenberg gehörende Areal bietet nicht nur Interessantes für Experten. Ein durchdachtes Besucherkonzept zeigt die besonders spannenden Seiten der Botanik. So wird erklärt, weshalb bestimmte Pflanzen wie Basilikum, Fenchel oder Sellerie aphrodisierend wirken. Auch Pfeffer würzt natürlich das Liebesleben. Am besten wirkt er frisch gemahlen. Das versprechen jedenfalls die Botaniker aus Halle.

www.gartenreich.de; www.halle.de

871 Auf Auenpfaden
Dessau

»Drei Funktionen verbinden die Auenpfade miteinander: das touristische Angebot zu jeder Jahreszeit, das kulturelle und Umweltbildungsangebot, die Besucherlenkung zum Schutz besonders sensibler Naturbereiche.« Ein hoher Anspruch, den man sich hier setzt. Aber: Was ökolgisch korrekt ist, darf trotzdem Spaß machen. Ob Blinden- oder Poetenpfad, Brutgewässer oder Storchendorf – es gibt viel zu erleben.

www.mittelelbe.com; s. Routenplaner, Auenpfade

872 Kinderwagenmuseum
Zeitz

In Deutschlands Museenlandschaft konnten glücklicherweise einige ausgefallene »Orchideen« wachsen. Dazu zählt sicherlich das »Deutsche Kinderwagenmuseum« im Schloss Moritzburg in Zeitz. Dabei zeigt sich, dass bereits im 19. Jh. Funktion nicht immer vor Design gestellt wurde. Mit so einem »Traditionsschlitten« aus der Kaiserzeit würden Mamis in den hippen Vierteln Berlins oder Münchens übrigens jedem »Sportwagen« die Schau stehlen.

www.deutsches-kinderwagenmuseum.de

873 Radtour
Bergwitz

Eine 40 km lange Radrundtour bringt Besucher von Bergwitz in das Unesco-Welterbe »Dessau-Wörlitzer Gartenreich«. Auf gut halber Strecke wird Oranienbaum erreicht, wo das Ensemble von Stadt, Schloss und Park ein in Mitteldeutschland seltenes Beispiel einer planmäßig, im fürstlichen Auftrag entstandenen Barockanlage ist. Zurück geht es in östlicher Richtung auf der Straße nach Schleesen, weiter links abbiegend nach Selbitz. Im Ortskern nimmt man dann rechts abbiegend die Straße zum Ausgangspunkt der Tour in Bergwitz.

www.gartenreich.com; www.oranienbaum.de

Schleswig-Holstein

Wasser, Wind und Wellen zwischen Husum, Flensburg, Kiel und Lübeck. Man bricht zu Inseln und Leuchttürmen auf, sieht Seebären und Seehunde, radelt mit Rücken- und Gegenwind, geht viel barfuß und lebt im Rhythmus von Ebbe und Flut. Bessere Luft gibt es nirgends. Bessere Austern auch kaum!

Sie ist die einzige Auster, die in Deutschland kultiviert wird: Drei Jahre dauert es, bis die Sylter Royal im kühlen Nordseewasser ihr Verzehrgewicht von rund 80 Gramm erreicht.

874 Luftsport
Flensburg-Schäferhaus

Fliegen, schweben, sich fallen lassen – wer träumt nicht davon! Direkt in und über Flensburg ist das möglich, nur 5 km westlich vom Zentrum liegt der Verkehrslandeplatz Flensburg-Schäferhaus. Auf dem gut 82 ha großen Gelände betreibt der Luftsportverein Flensburg die Sparten Motorflug, Segelflug und Fallschirmsprung, samt Ausbildung. Jeder kann sich als Mitflieger zum Schnupperflug oder zum Tandemsprung anmelden – oder sich für eine Dreiviertelstunde als Probeschüler selbst ans Steuerhorn setzen und seinen Traum vom Fliegen wahr machen.

www.luftsportverein-flensburg.de

875 Schifffahrtsmuseum
Flensburg

Flensburg war einst die wichtigste Hafenstadt des dänischen Königreiches und besaß eine bedeutende Handelsflotte. Im Schifffahrtsmuseum, im ehemaligen Zollpackhaus direkt am Hafen, lässt sich die Geschichte der Segelschiffentwicklung, des Schiffbaus sowie der Flensburger Handelshäuser verfolgen. Verschiedene Mitmachangebote rund um das maritime Handwerk machen die Faszination und Bedeutung der Seefahrt auch für »Landratten« erlebbar.

www.schiffahrtsmuseum.flensburg.de

876 Phänomene des Alltags
Flensburg

Anfassen ist erlaubt, Staunen garantiert! Die Phänomenta in der Flensburger Innenstadt ist ein Ziel für Neugierige und Experimentierfreudige. »Tastpfad«, »Große Feder«, »Klick-Klack« … An 150 Stationen lädt das Science-Center kleine und große Forscher ein. Geschicklichkeit ist gefordert, Geduld, Lust am Knobeln, Freude am Herumprobieren und immer auch der große Spaß, technische und logische Zusammenhänge aufzudecken.

www.phaenomenta-flensburg.de

Auf zwei Rädern

Flensburg / Lübeck

877

430 km ist er lang und eine echte, aber wunderschöne Herausforderung: der Ostseeküsten-Radweg zwischen Flensburg und Travemünde. Es gilt, die ganze Schönheit der deutschen Ostseeküste zu entdecken und beim Urlaub per Rad die Balance zwischen Lust und Leiden zu »erfahren«. Das Feriengefühl will schließlich erarbeitet werden, wenn man sich auf dem Sattel auf den Weg macht und wirklich die ganze Strecke schaffen will. Es braucht Fitness und Ausdauer, um durchzuhalten. Aber man wird reichlich belohnt! Das Meer ist immer dabei, erholsame Pausen am Strand und in den kleinen Buchten lassen sich jederzeit einplanen, ebenso das Ein- und Abtauchen in die Fluten oder der Abstecher in Dörfer und Städte. Wind und wechselndem Wetter kann man trotzen und sich ganz der Beobachtung der faszinierenden Naturschauspiele hingeben.

www.ostseekuestenradweg.de

878

Geltinger Birk

Gelting

Sie sehen wild aus und sind es auch: die robusten Koniks (Wildpferde) und die schottischen Hochlandrinder, die in freier Wildbahn im Naturschutzgebiet Geltinger Birk leben. Die Halbinsel ist mit 773 ha eines der größten Naturschutzgebiete des Landes, mit Strandwallsystemen, Wäldern, feuchten Weideflächen, Wiesen und dem Geltinger Noor. Mit dem Rad (15 ausgeschilderte Rundwanderwege), aber auch zu Fuß lässt sich die Birk umrunden und durchwandern. Das Naturerlebniszentrum bei Maasholm informiert über Geologie und Archäologie, über Pflanzen und Tiere dieses Raumes, der auch ein wichtiges Rast- und Brutgebiet für Vögel darstellt.

www.gelting.de

879 Museum mit Dorf
Unewatt

»Ein Dorf mit Museum – ein Museum mit Dorf«, das ist der treffende Slogan des Landschaftsmuseums Angeln in Unewatt. Mittendrin befinden sich fünf dezentrale Museumsinseln, durch einen Rundgang gut zu entdecken. Sammlungen, Ausstellungen und die Häuser an sich bilden dieses besondere Freilichtmuseum. Die Windmühle mahlt Getreide, ein Wasserrad treibt die Buttermühle an, in der Räucherei hängen feinste Fleischwaren von der Decke und man trifft sich immer noch im behaglichen Dorfkrug. Hier fühlt sich der Besucher fast wie vor 100 Jahren.

www.museum-unewatt.de

880 Touren auf und an der Schlei
Kappeln

Die Schlei, jener tiefe Einschnitt ins Schleswiger Land, ist kein Fluss, sondern eine in der Eiszeit entstandene Förde. Vor langer Zeit war sie das Revier der Wikinger, die aufs Meer hinaussegelten und Menschen, Tiere und Waren über Land transportierten. Auf ihren Spuren zu wandeln ist nicht nur spannend, sondern auch erholsam, zumal die Schlei und ihre Ufer zu den landschaftlich schönsten Regionen im Ostseeküstenland zählen. Von Kappeln aus gehen Ausflugsschiffe auf die Schleifahrt, ebenso der urige Schleirad- oder der originalgetreue Salonraddampfer. Immer lassen sich die Touren verbinden mit einem Landgang, einer Radtour oder einem Abstecher mit der Museumsbahn.

www.ostseefjordschlei.de;
www.schleifahrten.de

881 Angelner Dampfeisenbahn
Kappeln

»Julchen« (Baujahr 1949, 350 PS) ist der Publikumsliebling. Aber auch »Zuckersusi« gehört zu den Stars. Wenn die schnaufenden Dampfloks die historischen Wagen von Kappeln nach Süderbrarup über die Gleise ziehen, sieht man nur strahlende Gesichter. Die Angelner Dampfeisenbahn hat viele Fans. Schon Dreikäsehochs gehören zu den Eisenbahnfreaks, dürfen sogar in den Führerstand. Die Tour mit dem Museumszug von Kappeln nach Süderbrarup lässt sich – mit Rad oder Schiff – zu einer Erlebnisrundreise ausbauen. Seit 40 Jahren widmen sich die Freunde des Schienenverkehrs den historischen Bahnen. Zwei Dampflokomotiven, ein Dieseltriebwagen, zwei Dieselloks sowie mehrere Personen- und Güterwagen werden so als fahrende Denkmäler erhalten.

www.angelner-dampfeisenbahn.de

882

Landesmuseen auf Schloss Gottorf

Schleswig

8 Min. dauert die Rundfahrt, das ganze weite Himmelszelt samt »mythologischem Personal« dreht sich über den Köpfen, mittendrin im Gottorfer Globus fühlt man sich fortgetragen in ferne Welten. Das »erste Planetarium der Welt« war im 17. Jh. ein Weltereignis. Auch die heutige Rekonstruktion im modernen Globushaus ist ein Wunderwerk. Zusammen mit dem wiedererstandenen Gottorfer Barockgarten ist es eine der größten Attraktionen von Schloss Gottorf, das mit dem Landesmuseum für Kunst und Kulturgeschichte und dem Archäologischen Landesmuseum die zwei bedeutendsten Museen Schleswig-Holsteins beherbergt.

www.schloss-gottorf.de

Ostseebad

Damp

883

Unterhaltung, Sport und Spiel, See und Sand – dafür steht das Ferienzentrum Ostseebad. Es locken 3,5 km Ostseestrand, ein großer Yachthafen sowie jede Menge Freizeitaktivitäten: Wasserski, Wakeboard, Indoorsport im »Fun- & Sport-Center« mit großem Skaterpark, Beauty- und Wohlfühlangebote im »Vital- & Wellness-Center« und vieles mehr.

www.ostseebad-damp.de

Fischersiedlung
Holm

884

Sie bringen noch ihre Netze aus und hängen die Reusen zum Trocknen in den Wind, sie braten die Schleiheringe »knackig« nach überliefertem Rezept und feiern ihre Totengilde wie einst die Vorväter: Die Fischer auf dem Holm in Schleswig pflegen ihre Traditionen von Generation zu Generation. Der Holm, einst eine Insel, wirkt idyllisch. Gassen mit rosengeschmückten Häuslein führen direkt an die Schlei, die den Fischern die ganze Vielfalt von Aal bis Zander in die Netze bringt. Ebenfalls einen Besuch wert ist das Holm-Museum, eine Dependance des Stadtmuseums Schleswig.

www.stadtmuseum-schleswig.de

885 Wikingermuseum Haithabu
Busdorf

Vor 1000 Jahren war Haithabu, umschlossen von einem mächtigen Halbkreiswall, einer der wichtigsten Siedlungs- und Handelsplätze Nordeuropas. Ausgrabungen an der historischen Stätte gaben ein getreues Bild vom Leben der Wikinger. Im Museum und in der nahe gelegenen rekonstruierten Wikingersiedlung (mit originalgetreu nachgebauten Holzhäuschen, Bohlenwegen, einer Landebrücke und einer Mole) können Besucher eintauchen in die bewegte Zeit von damals.

www.haithabu.de

886 Grenzwall Danewerk
Dannewerk

Es ist das größte bekannte Bauwerk der Wikinger: Das Danewerk, in Resten erhalten und begehbar, sicherte einst die Südgrenze des dänischen Königsreiches zwischen Hollingstedt und Haithabu. Das historische Rüstzeug, um die ganze Geschichte und Dimension zu begreifen, holt man sich am besten vorab im Danevirke-Museum in Dannewerk. Die anschließende Besichtung des archäologischen Bodendenkmals wird so noch eindrücklicher.

www.danevirkemuseum.de

887 Bonbonkocherei
Eckernförde

Auf offenem Feuer dampft der Kupferkessel, in seinem Bauch kocht und schmilzt und bräunt der Zucker, heraus kommt eine heiße klebrige Masse. Die Bonbonkocherei von Hermann Hinrichs in Eckernförde ist eine Attraktion. Mit einer alten Bonbonstanze, Motivwalzen, Kegelroller und Eisenkühltisch geht er ans Werk und zaubert die köstlichsten Naschereien der Stadt. An der »Lolli-Bar« und an der »Naschinsel« dürfen sich die Naschkatzen unter Dutzenden von süßen Verlockungen entscheiden. Und wer will, sieht dem Meister des süßen Handwerks in der Schauküche auf die Finger. Früher roch es in dem Haus übrigens ganz anders – wurden hier doch »Kieler Sprotten« geräuchert.

www.bonbonkocherei.de

888 Sailing City Kiel
Kiel-Schilksee

Segeln, wo Olympia segelte, flanieren, wo königliche Hoheiten ihr Gesicht in die Sonne streckten … In Schilksee, am Außenufer der Kieler Förde, findet man das weltbeste Segelrevier. Die ganze Welt des Segelns war hier schon bei den Olympischen Spielen 1972 zu Gast – und immer wieder während der alljährlichen »Kieler Woche«. Beim größten Segelsportereignis der Welt treten 6 000 Segler aus über 50 Nationen mit rund 2 000 Booten gegeneinander an. Rund 3,5 Mio. Besucher kommen zu 1 500 Veranstaltungen und zur Windjammerparade. Wer das Segeln erlernen möchte, ist hier ebenfalls bestens aufgehoben: Im Camp 24/7 können Kinder, Jugendliche, aber auch Erwachsene an mehr als 30 verschiedenen Schnuppersegelangeboten teilnehmen.

www.kiel-sailing-city.de

Tierpark
Gettorf

889

Von A wie Affen und Antilopen bis Z wie Zebras, Zimttauben und Zwergesel – im Tierpark Gettorf kriecht und springt, fliegt und flattert ein ganzes Tieralphabet. 850 Tiere in 150 Arten leben in den Freigehegen und in begehbaren Räumen, wie der großen Tropenhalle. Neugierige und spielfreudige Besucher sind unterwegs – ausgerüstet mit Becherlupe, Binokular und Mikroskop machen sich junge Wasserforscher auf den Weg, andere fangen klein an im Streichelzoo oder füttern die zahmen Kattas und Kängurus. Und die Pfleger erzählen zu alledem lustige Tiergeschichten.

www.tierparkgettorf.de

890 Mediendom
Kiel

Atemberaubende Flüge durch das Weltall, großartige Multimedia-Produktionen, Alien-Action als Kuppelprojektion, unglaubliche Experimente und vieles mehr: Der Mediendom auf dem Campus der Fachhochschule Kiel versteht sich nicht nur als neuartiges Planetarium, sondern als eine grandiose Erlebniswelt. In der Beobachtungslounge des Kuppelsaales taucht man ein in die Tiefen des Raums, erlebt völlig neue Dimensionen und schwebt durch unendliche Welten. Selbst dem Stern von Bethlehem kann man virtuell folgen und auf eine Zeitblasenreise gehen.

www.mediendom.de

891 Von Fischen und Seehunden
Kiel

Die Seehunde im Kieler Außengehege an der Förde liebt jedes Kind. Die Fütterungen sind ein tägliches Spektakel. Außer diesen großen Tieren präsentiert das Aquarium am Hindenburgufer aber auch viele kleinere Bewohner unserer Meere, Seen und Flüsse. Sogar ein Blick in die farbenfrohe Welt tropischer Korallenriffe ist möglich.

www.aquarium-kiel.de

892 Schwentinetalfahrt
Kiel

Schön und beschaulich geht es zu, wenn man mit Kanu, Ruderboot oder als Fahrgast auf dem Ausflugsschiff das nahezu verwunschene Landschaftsschutzgebiet Schwentinetal durchfährt. Es ist eines der schönsten Naherholungsgebiete Kiels mit fast unberührter Natur und einer selten gewordenen Pflanzen- und Tierwelt. Der Flussname leitet sich vom slawischen »Sventana« (»die Heilige«) ab.

www.schwentinetalfahrt.de

893 Freilichtmuseum
Molfsee

Norddeutschlands größtes Freilichtmuseum in Molfsee präsentiert Historisches auf eine fassbare Art. Auf dem 60 ha großen Gelände wird die ländliche Kulturgeschichte in mehr als 70 historischen Gebäuden, Hofanlagen und Mühlen aller schleswig-holsteinischen Landschaften lebendig. Sehr vergnüglich ist der historische Jahrmarkt mit Karussells, Schiffsschaukel und Spielplatz.

www.freilichtmuseum-sh.de

Skulpturen im Dorf
Bissee

In Bissee am Bothkamper See, im Bordesholmer Land, erobern seit 1998 alljährlich moderne Skulpturen das Dorf. Kunst im Raum – die Landschaft, die Gärten werden zur Galerie. Die großen Werke scharen sich rund um den »Antikhof«, der Ausflügler mit Feinem aus der heimischen Küche und Antiquitäten versorgt.

www.antikhof-bissee.de

894

Tierpark Arche Warder
Warder

895

Das Bentheimer Landschaf, die Deutsche Pekingente, das Englische Parkrind sind vom Aussterben bedroht – wie gut, dass sie in der »Arche Warder«, mitten in Holstein, geschützt leben können. Europas größter Tierpark für seltene und vom Aussterben bedrohte Haus- und Nutztierrassen liegt im schönen Naturpark Westensee. Auf 40 ha leben rund 1 200 Tiere aus mehr als 80 alten Nutztierrassen – vom tauchenden Turopolje-Schwein bis zum Westfälischen Totleger (eine Hühnerrasse) und dem lockigen Mangalitza-Wollschwein. Ein echter Hingucker sind auch die zotteligen Poitou-Riesenesel. Gefährdete Tierrassen erhalten hier durch Zucht und Weiterverbreitung die Chance, von der Roten Liste zu verschwinden. Viele Rundgänge sind in dem weitläufigen Parkgelände mit den Tiergehegen möglich – und viele einmalige Erlebnisse, sogar Steinzeit live. Kinder lieben den Streichelhof, wo sie von Esel, Ponys oder Ziegen sofort neugierig umringt werden. Wer artgerechte Tierhaltung garantieren kann, darf sich sogar Nachwuchstiere für die Zucht kaufen.

www.arche-warder.de

896 Museumsbahnhof
Schönberg

Staunen am Kieler Ostufer: Da dampft eine große Lok mit höchst altmodischen Zügen vorbei. Die Schönberger Museumseisenbahn ist wieder einmal unterwegs! In Schönberg werden Kinderträume wahr. Ein riesiger Wagenpark historischer Dampf- und Diesellocks, Straßenbahnen aus allen Städten Norddeutschlands sowie Personen- und Güterwagen haben sich da versammelt und werden liebevoll gepflegt. Sogar das 1914 erbaute Bahnhofsgebäude mit Schalterhalle und kleinbahntypischer Fahrkartenausgabe ist original erhalten geblieben und jetzt Museumsbahnhof.

www.vvm-museumsbahn.de

897 Windmühle Sventana
Langenrade bei Ascheberg

Ihre Flügel drehen sich im Wind, das Korn wird »über den Stein gemahlen«, das frisch gebackene Brot duftet verführerisch: Die Langenrader Mühle »Sventana« hat Tag der offenen Tür. Aus einer verfallenen Ruine machten die Eigentümer wieder eine funktionsfähige Arbeitsmühle, perfekt mit aller alten Technik. Postkartenschön steht der Galerieholländer auf einer kleinen Anhöhe, von leuchtenden Korn- und Rapsfeldern umgeben.

www.adregio.de/sventana.html

898 Sonneninsel
Fehmarn

Fehmarn ist nach Rügen die größte deutsche Ostseeinsel, mit endlosen Naturstränden, romantischen Steilküsten, Binnenseen und horizontweiten Feldern. Deutschlands Sonneninsel Nummer eins ist ein Durchgangsland für viele, die auf der Vogelfluglinie über die »Kleiderbügel-Brücke« zu den Fähren nach Dänemark fahren, und zugleich ein Paradies für Funsport- und Tierfreunde.

www.fehmarn.de

Gutsgelände

Panker

899

Die rassigen Trakehner-Pferde sind der Blickfang auf den Koppeln des Gutsgeländes Panker. Ansehnlich sind auch das klassisch-schöne (privat bewohnte) Herrenhaus, im Volksmund ein Schloss, das über 200 Jahre alte exzellente Gasthaus »Ole Liese«, nach einem fürstlichen Lieblingspferd benannt, und die schmucke Kapelle. Das Guts- und Parkgelände ist ein beliebtes Ausflugsziel, zumal sich viele qualitätvolle Galerien, Kunsthandwerker und »erste Adressen« in den Hofgebäuden angesiedelt haben. Zu dem aus uradeligen Zeiten stammenden Gutsdorf gehört auch der nahe gelegene »Hessenstein« auf dem kleinen bewaldeten Pilsberg (128 m) der für die Holsteinische Schweiz typischen Hügellandschaft. Vom 17 m hohen Aussichtsturm im neogotischen Stil hat man einen herrlichen Panoramablick, und im »Forsthaus Hessenstein« lässt sich's gut speisen und verweilen.

www.gutpanker.de

900

Turmhügelburg

Lütjenburg

Gaukler und Barden, Handwerker und Ritter treffen sich im hügeligen Nienthal bei Lütjenburg regelmäßig zu sommerlichen Spektakeln. Sie alle machen in der rekonstruierten mittelalterlichen Burganlage mit dem hölzernen Turm Geschichte lebendig. Die Turmhügelburg Lütjenburg ist ein Ort zum Mitmachen. Freunde mittelalterlichen Treibens backen, spinnen und schustern wie einst und festigen so spielerisch ihr Wissen über ferne Zeiten. Die Geschichte der vielen Eiszeiten, die Norddeutschland geformt haben, zeigt das benachbarte Eiszeitmuseum. Anschaulich werden die Vorgänge, die zur Entstehung der Landschaft führten, erläutert.

www.turmhuegelburg.de, www.eiszeitmuseum.de

Wallmuseum
Oldenburg

901

Wer Lust hat, die slawischen Lebensweisen kennenzulernen, Wallbrot zu backen, zu töpfern oder mit dem Floß zu segeln, der muss nach Oldenburg ins Wallmuseum. Die stimmungsvolle archäologische Anlage mit vielen Hütten auf der Slaweninsel und am See lädt nicht nur an den »Slawentagen« zum Mitmachen ein. »Starigard«, so die historische Bezeichnung, war um 700 als westlichster Fürstensitz und späteres Herrschaftszentrum der Slawen entstanden. Der »Oldenburger Wall« war über Jahrhunderte eine wichtige Siedlungsstätte und Ursprung der Stadt Oldenburg in Holstein.

www.oldenburger-wallmuseum.de

902 Museumshof
Lensahn

Erleben, wie es früher einmal war – das ist Programm auf dem Museumshof Lensahn, einem 200 Jahre alten landwirtschaftlichen Betrieb an der Ostseeküste. Den ganzen Sommer sind die alten Maschinen und Fahrzeuge in Betrieb, es wird gepflügt und gepflanzt, gedroschen und geerntet. Traditionen werden wiederbelebt, Feste gefeiert, Göpel und Webstuhl in Gang gebracht. Man ist mit dem Trecker-»Oldie« unterwegs und nimmt die Sense zur Hand. Land- und Hauswirtschaft wie einst.

www.museumshof-lensahn.de

903 Ferien- und Freizeitpark
Weissenhäuser Strand

Der Ferien- und Freizeitpark Weissenhäuser Strand ist ein wahres Wunderland für aktive Urlauber, die den besonderen Kick suchen. Hier ist fast alles Denkbare möglich: Beach-Volleyball, Badminton, Bogenschießen, Squash, Radeln, Reiten, Strandfußball … In der Erlebnis-Wasserwelt »Columbus-Park« sind Piraten, Entdecker und Seebären unterwegs auf Hängebrücken und Flößen, und auch der nördlichste Dschungel der Welt will erobert werden.

www.weissenhaeuserstrand.de

904 Wasserskispaß

Süsel

Wakeboarding oder Wasserski, Beach-Volleyball oder Streetball? In Süsel am Süseler See, unweit der Ostseeküste der Lübecker Bucht, findet man Norddeutschlands einziges Wasserskizentrum mit zwei Wasserskianlagen. Unbegrenzter Spaß für alle Altersgruppen, für Anfänger wie Profis ist garantiert. Der Start von der Schanze, das Gleiten auf dem Wasser, der Rausch der Geschwindigkeit, die eleganten Sprünge und die waghalsigen Kunstritte über die »obstacles« – das alles sollte man einmal selbst erlebt haben. Erfahrene Lehrer helfen beim Üben. Zuschauer und Fans machen es sich auf der Liegewiese bequem, lassen die Kinder auf dem Spielplatz toben oder steigen in der schönen Badebucht ins Wasser.

www.wasserski-suesel.de

905 Ostseebad und Zoo

Grömitz

Die Seebrücke ist eine der längsten an Deutschlands Küsten – 398 m ragen in die Ostsee hinein. Gigantisch, das ist eben Grömitz, das älteste Seebad an der schleswig-holsteinischen Ostseeküste. Als »Bad an der Sonne« am Nordrand der Lübecker Bucht ist Grömitz der wohl erfolgreichste Ferienort der Küste. Feriengäste genießen hier Strandleben und Sport von Surfen bis zum Golfen. Für Badefreuden sorgt das Erlebnis-Meerwasser-Brandungsbad »Grömitzer Welle«. Etwas ganz anderes begeistert die Tierfreunde, nämlich der Zoo »Arche Noah«. In rund 30 Gehegen leben etwa 300 Tiere, darunter Exoten wie Schwarze Panther und Kängurus, Löwen und Tiger, Lamas und Schimpansen. Kinder lieben vor allem den Streichelzoo.

www.groemitz.de;
www.zoo-arche-noah.de

906 5-Seen-Fahrt

Malente

Eine Schifffahrt ohne Seegang, von Ufer zu Ufer, an dichten Wäldern und Schilfbänken vorbei. Seit gut 130 Jahren wird die Seenkette des Naturparks Holsteinische Schweiz mit Ausflugsschiffen befahren. Fünf Seen gehören zur großen Fahrt mit den komfortablen Schiffen ab Malente-Gremsmühlen. Mit gemächlichen 15 km/h gleitet man über den Dieksee, Langensee, Behlersee, Höftsee und Edebergsee und genießt die Naturschönheit der »blauen Augen der Holsteinischen Schweiz«. Ab Malente lässt sich auch die schon von Dichtern der Romantik gepriesene Kellerseefahrt buchen.

www.5-seen-fahrt.de

907

Naturpark

Lauenburgische Seen

Radler gehen hier auf Tour, Wanderer und Spaziergänger schätzen die 18 Rundwanderwege, Wasserfreaks surfen oder segeln. Der Naturpark Lauenburgische Seen liegt im Süden des Landes: Wasser, Wald und unberührte Natur auf 474 qkm. Dicht ist das Netz an reittouristischen Angeboten; Hofläden und Heuherbergen liegen am Weg.

www.naturpark-lauenburgische-seen.de

908

Beach-Polo

Timmendorfer Strand

In rasantem Tempo jagen die Reiter über den Strand, stoppen, schlagen mit ihren Sticks den knallroten Ball in Richtung Goal – und warten auf den Gegenschlag. Zwei Beach-Polo-Spieler tragen ihre »Chuckas« aus, voller Dynamik und Tempo. Aus Dubai und Miami nach Timmendorf, eine Sensation! Das erste europäische Beach-Polo-Turnier wurde 2007 hier ausgetragen. Nun finden die ungewöhnlichen Wettkampfturniere alljährlich statt. Zehntausende auf der Seebrücke und auf der Promenade haben freien Zutritt als Zuschauer. Mit Zeltstadt und DJ und Beachsound, mit Top-Gastronomie und bester Unterhaltung dauern die Turniertage bis in die Nächte.

www.beachpolo-timmendorfer-strand.de

909 Hansestadt und Weltkulturerbe

Lübeck

Seit 1987 trägt Lübeck, die »Königin der Hanse«, den Titel Unesco-Welterbe. Die Stadt mit dem Holstentor als Wahrzeichen und der markanten Sieben-Türme-Silhouette hat die Auszeichnung für ihren mittelalterlichen Stadtkern erhalten – zum ersten Mal wurde damit eine Altstadt in Deutschland offiziell zum Kulturdenkmal erklärt. Es lohnt, dieses einzigartige Ensemble der Backsteingotik bei einem Spaziergang zu entdecken.

www.luebeck-tourismus.de

910 Erlebnisbahnhof

Schmilau

Draisine oder 6teambike? Kinderchopper, 4cycle oder Hydrobike? Am Erlebnisbahnhof in Schmilau an der 13 km langen Bahnstrecke Ratzeburg-Hollenbek warten lustige Fahrzeuge auf Besucher. Für alle braucht man Muskelkraft und fröhliche Mitmacher. Ebenfalls skurril sind die umgebauten Eisenbahnwagen, die heute als Suiten oder sogar als Baumwaggonhotel dienen.

www.3sine.net

Preisgekrönt

Lübeck

911

Thomas Mann, Willy Brandt und Günter Grass – drei Lübecker erhielten den Nobelpreis. Die Hansestadt ist stolz darauf. Ganz nahe beieinander, mitten in der Innenstadt, liegen die Häuser, die diesen Persönlichkeiten gewidmet sind. Das Buddenbrookhaus wurde von der Familie des Schriftstellers Thomas Mann im 19. Jh. bewohnt. Das Willy-Brandt-Haus macht die wechselvolle Geschichte Deutschlands und Europas im vergangenen Jahrhundert greifbar. Das Günter-Grass-Haus gibt Einblick in das vielschichtige Werk des Literaten, Grafikers und Bildhauers.

www.die-luebecker-museen.de; www.willy-brandt-luebeck.de

912 Alte Salzstraße
Lauenburg

Salz galt vor Jahrhunderten als »weißes Gold«, weil es so kostbar war. Die »Alte Salzstraße« erinnert uns an die alte Geschichte. Mitten durch das Herzogtum Lauenburg entstand im Mittelalter der Handelsweg. In den Lüneburger Salinen wurde das kostbare Gut abgebaut und verschifft oder über Land verbracht bis Lauenburg. Von dort transportierte man es bis in die Trave und nach Lübeck. Heute begeben wir uns per Rad oder mit dem Schiff auf die Spuren der Salzstraße. Viele Naturschönheiten liegen bis Lübeck am Weg, schmucke Dörfer und die Städtchen Lauenburg und Mölln.

www.lueneburger-salzstrasse.de

913 Garten der Schmetterlinge
Friedrichsruh

Im Herzen des Sachsenwaldes, eingebettet in Natur, Kultur und Geschichte, flimmern und flattern sie – die Schwalbenschwänze und Passionsfalter, das Indische Blatt, der gewaltig große Atlasfalter, der Monarch-Wanderfalter und viele andere exotische Schönheiten. In Friedrichsruh, einem Ortsteil von Aumühle im Sachsenwald, kann man die ganze schillernd-schöne Welt exotischer Schmetterlinge erleben. Rund 300 Arten, vom Ei über die Raupe und Puppe bis zum ausgewachsenen Schmetterling, sind hier zu beobachten. Auch ein Naturgarten mit Nektarpflanzen gehört dazu, ein »singender Wassergarten« und eine Grauganswiese. Und natürlich »Hube«, das Jemen-Chamäleon. Wenn man es entdeckt.

www.garten-der-schmetterlinge.de

914 Tuch und Technik
Neumünster

Wolle wird zu Garn versponnen, Tuch wird gewebt, auf den alten industriellen Webstühlen flitzen die Webschützen, große flauschige Plaids entstehen. Im Museum Tuch und Technik in Neumünster werden 2000 Jahre Textilgeschichte lebendig präsentiert – eng verwoben mit der Geschichte Neumünsters, das sich aus einem kleinen Dorf durch die Industrialisierung zur Tuchmacherstadt und zu einem der bedeutendsten Wirtschaftsstandorte im Land entwickelt hatte. Mit den Schwerpunkten Technikhistorie, Industriegeschichte und Textilarchäologie von der Bronzezeit bis heute dokumentiert das Spezialmuseum ein seltenes museales Thema. Wer aktiv mitmachen möchte, darf gern Wolle kratzen, spinnen oder weben und sich einmal als Tuchmacher versuchen.

www.tuch-und-technik.de

916

Eissport und Wandern

Einfeld

Rund 20 000 Jahre alt ist der Einfelder See im Norden von Neumünster – ein Erlebnisziel vor allem im Winter. Er friert besonders schnell zu, da er kaum Zuflüsse hat. Dann ist die riesige glitzernde Fläche die Arena für Schlittschuhläufer und Eishockeyspieler, aber auch für Eissegler und Eissurfer. Die rasanten Sportarten haben hier ein einmaliges Revier! Sommers wie winters ist der See ein Ausflugsziel für Wanderer per Rad oder zu Fuß, die den 8 km langen Rundwanderweg und die 20 ausgeschilderten »Sehpunkte« anlaufen – von der ganz alten Geschichte bis zur jüngsten, von den Resten einer alten sächsischen Burganlage bis zum Naturschutzgebiet.

www.nms-einfeld.de

Hoch zu Ross

Neumünster

915

Schleswig-Holstein ist ein Pferdeland, bietet ein 2000 km langes Reiterwegenetz und alles, was das Reiterherz begehrt. Das Projekt »Pferde- und Reiterland Schleswig-Holstein« trägt dem Potenzial des Reitsportes und des Reittourismus Rechnung. Turnierfreunden seien vor allem die »VR Classics« in den Holstenhallen Neumünster ans Herz gelegt.

www.pferdeundreiterland.de

Skulpturenpark
Neumünster

917

Kunst hängt in den Bäumen, Skulpturen wurzeln im Park, schwimmen auf dem Teich und bezäunen sogar das ganze große Areal. Der Gerisch Skulpturenpark entlang der Schwale in Neumünster bringt Besucher zum Staunen. In wenigen Jahren hat sich ein privater Landschaftsgarten zu einem modernen Arkadien entwickelt – zu einem Park, in dem man mit Wonne die weiten Wege von Skulptur zu Skulptur wandelt, um all die bedeutenden Werke international anerkannter Künstler intensiv wahrzunehmen, die auf wundersame Weise im Dialog sind mit der Natur.

www.gerisch-stiftung.de

918 Erlebniswald
Trappenkamp

Walderfahrung von den Wurzeln bis zu den Wipfeln verspricht der Erlebniswald in Trappenkamp, östlich von Neumünster. Auf mehr als 330 ha wird spielerisch gelehrt, wie wundersam und schützenswert die Waldwelten sind. Naturschutz, Waldpädagogik und Naherholung spielen zusammen. Dabei erobern die Jüngsten im Wichtelwald ebenso ihre Welt wie die »Best Ager« auf geführten Touren. Schlittenhundrennen und Nachtcamps sind beliebt, auch das Staunen in der Stille. Zu den Erlebnisräumen gehören auch eine Waldwasserwelt, ein 10 000 qm großer Freiluft-Schmetterlingsgarten, eine Falknerwiese und ein Hochseilgarten. Im Wildschweinwald und im Wildgehege ist man den Tieren ganz nah.

www.erlebniswald-trappenkamp.de

919 Karl-May-Spiele
Bad Segeberg

Stunts und Feuerzauber, jagende Kutschen und wilde Reiter, knallende Colts und Wildwest-Romantik. Das sind die Karl-May-Spiele in Bad Segeberg. In einem der schönsten Freilichttheater Europas verfolgen allsommerlich rund 8 000 Karl-May-Fans gebannt, was Winnetou und Old Shatterhand an turbulenten Abenteuern mit den Rothäuten erleben. Die faszinierende Kulisse des Kalkbergstadions mit der tief liegenden Arena ist ein idealer Spielplatz hierfür. Der Kalkberg, ein Gipsfelsen im Zentrum von Bad Segeberg, besitzt große Höhlen, in denen der einzigartige Segeberger Höhlenkäfer und Tausende von Fledermäusen zu Hause sind. Ihre faszinierende Welt kann man im Fledermauszentrum Noctalis hautnah entdecken.

www.karl-may-spiele.de;
www.noctalis.de

920 Erlebniszentrum Naturgewalten

List / Sylt

Ebbe und Flut, Winde und Wetter, Sonne und Regen – jeder kennt das, kann alles erklären. Wirklich? Im »Erlebniszentrum Naturgewalten« in List auf Sylt stellt man fest, was man alles nicht (ganz so genau) weiß. Das maritime Umwelt- und Erlebniszentrum begeistert Jung und Alt durch seine zeitgemäße Wissensvermittlung. »Kräfte der Nordsee«, »Leben mit Naturgewalten« und »Klima, Wetter, Klimaforschung« lauten die drei großen Themen. Hier wird spielerisch gelehrt und gelernt, auf 1 500 qm drinnen und 800 qm draußen. In einem Sturmraum kann man die Kräfte der Nordsee erleben, starke Stürme und Fluten nachempfinden. Kinder lieben die Matsch-, Spiel- und Kletterlandschaften sowie die Riech- und Fühlpfade.

www.naturgewalten-sylt.de

Gartentour

Reinbek

921

Das backsteinerne dreiflügelige Schloss Reinbek, im 16. Jh. von Herzog Adolf I. von Schleswig-Holstein-Gottorf im Stil der niederländischen Renaissance erbaut und damit im Norden einzigartig, war gut zwei Jahrhunderte lang ein landesherrliches Schloss und herzöglicher Amtssitz. Von hier aus kann man auf die ausgewiesene Stormarner Gartenroute »Zu Lindenpracht und Wassers Kraft« gehen. Die Region im Süden des Landes ist reich an Schlössern, Herrenhäusern, herrlich angelegten Schloss- und Gutsgärten, Parks und imposanten Lindenalleen.

www.schloss-reinbek.org; www.gartenrouten-sh.de

Wasser marsch
Norderstedt

922

Kleine Jungs wollten früher immer Feuerwehrmann werden und tatütata machen in rasenden Feuerwehrautos. In Norderstedt, vor den Toren Hamburgs, dürfen Jung und Alt »Wasser marsch!« spielen und einen Brand löschen, vor allem aber alles über Brandschutz lernen. Von der 200 Jahre alten Handdruckspritze über die legendäre Dampfspritze »Alte Liese« von 1869 bis zum modernen Löschfahrzeug, von der Uniformengeschichte bis zum modernen Kunstobjekt – das Feuerwehrmuseum macht Feuer zum umfassenden Thema. Und immer grüßt der Schutzpatron St. Florian.

www.feuerwehrmuseum-sh.de

923 Vogelschutzgebiet
Rantumbecken

Wenn Zugvogel-Zeit ist und Brutzeit, ist es hier am schönsten. Dann ist das Rantumbecken ein Vogelparadies. Es liegt im Osten der Insel Sylt, südlich des Hindenburgdamms. Die etwa 568 ha große, 1962 renaturierte Fläche ist seit 1968 Europareservat. Auf dem etwa 9 km langen Deich kann das Rantumbecken mit seinen vielen Biotopen umwandert werden. Insbesondere im Frühjahr und Herbst faszinieren die rastenden Zugvögel, die wie schwarze Wolken aufschwärmen.

www.rantum.de

924 Wassersport
Westerland / Sylt

Baden im Meer, in der wilden Brandung der Nordsee, den meterhohen Wellen – das ist für viele Sylt-Urlauber der größte Anreiz hierher zu kommen. Wassersportler finden ein ideales Revier vor, Surfer erwartet der richtige Wind und Wellengang. Am Brandenburger Strand in Westerland gibt es im Sommer ein organisiertes Freizeitprogramm, von Beach-Ball, -Soccer und -Volleyball über Kiten bis hin zum trendigen Stand-up-Paddling.

www.westerland.de

925 Sylt-Aquarium
Westerland / Sylt

2000 Meeresbewohner in 25 Meerwasserbecken. Rochen, Petermännchen, Katzen- und Zitronenhaie, Napoleon-, Anemonen- und Doktorfische – die Faszination und Geheimnisse der heimischen und tropischen Meereswelten erlebt man im Sylt-Aquarium am Rand des Zentralstrandes von Westerland. Die größten Becken »Korallenwelt« und »Helgoland« kann man durch einen rund 10 km langen Wassertunnel aus Acryl unterqueren.

www.syltaquarium.de

926 Wattwanderung
Dunsum / Föhr

Der beliebteste Wanderweg an der Nordseeküste liegt unter dem Meer. Nur zweimal innerhalb von 24 Std. wird er sichtbar – wenn das Watt trockenfällt, bei Ebbe das Meer zurückweicht und den Meeresboden freigibt. Zwischen den nordfriesischen Inseln Föhr und Amrum ist es dann möglich, von Dunsum aus – nur mit kundiger Führung – auf Wattwanderung zu gehen. (Dauer ca. 3 Std.)

www.foehr.de

927 Radtour
Klanxbüll

Ein Themenradweg entlang der Grenze verbindet zwei Länder: Deutschland und Dänemark. 130 km lang geht es auf zuweilen idyllischen Wegen zwischen Nord- und Ostsee. Durch schöne Natur wechselt der Radwanderer von West nach Ost und von hüben nach drüben. Kulturhistorische Erlebnisinhalte auf naturnahen Wegen sollen vermittelt werden, so die Projektidee der »Grenzroute«. Klanxbüll in Nordfriesland, wo man sein Auto stehen lassen kann, zugleich der letzte Halt der Bahn vor Sylt, ist ein guter Ausgangspunkt für die Radwanderung.

www.grenzroute.com

Draisinentour

Leck

Schon die Allerjüngsten haben ihren Spaß und machen gern mit beim Draisinefahren auf stillgelegten Bahnstrecken. In Nordfriesland startet man auf dem Draisinenbahnhof in Leck und nimmt sich die Station im 23 km entfernten Unaften als Ziel. Mit ganz viel Spaß strampelt man durch die schöne Landschaft, durch Wäldchen und über die Lecker Au, am Windpark vorbei und durch den Flensburger Staatsforst – immer von Rastplatz zu Rastplatz. Dank der modernen Fahrraddraisinen wird die Schienenfahrt zum Vergnügen, man schafft die ganze Strecke in gut 2 Std.

928

www.draisinentour-nf.de

929

Hallig-Fahrt

Schlüttsiel

Die »schwimmenden Träume«, wie Theodor Storm sie nannte, sind einzigartig auf der Welt: Die Halligen gibt es nur im Norden, vor der Küste im Nationalpark Schleswig-Holsteinisches Wattenmeer. Dauerhaft sind die winzigen Eilande vom Meer umspült, ohne Deiche, unbefestigt den Fluten ausgesetzt und mehrfach im Jahr überspült. »Land unter« wird dann vermeldet – das Leben auf der Hallig ist stark durch die Natur und ihre Gewalten bestimmt. Zehn Halligen gibt es, sie liegen zwischen der Eiderstedter Halbinsel und den Inselschwestern Amrum und Föhr. Vom nordfriesischen Hafen Schlüttsiel aus erreicht man mit normalen Fährschiffen die meisten, darunter Langeneß und Hooge, die »Königin der Halligen«.

www.halligen.de

930

Westküstenrundflug

Wyk / Föhr

Ein paar (Propeller-)Flügelschläge reichen, um von Föhr aus in die Welt zu fliegen: Die Insel hat einen kleinen Flugplatz und hängt so am großen Flugnetz der Welt. Da gehören auch Rundflüge zum Programm. Zu den schönsten Föhrer Urlaubserlebnissen zählt der »Westküstenflug« über die Insel- und Halligwelt. Täglich starten die kleinen Maschinen auf der Rasenpiste, holpern über die Flugplatzwiese und heben ab zu atemberaubenden Rundflügen über dem Nationalpark Schleswig-Holsteinisches Wattenmeer. Bei klarer Sicht sind das Wechselspiel zwischen Ebbe und Flut und die unglaubliche Verschiedenartigkeit der Inselschwestern Sylt, Amrum, Föhr und der Halligen wunderbar zu sehen. Die Flüge dauern, je nach Route, zwischen 15 und 45 Min.

www.westkuestenflug.de

Naturschutzgebiet
Arlau

931

Die Entstehung des Beltringharder Kooges war eine der umstrittensten Deichbaumaßnahmen in der deutschen Geschichte. Heute ist der gesamte Koog Naturschutzgebiet und zugleich eine wichtige Brut- und Raststätte für Vögel. Die Naturschutzstation Arlau bietet eine ganze Reihe von Veranstaltungen, Exkursionen, Fangfahrten und Radtouren an.

www.beltringharderkoog.de

932

Kutschfahrt durchs Watt
Nordstrand

Sie ist winzig klein und wird nur von zwei Personen ganzjährig bewohnt: die Hallig Südfall, westlich von Nordstrand im Nationalpark Schleswig-Holsteinisches Wattenmeer gelegen. Seit 1959 steht sie unter Naturschutz. Von Nordstrand aus kann Südfall mit der Pferdekutsche in den Sommermonaten täglich besucht werden. Es ist aufregend, durch die urige Landschaft zu fahren und die Geschichten von gewaltigen Sturmfluten und vom Untergang des sagenhaften Rungholt zu hören. 3,5 Std. dauert die Fahrt samt Aufenthalt auf der Hallig. Auch Wattwanderungen von Nordstrand aus (5,5 Std., immer mit versierten Führern) sind bei Ebbe sehr beliebt.

www.touristinfo-nordstrand.de

Leuchtturm Westerheversand

Westerhever

933

Alle Welt kennt ihn als Symbol für den Norden und für die »Nordlichter«: den rot-weiß geringelten Leuchtturm Westerheversand, flankiert von seinen zwei Wärterhäuschen. Stets ist der gut Hundertjährige auf Titeln und Plakaten zu sehen – auch im Zuge der Aufnahme des niederländischen und deutschen Wattenmeeres in die Liste der Unesco-Weltnaturerbestätten war er der beste aller Werbeträger. Seit 2001 kann man das stählerne Wahrzeichen Eiderstedts besichtigen. Über einen ausgewiesenen Weg von Westerhever und über den historischen geklinkerten Stockenstieg durch das Salzwiesenvorland kommt man zu Fuß oder mit dem Fahrrad zum Turm. Wenn man dann die 157 Stufen über die neun Stockwerke hinaufgeklettert ist, kann man den traumhaften Blick über Watt und Weite des Meeres genießen. Bei klarem Wetter ist der Ausblick auf die Sandbank vor St. Peter-Ording und die Halligen unvergesslich.

www.westerhever-nordsee.de

934 Inselradtour

Wittdün / Amrum

Amrum ist eine Naturschönheit. Auf kleinem Raum gibt es hier Kiefern- und Fichtenwäldchen, eine herrliche Heidelandschaft, Wiesen, Weiden und Watt. Die Nordseeinsel erobert man am besten per Rad. Man startet an der Südspitze im Hafenort Wittdün. Auf dem Weg nach Norden kommt man am Amrumer Leuchtturm (dem Wahrzeichen der Insel), am wunderschönen Dorf Nebel mit seinen reetgedeckten Friesenhäusern, an der Amrumer Vogelkoje und dem gut ausgestatteten Seebad Norddorf vorbei. Ziel ist das Vogelschutzgebiet Amrum Odde an der Nordspitze.

www.amrum.de

935 Freizeitbad Pellewelle

Pellworm

An alle ist gedacht – an die ganz Kleinen, die Betagteren, die Sportlichen und die Wellness-Suchenden: Das Freizeitbad Pellewelle auf der nordfriesischen Insel Pellworm sorgt für Wohlbehagen und gute Laune. Die ganz große Attraktion ist die 62 m lange Wasserrutsche »Pelle Express« mit Blackhole-Effekten und bunten Lichtstreifenelementen. Da hört man das Jauchzen, wenn wagemutige Kinder – und auch deren Eltern – auf die Bahn gehen und mit viel Gespritze im Auffangbecken landen. Währenddessen planschen die Jüngsten gefahrlos im Kinderbecken oder toben unter dem wassersprühenden Delfin. Für Entspannung sorgen Whirlpool, Ruhezonen, Solarien und eine große Sauna-Landschaft.

www.pelle-welle-freizeitbad.de

936 Hof Backensholz

Oster-Ohrstedt

Was dem Süden die Weinstraße, das ist dem Norden die Käsestraße – hier wird Regionaltypisches hergestellt und präsentiert. Kühe, Schafe und Ziegen gibt es reichlich im Zweiküstenland, und seit die als Deichbauern und Religionsflüchtlinge ins Land geholten Holländer den Norddeutschen das Käsehandwerk beibrachten, auch die Tradition der Käserei. Im Nordfriesischen, unweit von Husum, liegt der Hof Backensholz, eine besonders sehenswerte Käserei. Von der Aufzucht der Kälber bis zum fertigen Rohmilchkäse wird in diesem ökologischen Betrieb traditionell gearbeitet. Eine wunderbare Anlaufstelle für Feinschmecker. Der aromatische Backensholzer Käse ist eine feine heimische Spezialität, rund ein Dutzend Sorten werden hier hergestellt.

www.backensholz.de;
www.kaesestrasse-sh.de

937

Wasser- und Strandsport

St. Peter-Ording

Er ist 12 km lang und bis zu 1 km breit, man darf ihn streckenweise sogar mit dem Auto befahren, und Ross und Reiter dürfen bis in den Himmel hinein galoppieren. Die endlose Weite des Strandes von St. Peter-Ording, samt Dünen, Salzwiesen und Wäldchen, machen das populäre Nordseeheil- und Schwefelbad einzigartig. Gleiches gilt für die vielen Sportarten, insbesondere für Wagemutige! Strandsegler brausen durch die Priele, und Kitesurfer sowie Kitebuggyfahrer setzen bunte Farbtupfer in den Himmel, wenn sie tollkühne Sprünge vollführen oder über die Strände jagen.

www.st.peter-ording.de

938

Nordseemuseum

Husum

Ganz in Hafennähe liegt in Husum das Nordseemuseum im ehemaligen Nissenhaus. Die kulturellen Entwicklungen und Traditionen an der Nordseeküste werden hier dokumentiert. Historische Sturmfluten und Naturgewalten, Küstenschutz, Deichbau und Landgewinnung, der große Artenreichtum von Flora und Fauna, die nordfriesische Wohnkultur mit Reetdächern und Haubargen, einst und jetzt – all das sind Themen. Das Museum präsentiert sich multimedial und ist auf experimentierfreudige Besucher eingestellt, die manches ausprobieren möchten. Auch die nordfriesische Sprachenvielfalt wird an Audiostationen erlebbar gemacht. Malereien und Skulpturen nordfriesischer Künstler gewähren einen ganz besonderen Blick auf die Region, regelmäßige Sonderausstellungen begleiten und vertiefen das Museumsangebot.

www.museumsverbund-nordfriesland.de/nordseemuseum

939 Westküstenpark

St. Peter-Ording

Deutschlands größte Seehundanlage liegt in St. Peter-Ording. In dem mit 1,2 Mio. l Nordseewasser gefüllten Becken haben Sammy, Charly, Nora und Co. viel Platz. Ähnlich gut geht es ihren 800 tierischen Freunden, die im Westküstenpark ohne Käfige und Gitter gehalten werden. Vor allem zu den Fütterzeiten sind die Tiere handnah zu erleben. Zweimal täglich gibt es im international prämierten Robbarium die beliebten Seehundvorführungen – dann brechen die knopfäugigen Raubtiere alle Herzen. Ebenso spektakulär sind die Flugvorführungen der eleganten Greifvögel.

www.westkuestenpark.de

940 Paddeln und Kanu fahren

Friedrichstadt

Mit einem gemieteten Kanu oder im Paddelboot die Stadt erobern, das kann man in Friedrichstadt. Die Grachtenstadt an der Treene macht das faszinierende Erlebnis möglich, auch in lauen Sommernächten. Manches Haus liegt direkt an einer Gracht mit Bootssteg und eigenem Kanu. Da fährt man übers Wasser zum Einkaufen … Erfahrene Kanuten erkunden auf alten Wasserstraßen die Natur der Umgebung und gehen auf die großen Kanuwanderwege Richtung Tönning oder Rendsburg.

www.friedrichstadt.de

941 Nationalpark Wattenmeer

Tönning

Wattwanderung. Man hört den rauschenden Wind, sieht am Himmel riesige Vogelschwärme und zu Füßen eilig davonhuschendes Meeresgetier. Die Luft schmeckt nach Salz. Der Nationalpark Schleswig-Holsteinisches Wattenmeer mit Verwaltungssitz in Tönning ist eine weltweit einzigartige Naturlandschaft mit einer herausragenden Bedeutung für geologische und ökologische Prozesse wie für den Erhalt der biologischen Vielfalt.

www.nationalpark-wattenmeer.de

943 Multimar Wattforum

Tönning

Wie riesig ist ein Pottwal, wie winzig ein Wattwurm? Werden bei den Seepferdchen die Väter schwanger? Sind Seehasen »Hasen«, weil sie zu Ostern Eier legen? Und wie reagieren die Tiere in der Brandungszone und bei Ebbe und Flut? Das Multimar Wattforum in Tönning weiß Antwort. Die zentrale Erlebnisausstellung für den Nationalpark Schleswig-Holsteinisches Wattenmeer zeigt in insgesamt 54 Aquarien mehr als 280 Arten von Fischen, Krebsen, Muscheln und Schnecken. Auch die Welt der Wale wird beleuchtet. Besonders spektakulär ist das Großbecken mit der 6 x 6 m großen Panoramascheibe.

www.multimar-wattforum.de

942 Katinger Watt

Kating

Das Naturzentrum Katinger Watt liegt 3 km nördlich des Eidersperrwerks, eingebettet zwischen zwei großen Deichen. Einst herrschten in dem Naturschutzgebiet Wasser und Watt, jetzt gedeiht hier eine von Süßwasser geprägte Kooglandschaft. Das Naturzentrum informiert über Tiere und Pflanzen rund um die Eider und macht die Natur mit allen Sinnen erlebbar.

www.nabu-katinger-watt.de

944

Seehundstation

Friedrichskoog

Mehr als 100 Folgen von »Seehund, Puma & Co.«, der Tier-Doku-Soap von Radio Bremen, wurden im Fernsehen ausgestrahlt. Regelmäßig mit dabei sind Berichte von der Seehund-Aufzuchtstation Friedrichskoog, wo – deutschlandweit einmalig – Seehunde und Kegelrobben zusammen gehalten werden. Im 800 Kubikmeter Wasser fassenden Beckensystem sieht man sie fröhlich miteinander tummeln, die Erlebnisausstellung »Robben der Welt« bietet viel Wissenswertes. Dank eines 7 m langen Unterwasserfensters kann man mit Nemi, Lümmel und Co. auch auf Tauchstation gehen.

www.seehundstation-friedrichskoog.de

Sturmflutenwelt

Büsum

Am Kutterhafen in Büsum steht ein auffallendes Gebäude in Form einer Welle. Das ist der »Blanke Hans«. Spielerisch-informativ, aber eindrücklich erlebt man hier eine Sturmflut. Zusammen mit einem Schauspieler geht es auf eine Zeitreise in das Jahr 1962. Ein alter Schwarz-Weiß-Fernseher meldet den drohenden Deichbruch, und schon überschlagen sich die Ereignisse. Das Licht flackert, durch die Wände droht der Wassereinbruch. Schnell flüchten alle in die Rettungskapsel! Eine atemberaubende Fahrt durch die drei Ebenen der Erlebniswelt beginnt. Über 300 m führt die Rettungsbahn die Schutzsuchenden durch zahlreiche Simulationen, die die unglaubliche Kraft der Nordsee und die Wucht der Sturmfluten unmittelbar spürbar machen. Die Fahrt endet in der Offshore-Forschungsstation, wo man alles über Wetter, Klima und die Geschichte der Sturmfluten erfährt.

945

www.blanker-hans.de

946 Hochseeangeln
Büsum

Die Monate Juni, Juli und August sind am besten für den Makrelenfang. Dann startet im Büsumer Hafen frühmorgens um 7 Uhr die MS »Kehrheim« zur Hochseeangel-Kutterfahrt. Mit an Bord des 600 PS starken Motorschiffes sind bis zu 50 Petrijünger, die in der Nordsee bis vor Helgoland angeln wollen. Die geübten Fahrensleute breiten an Bug und Heck ihr Angelgeschirr aus, während Kapitän Egbert Jasper die besten Fanggründe ansteuert. Sie helfen auch Anfängern und Urlaubern, die Lust auf einen solchen Angeltrip haben. Meist geht es schnell los mit der Jagd auf die gestreiften Raubfische. Anschließend wird der Fisch vorbereitet zum Räuchern oder für den frischen Anglerschmaus – Arbeit macht schließlich auch hungrig.

www.hochseeangeln-blauort.de

947 Ausflug zur Hochseeinsel
Helgoland

Man muss einmal da gewesen sein, mitten im Meer, auf Deutschlands einziger Hochseeinsel Helgoland, rund 70 km von der Küste entfernt. Der mächtige rote Buntsandsteinfelsen ragt hoch aus dem Wasser, samt dem äußerst bizarren Steinkoloss »Lange Anna«. Vorgelagert liegt die »Düne« mit ihren Badestränden und dem fröhlich-bunten Ferienhaus-Dorf. Helgoland ist eine außergewöhnliche Urlaubs- und Erlebnisinsel, mit reiner Luft, sauberem Wasser, Lummen (der Lummensprung, ein einzigartiges Naturschauspiel, findet im Juni statt) und vielen anderen Vögeln und Meeresgetier. Dazu kommen ein Kulturpfad, das Museum Helgoland, traditionelle Feste, kulinarische Spezialitäten (Hummer, Knieper, Fisch) sowie zoll- und mehrwertsteuerfreies Einkaufen.

www.helgoland.de

948 Wal-Spielpark
Friedrichskoog

Es ist das weltweit größte Gebäude in Walform und ein fantastischer Indoor-Spielpark, ein Ziel für Regen- und Wintertage. »Wal Willi« steht am Hafen von Friedrichskoog. In der über 2500 qm großen Halle unter dem Walbuckel ist ein gigantisches Spiel- und Kletterlabyrinth aufgebaut, samt Kletter-Leuchtturm und Nemo-Kletterwand, es warten Trampolins, ein Multifunktionssportfeld, Hüpfburgen, eine Elektro-Kartbahn, eine Wellen- und Röhrenrutsche und ein Kleinkinder-Spielbereich. Für Schönwettertage gibt es einen 800 qm großen Außenspielplatz.

www.wal-friedrichskoog.de

Nordic Walking

Friedrichskoog

949

Der Nordic-Walking-Park Dithmarschen zählt mit einer Gesamtlänge von 110 km zu den längsten Anlagen Norddeutschlands. Friedrichskoog mit seinem Fitness-Park ist ein hervorragender Ausgangspunkt. Elf unterschiedlich lange Parcours rund um Büsum, im Speicherkoog, in den südlichen Kögen um Friedrichskoog und bei Brunsbüttel sind auf der Route verbunden. Als Sommer-Trainingsmethode der Spitzenathleten entwickelt, erfreut sich Nordic Walking heute als Ganzjahressport breiter Beliebtheit. Kurse werden für Anfänger und Fortgeschrittene angeboten.

www.friedrichskoog.de

950 Steinzeitpark Dithmarschen

Albersdorf

In Albersdorf wird die Steinzeit lebendig. Auf dem rund 40 ha großen Freigelände mit neun originalen Großsteingräbern und Grabhügeln können Jung und Alt zu Fuß und per Rad auf Steinzeitwanderungen und -rallyes gehen. Im »Steinzeitdorf« wird mit altem Werkzeug und Gerät gearbeitet, Feuer geschlagen, werden Flintsteine gehauen, Lederschmuck und -beutel entstehen sowie selbst gesponnene Wolle und Webstücke. Man backt Fladen, übt sich im Bogenschießen und in Höhlenmalerei.

www.aoeza.de

951 Kanu- und Paddeltouren

Kellinghusen

Kellinghusen liegt an der Stör, dem größten rechten Nebenfluss der Elbe in Schleswig-Holstein. Ein Paradies, um Kanu zu fahren oder zu paddeln. Man kann sich Boote leihen und die Stör in beiden Richtungen befahren, es geht durch urige Wälder und schmale, naturbelassene Auen, aber auch über breite Gewässer und weite Wiesenlandschaften. Ein besonderes Erlebnis ist die geführte Nachtwanderung mit Picknick im Kerzenschein.

www.kellinghusen.de

952 Historische Marschenstadt
Wilster

Jahrhundertelang war die Kleinstadt Wilster, westlich von Itzehoe, wirtschaftlicher und kultureller Mittelpunkt der bäuerlichen Marsch. Der stattliche Fachwerkbau des Alten Rathauses zeugt davon, ebenso das Neue Rathaus, ein Palais aus dem späten 18. Jh. Wilster ist ein wunderschöner Ausgangspunkt für Wanderungen und Fahrten in die Umgebung – entlang der Stör, zur Elbe und zur tiefsten Landstelle Deutschlands in Neuendorf.

www.wilstermarsch-service.de

953 Industriemuseum
Elmshorn

Die kleine Stadt Elmshorn ist seit Langem ein wichtiges Industriezentrum des westlichen Hamburger Stadtrandes. Davon zeugt auch das städtische Industriemuseum, das interaktiv die Entwicklung von Industrie, Technik, Arbeit und Alltag im Norden zeigt. Stechuhr, Tretnähmaschine, Kornmühle, Bahnhofswaage – viele Gegenstände sind zum Ausprobieren.

www.industriemuseum-elmshorn.de

Gartenrouten
Pinneberg

954

Pinneberg liegt am nordwestlichen Rand Hamburgs. Der gleichnamige Kreis ist das größte zusammenhängende Anbaugebiet für Gehölze in Europa. So ist Pinneberg ein guter Ausgangspunkt für eine der norddeutschen »Gartenrouten«. Unter dem Titel »Baumschulbarone und Pflanzenjäger« führt sie nach Hamburg-Altona in den Jenischpark (die Wiege der Baumschulentwicklung), zum Gutspark Haseldorf und zur 700 m langen doppelten Lindenallee in Seestermühe. Über die Barmstedter Schlossinsel und das Arboretum in Ellerhoop geht es zurück nach Pinneberg – zum Rosengarten.

www.gartenrouten-sh.de

Thüringen

Auch wer nur »aktiv« sein will, kommt an Luther und Goethe nicht vorbei. Macht aber nichts, denn auf den Spuren des Geheimrats lässt es sich gut wandern, und in Weimar kann man neben dem Wohnhaus des Dichters auch ein Seifenkistenrennen besichtigen. Hinterher im Kanu auf die Werra, mit der Draisine durchs Eichsfeld und mit Skiern in die Rennsteigloipe.

Wenige Mauern bergen so viel deutsche Geschichte wie die Wartburg. Gerade mal elf Wochen brauchte Martin Luther, um hier das Neue Testament ins Deutsche zu übersetzen.

Burg Hanstein
Bornhagen

955

Ein Prachtstück von einer Ruine ist diese Burg. Groß genug, um eigenen Ritter- bzw. Burgfräulein-Fantasien freien Lauf zu lassen, und perfekt gelegen für einen weiten Blick über die Landschaft des Eichsfelds und ins Werratal. Niedlich schmiegt sich der kleine Ort Bornhagen zu Füßen des Gemäuers in 450 m Höhe an den Hang. Der urige Klausenhof lockt mit Schankraum und Lindengarten zur Einkehr. Den Vorgängerbau der Burg zerstörte 1070 König Heinrich IV., sieben Jahre vor seinem berühmten »Canossagang«. Im 18. Jh. zog das verbliebene Bauwerk Reisende wie Goethe an.

www.burgruine-hanstein.de

956 KZ-Gedenkstätte
Mittelbau-Dora

Mittelbau-Dora ist heute ein europäischer Gedächtnisort. Es steht als trauriges Exempel und als Modell für die Zwangsarbeit in vielen anderen Lagern, die in der Zeit des Nationalsozialismus systematisch betrieben wurde. 60 000 Menschen aus nahezu allen Ländern Europas, aus der Sowjetunion, aus Polen und aus Frankreich wurden zwischen 1943 und 1945 als KZ-Häftlinge in den Harz deportiert, um dort Zwangsarbeit für die deutsche Rüstungsindustrie zu leisten. Jeder Dritte von ihnen starb.

www.dora.de

957 Kyffhäuser-Denkmal
Kyffhäuser

Da sitzt er, der sagenhafte Barbarossa, an der Ostseite des Denkmals, 6,5 m hoch und in Stein gehauen, ein kraftvoller Herrscher vor dem Moment des Erwachens nach 700-jährigem Schlaf. Zahlreiche Gedichte nähren die Sage: Friedrich I. Barbarossa kehrte von einem Kreuzzug nicht zurück. Mit seinem Gefolge schlummert er so lange im unterirdischen Schloss im Kyffhäuser, bis er zurückkehren und das alte Reich wiederherstellen wird.

www.kyffnet.de

958 Speisen wie Luther

Lutherstuben / Eisenach

»Warum rülpset und furzet ihr nicht? Hat es euch nicht geschmacket?« – Ob dieser Ausspruch nun von Luther stammt oder nicht, was heute unanständig, war damals gute Sitte. So täuschend echt muss es ja in der Lutherstuben nicht zugehen. Aber so echt wie möglich: Mundkoch Kunibert bereitet in der Schauküche deftige Speisen zu; der Met wird aus dem Trinkhorn kredenzt. Spielmann Halodri sorgt für die Musik. Mahlzeit!

www.eisenacherhof.de

959 Draisinentour

Lengenfeld / Stein

Radeln auf Schienen inmitten einer lauschigen Landschaft: Zwei Routen sind befahrbar, auf der kürzeren nach Geismar gilt es, hin und zurück 7 km zu bewältigen. Die längere Strecke (mit Rückweg 20,5 km) führt durch vier Tunnels und über Viadukte und hohe Dämme mit Aussicht auf die reizvolle Landschaft des Eichsfelds. Auf demselben Weg geht es leicht bergab (107 m) zurück.

www.erlebnisdraisine.de

960 Trabi-Paradies

Weberstedt

Nostalgie in Rennpappe: Genauer betrachtet, mutet der Trabi wie ein natürliches Relikt der DDR an. Ein mobiles Fossil. Von den über 3 Mio. gebauten »Rennpappen« (zu DDR-Zeiten waren sie Mangelware, ihre Auslieferung dauerte Jahre) sammelte nach der Wiedervereinigung ein Privatmann Dutzende. Diese Trabi-Sammlung bildet den Grundstock des Museums, das in einer 900-qm- Halle (auf einstigem Armeegelände der NVA) viele Sondermodelle zeigt, z. B. Umbauten zum Krankenwagen, Feuerwehrauto oder texanischen »Police-Car«.

www.trabiparadies.de

961 Wildkatzendorf

Nationalpark Hainich

Hier bleibt die Katze im Dorf! Und das ist nur gut für sie, denn hier, im von der Unesco ausgzeichneten Weltnaturerbe Nationalpark Hainich, wird das »Rettungsnetz für Wildkatzen« konzipiert – eines der größten Naturschutzprojekte in Europa. Im Erdhaus bzw. im Beobachtungsturm kommt man den wilden Katzen am nächsten. Wie ihre Artgenossen kommen sie auf sanften Pfoten daher, können aber – je nach Verhalten des Gegenübers – eben auch ganz schön wild werden. Der 7 km lange Wildkatzenpfad lädt auf eine kleine Wanderung durch den Nationalpark ein. Beste Sicht auf die Landschaft bietet dort die etwa 17 m hohe Beobachtungsplattform »Hainichblick«. Beste »Sicht« auf die Wildkatzen hingegen bekommt man am Ende des Rundgangs im Ausgangsbereich: Drei Kameras in den Gehegen zeigen Live-Bilder auf einem Großbildschirm.

www.wildkatzendorf.de

962 Baumkronenpfad

Bad Langensalza

Wipfel auf Augenhöhe! Schwindelfreiheit vorausgesetzt, erwartet den Besucher ein eindrucksvolles Erlebnis. Ausgangs- und Endpunkt des ca. 300 m langen Rundweges (wird auf 450 m erweitert) ist der 44 m hohe, weithin sichtbare »Baumturm«, der den überwiegend aus Rotbuchen bestehenden Nationalpark Hainich (mit 16 000 ha Deutschlands größter Laubwald) überragt und der, neben Informationen zur Waldgeschichte, erstklassige Blicke über das Thüringer Becken bis ins Eichsfeld und zum Thüringer Wald bietet.

www.nationalpark-hainich.de

963 Bachs Haus
Eisenach

Auch wenn Johann Sebastian Bach (1685–1750) nicht in diesem, sondern in einem 100 m entfernten, nicht erhaltenenen Gebäude geboren wurde: Lohnenswert ist ein Besuch des Hauses am Frauenplan allemal. 1907 von der Neuen Bachgesellschaft eröffnet, war es das erste Museum überhaupt, das den genialen Tonsetzer und späteren Leipziger Thomaskantor würdigte, der seine ersten zehn Jahre in Eisenach verbrachte. Zu dieser Zeit galt das Gebäude tatsächlich als Bachs Geburtshaus, erst spätere Forschungen widerlegten diese Annahme. Ein Raum widmet sich dem grauslichen Tod Bachs, dessen Erblindung ein dubioser Heilkundler durch Schnitte in den Augapfel und das Einträufeln von Taubenblut (und Schlimmerem) vergeblich zu heilen trachtete.

www.bachhaus.de

964 Wartburg
Eisenach

Der bekannteste Raum befindet sich im Fachwerkbau der Vogtei. Seine Berühmtheit verdankt sich dessen zeitweiligem Bewohner: Der einstige Augustinermönch Martin Luther hatte es 1521 auf dem Wormser Reichstag vor Kaiser Karl V. abgelehnt, seine Thesen zu widerrufen. Daraufhin für »vogelfrei« erklärt, trat er die Heimreise nach Wittenberg an, freies Geleit wurde ihm zugesichert. Vorsichtshalber ließ ihn unterwegs sein Protegé, Sachsens Friedrich der Weise, »entführen«. Als »Junker Jörg« bis März 1522 inkognito auf der Wartburg, übersetzte Luther das Neue Testament binnen elf Wochen ins Deutsche. Das Ergebnis war ein Meilenstein der Reformation und ein Quantensprung des Hochdeutschen.

wartburg-eisenach.de

965 Rundflug
Im Werratal

Kürzere Rundflüge besichtigen die Wartburg aus der Luft. Der Flug (z. B. mit einer Piper PA-28) zur Werraquelle könnte folgende Route nehmen: mit Südkurs auf den Großen Inselsberg, dann den Rennsteig entlang. Nun werden im Oberhof die Sprungschanzen und der neue Skitunnel erkennbar, östlich liegt Ilmenau. Weiter über die höchsten Thüringer-Wald-Gipfel Schneekopf und Großer Beerberg über Schmiedefeld und die Talsperre Schönbrunn liegt die Werraquelle. Von dort ... Ach, lassen wir die Routenbeschreibung! Wer mitfliegt, sieht viel mehr!

www.flugplatz-eisenach.de

Erlebnisbergwerk

Merkers

966

Eine Führung durch Teile der gigantischen Grubenanlage dauert etwa 3 Std. Mit dem Förderkorb werden Besucher binnen 90 Sek. in 500 m Tiefe gebracht. Durch 20 km des Stollensystems geht es mit Kleinlastern zunächst in die Salzunger Saline. In ihr ist ein Museum eingerichtet, das von der über 100-jährigen Geschichte des Bergbaus erzählt. Im Goldraum betritt man ein obskures Kapitel aus den letzten Kriegsmonaten, als die Reserven der Deutschen Reichsbank und Kunstwerke aus den Museen Berlins hier gehortet wurden. Nach dem Einmarsch der amerikanischen Truppen 1945 statteten die Generäle Eisenhower, Bradley und Patton dem Fundort einen Besuch ab. Ganz neu sind Mountainbiketouren unter Tage zur Kristallgrotte. Bis zu 30 Radler können sich auf diese außergewöhnliche Fahrt begeben.

www.erlebnisbergwerk.de

968 Kanutour

Auf der Werra

Die Werra, dieser lange, ruhige Fluss, eignet sich gut für Kanutouren. Da auf ihr keine Schiffe verkehren, stört nichts das sanfte Dahingleiten. Der teils steilen Hanglagen wegen finden sich ihre schönsten Ufer zwischen Creuzburg (Thüringen) und Witzenhausen (Hessen). Anlegestellen gibt es im unteren Drittel des Werratals in jedem Ort, ebenso am Oberlauf ab Burghausen. Wer es eilig hat, schafft die 41 km (elf Wehre) von Meiningen nach Bad Salzungen an 1 Tag. Geruhsamer aber wären die 64 km (14 Wehre) von Themar bis Bad Salzungen, verteilt auf 2 Tage, mit einer Nacht auf dem Zeltplatz der Karnevalshochburg Wasungen.

www.kanureich.de; www.werratal.de

967 Zu Fuß

über den Pleßberg

Vom bayrischen Bad Kissingen durch Hessen und dann ins thüringische Bad Salzungen führt eine der reizvollsten Routen durch deutsche Mittelgebirgslandschaften. Der »Hochrhöner«, vom Deutschen Wanderinstitut als Premiumweg ausgezeichnet, tangiert dabei die höchsten Erhebungen des Höhenzugs, bevor er sich über den Pleß ins Werratal neigt.

www.rhoen.de/hochrhoener

969 Grenzmuseum
Geisa

Geisa nimmt eine Ausnahmeposition ein: Der kleine Ort (heute 4740 Einwohner) war in der Zeit des Kalten Krieges die westlichste Stadt des Warschauer Paktes. In den Bedrohungsszenarien der NATO galt das Gebiet zwischen Herleshausen im Norden und dem bayrischen Bad Neustadt im Süden, die sogenannte Fulda Gap, als die gefährlichste Schneise einer potenziellen Invasion des östlichen Truppenbündnisses. Und Geisa liegt genau in der Mitte dieses Territoriums. Die innerdeutsche Grenze kontrollierte auf hessischem Gebiet zunächst der Bundesgrenzschutz. 1962 kam es zu einem Schusswechsel, dem ein DDR-Offizier erlag. Erhebliche Spannungen waren die Folge. 1965 richtete die US-Army hier den Stützpunkt »Point Alpha« ein, der 1991 aufgelöst wurde. Der ehemalige Beobachtungsposten (auf halber Strecke zwischen Geisa und Rasdorf in Hessen) ist heute als Gedenkstätte ein Grenzmuseum, in dem u. a. das amerikanische Camp des 11. Kavallerieregiments »Black Horse« sowie Teile des Todesstreifens zu besichtigen sind. Der 15 km lange Rundweg »Point Alpha« beginnt in Geisa am Schloss und führt landschaftlich reizvoll über die Hügel des Ulstertals und zum Gelände des Grenzmuseums.

www.geisa.de

Gradierwerk
Bad Salzungen

970

Gradierwerke gibt es zwar in Deutschland nicht selten. Doch nirgendwo ist der Salzgehalt so hoch wie in Bad Salzungen (bis 27 %). Das kann nicht mal die Nordsee bieten, allenfalls das Tote Meer. Die Luft um die Gradierwerke herum ist sehr gesund. Salz bindet frei schwebende Partikel, was Allergiker zu schätzen wissen. Auch gegen Asthma und andere Bronchialkrankheiten ist die salzhaltige Luft ein bewährtes Mittel, sie lässt die Schleimhäute abschwellen und reinigt die Atemwege von Bakterien. Selbst wer keine Beschwerden hat, atmet nach einem Besuch im Gradierwerk freier und Idurch.

www.badsalzungen.de

Seenlandschaft
Breitungen

971

Reich von Schilf gesäumt und mit See- und Teichrosen bedeckt, lassen der Vodere und der Hintere See (18 ha Fläche, bis zu 4 m tief) nicht mehr erkennen, dass sie beinahe unter den Aschehalden des im Jahr 1913 errichteten Kohlekraftwerks verschwunden wären. Bürgerinitiativen gelang es, die Zuschüttungen zu stoppen und das Biotop zu rekultivieren. Seit 1967 sind die Seen als Naturschutzgebiet ausgewiesen. Zu den heimischen Vogelarten zählen u. a. Blesshuhn, Teich und Wasserrallen. Oberhalb der Gewässer lockt das Jagdschlösschen »Seeblick« zur Einkehr.

www.breitungen.de

972 Miniaturpark
Ruhla

Die Welt im Kleinen erwartet den Besucher im Miniaturpark »mini-athür«. Das schon an sich nicht große Bundesland ist hier wie eingedampft (Maßstab 1:25) und daher noch beschaulicher. Nahezu jede touristische Attraktivität Thüringens wurde bis zur letzten Dachrinne kopiert und über 80 Bauwerke präsentiert. Kinder dürften nicht leicht wegzubekommen sein: harren im Park doch zudem ferngesteuerte Modellboote, eine Kleineisenbahn, ein Abenteuerspielplatz und anderes mehr der Entdeckung.

www.mini-a-thuer.de

973 Exotarium
Oberhof

Was den einen gruselt, ist dem anderen Pläsier: Netzphyton, Bindenwaran, Reptilien, Spinnen, Stechrochen – für die einen die große Attraktion, halten die anderen respektvoll Abstand, auch wenn die großen und kleinen Tiere – durch die dicke Glaswand des Aquariums geschützt – völlig ungefährlich sind. Wer es weniger exotisch mag, findet vielleicht an den 70 Fischarten oder Teichmuscheln, an Lurchen oder Schildkröten seinen Gefallen.

www.exotarium-oberhof.de

974 Mommelsteinradweg

Schmalkalden

Der geteerte Mommelsteinradweg hat eine Länge von 12,5 km und steigt 260 Höhenmeter an. Der Radweg beginnt in der Mühlenstraße in Schmalkalden und führt nach Floh-Seligenthal. Noch in Schmalkalden wird die »Neue Hütte« passiert, der Hochofen aus dem Jahr 1835 ist heute ein sehenswertes Technikmuseum. Hinter Floh-Seligenthal geht es in den Hundsrücktunnel, dem ein Viadukt über das den Weg begleitende Flüsschen Schmalkalde folgt. Nach Hohleborn ist bald der frühere frühere Kopfbahnhof Kleinschmalkaldens erreicht. Mit einer Spitzkehre führt nun der Weg hinauf zum einstigen Haltepunkt Auwallenburg. Nur bis hierhin ist die alte Bahnstrecke geteert. Nun kann man auf demselben Weg bequem, weil nur bergab, zurück.

www.bahntrassenradwege.de

975 Wanderung

Im Rennsteiggarten / Oberhof

Mitten im Thüringer Wald können Botanikfreunde eine Weltreise machen. Am und auf dem Pfanntalskopf befindet sich der Rennsteiggarten mit nicht weniger als 4000 Arten Gebirgsflora aus allen Kontinenten. Reichlich Niederschlag, Temperaturen im Jahresmittel um die 4 °C und fünf Monate geschlossene Schneedecke sorgen für das optimale Klimamilieu nicht nur bekannter Bergpflanzen wie Edelweiß, Primeln oder Enzian. Je nach Jahreszeit sind auch Gletschernelken, Fleischroter Mannsschild, Frauenschuh und Schachblume zu bewundern. Die seit 1972 bepflanzte Anlage wurde beständig ausgebaut und besonders in den 1990erjahren zu einem schönen sowie barrierefreien Landschaftspark erweitert.

www.rennsteiggartenoberhof.de

976 Ski und Bob

Oberhof

Von Dezember bis April mangelt es in Oberhof selten an Schnee. Langlauf, Biathlon, Nordische Kombination, Skispringen, Bobfahren, Rodeln: In Thüringens Wintersportort Nr. 1 trainiert die Elite dieser Disziplinen und werden internationale Wettkämpfe ausgetragen. Wer nicht nach Medaillen eifert, findet auf zahlreichen Loipen und anspruchsvollen Alpinpisten sein Vergnügen, Après-Ski inklusive. Oberhof ist seit dem 19. Jh. Ziel von Sporttouristen. Im Sommer lockt zudem der Hochseilgarten Woodjump zur Überwindung der Höhenangst.

www.oberhof.de

Crosslauf
Schmiedefeld

977

Europas größter Crosslauf hat es in sich. Landschaftlich dank des prächtigen Thüringer Waldes, sportlich wegen des Geländeprofils. Etwa 15 000 Teilnehmer zählt die traditionelle Rennveranstaltung (erstmals 1973), zu der auch Nordic Walking, Wandern (17–50 km) und Juniorencrossläufe (1–9 km) gehören. Königsdisziplinen sind die drei Marathons. Schon der Halbmarathon (21,1 km) ist kein Pappenstiel, zumal im Gebirge. Erst recht nicht die (mit 43,5 km mehr als volle) Marathondistanz. Beinahe übermenschliche Strapazen verlangt der Supermarathon den Läufern ab: 72,7 km mit 2 479 m Höhendifferenz (inklusive aller Aufs und Abs). 1 730 Läufer bewältigten etwa 2008 diese Strecke, deren Rekorde (auf dem Parcours seit 1997) bei Männern um die fünf, bei Frauen um die sechs Stunden liegen. Ziel des bis zu 73 km langen Laufs ist stets Schmiedefeld am Rennsteig.

www.rennsteiglauf.de

978

Rennsteigbahn
Ilmenau

Technisch ist die 1904 eröffnete Rennsteigbahn zwischen Ilmenau und Schleusingen eine Meisterleistung, eine der schönsten Bahnstrecken ist sie zudem. In der Kaiserzeit sollte sie der Glas und Porzellanindustrie helfen. Das gelang zwar nicht, immerhin florierte aber der Tourismus. 2003, fünf Jahre nach der Stilllegung, wurde die Strecke für Museumsfahrten reaktiviert. Seither verkehren nostalgische Dampfloks wie die T 16.1 sowie Dieselloks vom Typ V 100 aus den 1960er Jahren.

www.rennsteigbahn.de

979 Wanderung auf den Kickelhahn

Ilmenau

Als Geheimrat des Herzogtums Sachsen-Weimar-Eisenach weilte Goethe gern in der Stadt. Dauerhaft sitzt er als Kupferfigur vorm einstigen Amtshaus am Marktplatz. Im »Goethe-Stadt-Museum« werden Gemälde, Grafiken und Mobiliar aus der Zeit des Dichters sowie Ilmenauer Porzellan und Glas und die örtliche Bergbaugeschichte präsentiert. Der Meister selbst hing seinerzeit der Idee nach, den Staatssäckel mittels Wiederbelebung des Silberbergbaus zu sanieren, was mangels Minenertrag scheiterte. Doch auch das Schreiben vergaß Goethe bei seinen 28 Besuchen nicht: Eine Wanderung auf Ilmenaus' Hausberg Kickelhahn (861 m) inspirierte ihn zu »Über allen Gipfeln ...«, das er 1780 auf die Wand einer Hütte (»Goethehäuschen«) unweit des Gipfels notierte.

www.ilmenau.de

980 Eingefallener Berg

Bei Themar

Zerklüftet und hell erhebt sich jenseits der Werra und kaum 3 km südwestlich von Themar der sogenannte »Eingefallene Berg«. Von einem herrlichen Laubwald umgeben, lässt er sich in 2 - 3 Std. leicht erwandern. Seinen Namen trägt der Berg wegen früherer Felsabbrüche, die durch Wasser entstanden, das sich bei Frost in den Kalkspalten ausdehnte. Der Bergkamm bietet Blicke von oben auf die Felsen, ins Werratal, nach Themar und zum Kloster Veßra. Den Rundweg über das Dorf Trostadt weitergegangen, kann dort die Ruine eines Klosters aus dem 12. Jh. besichtigt werden. Die Forellen im angrenzenden Hotel »Klostermühle« sind köstlich. Zurück nach Themar geht es 5 km zu Fuß am Ufer der Werra entlang.

www.themar.de

981 Kloster

Veßra

Pastinak und Gartenmelde, Färberwaid, gar Färberwau? Wem diese Gemüsesorten und Nutzpflanzen so gar nichts sagen, wird nach einem Besuch im restaurierten Freiluftmuseum des Klosters Veßra schlauer sein. In mehreren Gärten lässt sich viel über die Anbau- und Ernährungsgeschichte vom Mittelalter bis ins 19. Jh. erfahren. Mühle, Schmiede, Brau- und Backhaus ergänzen den Einblick ins einstige Klosterleben, das sich, fern moderner Techniken, autark zu versorgen wusste. Das Agrarmuseum zeigt die Vorgeschichte unserer heutigen Ernährungskultur.

www.museumklostervessra.de

Wintersport und Hunderennen

982

Masserberg

Nur 1 km nördlich des Eselsberges liegt in 780 m Höhe der Ort Masserberg mit seiner hübschen Bergkirche, der ideal für Skifahrer aller Sparten ist. Ein besonderes Spektakel ist das seit 1995 (Jan./Feb., sofern das Wetter mitspielt) stattfindende Schlittenhunderennen »Trans-Thüringia«, das mehrere Hundert km durch den Thüringer Wald führt, wobei meist eine der Etappen in und um Masserberg ausgetragen wird. Zu den Ausflugszielen zählen der schöne Simmersberg und die »Fehrenbacher Schweiz«.

www.masserberg.de

983 Radtour

Nach Meiningen

Für einen Tag im Sattel ist Eisfeld ein guter Ausgangspunkt. Bis Meiningen überwiegend geteert, verläuft ab hier der Werratal-Radweg. In Eisfeld ist die Werra seit Verlassen der Quelle in 800 m Höhe erst 10 km unterwegs. 282 km hat sie noch vor sich, davon 55 km bis Meiningen. Es fällt nicht schwer, sie auf dem Rad in die Theaterstadt zu begleiten, geht es doch 153 Höhenmeter talwärts. Durch die Südausläufer des Thüringer Waldes ist nach 13 km Hildburghausen erreicht. 12 km weiter lohnt das romanische Kloster Veßra einen Besuch. Noch 30 km in hügeliger Flusslandschaft: Außer dem Städtchen Themar folgen nur kleine Dörfer, deren schönstes vielleicht Henfstädt mit seiner Werratalbrücke ist. Nach so viel Ländlichkeit wirkt Meiningen sehr mondän.

www.werratal.de/radweg.shtml

984 Schokoladenmanufaktur

Erfurt

»Eine gute Schokolade braucht zu allererst einmal eine gute Bohne.« – Für Chocolatier Alexander Kühn muss bei der Zubereitung alles stimmen: das Grundprodukt, die Bohne, ausreichend Zeit für's Conchieren und nicht zu viele dominierende Gewürze, die das Hauptprodukt überdecken. Aha! Es geht also um die Bohne und darum, wie man dieselbe möglichst sanft behandelt. Schon auf den Geschmack gekommen? Wer den Meistern ihres Fachs – in stilechtem französischen Ambiente – über die Schulter schauen möchte, ist in der Schokoladenmanufaktur Goldhelm (am jüdischen Ritualbad) sicher richtig. Ein Paradies für süße Sünden. Aber danach bitte keine Beschwerden über anhängliches Hüftgold!

www.goldhelm-schokolade.de

985 Wanderung

Werraquelle

Zur Schröderschen Quelle oberhalb von Fehrenbach führt eine reizvolle Tageswanderung, die in Eisfeld beginnt. Über Hirschendorf geht es, mit weitem Blick ins Frankenland, nach Waffenrod-Hinterrod. Dort vorbei am Berggasthof Hartung weist ein markierter Weg zur Werraquelle (3 km). Wem das Quellwasser zu alkoholfrei ist, dem bietet sich die Berghütte an. Den Fluss entlang führt der Weg am Werrateich, an der Hirschkanzel und dem alten Forsthaus vorbei nach Sophienau. Von Schirnrod über Sachsenbrunn ist Eisfeld (5 km) wieder erreicht.

www.zur-werraquelle.de

Walpurgisnacht

Erfurt

986

»Du mußt versteh'n!
Aus Eins mach Zehn,
Und Zwei laß geh'n,
Und Drei mach gleich,
So bist Du reich. Verlier
die Vier! Aus Fünf und
Sechs, so sagt die Hex',
Mach Sieben und Acht
So ist's vollbracht:
Und Neun ist
Eins, Und Zehn
ist keins. Das
ist das Hexen-
Einmaleins!«

Nicht nur Goethes Mephisto ist dem Zauber der Hexen erlegen. Auch heute noch verbreiten sie ihre Magie: In Erfurt wird die Walpurgisnacht ebenso gefeiert wie im Harz. Am Abend des 30. April setzen sie einen Maibaum auf den Domplatz, um 21 Uhr beginnt dann das große Hexenspektakel!

www.erfurt.de

987 Mitspieltheater »Die Schotte«

Erfurt

Daran hat sich seit Jahrhunderten nichts geändert. (Fast) alle Mädchen möchten einmal Prinzessin sein. Und die Jungs verwandeln sich nur zu gerne in Ritter mit allem Drum und Dran. Doch die Verkleidung alleine reicht nicht. Spannend wird es erst, wenn man mitspielt, hier eine Prinzessin befreit, dort einen Drachen besiegt oder einen Schatz findet. Gemeinsam mit erfahrenen Schauspielern werden die Kinder in die Szenerie einbezogen. Das ist jedes Mal wieder neu und aufregend – für beide Seiten.

www.theater-die-schotte.de

988 Verfilzt

Filzwerkstatt / Erfurt

Hier darf gefilzt werden. Ob Frösche oder Blumen, in der Ladenwerkstatt FilOnKuCy basteln Kinder kleine Kunstwerke. Die Kurse finden immer dienstags statt, dann soll nach Lust und Laune gewerkelt werden. Eltern dürfen derweil eigene Wege gehen, um danach die kreativen Ergebnisse ihrer Schützlinge zu bestaunen. Eine – bis auf den verquirlten Namen des Ladens – rundum gelungene Idee für die freie Zeit.

Altstadt, Paulstr. 29,
Tel. 03 61 / 7 89 27 27

989 Deutsches Bienenmuseum
Erfurt

Als Völkerkollaps bezeichnet man ein in den 2000er Jahren in Nordamerika und Europa beobachtetes massives Bienensterben. Zwar hielt sich das Phänomen in Deutschland in Grenzen, aber in Zeiten der Globalisierung kann darüber keine Freude aufkommen. Wie wichtig die Bienen für unsere Nahrungskette sind, was passiert, wenn eine zweite Königin schlüpft, und wie Bienenvölker arbeiten, kann man hier im Museum erfahren.

http://dbm.lvti.de

990 Bauhaus-Universität
Weimar

Dass die »Form der Funktion folgen« soll, ist inzwischen ein geflügeltes Wort. Diesem Credo folgten die Architekten bei der Außengestaltung der Universität Weimar: In gewollter Reduktion gliedern zahlreich unterteilte Fenster die ansonsten schmuckfreie Front. Im Foyer befinden sich Büsten der Bauhaus-Legenden Henry van de Velde und Walter Gropius. Aus einem anderen Genre begrüßt August Rodins »Eva« die Gäste. Sie steht im Zentrum der sich eleganten nach oben schwingenden Treppe im Jugendstil.

www.uni-weimar.de

991 Avenida-Therme
Hohenfelden

Hier wird das Bade-Abc durchdekliniert: von Aromaöl im orientalischen Hamam bis hin zur Schneehöhle »Cueva del Frío«. Da fühlt sich die traditionelle finnische Sauna, die hier natürlich auch nicht fehlen darf, schon fast altmodisch an. Wohltemperiert ist das Ganze allemal mit 32 °C im Innen- wie Außenbecken und 34 °C im Kinderbecken. Was gibt es noch? Wasserrutschen (300 m), Whirlpool, Strömungskanal, Unterwasserliegen, Massagedüsen, Dampf- und Regenerationsbäder. Wer sich vor lauter Entspannung ermattet fühlt, holt sich an der Saunabar einen Koffeinkick.

www.avenida-therme.de

Seifenkisten

Rennen in Weimar

992

Ab in die Kiste und los geht es. Immer am 1. Mai wird das Rennen angepfiffen. Dann beweist es sich, ob die vielen Stunden im Keller sich auszahlen und ob die Kiste den Belastungen der Strecke auf der Carl-August-Allee und der Kritik der fachkundigen Jury standhält. Fragt sich nur, warum eine so herrlich altmodische Sache heute Spacekid-Headcup heißen muss.

www.skhc.de

993

Goethes Wohnhaus

Weimar

Man möchte sich zunächst verneigen: Hier also wohnte der große Meister 50 lange Jahre. In diesem Sessel starb er. Und schrieb er just mit jenem Federkiel, der heute noch den Tisch ziert, den »Faust«, die »Wahlverwandtschaften« und auch den »Zauberlehrling«? Spätestens mit dem Kaiserreich Wilhelm I. setzte eine Verehrung Goethes ein, die ihn als bedeutendsten deutschen Dichter aller Zeiten feierte. Seine Werke haben einen festen Platz im Kanon der Weltliteratur. Tröstlich zu wissen, dass auch er Schrullen hatte. So soll er Gästen statt eines Desserts Ledermappen mit seinen neuesten Werken serviert haben.

www.klassik-stiftung.de

994 Färbedorf
Neckeroda

Filzen, spinnen, Wolle erzeugen – das alles kann man zwar nicht an einem Tag erlernen, aber man kann herausfinden, ob man hier ein neues Hobby entdeckt und dies weiterverfolgt. Das Dorf Neckeroda, 25 km südlich von Weimar gelegen, steht ganz in der Tradition der Färberei. Da Färben auf Naturbasis einen neuen Aufschwung erlebt, macht man es sich hier zur Aufgabe, die alten Techniken mit modernen Erkenntnissen zu kombinieren.

www.faerbedorf-neckeroda.de

995 Kinderprogramm
Klassik-Stiftung in Weimar

Hier wird bewusst angestiftet: Immer freitags bis sonntags hat das Studiolo in Schillers Wohnhaus für Kinder und Co. geöffnet. Wie Schiller mit dem Federkiel und Tinte schreiben? Nach dem Vorbild alter Schattenbilder die eigene Silhouette erstellen oder Experimente zur Farbenlehre machen? Extra für Kinder von acht bis zwölf Jahren wurde die Internetseite Weimarpedia Kids zusammengestellt. Dort »trifft man« auf Kinder, die vor gut 200 Jahren gelebt haben und die ihre Geschichte erzählen.

www.klassik-stiftung.de

Planetarium
Jena

996

In die Sterne gucken hat hier Tradition. Das 1926 eröffnete Zeiss-Planetarium ist das älteste der Welt. Keine Sorge, heute ist es auf dem neuesten Stand: Die Laserkonstruktion im Kuppelbau lässt den nächtlichen Sternenhimmel wunderbar zur Geltung kommen und lädt zu einer Reise ins Universum ein – an der Milchstraße entlang und darüber hinaus. Auch das Beiprogramm ist aktuell: Live-Vorträge von Stonehenge bis zur Raumfahrt, Musik-Lasershows, Mondscheindinner ... Eine reizvolle Alternative zum Abend vor der Glotze ist es ganz sicher!

www.planetarium-jena.de

Phyletisches
Museum Jena

997

Das Phyletische Museum ist das von Ernst Haeckel begründete Museum zur Phylogenese in Jena. Was für ein Museum, bitte? Hier geht es um Stammesgeschichte. Na, sagt das doch gleich! Das ist doch spannend: Hier finden sich zoologische Raritäten aus der ganzen Welt – 500 000 an der Zahl –, unter anderem ein Fossilien-Stier, den der Universalgelehrte Johann Wolfgang von Goethe persönlich gefunden haben soll. Auch die Neuzeit wird nicht ausgeklammert, etwa bei der Frage, wie und warum sich das Aids-Virus so schnell entwickeln konnte.

www.phyletisches-museum.uni-jena.de

998

Feengrotten
Saalfeld

Ins Guinness-Buch der Rekorde haben sie es schon im Jahr 1993 geschafft – als »farbenreichste Schaugrotten der Welt«. Dabei haben sie diese Publicity gar nicht nötig. Seit die Grotte 1914 öffentlich zugänglich gemacht wurde, reißt der Besucherstrom nicht ab. Man wird also den Zauber, den hier der »Märchendom« und der darin befindliche Tropfenstein »Gralsburg« ausstrahlen, nicht alleine genießen dürfen. Wiederentdeckt wurden die farbenfrohen Tropfsteinhöhlen vor gut 100 Jahren im Zuge wissenschaftlicher Untersuchungen des Grubenwassers. Damals war das Erstaunen groß, im früheren Schieferbergwerk auf solch einen großen Hohlraum zu stoßen. Heute versuchen tägliche Führungen die Magie der Feengrotten und der Wasserspiegelung zu erhalten, auch wenn dies bei den stets steigenden Besucherzahlen ein schwieriges Unterfangen ist.

www.feengrotten.de

Ginkgo-Museum
Weimar

999

Ein deutsches Kuratorium erklärte den »Ginkgo biloba« zum Mahnmal für Umweltschutz und Frieden und zum »Baum des Jahrtausends«. In China geht die Verehrung für den Ginkgo schon etwas länger. Auch Meister Goethe war mit seiner Huldigung etwas früher dran. Wer mehr über die Ästhetik des Ginkgo erfahren möchte, tut dies am besten hier.

www.ginkgo-museum.de

1000

Goethewanderung
Am Großkochberg

Was der alte Herr vermochte, sollte uns doch auch gelingen: Goethe will den eigenen Angaben zufolge die 28 km lange Strecke in 4 Std. geschafft haben. Wer auf seinen Spuren wandelt, wird über das Färberdorf Neckeroda nach Schloss Kochberg gelangen. Dass es Goethe hier so gut gefiel, hatte sicher auch mit seiner Freundschaft zu Charlotte von Stein zu tun, die den Ort in eine musische Hochburg verwandelte. Erst später wurde der prächtige Park angelegt, den eine Brücke mit dem zentralen Gebäudekomplex verbindet. Dem Meister hätte das aktuelle Arrangement mit den plätschernden Wasserspielen vermutlich zugesagt.

www.weimar-tourist.de/goethewanderweg.html

Register

H

N

O

P

Bildnachweis

Cover: Bildagentur Huber/Römmelt;
2 (v.o.) Your Photo Today, Tourist-Information Oberstdorf, VISUM creative/Carsten Koall, look-foto; 3 (v.o.) Laurence Delderfield/Klimahaus Bremerhaven, Aufwind-Luftbilder/VISUM, mhk/Arno Hensmanns, laif/Stefan Volk; 4 (v.o.) A1 Pix, Uwe Köppen/Stadt Duisburg, Rheinland-Pfalz Tourismus/D. Ketz, Bildagentur Huber/Tom Mackie; 5 (v.o.) GourmetPictureGuide, look-foto, laif/Le Figaro Magazine, Ulrich Kneise; 7 Your Photo Today; 8 Thomas Tröster; 9 C. Lahmer/klettergebiete-online.de; 10 Ernst Wrba; 11 H&B Tour Conception; 12 G. Stoppel; 13 Verkehrsamt Buchen; 14 "fauna" Wildpark GmbH; 15 100% KANU+BIKE; 16 experimenta; 17 Gemeinde Mainhardt; 19 laif/Berthold Steinhilber; 20 Bildagentur Huber/Gräfenhain; 22 H. Ostenrieder; 24-25 Bildagentur Huber/R. Schmid; 27 Schlossverwaltung Lichtenstein; 29 Prisma/F1online; 30 Imagebroker RF/F1online; 32 Imago; 33 Museum Humpis-Quartier/Anja Köhler; 34 laif/Karl-Heinz Raach; 36 Oberschwaben Tourismus; 38 Radsportakademie GmbH Bad Wildbad; 39 Baden-Baden Kur & Tourismus GmbH; 40 www.olaf-salm.de; 41 Merian Archiv; 42 Vario Images; 45 Imago; 47 look-foto/H. & D. Zielske; 49 Bildagentur Huber/R. Schmid; 50-51 Vario Images/McPhoto; 52 Merian Archiv; 55 Tourist-Information Oberstdorf; 56 H. Lade Fotoagentur GmbH; 57 Your Photo Today; 59 Schlossverwaltung Mespelbrunn; 61 Waldklettergarten Banz; 63 iStockphoto/Vetta Foto; 64-65 Fotolia/Alex Rochau; 67 dpa/D. Ebener; 69 U./K. Meier; 70 Fotolia/Grünberg; 71 Fürthermare; 72 plainpicture/design Pics; 74 Monte Kaolino; 76 Michael Körner/Tourismusverband Ostbayern e.V.; 78 Tourismusverband Ostbayern e.V.; 80 Shutterstock; 82 Bayerisches Golf- und Thermenland; 84 Fotolia/Claudia Hake; 85, 86, 87 Donautal-Aktiv e.V.; 89 laif/F.Heuer; 90-91 Bildagentur Huber/F. Cogoli; 93 laif/F.Heuer; 94 www.spurwechsel.de; 95 Thalkirchdorfer Dorfhaus GmbH; 96 Tino Freudig/Agentur für Bergsport; 97 Schapowalow; 99 imago/imagebroker; 101 Tourismus Oberstdorf; 103 dpa Picture-Alliance/Dieterich W.; 105, 106, 107 Alpenregion Tegernsee Schliersee e.V.; 108 Konstantin Klages; 109 www.fritz-segel.com; 111 Südsalz GmbH Salzbergwerk Berchtesgaden; 113 Visum creative/Carsten Koall; 115 Jochen Schweizer; 116 dpa Picture-Alliance/Marin Spe; 117 Caro/Hechtenberg; 118 ullstein bild/Lambert; 120 Caro/Waechter; 123 Musikinstrumenten-Museum Berlin/J.J.Riehle; 124-125 Bernd Schönberger; 127 Birgit Koch; 129 dpa Picture-Alliance/Thilo Rückeis TSP; 131 Jürgen Rasche; 133 look-foto; 134 dpa Picture Alliance/Patrick Pleul; 136 dpa Picture Alliance/Patrick Pleul; 139 Bildagentur Huber/von Dachsberg; 140 Ernst-Wolfgang Schulz-Altranft; 141, 152-153, 155 Tourismus Marketing Uckermark; 143 Fleckschnupphof Nassenheide/Gerrit Meier; 145 Picture Alliance/Patrick Pleul; 146 istockphoto/Mark Kostich; 148 VR.Foto.de; 151 Besucherbergwerk F60/Dietmar Seidel; 157 Laurence Delderfield/Klimahaus Bremerhaven; 158 bras/Zeuschner; 159 M. Gambarini/www.gruene-segel.de; 160 Universum Bremen; 161 Übersee-Museum Bremen/Ingo Wagner; 162-163, 165, 166, 167 BIS Bremerhaven Touristik; 164 Klimahaus Bremerhaven/Florian Müller; 168 Werbedienst des Seefischmarktes Bremerhaven e.V.; 171 Visum/Aufwind-Luftbilder; 172, 173, 175, 177, 182 B. Jonkmanns; 174 ATG Alster-Touristik GmbH; 176 Elbe&Flut/HafenCity Hamburg GmbH; 178 A. Multhaupt; 179 Bildagentur Huber/Schapowalow; 180 laif/Gunter Gluecklich; 184-185 laif/Jörg Modrow; 189 mhk/Arno Hensmanns; 190 Kanu Schumacher/Rindermann; 193 Frank Turetzek; 194 Merian Archiv; 195 Brauhaus Knallhütte; 197 Fotolia; 198 Marco Lenarduzzi; 200 GrimmHeimat NordHessen; 202 Anika Brummer/SmARTwerk/Fotodesign; 204 fotolia/m reinhardt; 205 wortreich in Bad Hersfeld; 206-207 Vario Images/Imagebroker; 209 A. Reeg, Kinder Akademie Fulda gGmbH; 210 Stadt Hadamar; 212 Karawanserei Llamera, Usingen; 214 look-foto/Michael Zegers; 216-217 Christoph Steinacker/Kronberg im Taunus; 219 Tourismus+Congress GmbH Frankfurt am Main/Holger Ullmann; 220 Zenit/laif/Langrock; 222 Grube Messel GmbH; 223 Gemeinde Waldbrunn; 225 dpa Picture-Alliance/Lou Avers; 227 laif/Stefan Volk; 228 phantechnikum; 230 KV Ostseebad Nienhagen; 231 Stadt Bad Doberan; 232-233 Johannes Maria Schlorke 2008; 235 laif/Martin Kirchner; 237 laif/Frank Heuer; 238 laif/Michael Amme; 241 A1 Pix; 242 dpa Picture-Alliance/M.-O. Schulz; 244-245 Das Fotoarchiv/Hans Blossey; 246 S. Schurr; 247 dpa Picture-Alliance/Ingo Wagner; 249 www.ostfriesland.de; 251 kraxelmaxel Kletterwälder; 252 Agentur Bilderberg/K. Bossemeyer; 254 Landerlebnis- und Ferienhof Dücker; 255 B. Ulich; 257 Mundo-Presse.de/Nordseeheilbad Cuxhaven; 258 NPL/Arco Images; 259 B. Ulich; 260 T. Baars; 263 Museum für Energiegeschichte(n); 264-265 Visum/Markus Hanke; 267 Südheide Gifhorn GmbH; 269 F. Bierstedt; 270 Marek Kruszewski; 272 Tourismus Marketing Niedersachsen; 275 Bildagentur Huber/Bäck; 277 Tourismus Marketing Niedersachsen; 279 H. Meyer; 283 Uwe Köppen/Stadt Duisburg; 285 Stadt Rheine; 287 imago/Rüdiger Wölk; 288 A. Lechtape/Baumberger-Sabdstein-Museum; 289 Biologische Station Zwillbrock; 290 Fotolia/Mischa Krumm; 292 D. Bauer Photoplexus; 293 Naturförderstation im Kreis Coesfeld; 294-295 Fotolia/Hotte; 297 Shutterstock/Dudarev Mikhail; 298 Adlerwarte Berlebeck; 300 Ruhr Tourismus; 301 Institut für Spionage; 302 alpincenter Bottrop; 304 www.sightjogging-im-ruhrgebiet.de; 306 Sauerland-Tourismus e. V./Klaus-Peter Kappest; 307 Wintersport-Arena Sauerland; 308 Vario Images/imagebroker; 310 dpa Picture-Alliance/Roland Weihrauch; 311 Düsseldorf Marketing & Tourismus GmbH/U.Otte; 313 mauritius Images/Alamy; 314 Claudius Therme; 316 Landschaftsverband Rheinland; 318-319 Naturpark Eifel; 323 Rheinland-Pfalz Tourismus/D. Ketz; 324 Fotolia/Markus Monreal; 325 laif/Peter Hirth; 326 Vulkanpark GmbH; 327 Kreis Altenkirchen; 329 Hunsrück-Touristik GmbH/Phormat; 330-331 Zenit/laif/Jan-Peter Boening; 334 Kreisverwaltung Bad Kreuznach; 335 Naturpark Soonwald-Nahe/M. Attenberger; 336 Ramona Hasse; 339 imagebroker/Vario Images; 341 F1online; 343 Fotolia/S.Crisp; 344 Dynamikum Science Center Pirmasens/A. Klein; 346 A. Bech; 348 Bildagentur Huber/Fantuz Olimpio; 351 Sea Life; 353 Bildagentur Huber/Tom Mackie; 354 Bildagentur Huber/R. Schmid; 355 Eike Dubois/TZS; 356 look-foto/J. Greune; 357 Tourist Info der Kreisstadt Merzig; 358 Fotofinder/Philipp Hympendahl; 360 E. Wrba Wiesbaden; 362 Susanne Renk/TZS; 363 G. Schneider; 365 Gondwana/Das Praehistorium; 366-367 laif/Zanettini; 369 Westend61/W. Weinhäupl; 370 Eike Dubois/TZS; 371 Kulturforum Regionalverband Saarbrücken; 373 Abenteuer Park Saar; 375 GourmetPictureGuide; 376 asisi/Tom Schulze; 377 Porzellan-Manufaktur Meissen; 378-379 Bildagentur Huber/Lawrence; 380 Raddampferflotte; 382 Avantgarde; 383 FBS/Martin Krok; 384 laif/Joerg Glaescher; 385 laif/Toma Babovic; 386 Tourismusverband Vogtland; 387 Uhrenmuseum Glashütte; 388-389 Shutterstock/Igor Plotnikov; 393 look-foto; 395 laif/Peter Hirth; 396 Andreas Rutsch; 397 photo-klapper.com; 398 Shutterstock; 399 picture-alliance/dpa; 401 Bildagentur Huber/Graefenhain; 402 Bildagentur Huber/Krammisch; 403 Bildagentur Huber/Lubenow; 404 imago Stock & People; 406 Harzköhlerei Stemberghaus; 407 imago/Steffen Schellhorn; 408 Naturpark Fläming; 409 Christiane Eisler/Ferropolis; 411 Carlo Böttger; 413 Le Figaro Magazine/laif; 414 O. Röthig; 415 M. Friedemann/Stiftung Naturschutz Schleswig-Holstein; 417 Schleswig-Holsteinische Landesmuseen Schloss Gottorf; 418 W. Huppertz; 421 C. Schnura; 422 Tourismus-Service Fehmarn; 423 O. Geith; 424 D. Wolff; 426 blickwinkel/McPhoto; 427 O. Victor; 429 look-foto/U. Seer; 431 V. Frenzel; 432 Okapia Bildarchiv; 433 Föhr Tourismus GmbH; 435 vision fotos; 436-437 Shutterstock/Oliver Hoffmann; 439 Tourismus Zentrale St. Peter-Ording; 440 M. Stock/LKN-SH; 441 J.M. Schlorke; 442 Rosenberger-Seehundstation Friedrichskoog e.V.; 444 Steinzeitpark dithmarschen, Albersdorf; 445 Industriemuseum Elmshorn; 447 Ulrich Kneise; 448 Raymond Faure; 449 K. Schlemmer; 450 dpa/M. Schutt; 452-453 dpa Picture-Alliance/Ralf Hirschberger; 454 laif/B. Jonkmanns; 455 dpa/M. Schutt; 456 dpa/M. Schutt; 458 Fotofinder/Th. Haerttrich; 460 laif/Michael Amme; 462 Mitspieltheater Die Schotte; 463 Moritz Hoffmann; 464 laif/Babovic; 465 Klassik Stiftung Weimar; 466 J. Kasper; 467 Bildagentur Huber/R.Schmid;